거대한 도전

거대한 도전

초판 1쇄 발행 2025년 12월 12일

지은이 박창우 · 윤은상 · 이우연

펴낸곳 서울대학교출판문화원
주소 08826 서울 관악구 관악로 1
도서주문 02-889-4424, 02-880-7995
홈페이지 www.snupress.com
페이스북 @snupress1947
인스타그램 @snupress
이메일 snubook@snu.ac.kr
출판등록 제15-3호

ISBN 978-89-521-3976-4 03530

거대한 도전

PROJECT LEADERSHIP for MEGA CHALLENGE

메가프로젝트 사례에서 배우는 프로젝트 리더십

박창우·윤은상·이우연 지음

서울대학교출판문화원

추천사

대한민국의 경제 발전은 경공업에서 출발하여 중공업의 시대를 지나 마침내 세계를 놀라게 한 메가프로젝트의 성취로 이어졌습니다. 급변하는 글로벌 경제 환경 속에서 기술과 자본을 넘어서는 통합적 사고와 전략적 리더십이 요구되는 시대에, 메가프로젝트(Megaproject)는 더 이상 단순한 대규모 사업이 아닙니다. 국가의 미래 경쟁력과 직결되는 중요한 전략적 사업으로 자리 잡았습니다. 특히 불확실성이 지배하는 현대 세계에서, 이러한 프로젝트들은 국가의 자원과 기술을 융합하여 새로운 가치를 창출하는 핵심적인 역할을 담당하고 있습니다.

서울대학교 공과대학의 EPM(Engineering Project Management) 과정은 바로 이러한 시대적 요구에 부응하여 글로벌 고급 전문 인재를 양성해 왔습니다. 2010년부터 시작된 이 과정은 그간 건설, 플랜트, 항공우주, 조선·해양, 정보통신, 연구개발 등 다양한 분야에서 유능한 인재들을 배출하며, 프로젝트 관리에 대한 심도 있는 이론과 실제적인 현장 경험을 결합한 교육을 제공하고 있습니다. 또한 수료자에게는 글로벌 프로젝트 리더로서의 역량을 공인하는 CEPM(Certified Engineering Project Manager) 인증이 수여됩니다.

이 책은 단순히 메가프로젝트의 사례를 나열하는 데 그치지 않고, 대한민국을 대표하는 주요 프로젝트들이 어떻게 기획되고 실행되었는지, 그리고 그 과정에서 마주한 도전과 극복의 과정이 어떠했는지를 심도 있게 다루고 있습니다. 인천국제공항, 행정중심복합도시, 주한미군기지 이전 등 국내의 대표적인 메가프로젝트뿐만 아니라 고속철도, 항공, 전력 등의 첨단 시설이 포함되어 있으며, 각 프로젝트의 성공적인 수행을 위한 핵심적인 이론과 실무적 교훈을 유기적으로 통합하였습니다.

특히 4장과 5장에서 제시되는 '프로그램 전략', '조직과 인적자원', '프로세스와 시스템'이라는 세 가지 핵심 요소는 메가프로젝트의 성공적인 추진을 위한 필수적인 지침을 제공하며, 미래의 글로벌 프로젝트 리더들에게 매우 중요한 통찰을 전달합니다. 나아가 ESG, PPP, 우주개발, 하이퍼루프 등 미래의 주요 트렌드를 반영한 제언은 이 책이 과거의 사례를 돌아보는 데 그치지 않고, 미래 지향적인 방향성을 제시하는 중요한 지침서임을 보여 줍니다.

이 책은 서울대학교 EPM 과정 15주년을 기념하여 기획된 의미 깊은 결과물로, 그간의 교육 철학과 성과가 집약된 결실입니다. 이 작업을 이끌어 주신 박창우 교수님을 비롯한 다양한 분야 전문가들의 헌신적인 참여에 깊이 감사드립니다.

『거대한 도전』은 대한민국뿐만 아니라 글로벌 메가프로젝트 현장에서 혁신적인 리더십을 발휘하고자 하는 모든 이에게 강력히 추천할 만한 필독서입니다. 이 책을 통해 독자들은 메가프로젝트의 본질과 성공적인 리더십, 그리고 지속 가능한 성과 창출에 대한 깊은 통찰을 얻을 수 있길 기대합니다.

2025년 12월

김영오

서울대학교 공과대학 학장/EPM 운영위원장

추천사

21세기의 국가 경쟁력은 이제 단순한 산업 성과나 기술력의 우위만으로는 설명될 수 없습니다. 복합적인 이해관계와 불확실성, 그리고 수많은 자원의 통합 운영이 요구되는 메가프로젝트의 성공 여부가 한 나라의 미래를 좌우하는 시대가 되었습니다. 이 책은 그러한 도전 속에서 대한민국이 어떻게 성장해 왔고, 어떤 방향으로 나아가야 하는지를 진지하게 성찰하는 역작입니다.

『거대한 도전』은 단순한 프로젝트 사례집이 아닙니다. 각 장은 메가프로젝트의 본질과 리스크, 그리고 실제 프로젝트 현장에서의 시행착오와 축적된 교훈을 바탕으로, 향후 프로젝트 리더들이 반드시 알아야 할 실천적 통찰을 담아냅니다. 특히 프로젝트 매니지먼트를 단지 기술적 기법이 아니라, 전략적 사고와 통합적 리더십이 요구되는 학제 간 융합 영역으로 풀어낸 점에서 큰 의의가 있습니다.

미국에서 오랜 시간 프로젝트 매니지먼트를 연구하고 가르쳐 온 제 입장에서 보더라도, 이 책은 현재의 한국이 처한 구조적 한계를 넘어, 세계 무대에서 메가프로젝트를 주도할 수 있는 지침을 제시하고 있습니다. 특히 건설·토목 중심의 전통적 관점에서 벗어나, 프로젝트를 국가 전략

사업으로 바라보고 이를 지속 가능한 가치로 연결시키는 관점은 앞으로 우리 산업계와 정책 당국이 진지하게 고민해야 할 부분입니다.

서울대학교 공과대학 EPM 과정 15주년을 기념하며 발간된 이 책은 교육과 실무, 정책을 아우르는 국내외 전문가들의 집단 지성이 빚어낸 결과물입니다. 이 과정의 축적된 경험과 사례 분석이 앞으로 메가프로젝트의 새로운 세대를 이끌 인재들에게 귀중한 나침반이 되리라 확신합니다.

이 책은 메가프로젝트의 국내외적 환경 변화와 추세를 반영하고자 저자들을 중심으로 메가프로젝트 실무 전문가들의 사례 연구를 기반으로 기획되었습니다. 대한민국 메가프로젝트 사례 연구에 참여해 주신 각 기관의 실무 전문가님들께 감사드리며, 또한 EPM 과정을 설립하시고 현 운영위원장을 역임 중이신 서울대학교 공과대학의 김영오 학장님과 박준범 주임교수님께 진심 어린 감사의 말씀을 전합니다.

한국은 이제 단순한 추격자의 위치를 넘어 복합적이고 고차원적인 글로벌 프로젝트를 선도할 역량을 갖춰 가고 있습니다. 『거대한 도전』은 그 여정의 중요한 이정표가 되어 줄 것입니다. 이 책을 모든 프로젝트 매니지먼트 실무자, 정책 입안자, 그리고 미래의 리더들에게 자신 있게 추천합니다.

2025년 12월

곽영훈

미국 조지워싱턴대학교 경영대학 디시전사이언스학과 교수 및
프로젝트매니지먼트 국제센터 센터장

프롤로그

메가프로젝트, 대한민국의 미래를 여는 열쇠

21세기 대한민국은 세계가 주목하는 비약적 성장을 이루어 냈습니다. 그 중심에는 기술과 자본, 인재가 집약된 대규모 프로젝트, 즉 메가프로젝트가 있었습니다. 이제 국가 경쟁력은 더 이상 단일 산업이나 특정 기술력만으로 평가되지 않습니다. 복합적인 기술과 대규모 자원을 통합하고 이를 체계적으로 관리할 수 있는 능력, 즉 메가프로젝트를 성공적으로 수행하는 역량이야말로 국가의 미래를 결정짓는 핵심 요소가 되고 있습니다.

2026년 국토교통부 예산은 역대 최대 구모인 62조 8,000억 원으로 편성되었고, 그중 21조 1,000억 원이 SOC(사회간접자본) 부문에 투입될 예정입니다. 이는 우리나라가 향후 메가프로젝트에 얼마나 큰 기대를 걸고 있는지를 보여 주는 지표입니다. 그러나 막대한 자원과 시간이 투입되는 만큼, 메가프로젝트는 높은 불확실성과 리스크를 동반합니다. 실패는 곧 사회적 비용으로 직결되며, 때로는 국가의 신뢰도에도 심각한 타격을 줄 수 있습니다.

따라서 이 책은 메가프로젝트의 성공과 실패 사례를 면밀히 분석하고, 거기서 얻은 교훈을 토대로 미래를 준비하고자 하는 진지한 문제의식에서 출발했습니다. 단순한 회고가 아닌, 앞으로 나아가기 위한 실질적 기반을 마련하는 데 작은 도움이 되고자 합니다.

메가프로젝트, 왜 특별한가?

제1장에서는 메가프로젝트의 정의와 특성을 심도 있게 다루었습니다. 메가프로젝트는 단순히 규모가 큰 프로젝트를 지칭하는 것이 아닙니다. 정치, 경제, 사회, 문화 등 다방면에 걸쳐 막대한 영향을 미치며, 국가 전략 차원에서 추진되어야 할 사업입니다. 따라서 프로젝트 초기 단계에서부터 치밀한 기획과 전문적 관리는 필수적이며, 이는 곧 프로젝트의 성패를 좌우합니다.

이러한 맥락에서 메가프로젝트를 바라볼 때, 우리는 단순한 건설사업 이상의 의미를 읽어야 합니다. 메가프로젝트는 국가의 기술 수준, 조직 역량, 사회적 합의 능력을 종합적으로 시험하는 무대입니다. 본 장에서는 사업관리(Project Management, PM)의 중요성과 사전 기획, 리스크 관리 체계를 강조하며, 메가프로젝트 추진의 이론적 기반을 제시하였습니다.

대한민국, 메가프로젝트를 통해 세계로

제2장에서는 대한민국이 지난 수십 년간 이룩한 대표적 메가프로젝트를 조망합니다. 인천국제공항, 경부고속철도, 새만금 개발사업, 원자력발전소 등 국내 사례와 함께, 바라카 원전, 터키 차나칼레 대교, 국제핵융합실험로(ITER) 사업 등 글로벌 진출 사례도 다루었습니다. 이를 통해 우리는 국내에서의 성공을 넘어, 글로벌 시장에서 '한국형 메가프로젝트'가 어떤 위상을 차지하고 있는지 확인할 수 있습니다.

이러한 성과는 결코 우연이 아닙니다. 치열한 준비와 혁신, 그리고 수많은 실패를 딛고 쌓아 올린 결과입니다. 3장에서는 열 개의 메가프로젝트를 선정해 각 프로젝트가 마주한 도전과 극복 과정을 담아, 오늘날 대한민국이 글로벌 메가프로젝트 시장에서 리더십을 발휘할 수 있게 된 배경을 입체적으로 조명합니다.

미래를 향한 제언

메가프로젝트를 성공적으로 수행하기 위해서는 과거의 경험만으로는 부족합니다. 급변하는 사회, 기술, 환경변화를 반영해야 합니다. 제4장과 제5장에서는 이를 위한 전략을 구체적으로 제시했습니다.

특히 프로그램 전략, 인적자원과 조직, 프로세스와 시스템이라는 세 가지 핵심 축을 기반으로 성과를 창출하는 방안을 제안했습니다. 또한 영국과 미국의 메가프로젝트에 대한 최신 동향을 반영하여 지속 가능한 메가프로젝트 수행 전략을 제시했습니다. 메가프로젝트는 이제 단순한 기술적 접근이 아닌, 사회적 가치와 지속 가능성까지 아우르는 미래지향적 제언입니다.

이 책이 국내 메가프로젝트의 발전에 작지만 의미 있는 디딤돌이 되기를, 그리고 미래를 이끌어 나갈 많은 전문가에게 작은 통찰이 되기를 진심으로 소망합니다.

2025년 12월

저자 일동

차례

제4장 메가프로젝트의 성과를 창출하는 3요소

제5장 메가프로젝트 시장 확대를 위한 전략

그림 차례

표 차례

PROJECT LEADERSHIP for MEGA CHALLENGE

제1장

메가프로젝트의 이해

01

메가프로젝트
(Megaproject)

I. 메가프로젝트란 무엇인가?

메가프로젝트는 일반 프로젝트에 비해 규모가 크고 장기간 진행되며 이해관계자가 다수인 매우 복잡한 프로젝트라 할 수 있다. '메가프로젝트'라는 용어는 1970년대 초에 캐나다 정부와 미국의 벡텔 사(Bechtel Corporation)가 대규모 프로젝트를 추진하면서 최초로 사용하였다(Merrow et al. 1988). '메가(mega)'는 그리스어 "메가스(megas)"에서 유래되었으며, '크다', '높다', '강하다', '광대하다', '중요하다' 등의 의미를 지닌다. 한편 과학기술 분야의 측정 단위로서 메가(mega)는 '백만'을 의미하는데, 우리가 경제 용어로 이것을 사용한다면 메가프로젝트는 '백만 달러 프로젝트'라는 뜻이다. 이들은 제2차 세계대전과 우주·국방 경쟁으로 인하여 첫 원자폭탄 연구개발 사업인 맨해튼 프로젝트와 달에 인류가 처음 도착한 아폴로 프로그램, 대륙간탄도미사일 등에서 수십억 달러로 증가하였다. 따라서 기술적으로 가장 큰 프로젝트는 십억을 의미하는 단위인 '기가(giga)'를 사용해 '기가프로젝트'라고 불러야 할 것이나, 메가프로젝트라는 용어가 굳어져 이 표현은 사용되지 않는다(Flyvberg 2017). 구글 검색 결과에서도 '기가프로젝트'보다 '메가프로젝트'를 더 많이 사용하고 있음을 알 수 있다(Ansar et al. 2014).

메가프로젝트의 규모에 대한 정의는 다양하다. '최소 미화 2억 5,000만 달러'로 특정짓기도 하고(Altshuler et al. 2003), '해당 국가의 GDP를 고려해야 하며, 미화 10억 달러보다 적을 수도 있다'는 제안도 있다(Greiman 2013). 중국에서는 10억 위안, 즉 미화 약 1억 4,000만 달러 이상의 프로젝트(Zhai et al. 2009)를, 미국연방회계감사원 및 세계프로젝트관리협회(IPMA), 옥스퍼드대학교에서는 미화 10억 달러 이상의 프로젝트를 메가프로젝트로 구분하였다.

메가프로젝트는 항공과 우주 개발, 국방, 에너지, 정보관리, 거대 과학, 도시재생과 대규모 행사, 사회간접자본(SOC) 등과 같이 산업 전반에 걸쳐 사용이 증가하고 있다. 메가프로젝트의 예로는 신도시, 공항, 고속철도, 올림픽, 월드컵, 대규모 신재생 에너지, 원자력발전소, 해양 석유 및 가스 추출, 대규모 물류시스템 등을 들 수 있다.

메가프로젝트의 결과는 경우에 따라서 지역사회와 공동체 또는 국가 경제에 많은 영향을 끼친다고 할 수 있다. 최근 세계적으로 다수의 메가프로젝트가 수행되었지만, 비용 초과, 일정 지연, 기대에 못 미치는 편익 등 여러 문제가 발생하여, 이들 수행에 대한 성공 및 실패 요인에 관한 관심이 높아지고 있다. 우리나라에서도 다수의 메가프로젝트가 완료되었거나 진행 또는 계획되고 있으나, 완료된 메가프로젝트의 성과에 관한 연구는 충분치 않은 상황이다.

서울대학교 EPM(Engineering Project Management)에서는 EPM 창립 15주년을 맞이하여 국내에서 수행되었거나 수행 중인 메가프로젝트를 선정하여 사업수행 전반에 대해서, 그리고 그 특성 및 프로젝트 매니지먼트 관련 사항들을 정리하였다. 메가프로젝트의 특성과 국내 및 글로벌 추세 등을 살펴보고 지역공동체 또는 국가 경제에 영향을 크게 끼치는 메가프로젝트의 효과적이며 성공적인 수행 방안을 검토하고자 한다.

II. 메가프로젝트 개발을 이끄는 네 가지 주요 요인

메가프로젝트가 정책 입안자에게 매력적인 이유 네 가지는 다음과 같다. 첫 번째는 '기술적 요인'으로, 19세기~20세기 초까지 미국에서 기술의 긍정적 측면을 묘사하기 위해 사용된 개념이다. 대규모의 혁신적인 프로젝트는 가장 높은 건물, 가장 긴 교량, 가장 빠른 비행기 등을 만들어 내어 기술의 한계를 극복할 기회를 제공한다(Frick 2008).

추가적인 세 가지 요인을 플뤼브비에르(Flyvbjerg 2014)가 제안하였는데, 정치가들이 기념물 구축으로부터 얻는 대중과 미디어 노출, 재선의 유리함 등의 '정치적 요인', 금융가와 사업가, 근로자가 메가프로젝트에서 많은 수익과 일자리를 얻는 '경제적 요인', 그리고 상징적이고 아름다운 대규모 시설을 건설하여 사용하고 보는 즐거움을 얻는 '미학적 요인'이다.

앞에서 언급한 네 가지 요인은 메가프로젝트 개발의 중요한 원동력이며, 메가프로젝트와 관련된 이해관계자들 간의 강력한 연대를 강화한다. 메가프로젝트가 성공한다면 일자리를 창출하고 대량의 수입품을 국산으로 대체하며 생산 단가의 하락으로 생산성과 경제성이 향상되고 고객에게 높은 품질의 서비스를 제공하며 친환경적인 사회기반시설로의 대체로 인한 환경 개선 등을 기대할 수 있다. 이것이 정책 입안자들이 메가프로젝트를 추진하는 주요 이유라 할 수 있다.

III. 메가프로젝트의 특징

플뤼브비에르(Flyvbjerg 2017)는 『메가프로젝트 매니지먼트(The Oxford Handbook of Megaproject Management)』에서 메가프로젝트가 비용 및 편익 등의 관점에서 충분한 성과를 내지 못할 수 있음을 언급하며, 위의 네 요인이 연관되어 대규모 자금이 투자되는 메가프로젝트에는 다음과 같은 특징들이 있다고 제시하였다.

- 긴 사업기간과 다수의 복잡한 간섭 사항으로 근본적으로 위험함.
- 경험이 많지 않은 기획자와 관리자에 의해 주관되며, 사업기간 동안 잦은 교체로 인해 리더십이 약화됨.
- 공공 및 민간을 포함한 서로 상충되는 다수의 이해관계자가 관계됨.
- 기술 등이 비표준적이며 독특함. 과도하게 성공을 확신하는 편견을 초래하고 타 프로젝트로부터의 학습이 쉽지 않음.
- 초기 단계에서 과도한 의미를 부여하여 어려운 상황을 초래하고 시간이 지나면서 추가된 책임을 부담함.
- 대규모 자금이 연계되어 주인-대리인 문제(principal-agent problem)가 발생하고 이권 추구가 확산됨.
- 목표 및 범위가 프로젝트 진행 과정에서 자주 변경됨.
- 프로젝트 수행의 원인과 효과, 통제 가능성이 확정적인 것처럼 취급되지만, 높은 위험에 노출됨으로써 매우 부정적인 결과를 초래할 가능성이 있음.
- 복잡성과 예상하지 못한 사건 발생 등으로 예산과 일정이 부적절하게 됨.
- 비용, 일정, 혜택과 위험에 대한 정보의 정확도가 불충분하여 결과적으로 일정 지연, 비용 초과, 편익 부족 등이 발생함.

메가프로젝트의 성공 여부는 리더를 포함한 수행 조직에서 위의 특징들을 얼마나 효과적으로 극복하고 수행하는가에 달려 있다고 할 수 있다. 성공적인 메가프로젝트 수행을 위해서는 기술적 완성도뿐만 아니라 복잡한 이해관계 조정, 체계적인 리스크와 불확실성 관리, 지속 가능성을 확보할 수 있는 역량 등이 필수적으로 요구된다. 최근 글로벌 환경을 고려하면 우리나라를 포함한 세계 여러 국가가 맞이할 다음 시대에는, 메가프로젝트를 얼마나 효과적으로 기획하고 수행·관리할 수 있는지가 미래 경쟁력을 결정짓는 중요한 기준이 될 것이다. 따라서 선진국에 진입한 우리나라도 장기적인 국가경제 증진을 위해 메가프로젝트의 성공 요인과 개선 방안에 관한 연구 증대가 필요하다 할 수 있다.

02

메가프로젝트 리스크와 불확실성

메가프로젝트의 규모와 복잡성으로 인한 리스크 및 불확실성에 대처하기 위한 접근 방법으로 드미트리오우와 필드(Dimitriou, Field 2017)는 단일 프로젝트 수행 시 적용되는 비용-편익 분석(cost-benefit analysis)보다는 다중기준분석(policy-led multi criterai analysis)을 제시하였다. 다중기준분석은 주요 요인별 정책 및 계획(policy & planning)을 시행착오(trade-offs) 방식으로 접근하여 최적의 방안을 도출하는 방법이며, 여기서 주요 요인은 공간적(spatial), 재무적(financial), 경제적(economic), 공학적(engineering), 사회적(social), 환경적(environmental) 요인으로 나뉜다. 이 여섯 가지 요인은 메가프로젝트에서 반복적으로 나타나는 전형적 리스크 영역이며, 각 요인에는 정치적·법적 위험 요소가 내재해 있다고 볼 수 있다.

또한 레빗과 스코트(Levitt, Scott 2014)는 극복하여야 할 네 분야의 복잡성 요인, 즉 공간적·기술적 형상 복잡성, 관련 기술의 성숙도, 해당 지역의 경제적 및 정치적 영향의 규모, 글로벌 메가프로젝트에서의 상호 제도적 복잡성을 제시하였으며, 아잠(Ajam 2020)은 복잡성 자체의 문제보다는 복잡성을 처리하는 방법을 알지 못하는 것이 더 큰 문제라고 지적하였다.

I. 메가프로젝트 관련 문헌 조사 및 수행 시 관찰된 과제들

아잠(Ajam 2020)은 메가프로젝트의 성공적 수행과 관련한 문헌 조사에서 일정, 비용, 품질이라는 3대 제약 조건 사이의 균형이 필수적이라고 언급했다. 이를 위해 메가프로젝트 목표의 명확성과 초기 단계에서의 상세한 업무 범위 지정, 초기 단계부터 전문적인 사업관리 업무 착수, 이해관계자의 복잡성과 다양성에 대한 대비가 필요함을 제시했다. 또한 조직적 역량을 강화하고 초기 단계에서 일정 관리의 중요성을 분명히 인식해야 하며, 리스크를 공유하지 않은 채 일방적으로 계약자에게 전가하는 관행은 실수이자 환상으로, 결국 그 부담이 발주자에게 되돌아온다는 사실을 명확히 이해해야 한다. 아울러 실패의 책임을 전가하기 위해 희생양을 찾는 비난 문화와 사업 성공을 지나치게 낙관하는 태도를 지양하고, 인허가와 리더십을 비롯한 핵심 과제의 해결에 대한 인식을 한층 강화할 필요가 있다고 제시하였다.

최근 수행된 여러 메가프로젝트에서 관찰된 주요 문제점으로는 정치성, 복잡성, 그리고 확정가격과 최저가 적용 관행 등이 지적된다.

정치성 측면에서는 정부가 주관함으로써 전문성이 충분히 확보되지 못하는 경우가 있으며, 일부 이해관계자가 이익을 과장하거나 비용을 과소평가하는 경향도 두드러진다. 또한 특정 정치 세력이나 집단의 영향력이 과도하게 작용할 수 있고, 정치권이 물가 상승 등 외생 변수의 영향을 충분히 고려하지 않는 점 역시 문제로 제기된다.

복잡성 측면에서는 다수의 이해관계자가 참여하는 구조적 특성상 정교한 사업관리시스템과 유능한 사업관리 전문 인력이 필수적임에도, 이러한 요건이 갖춰지지 않아 다양한 운영상의 문제가 반복적으로 발생하곤 한다.

확정가격과 최저가 적용 관행에 있어서도, 사업 범위가 명확히 확정되지 않은 상태에서는 코스트 플러스(cost plus) 방식이 더 적정할 수 있음에도 불구하고, 성급하게 확정금액(fixed price) 계약을 체결함으로써 일정 지연, 비용 초과, 품질 저하 등이 발생할 가능성이 높아진다. 세계적으로 정부 발주 프로젝트는 현실적인 상황을 고려하지 않은 최저가로 추진되는 경우가 많은데, 업무 범위가 불명확한 환경에서 발주자 조직에서 발생한 업무 변경으로 인해 문제가 발생할 수 있다. 또한 확정분 계약과 최저가가 결합되면 더 좋지 않은 결과를 초래할 수 있다고 제시하였다(Ajam 2020).

II. 메가프로젝트 실패의 공통 세 요인

플뤼브비에르(Flyvbjerg 2017)는 메가프로젝트 실패의 공통 요인 세 가지를 언급하였는데, 불확실성의 과소평가와 인정 거부, 이해관계자의 무시 또는 관리 불충분, 그리고 유연성이 부족한 최저가 계약이다. 불확실성의 과소평가와 인정 거부 문제는 메가프로젝트는 계획 수립이 충분하여 계획 및 설계가 처음부터 견고하게 구성되었다는 가정에서 출발한다. 표준적이지 않은 기술과 다수의 이해관계자가 참여하는 긴 기간의 사업에서 모든 측면을 고려한 계획을 수립하는 것은 쉽지 않으며, 여러 차례의 재설계와 변경, 추가 비용 발생 등에 대한 이해관계자들 간의 갈등이 발생하므로 불확실성에 대한 대비가 필수적이다. 이해관계자 문제의 경우, 메가프로젝트는 직접적으로 참여하지 않는 외부 이해관계자들의 지지 또는 최소한의 수동적 포용과 적극적으로 파트너와의 동맹을 필요로 한다. 이해관계자 무시, 협약을 공정하기보다는 자사에게 유리하게 하는 전략과 전술 사용, 갈등 악화, 명확하지 않은 정치적 진술의 결과로 이루어진 합의는 균형을 깨뜨릴 수 있으며, 이는 위기를 필연적으로 초래할 수 있다. 최저가 계약과 관련해서는, 통상의 "낮은 가격으로 입찰하고 나중에 청구하는" 관행은 발주자가 최저가를 기준으로 계약자를 공격적으로 입찰하는 환경을 구성하여, 프로젝트 수행 과정에서 변동이 생기면 더 많은 비용을 청구하는 유연하지 못한 계약을 만든다. 위에서 언급한 세 가지 원인은 상호작용하기 때문에 해결하기가 매우 어렵다.

III. 메가프로젝트의 불확실성

메가프로젝트에 일반적으로 내재된 불확실성은 기술, 시장, 정치·사회, 재무 분야 등으로 구분할 수 있다. 기술 불확실성은 신기술이나 미검증 기술을 사용하는 경우, 예상치 못한 성능 실패나 시스템 통합 문제 등을 발생시킨다. 시장 불확실성은 대표적으로 교통, 항공, 부동산 개발 메가프로젝트에서 자주 나타나는 문제로 메가프로젝트가 완공될 무렵, 시장 환경이 급변하여 수요 예측이 빗나가는 경우를 말한다. 정치·사회 불확실성은 정책 방향의 변화, 규제 강화, 사회적 가치 변화(환경 보호 요구 증가) 등으로 메가프로젝트 성공에 직접적인 영향을 끼칠 수 있는 요인이다. 재무 불확실성은 금리 변동, 환율 급변, 원자재 가격 급등 등 외부 경제 변수의 변동성을 뜻하며 이 또한 프로젝트의 수익성과 안정성을 위협한다.

IV. 메가프로젝트 리스크와 불확실성 완화를 위한 방향

메가프로젝트의 성공 가능성을 높이기 위해서는 리스크와 불확실성에 대한 체계적 대응 전략이 필요하며 이를 위해 다음과 같은 방향의 접근이 필요하다.

- **초기 기획 단계의 리스크 기반 접근**: 프로젝트 초기 단계에서 가능한 많은 리스크를 식별하고, 이를 반영한 설계와 계획 수립이 필요하다. 특히 '예측 불가능성'을 고려한 다양한 시나리오 분석과 유연한 계획 수립이 중요하다.
- **민첩하고 유연한 프로젝트 관리체계 구축**: 리스크 발생 시 신속하게 대응할 수 있도록 민첩성(agility)을 갖춘 관리체계를 도입해야 한다. 단순한 계획 수립을 넘어 '지속적 모니터링'과 '적시 조정'을 가능하게 해야 한다.
- **적극적인 이해관계자 관리**: 정부, 지역사회, 시민단체, 투자자 등 다양한 이해관계자들과의 소통을 강화하고, 초기부터 수용성 확보를 위한 전략을 마련해야 한다.
- **적절한 위험 분담 구조 설계**: 계약 단계에서 리스크를 한 분야에 과도하게 부담시키지 않고, 발주자와 수급자가 합리적으로 분담하는 구조를 설계해야 한다. 특히 민관협력(Public Private Partnership, PPP) 프로젝트에서는 위험 배분이 프로젝트의 성공을 이끄는 핵심이다.
- **리스크 관리 전문성 강화**: 프로젝트 팀 내에 리스크 관리 전문가를 필수적으로 배치하고, 주기적으로 리스크 평가와 업데이트를 실시해야 한다. 리스크 관리 역량은 메가프로젝트의 품질과 성과를 결정짓는 핵심 자산이다.
- **디지털 기반 리스크 모니터링 도입**: 빅데이터, AI, 디지털트윈 등을 활용하여 프로젝트 전 과정을 실시간으로 모니터링하고, 이상징후를 조기에 탐지하여 대응하는 체계를 구축해야 한다.

메가프로젝트는 그 규모와 복잡성뿐만 아니라 다양한 리스크와 불확실성에 노출되어 있어 이에 대한 지속적 대처와 해결이 필수적이다. 메가프로젝트는 시작 시점에서 모든 불확실성을 파악하고 설계를 확정하며 계약자에 위험을 전가할 수 있는 확정계약을 할 수 있다고 가정하는데, 이러한 상황에서 사업 환경과 대내외적으로 예상하지 못한 사건들이 발생하면 당초 계획대로의 수행이 어려워진다. 체계적이고 전문적인 리스크 관리, 민첩한 대응체계, 적극적 이해관계자 관리 등을 통해 이들 리스크 및 불확실성을 완화하여 성공 가능성을 높여야 한다. 메가프로젝트 관리에서 효율성과 성공 요인에 대한 강조는 아무리 해도 지나치지 않다.

03

메가프로젝트 철의 법칙과 역설

I. 메가프로젝트 철의 법칙(Iron Law)

세계적으로 메가프로젝트의 성과가 기대에 미치지 못한 사례가 많다. 먼저 최초 계획보다 비용이 초과 집행된 사례가 있는데, 이집트 수에즈 운하가 1,900%, 스코틀랜드의 국회의사당은 1,600%, 호주의 오페라하우스는 1,400%, 미국 보스턴 빅딕은 220%, 덴버국제공항은 200%에 달하는 초과 비용이 투입되었다. 또한 영국과 프랑스를 연결하는 유로터널은 건설비는 80%, 금융비용은 140% 초과하였지만 수입은 예상치의 약 10%에서 시작해서 약 50%까지로만 증가하였다. 이 사업은 투자에 대한 내부수익률이 -14.5%로 재정적으로 생존할 수 없는 것으로 입증되었고, 총 178억 달러의 손실을 영국에 끼쳐 "터널이 건설되지 않았다면 영국 경제가 개선되었을 것"이라는 사후 평가를 남겼다(Flyvbjerg et al. 2017, Anguera 2006).

메가프로젝트의 일정 지연은 비용 초과와 편익 부족을 발생시키는 핵심적인 문제다. 옥스퍼드대학교에서 수행한 연구 결과에 따르면, 댐(Dam) 건설에서 일정 지연은 평균 45%로, 이는 최초 계획에서 10년이 소요될 것으로 예상한 댐이 실제 가동까지 약 14.5년이 걸렸다는 뜻이다

(Ansar et al. 2014). 플뤼브비에르 등(Flyvbjerg et al. 2004)은 메가프로젝트 건설의 대규모 데이터를 기반으로 비용 초과와 실행 기간 간의 관계를 모델링하였는데, 그들은 1년 일정 지연이 평균적으로 비용 초과 4.64%와 상관관계가 있음을 발견하였다. 예를 들어, 런던의 260억 달러 크로스레일 프로젝트의 경우, 1년 일정 지연으로 인해 비용 초과가 12억 달러, 즉 하루에 330만 달러가 발생한다. 일정 지연을 감소 또는 최소화하기 위하여 사업 초기에 양질의 프론트엔드(front-end) 계획이 필수적이라 할 수 있다. 프론트엔드 계획은 프로젝트를 진행할지 또는 중단할지를 결정하기 전에 완전하게 구성되어야 하며, 프론트엔드 계획이 성급하게 이루어져 결함이 있으면, 부실한 프로젝트가 중지되지 않고 수행 단계에서 공기가 지연되고 비용이 증가하며 편익이 줄어든다. 메가프로젝트 관리의 성공은 정해진 예산과 시간 내에서 약속된 편익을 제공하는 것으로 정의된다. 그러나 메가프로젝트의 수행에서 비용 초과, 일정 지연, 편익 부족이 발생하는 경우는 일반적이며, 세 요인 중 둘 또는 셋 모두가 발생하는 경우도 많다. 비용 초과, 일정 지연, 편익 부족이 개선되지 않고 지속적으로 발생하는 상황을 "메가프로젝트의 철의 법칙"이라 한다(Flyvbjerg et al. 2017).

II. 메가프로젝트의 역설(Paradox)

메가프로젝트의 성과가 미흡함에도, 즉 일정 지연과 비용 초과, 편익 부족이 발생하는 경우가 많음에도 최근 메가프로젝트의 수행 빈도와 그 규모가 증가하는 상황을 '메가프로젝트의 역설'이라 부르며, 이러한 표현은 플뤼브비에르 등(Flyvbjerg et al. 2003)이 처음 언급하였다. 오늘날 메가프로젝트의 기획자와 관리자는 메가프로젝트 관리를 위해 "고장-수리 모델(break-fix model)"이라 불리는 수행 방법을 사용하기 때문에 이 역설에 갇혀 있다고 할 수 있다. 즉 충분한 프론트엔드 계획 없이 낙관적인 관점으로 프로젝트를 시작하여 수행 시 일정 지연, 비용 초과, 편익 부족 등의 이유로 "고장"이 발생하고, 그전에 빠져나올 기회를 놓친 식견이 부족한 이해관계자들에게 크고 예상치 못한 "수리" 비용이 발생하는 것이다. 고장-수리 모델의 근본적인 해결법은 적절한 프론트엔드 관리를 통해 프로젝트가 중단되지 않도록 처음부터 제대로 시작하고 유능한 조직에게 실제적인 초기 관리를 수행하게 하는 것이며, 메가프로젝트 관리자는 "고장"을 즉시 수리하는 방법을 알아야 한다(Flyvbjerg et al. 2017).

국내의 한 메가프로젝트 관리 연구(정병걸, 김종백 2010)는 역설이 발생하는 원인은 의사결정에서의 위험 무시와 책무성(accountability) 결핍이며, 메가프로젝트의 특성을 고려하지 않은 거버넌스의 구성과 투자를 개시하면 기존 투자를 무용한 것으로 만들지 않기 위해 메가프로젝트를 지속적으로 유지하려는 경로의존성의 문제를 초래할 수 있다고 언급하였다. 또한 이런 역설을 해결하기 위해서는 다양한 상황을 전제로 한 위험 분석과 명확한 목표 및 성과 명세 제시, 융통성 있는 관리 통제, 그리고 맞춤형 평가 방식과 지표 개발 등이 필요하다고 제시하였다.

이런 메가프로젝트의 역설을 극복하기 위해서는 사업 초기에 낙관적인 관점으로 접근하기보다는 보수적이고 실현 가능한 계획을 수립하는 것이 필요하며, 프로젝트 전 단계에 걸쳐 리스크를 지속적으로 식별하고 대응 전략을 마련하는 체계적인 리스크 관리가 필수적이다. 또한 다수 이해관계자의 권한과 책임을 확실히 설정하며 상시 소통체계를 구축하는 명확한 거버넌스체계 확립과 변화하는 환경 변화에 대응할 수 있게 목표와 계획을 유연하게 조정 및 수행하는 사업관리 프로세스체계 수립, 그리고 이해관계자와의 신뢰 구축 및 프로젝트 전반에 걸친 투명성과 사회적 수용성 확보 등이 필요하다고 할 수 있다.

04

메가프로젝트 매니지먼트

메가프로젝트는 단순한 대규모 건설이나 인프라 구축을 넘어서 국가적, 사회적, 산업적 전략 사업이라 할 수 있다. 대규모 자금의 투자와 장기간의 수행, 다수의 이해관계자 참여, 복잡한 최첨단 기술 등이 연관되는 메가프로젝트의 특성상 '계획-설계-조달-시공-운영' 전 단계에 걸쳐 체계적이고 전문화된 관리가 필수적이다. 만일 메가프로젝트가 제대로 관리되지 않는다면, 비용 초과, 일정 지연, 편익 부족, 사회적 갈등 등 실패로 귀결될 가능성이 크다. 메가프로젝트의 성공 및 실패 요인에 관한 관심은 세계적으로 증가하고 있으며, 성공을 위해 대처하여야 할 문제점 및 과제, 주요 요인 등에 관한 연구 결과는 다음과 같다.

I. 메가프로젝트의 성공 요인

사이언스다이렉트(ScienceDirect)와 와일리(Wiley) 등의 국제적인 데이터베이스에서 "메가프로젝트"와 "성공 요인", "성과", "리스크" 등을 검색해 8,660개의 논문을 선별한 뒤, 이들 중 중복된 것을 제외한 최종 50개 논문에 대한 사례 분석 및 전문가 검토를 통해 메가프로젝트의 주요한 성공 및 실패 요인을 도출한 연구 결과는 다음과 같다. 가장 많이 강조된 메가프로젝트의 성공 요인은 이해관계자 관리이고 그다음 순서로 정보 소통, 계획 수립, 사용자와 고객 요구 만족, 최고 경영진의 지원 등이다. 메가프로젝트의 가장 강조된 실패 요인은 미흡한 계획 수립 및 불명확한 초기 요구 사항이며, 그다음 순으로 재설계·재작업·변화 요구 및 이해관계자와의 소통과 관계 부실, 그리고 유능한 지도자 부족과 프로젝트 팀의 불안정성 등이다(Rezvani and Khosravi 2020).

또 다른 연구에서는 150개 주요 항목을 선정하여 학계 및 산업계 전문가들과 공공부문 실무자들의 검토와 AHP(Analytical Hierarchy Process)를 통해 세 그룹과 아홉 요인으로 나누어 분석했다. 중요성이 가장 강조된 그룹은 전략 분야이며, 그다음으로 인력과 구조, 마지막이 프로세스와 시스템이다. 아홉 가지 요인 중에는 명확한 목표, 거버넌스와 리더십, 편익 관리, 리스크 관리, 이해관계자 관리, 정보 소통의 중요성을 강조했다(Yoon and Park et al. 2024).

또한 메가프로젝트 수행 시 설계와 시공간의 비용 흐름에 대한 효과적 이해와 개선에 관한 연구에서는 이해관계자 관리, 거버넌스, 규정과 정치적 환경, 사업관리 접근 절차, 신기술 발전 및 복잡성을 중요 요인으로 제시했다(Mancini et al. 2015), EU 내 철도와 도로 등의 15개 사회기반시설을 분석하여 메가프로젝트의 성공 요인을 제시한 다른 연구에서는 내적 통제와 외부 환경과의 상호작용 강화를 주요 요인으로 강조하였으며, 메가프로젝트를 둘러싼 정치적 맥락과 이허관계자와의 관계, 사업수행 조직들 간의 효율적인 연계 업무 관리를 언급하였다(Hertogh et al. 2015).

유럽투자은행(European Investment Bank, EIB)은 유럽 내 각국에 교통과 철도 분야에 투자한 프로젝트를 분석 및 평가하여 그 결과를 발표하였다. 스페인, 포르투갈, 핀란드, 오스트리아 등 국가별로 우수한 분야와 그렇지 못한 분야를 평가하였으며, 주요 성공 요인으로 주의 깊은 프로젝트 준비와 리스크 공유 방안, 경쟁력 있는 입찰 프로세스, 공공분야의 프로젝트 관리 능력을 제시하였다(Lemoine 2015). 독일의 대규모 사회간접시설 연구에서는 역량을 강화할 분야로 프로젝트 계획, 이해관계자 관리, 리스크 관리와 지식 관리 등을 강조하였으며, 프로젝트 수행 시 의무적으로 지켜야 할 부분으로 기본·예비 설계의 품질 보장과 예산 내에서의 예비비 설정, 비용 절감 등의 성과에 대한 인센티브, 리스크 인식과 관리, 변화 관리 등을 제시하였다. 피해야 할 것으로는 정치적 및 조직적 문화 영향으로 인한 과소평가, 체계적이지 않고 투명하지 않은 변화관리, 신기술의 과소평가 등을 언급하였다(Spang 2015).

학문적 관점보다는 실무적 관점 위주로 메가프로젝트의 성공 요인을 소개한 아잠의 저서(Ajam 2020)에서는 텍사스대학교(University of Texas in Austin)의 CII(Construction Industry Institute) 연구소와 IPA(Independent Project Analysis) 사 등의 여러 경험 자료를 참고하고 저자의 경험을 바탕으로 메가프로젝트 관리의 성공 요인을 제시하였다. 이 책에서는 프로젝트 생애주기를 구성하는 단계(stage)들의 종료 시점에서 수행업무를 확인하고 다음 단계의 업무를 결정하는 Stage-Gate 방식의 모델을 제시하였다. 프로젝트 성공을 위해서는 이러한 모델을 기준으로 수행자(people)와 프로세스(process), 도구(tools)의 원활한 통합이 필수적이며, 이를 기반으로 조직적 프로젝트 관리 기능과 성숙도, 그리고 사업관리 문화를 구축하는 것이다. 이를 전제로 프로젝트 관리 성숙도의 일곱 가지 요인을 강조하였는데, 이는 3대 핵심 요인인 프로젝트 생애주기, 프로세스와 기능, 기술과 도구를 중심으로, 리더십과 전문성 개발, 지식관리와 조직적 학습, 그리고 전략과 조직적 관점이 포함된 환경을 구성하는 것이다. 이러한 논의를 기반으로 프로젝트 성공의 4관점을 언급하였는데, 첫째 관점은 기술적 사양에 부합한 산출물 인도 성공, 둘째는 비용과 일정을 준수한 프로젝트 관리 성공, 셋째는 비용 및 일정 외의 여러 계획 사항을 만족한 프로젝트 수행 성공, 넷째는 편익 실현과 자산 성과 개념이 연관된 목적 성공을 설명하였다. 이를 각 프로젝트에 적합한 성공/부분적 성공/부분적 실패/실패 등의 기준을 설정하여 각 조직에 맞는 평가를 수행하는 것이 바람직하다.

II. 메가프로젝트의 성과에 대한 개선 방안

플뤼브비에르(Flyvbjerg 2017)는 메가프로젝트 성과에 대한 개선 방안으로 메가프로젝트 관리의 혁신과 유연성 확보를 제시한다. 이를 위해 메가프로젝트 수행 모델을 기술하고, 이 모델이 영국의 3대 메가프로젝트인 크로스레일, 히드로공항 터미널, 런던 2012 올림픽에 적용된 다섯 가지 동적 역량인 검색 역량, 적응력 있는 문제해결 능력, 시험 및 평가 역량, 전략적 혁신 역량, 균형 역량 등을 설명한다. 또한 전략적 관리를 기반으로 미래세대와 자연환경을 더 잘 고려하기 위하여, 이들까지 이해관계자 관리의 개념을 확장하며, 메가프로젝트의 문제를 치유하는 방안으로 양질의 민영화 방안 및 노르웨이의 메가프로젝트 품질보증 방안과 이에 대한 결과물을 소개한다. 그리고 대형 항공기 신규 개발 시 직면했던 문제들을 심층 분석하고 기술성과 새로움, 복잡성, 속도로 구성된 혁신 다이아몬드 모델을 제시하며, 올림픽 경기장 건설의 효과적인 시스템 통합 방안과 상징적인 도시 건축물 구축에 따른 도시재생의 전략적 방법, 도로의 공공-민간 파트너십과 연관된 경험 등의 사례를 소개하고 나아갈 방향을 제시한다.

III. 메가프로젝트의 수행 방향

앞에서 언급한 연구 결과들은 메가프로젝트의 수행의 주요 문제점과 과제, 원인, 성공 요인 등을 강조하였으며, 메가프로젝트의 성공과 실패에 대한 학문적 접근뿐만 아니라 실무전문가 관점의 조직적 프로젝트 관리 기능 구축, 프로젝트 관리 성숙도 향상 방안 등에 대해서도 논의하였다. 종합적으로 메가프로젝트 수행 성과 부족의 원인으로 발견된 세 요인인 불확실성의 과소평가와 무시, 이해관계자 관리의 미흡, 유연하지 못한 최저가 계약을 개선하는 방향으로의 전환이 필요하다. 또한 메가프로젝트를 주관하는 프로젝트 책임자를 포함한 수행자들의 프로젝트 관리 전문성과 수행 조직의 프로젝트 관리 기능 및 높은 수준의 성숙도 구축 그리고 조직 전체의 프로젝트 관리 문화가 필수적이다. 이를 기반으로 프로젝트의 비용과 일정, 품질의 3대 제약 사항의 균형적 달성 등을 포함한 대내외적인 이해관계자 관리와 거버넌스의 효율적 구축, 내부 및 외부 리스크와 불확실성 관리, 그리고 정치적 영향의 최소화 등이 메가프로젝트 성공을 위한 핵심 요인이라 할 수 있다. 또한 사업관리의 최신 트렌드인 드론, IoT, AI를 이용한 실시간 공정·품질 모니터링을 확대하는 디지털 전환(digitalization), 친환경 공법과 사회적 수용성 확보, 투명한 거버넌스 등을 강조하는 ESG 통합관리, 다수의 프로젝트를 체계적이며 복합적으로 관리하는 프로그램 관리 접근법, 빅데이터 분석을 통한 위험 조기 경보시스템을 도입하는 조기 위험 식별(early warning system) 등의 적용이 바람직하다 할 수 있다.

IV. EPM 과정에서의 메가프로젝트 연구

메가프로젝트의 성공 및 효율적 수행에 대해 서울대학교 공과대학의

EPM 과정에서는 세계프로젝트관리협회(International Project Management Association, IPMA)의 메가프로젝트 성공 요인 등에 관한 사례 연구를 소개하고, 옥스퍼드대학교의 『메가프로젝트 매니지먼트(The Oxford Handbook of Megaproject Management)』(2024)를 포함하여, 메가프로젝트 관리에 관한 전문서 『Leading Megaprojects – A Tailored Approach』(2020)와 『The Practitioner's Handbook of Project Performance』(2020) 등을 교재로 활용하여 연구 및 강의하고 있다. 또한 EPM 콩그레스에서 메가프로젝트 관리 및 일자리 창출, 메가프로젝트 연구의 국제적 추세, 공공 메가프로젝트의 수행방식 및 조직 중심 개선방안 검토 등을 주제로 연구 및 발표, 논의하였다.

해외의 경우 옥스퍼드대학교의 대학원 과정(MSc in Major Program Management)에서는 리스크 관리, 시스템 엔지니어링, 거버넌스와 이해관계자 관리, 리더십, 연구방법론, 성과관리, 세계화와 주요 프로그램에 대해 실무경력 최소 7년 이상의 프로젝트 경험자를 대상으로 학문적 접근보다는 실무 위주로 효과적인 관리 방법을 교육하고 있다.

제2장

국내외의 메가프로젝트 현황

01

세계를 놀라게 한 대한민국의 성장

I. '30-50클럽'에 들어선 대한민국

한국의 국내총생산(GDP) 규모는 2025년 기준 약 1조 8천억 달러로 세계 12위이다. 수출은 전 세계에서 6번째로 많고 외환보유액 규모는 세계 9~10위권이다. 한국은 2018년 1인당 국민소득(GNI)이 3만 1,349달러를 기록해 3만 달러 고지에 올라섰다. 1인당 국민소득은 한 나라 국민의 평균적인 소득·생활 수준을 나타낸다. 이 수치가 3만 달러를 넘었다는 것은 우리나라가 경제의 양적인 측면뿐 아니라 질적인 부분도 선진국 대열에 들어섰음을 뜻한다. 이전까지 인구가 5,000만 명 이상이면서 1인당 국민소득 3만 달러를 넘긴 나라는 미국, 독일, 영국, 일본, 프랑스, 이탈리아 등 6개국뿐이었다. 우리나라도 명실공히 '30-50클럽' 국가에 포함되었다.

우리나라는 한국전쟁 마지막 해인 1953년 1인당 국민소득은 67달러에 불과했지만 1960년대 이후 과감한 수출 지향 산업화 정책을 편 덕분에 고속 성장을 하였다. 1977년 1,000달러, 1994년 1만 달러, 2006년엔 2만 달러를 넘은 한국의 1인당 국민소득은 글로벌 금융위기를 겪으며

2009년에 2만 달러 밑으로 떨어졌지만, 이후 지속 성장하여 2024년에는 3만 6,624달러에 달했다.

II. 한국, 57년 만에 개발도상국에서 선진국으로 진입

유엔무역개발회의(United Nations Conference on Trade and Development, UNCTAD)는 2021년 제68차 무역개발이사회에서 한국을 선진국 그룹으로 지위를 변경하는 안건을 통과시켰다. 1964년 UNCTAD 설립 이후 개발도상국에서 선진국으로 지위를 변경한 사례는 대한민국이 처음이다. UNCTAD는 개발도상국의 산업화와 국제 무역 참여 증진을 지원하기 위해 설립된 유엔 산하 정부 간 기구로 195개 국가를 회원국으로 두고 있으며, 우리나라는 1964년 3월 가입했다. 아시아·아프리카 등 주로 개발도상국이 포함된 그룹 A, 선진국 그룹 B, 중남미 국가가 포함된 그룹 C, 러시아와 동유럽의 그룹 D로 구성돼 있다. 그동안 그룹 A에 속했던 우리나라는 이번에 그룹 B로 지위가 변경됐다. 이에 따라 미국 등 선진국이 속한 그룹 B는 31개국에서 32개국으로 늘어났다.

III. 세계 속 대한민국의 위상

요즘 해외에 나가면 대한민국의 높은 위상을 몸소 느끼게 된다. 삼성, LG, 현대 등 대기업들의 높은 글로벌 이미지와 역동적인 한국인들의 삶의 모습, 그리고 한국 드라마와 한류 스타들이 한국의 위상을 높이는 결정적인 요인으로 작용하고 있다. 특히 방탄소년단(BTS)은 한류를 전파하며 K-POP의 첨병으로 한류의 역사를 다시 쓰고 있다. K-뷰티(K-Beauty)의 약진도 대단하다. 이러한 한국의 힘은 어디서 나오는 걸까?

1983년 50도가 넘는 열사의 땅 사하라 사막의 지하수를 끌어올려 아프리카 북부 지중해 해안에 있는 도시들에 물을 공급한 동아건설의 리비아 대수로 공사는 대한민국 해외 건설 역사의 상징적인 성과로 기록되었다. 또한 2009년 완공된 아랍에미리트 두바이의 신도심 지역에 있는 높이 828미터의 마천루 부르즈 할리파는 2025년 현재까지도 세계 최고의 높이를 자랑하는 건축물로, 삼성물산이 건설에 참여하여 한국인의 저력을 보여 주었다.

그 밖에도 전 세계에 반도체와 휴대폰 그리고 고급 가전 시장에서 선전하고 있는 기업들과 아시아의 안방을 점령한 K-드라마와 영화(K-Film) 등 대한민국을 자랑스럽게 만드는 것이 많다.

한국의 총수출의 20%를 차지하고 한국의 경제를 이끌어가는 반도체의 해외 경쟁자는 누구인가? 휴대폰의 경쟁자는 누구인가? 자동차의 경쟁자는 누구인가? 한국의 가전과 조선, 전력, 건설 등의 경쟁자는 누구인가? 대부분 해외의 막강한 조직을 가진 글로벌 대기업들이다. 앞으로의 한국 경제는 대기업뿐 아니라 스타트업과 벤처기업의 젊은 사업가들이 이끌어야 할 것이다. 하지만 오늘날 자랑스러운 한국의 성장에 대기업들이 가장의 역할을 했음은 누구도 부인하지는 못할 것이다.

한국의 기업들이 좀 더 자유로운 환경에서 초원을 호령하는 사자처럼 세계시장의 강자가 되어 시장을 결정하는 날이 오기를 기대한다. 이 시점에서 가장 중요한 점은 정부의 적극적인 지원이다. 하지만 기업들도 이제 더욱 변화하는 글로벌 트렌드에 발맞추어야 한다. 대기업은 중소기업과 스타트업을 보호해야 하는 사회적 책임이 있고 영세상인의 상권에 진입을 자제해야 한다. 또한 중소기업이 하기 힘든 한국의 미래 먹거리에 과감하게 투자를 해야 하며 해외 진출에 더욱 박차를 가해야 한다. 동시에 기업가들은 더욱 투명하게 경영하고 사회의 다양성을 인정하며 환경에 대한 책임을 인식할 필요가 있다. 직원을 관리의 대상으로 생각하는 것이 아니라 파트너로 생각하는 시대가 도래했다. 사람은 근본적으로 관리의 대상이 아님을 인식해야 한다. 지금 한국의 기업들은 빠르게 변하는 세계시장의 변화를 따라가기 위해 미국, 유럽, 일본, 중국의 경쟁자들과 오늘도 고통스러운 경쟁을 하고 있다.

02

국내 메가프로젝트

최근 정부에서는 메가시티, GTX, 가덕도 신공항, 제주 제2공항 건설, 지상철도 지하화 등 대규모 메가프로젝트를 체계적으로 추진하기 위해 2025년 국정과제에 채택하였다. 이러한 대규모 메가프로젝트는 긴 사업기간과 대규모의 사업비, 다수의 이해관계자가 참여하는 특징을 가지고 있다. 국내에서 추진하고 있는 메가프로젝트 가운데 행정중심복합도시 건설과 주한미군기지 이전, 새만금 개발 등에는 전문적 사업관리자가 참여, 발주자를 대신하여 기획, 타당성 분석, 설계, 구매, 시공, 시운전, 운영 업무를 지원하고 있다.

이러한 전문적인 사업관리를 통해 정부나 지방자치단체 입장에서는 사업관리의 체계화와 효율성을 달성하여 국가 예산의 효과적인 집행 및 관리와 공공 후생의 향상에 기여할 수 있고, 민간사업자 입장에서는 계획된 공기 준수 및 사업비 절감을 통한 사업 수익 달성 목적으로 타 사업자와의 경쟁에서 우위를 확보할 수 있다.

국내에서 이미 수행된 메가프로젝트 중에서는 행정중심복합도시 건설, 인천국제공항 건설, 경부고속철도 건설, 새만금 개발, 원자력발전소 건설 등이 성공적인 사업관리를 수행했다고 인정받고 있다. 이는 외국

기업의 선진적인 사업관리 기술 도입과 함께 사업관리 경험이 있는 국내사와의 역할 분담으로 효율적인 업무를 수행한 결과라 할 수 있다. 국내에서 추진되었던 주요 메가프로젝트의 성과는 다음과 같다.

I. 행정중심복합도시 건설

행정중심복합도시(행복도시)는 22개 중앙행정기관과 21개 소속기관 등 총 43개 단위 기관과 16개 정부출연 연구기관이 이전해 73km^2 규모의 도시를 조성하는 대규모 국책사업이다. 지역의 균형발전과 수도권 집중의 해소를 목표로 하는 행복도시는 단계별로 추진되어 1단계는 2005년부터 2015년까지, 2단계는 2016년부터 2020년까지, 3단계는 2021년부터 시작하여 2030년까지 완료될 예정이다. 총사업비는 22.5조 원 규모로 기반시설, 관공서, 교육 및 문화, 주거 및 의료 시설 등이 건설되며, 2024년까지 약 16.6조 원이 투입되었다. 총 43개의 중앙행정기관 및 소속기관이 이전하였고 한국개발연구원 및 한국법제연구원, 세종 국책연구단지 등이 조성되었다.

행복도시는 「신행정수도 후속대책을 위한 연기·공주지역 행정중심복합도시 건설을 위한 특별법(행복도시법)」에 따른 장기간에 걸친 도시 건설사업으로, 2007년부터 프로그램 관리를 전문적으로 수행하는 민간 전문업체가 사업에 참여하게 되었다. 행복도시 건설프로그램은 프로그램 관리 정보시스템 구축, 프로그램 관리 범위 조정, 체계적인 인터페이스 및 거버넌스 구축이 주요 성과로 나타났다. 특히 이 프로그램은 국토교통부, 행정중심도시건설청(행복청), 6개 지방자치단체(충청남도, 충청북도, 대전광역시, 연기군, 공주시, 청양군), 한국토지주택공사, 한국전력공사, 한국도로공사, 한국지역난방공사 등 다수의 이해관계자가 참여하였다.

프로그램 관리는 체계 구축, 계획 수립, 사업관리 수행, 분석, 개선 및 조치로 이루어지며 이를 통해 계획된 관리 기준 공정표의 착수·종료 일정과 추진 현황 관리를 위해 매월 사업관리 리스트를 관련 부서에 배포하고 회신된 자료를 검토하여 일정 관리를 수행하였다. 프로그램 관리 회의를 통해 주요 현안을 발굴하고 해당 현안의 주요 쟁점에 대한 논의를 통해 각각의 이해관계자 간의 이해관계를 조정하고 개선하였다. 특히, 행복청 종합사업관리 통합관리체계(Multi-functional administrative city Program Administration System, MPAS)를 구축하여 공정, 사업비 집행 등 각종 건설정보를 취합, 분석, 평가하여 신속한 의사결정을 지원하고 체계적으로 의사소통했다.

정부기관, 지방자치단체, 공공기관, 공동주택, 커뮤니티 시설과 새로 건설되는 프로젝트 간의 간섭 조정, 공사 차량으로 인한 분진, 소음 등으로 인해 사용자들이 불편하지 않도록 종결관리를 수행하였다. 또한 다수의 프로젝트 수행 경험과 반복을 통해 지속적으로 개선하고 있다. 또한 사업에 관련된 이해관계자가 모여 정기적인 프로그램 관리 회의를 진행하여 공사 추진 현황 점검, 인수인계 문제, 공기 지연 요소와 프로젝트 간 인터페이스 문제와 여건 변화에 대한 리스크 관리와 이해관계 조정을 수행했다.

II. 인천국제공항 건설

아시아 경제 활성화로 인한 항공 환경 변화 및 국민소득 향상으로 인한 국제선 부문 항공 수요의 증가에 대비하고, 21세기 물류산업의 육성과 동북아 중심 공항으로서의 국제 경쟁력 확보를 위한 인천국제공항 건립 사업은 항공 수요의 증가에 따라 단계적으로 건설되고 있다.

인천국제공항 건설사업은 1992년부터 2029년까지 5단계로 진행되는 메가프로젝트로 총사업비는 약 23조 원이다. 2001년 개항을 시작으로

[표 2-1] 인천국제공항 건설사업 개요

구분	1단계	2단계	3단계	4단계	5단계(예상)	계
사업기간	1992~2001	2002~2008	2009~2017	2017~2024	미정	1992~
사업비(조 원)	5.63	2.96	4.93	4.18	6.00(예상)	23.7(예상)
부지(km^2)	11.7	9.5	1.1	1.7	23.3	47.4
활주로(본)	2	1	-	1	1	5
터미널/ 탑승동	여객1 화물1	화물 (확장) 탑승동	여객1	여객 (확장)	여객1	여객3 화물1 탑승1

2008년에 2단계, 2017년에 3단계 사업이 완공되었다. 2024년에는 4단계 사업이 마무리되어 연간 여객 1억 600만 명, 화물 630만 톤을 처리할 수 있는 명실상부 글로벌 메가허브 공항 대열에 합류했다(표 2-1).

특히 공항이라는 특수성을 고려하여 비정상적인 상황을 설정하여 준비된 비상 계획과 예비 계획의 적정성과 운영요원들의 대응체계를 점검하고 시뮬레이션을 통해서 공항의 처리 능력을 초과하는 상황에 대처하고 수화물 처리구간별 병목현상에 대해서도 해소 방안을 강구하였다.

III. 경부고속철도 건설

경부고속철도 건설사업은 [표 2-2]와 같이 1992년부터 2010년까지 2단계로 수행된 대규모 사업으로 사업비는 약 18.4조 원 규모이다. 한국고속철도건설공단은 대규모 고속철도 사업을 체계적이고 효율적으로 관리하기 위해 프로그램 관리 기법을 도입하였다.

경부고속철도 1단계 사업은 1992년에 시작하여 2002년에 공종별 목표에 도달한 이후 2003년 상반기에 노반시설, 전력설비, 궤도 등 모든 시설물 공사를 완료하고 2003년 5월부터는 광명-천안 구간에 고속차량

[표 2-2] 경부고속철도 건설사업 개요

구분	기본계획	1차 변경	2차 변경	
			1단계	2단계
노선	서울~천안~대전~대구~경주~부산	서울~천안~대전~대구~경주~부산	서울~천안~대전~대구~부산	서울~천안~대전~대구~경주~부산
거리	409km	430.7km	409.8km	412km
사업기간	1991. 8~1998. 8	1992. 6~2002. 5	1992. 6~2004. 4	2004. 5~2010. 10
사업비(억 원)	5조 8,462	10조 7,400	12조 7,377	5조 6,981
운행시간	101분	124분	160분	116분
주요 변경내용		- 서울, 대전, 대구역은 지상 기존역 개선 - 서울역~안양역 간 기존 경부선 이용 - 광명역 신설	- 대구~부산, 대전 및 대구 도심통과구간 기존선 전철 화하여 활용 - 서울역~광명역 간 기존철도 이용	- 대구~부산 신선 건설 - 경주역 신설 - 대전, 대구 통과 구간 지하 건설

을 실제 투입하고 시설물 성능시험을 시행하였다. 또한 2003년 10월 고속열차와 지원시설에 변전소 건설이 완료되어 총연장 409.8km에 이르는 1단계 전 구간에 대한 전력을 공급하였다.

KTX 차량은 2003년 10월부터 한국고속철도건설공단과 철도청의 합동으로 서울-부산 간 통합 시운전을 시행하였다. 첨단시스템으로 운영되는 고속철도는 기존 철도 운영시스템과 차이가 있어 사용 및 운영단계에 차질이 생기지 않도록 '운영준비 종합계획'을 수립하여 개통을 위한 사전 준비를 하였다. 운영준비 종합계획은 운영조직 및 인력양성, 운영체계 구축, 시운전, 유지보수, 인수인계, 개통준비 분야로 나눠서 추진하였다. 이를 위해서 고속철도를 운영할 수 있는 인력의 선발과 체계적인 교육을 수행할 수 있는 고속철도 운영 전문 인력 양성 프로그램을 추진하였다.

IV. 새만금 개발

새만금 개발사업은 전라북도의 군산시 비응도동부터 고군산군도의 신시도를 거쳐 부안군 변산면 대항리까지 총 33.9km에 이르는 새만금 방조제를 건설하고 방조제 내측에 매립지(291km²)와 호소(118km²) 등을 포함하여 총 409km² 면적(서울 면적의 2/3 규모)의 간척지를 조성하여, 이 권역을 글로벌 자유무역 중심지로 개발하는 대규모 국책 사업(총사업비 22.2조원)이다. 1991년 사업이 시작되어, 2010년 새만금 방조제가 완공되었고, 현재 새만금 기본계획(MP)에 따라 6개 용도별(국제협력, 산업연구, 관광레저, 농생명, 배후도시, 환경생태) 용지 개발이 추진되고 있으며, 새만금 신항만 및 남북·동서도로 등 기반시설 건설사업이 진행 중이다. 정부는 새만금 사업의 효율적 추진을 위해 2007년 「새만금특별법」을 제정하고, 새만금 사업을 전담하는 중앙행정기관인 새만금개발청과 공공기관인 새만금개발공사를 설립하였다.

V. 원자력발전소 건설

원자력발전소는 원자핵이 붕괴하거나 핵반응을 일으킬 때 방출되는 에너지를 이용해, 발전기를 돌려 전력을 생산하는 시설을 갖춘 곳이다. 물을 끓여 생성되는 수증기를 이용해서 터빈을 돌려 전기를 생산한다는 점에서는 화력발전소와 기본 원리는 유사하지만, 화력발전의 경우 석탄, 가스, 석유 등의 화석연료를 태워서 물을 끓이는 반면, 원자력발전은 핵분열에서 나오는 에너지를 이용해 물을 끓인다는 점이 다르다. 그러므로 화력발전은 온실가스의 배출이 많지만 원자력발전은 온실가스의 배출이 거의 없는 친환경 에너지라고 할 수 있다. 하지만 발전 과정에서 불가피하게 발생하는 핵물질 및 방사성 폐기물에서는 최소한 수백 년에서 수천

년 동안 위험한 방사성 물질이 방출되기 때문에 아주 엄격하게 관리하고 있다.

1995년 3월 한국 최초로 국내 산업체가 주도해 건설한 영광원자력발전소 3호기(한빛 3호기)가 상업 가동에 돌입했다. 영광원전 3호기의 성공적 가동은 전 세계 원전 산업계에서 한국의 원전 기술이 독자적 수행이 가능한 수준에 올랐음을 보여 주는 사례이다.

03

해외 메가프로젝트

1970년대에 발발한 오일쇼크로 국제유가가 폭등하면서 우리나라 해외 건설 사업은 빠른 속도로 성장했다. 1980년대에 우리 건설업체들은 중동에서 주로 토목 사업을 수행하였으며 1990년대에는 주요 활동 무대가 아시아로 확장되었다. 플랜트 비중을 확대하면서 2000년 이후에는 중동에서 다시 플랜트 건설이 활성화됨에 따라 중동이 우리의 주요 시장으로 자리 잡았다.

I. 세계 건설시장 규모와 우리 기업의 점유율

글로벌 시장조사 기업 IHS Markit에 따르면, 2025년 세계 건설시장은 2024년 대비 6.4% 성장한 약 15조 6,000억 달러로 지난해 글로벌 경제의 불확실성 속에서도 340억 달러의 수주실적을 달성한 우리 해외 건설은 세계 건설시장의 회복과 함께 올해에도 견조한 실적을 유지하며 수주 목표 달성을 위해 매진했다. 글로벌 건설시장 상황이 낙관하기 어려운 측면이 있지만, 주요 국가들의 공급망 재편에 따른 인프라 확충과 탄소 중립을 위한 에너지 전환 정책 등의 긍정적인 시그널이 있는 점을 고려해 우리 정부와 공공기관, 민간이 힘을 합쳐 적극적으로 수주활동을 펼친다면 수주 확대에 큰 도움이 될 것으로 분석된다.

II. '수출 1호' UAE 원전 상업 운전 달성

우리나라 원전 1호 수출인 아랍에미리트(UAE) 바라카 원전은 2024년 9월 4호기까지 상업 운전을 시작하며 전 호기 준공을 성공적으로 마쳤다. 모든 호기가 가동됨에 따라 원전 건설에서 원전 운영 및 정비(O&M)로 업무 중심이 이동하면서 초기 이상 징후를 차단하는 안정화에 초점이 맞춰진 조치다. UAE 전체 전력 수요 약 25%를 차지하는 바라카 원전이 성공적으로 안착하면서, 중동·동유럽 등의 원전 수출이 본격적인 탄력을 받고 있다. 우리나라는 2025년 6월 4일, 체코 신규 원전 건설 사업(두코바니 5·6호기)의 본계약을 공식 체결하며 2009년 UAE 이후 16년 만에 원전 수출의 쾌거를 이루었다. 이를 토대로 우리나라는 폴란드, 사우디아라비아 등 후속 수주전에서 미국, 프랑스 등 원전 선진국과 치열하게 경쟁하며 글로벌 원전 시장에서의 영향력을 지속적으로 확대하고 있다.

[표 2-3] UAE 바라카 원전 주요 일지

연도	내용
2009.	UAE 바라카 원전 수주
2012.	원전 건설 착공
2021.4.	1호기 상업 운전
2022.3.	2호기 상업 운전
2023.2.	3호기 상업 운전
2024.9.	4호기 상업 운전

III. K-City Network 글로벌 협력 프로그램

국내 스마트시티 경험과 우리 기업의 우수한 정보통신기술(ICT)을 해외에 확산하기 위한 'K-City Network 글로벌 협력 프로그램 공모를 통해 총 49건(26개국)의 사업을 선정했다. 선정된 사업은 도시개발형 18건, 솔루션형 계획 수립 16건, 솔루션형 해외실증 15건이다. 지역별로는 아시아 26건, 유럽·중앙아시아 10건, 중동·아프리카 7건, 중남미 7건, 북미 2건이 선정됐다. 선정된 사업에 대해 도시개발형은 4억~6억 원, 솔루션형 계획 수립은 2억~3억 원, 솔루션형 해외실증은 4억~6억 원 규모로 기본계획(MP) 또는 타당성조사(F/S) 수립과 초청 연수, 기업의 해외 실증을 지원한다.

IV. ITER 원자력 기술 선진국 수출

우리나라 원자력 연구진이 국제핵융합실험로(International Thermonuclear Experimental Reactor, 이하 ITER)에서 발주한 폐기물 처리 관련 대형 R&D 과제 수주에 성공, 국내 원자력 기술이 선진국에 수출했다. 한국, EU, 미국, 일본 등 7개국이 공동으로 개발·건설하는 국제핵융합실험로(ITER) 프로젝트 총괄 주관기관인 ITER 국제기구가 발주한 'ITER 폐기물의 핫셀(Hot-Cell) 처리기술 개발'과제에 원자력 선진국과의 경쟁을 거쳐 수행한 프로젝트는 금액은 약 387만 유로(약 55억 원)로, 이는 한국원자력연구원이 해외로부터 수주한 R&D 과제로서는 가장 큰 규모다. 이번 과제는 ITER 운전 중에 발생하는 방사성 폐기물 가운데 장수명, 중준위급 폐기물을 핫셀(Hot-Cell) 내에서 원격으로 처리하는 기술을 개발하는 것으로, 폐기물 특성 조사 및 절단, 삼중수소 측정과 제거, 저장 용기 검사와 제염 등 처리기술 전반에 적용되는 기술을 개발을 목표로 3년간 수행될 예정이다. 국제기구 프로젝트 수행을 통해 우리 기술력을 바탕으로 국제 공동 프로젝트인 ITER 장치 건설에 기여함과 동시에 국내 원자력 기술의 위상을 국제무대에서 인정받게 되었다.

V. 한국 건설사들의 기술력으로 완성한 세계 최장 현수교

튀르키예 차나칼레 대교는 유럽과 아시아 대륙을 연결한다. 2018년 4월 착공하여 총 48개월 동안 공사가 진행되었다. 총길이가 3,563m로, 주탑과 주탑 사이의 거리인 주경간이 세계에서 가장 긴 현수교다. 주경간의 길이는 튀르키예 공화국 건국 100주년인 2023년을 기념하기 위해 2,023m로 설계했다. 이전까지 세계 1위 현수교는 1998년 준공한 일본 아카시 해협 대교(주경간 1,991m)였다. K-건설이 완성한 현수교가 24년 만에 세계 1위 자리를 바꾼 것이다. 이 교량은 다르다넬스 해협을 사이에 두고 나누어진 차나칼레주의 랍세키(아시아측)와 겔리볼루(유럽측)를 연결한다. 유럽과 아시아를 잇는 튀르키예 서부의 유일한 연결고리로써 관광명소는 물론 세계적인 랜드마크로 자리 잡았다. K-건설은, 단순 시공에서 벗어나 사업 발굴 및 기획부터 금융 조달, 시공, 운영까지 담당하며 고부가가치 수익을 창출할 수 있는 글로벌 시장을 공략하게 되었다.

제3장

메가프로젝트 사례와 교훈

01

세계PM협회(IPMA) 메가프로젝트 대상 수상 초장대 교량, 인천대교

I. 메가프로젝트 인천대교

인천대교가 2009년 10월 16일 마침내 개통식을 갖고 대한민국 건설사에 새로운 이정표를 제시했다. 52개월의 건설 대장정을 마친 인천대교는 이날 요금소 광장에서 이명박 대통령과 정종환 해양수산부장관, 마틴 우덴 주한 영국대사 등 국내외 주요 인사와 시민 등 1천여 명이 참석한 가운데 개통식을 열었다. 일반 차량의 통행은 개통기념 걷기대회(17일)와 자전거 행진대회(18일)가 열린 후인 19일 00시부터 개시됐다.

인천대교는 인천국제공항과 인천송도국제도시를 연결한다. 인천대교는 2005년 7월 착공하여 2009년 10월 준공·개통함으로써 공사기간은 52개월이 소요되었다.

인천대교 프로젝트는 크게 민자구간과 연결구간으로 분리된다. 민자구간 사업시행은 에이멕(AMEC)·인천광역시·재무투자자의 공동 설립 법인인 인천대교(주)가 BTO 방식으로 진행했으며, 연결구간 사업시행은 한국도로공사가 맡았다. 시공사도 이 체제에 따라 민자구간은 삼성건설·대림산업·대우건설·GS건설·한진중공업·금호건설·한화건설 등

[그림 3-1] 인천대교 전경

7개 사로 구성된 삼성건설JV 컨소시엄이 참여했고, 연결구간은 코오롱건설·대림산업·현대건설·SK건설·두산건설 등 16개 사가 공사를 수행했다.

인천대교는 총연장이 21.384km이다. 인천대교(주)는 핵심교량인 사장교를 포함하는 해상교량 12.34km(왕복 6차로, 교량폭 31.4m, 주경간 800m) 구간의 공사를 담당했고, 한국도로공사는 육지와 교량의 연결구간인 9.04km(왕복 6차로~2차로) 구간의 공사를 맡았다.

여기에 투입된 사업비는 민자구간 1조 5,201억 원(민자투자금 7,739억 원, 정부보조금 7,462억 원)과 국고구간 8,628억 원을 합하여 총 2조 3,829억 원에 이른다. 인천대교(주)는 개통 즉시 운영을 시작하여 30년 동안 운영권을 갖는다.

1. 도전과 극복의 기록

1) 악천후와의 전쟁

인천대교가 지나는 인천 송도 앞바다의 기후는 건설현장의 작업 조건으로는 매우 열악한 편이었다. 바닷바람이 심하고 안개가 끼는 날이 많은데, 바람은 하루 중에서도 이른 새벽이냐 늦은 오후냐에 따라 세기와 방향이 바뀌어 예측하기 힘들었다. 하루에 두 번씩 바뀌는 조수 간만의 차는 평균 9.27m나 되고, 바닷물이 들고 날 때는 유속이 초당 1.27m에 달하여 해상 작업자에게는 위험하기 짝이 없었다. 물이 빠지면 배가 접안할 수 없어서 공사 진행이 아예 불가능했다. 비가 오거나, 안개가 끼거나, 파도가 심하게 쳐도 배가 출항할 수 없기는 마찬가지였다. 측경간 강상판을 가설할 때는 한겨울 해풍의 영향으로 체감온도가 10~15도나 내려간 추위에서 작업하기도 했다. 가뜩이나 짧은 공사 기간인데 이러한 악천후로 일정이 늦춰지면 그 부담은 고스란히 현장 작업자들에게 돌아갔다. 인천대교 프로젝트가 설계 단계부터 공사 기간을 더 단축시킬 수 있는 각종 첨단 기법·기술과 최신 대형 장비들을 대거 동원한 것은 이러한 악천후 등 돌발 변수들을 사전에 고려한 현명한 추진 전략이기도 했다.

2) 주요 기록들

인천대교는 사업규모가 2조 원이 넘는 세계적인 공사답게 유례없는 기록들이 대거 탄생했다. 주어진 기간 안에 공사를 잘 끝내야 한다는 책임감이 만들어 낸, 도전과 극복이라는 성격을 띠는 기록들이다.

2005년 6월 착공해 연인원 23만 명·중장비 4만 대를 투입하여 총연장 21.384km의 인천대교를 건설하는 데 소요된 기간은 불과 52개월이다. 총 7.3km의 서해대교를 건설하는 데 72개월이 걸린 것과 비교하면 획기적으로 줄어든 기간이다. 교량에 관한 최신 첨단 기술과 공법을 집약하고, 설계와 시공을 동시 진행하는 패스트트랙(fast track) 방식을 적용하여 얻은 성과다.

공기를 줄이는 데 기여한 대표적인 공법은 일괄가설법인 FSLM(Full Span Launching Method)공법이다. FSLM공법은 인천대교 고가교와 접속교에 적용된 조립식 상판을 육상에서 제작해 설치할 때 적용됐다. 1경간(교각 간 거리)에 해당하는 상부구조물 전체를 육상의 제작장에서 미리 제작한 후 정해진 위치에 거치시키는 공법으로, 제작장에서 미리 만든 상판은 바다 위에서 해상 크레인을 이용해 거치할 위치로 옮겼다.

제작장에서 만드는 상판은 이틀에 하나씩 생산됐다. 이것을 현장에서 직접 콘크리트를 타설하는 방식으로 만들면 최소 한 달가량 걸린다. 상판은 길이 50m, 폭 16m, 두께 3m에 무게가 1,400톤에 달하는 대형 콘크리트 구조물로, 인천대교에는 이런 상판이 모두 336개 설치됐다. 이를 통해 인천대교는 3개월이나 공기를 단축했다.

인천대교에는 세계에서 처음 선보이는 기법이 대거 동원됐다. 우선, 교량 기초(RCD Pile)가 주목할 만하다. 기존 장대교량의 주탑 기초 시공은 주변을 대형 원통으로 둘러싸고 물을 퍼낸 후 교각을 세우는 가물막이 방식을 적용해 왔는데, 이 방식은 공사비가 많이 들고 공기가 늘어난다는 단점이 있었다. 하지만 인천대교는 바다 밑으로 말뚝(파일)을 박고 이를 기초로 교각을 세운 뒤 교각 사이에 상판을 올리는 방식으로 공사했다. 보통은 교각 기초를 다지기 위해 물막이 공사를 한 후에 물을 빼내고 공사하지만, 인천대교 주탑 2개는 물막이작업 없이 지름 3m의 대형강관 24개를 제각기 바다에 심어 기초를 세웠다.

특히 인천대교에서는 말뚝의 지지력을 확인하기 위한 재하(在荷)실험을 실시했는데, 이 실험이 세계적인 이목을 끌었다. 재하실험의 압축하중이 세계 최대 규모인 3만 톤이나 됐던 것이다. 이 실험 결과를 바탕으로 인천대교는 5만 톤 이상의 설계 하중을 지지하기 위해 직경 3m의 현장 타설 말뚝 24개를 주탑 기초로 시공해 공사 기간과 공사비를 크게 줄일 수 있었다.

그런가 하면 인천대교는 국내 처음으로, 세계 최대의 돌핀형 충돌방지공을 설치했다. 이 장치는 충돌방지공을 2개의 주탑과 주변 교각 일부를 둘러싸는 형태로 바다에 심어 선박이 교각에 직접 충돌하는 것을 막아 준다. 총 38개나 되는 충돌방지공은 10만 톤급 대형화물선이 10노트의 속력으로 충돌할 경우에도 교각을 안전하게 보호할 수 있다.

인천대교의 핵심 교량인 사장교는 구간 길이가 1.48km, 중앙경간이 800m로 국내 최장, 세계 5위 규모로, 10만 톤급 선박이 인천항 주항로를 통과할 수 있다. 주탑과 상판을 지지하는 케이블은 양면 총 208개가 설치됐고, 그 종류도 직경 97mm에서부터 153mm까지 다양하다.

II. 인천대교 사업의 배경과 필요성

인천대교 프로젝트는 대한민국 정부의 동북아 경제중심 추진전략과 인천광역시의 지역발전 개발전략이 결합된 다중 목적의 교통망 확충 사업이다. 동북아 경제중심 추진전략은 중국 개방 이후 교역량이 급팽창한 동북아 경제권의 주도권 경쟁에서 주변국보다 앞서 나가기 위한 미래전략 성격을 띤다. 인천대교 건설은 그 실현 방안으로 도입한 인천경제자유구역 개발의 일환이다. 한편 인천광역시는 인천국제공항을 송도국제도시와 연계한 시너지 효과를 확산시켜 인천 지역발전을 도모한다는 계획을 세우고 그 핵심 기반시설 확충 사업으로서 인천대교 프로젝트를 추진해 왔다.

1. 동북아 경제중심 추진전략과 실현방안

1995년 세계무역기구(WTO) 출범 이후 세계화 진전에 따른 무한경쟁 체제에서 대한민국이 직면한 지정학적 입지는 진퇴양난의 형세였다. 세계 3대 교역권으로 급부상한 동북아에서 대한민국은 거대 잠재력을 보유한 중국의 도전과 기술 우위를 앞세운 일본의 견제 사이에서 갈수록 위기가 증폭되는 상황에 처해 있었다. 경제학자들은 이렇게 두 나라의 틈에 끼여 생존이 위협받는 형국을 '한국적 위기(Korean crisis)'라고 표현했다.

이러한 상황을 돌파하기 위하여 한국 정부는 국가 경쟁력 제고를 위한 '동북아 경제 중심 전략'을 수립하여 추진해 나갔다. 이 전략은 ① 21세기 새로운 성장 동력으로 IT산업을 비롯한 첨단산업, 물류·금융 등 고부가가치 산업의 복합 발전을 추구하며 ② 인천·부산·광양 등 비즈니스 거점 개발 지역과 각 지방의 산업 클러스터와의 연계를 통한 국토의 균형발전과 국가 경제의 활력을 도모함으로써 동북아 교역권에서 대한민국의 경제 위상을 높인다는 내용이다.

정부는 이를 위해 '선택과 집중'을 사업추진의 기본 방향으로 잡아, 국제공항과 항만 등 기반 인프라를 갖춘 인천을 부산과 광양에 앞서 2003년 8월에 경제자유구역으로 지정했다. 인천대교 프로젝트의 배경이 되는 이 경제자유구역 개발계획은 정부가 1990년대 중반부터 구상해 온 동북아 경제중심 추진전략의 실현 방안으로 수립되었다.

'경제자유구역'이라는 개념은 1999년 국토종합계획에서 제시한 '개방형 국토거점'에 뿌리를 두고 있다. '국내의 여타 지역에서 일반적으로 적용되지 않는 일단의 정책 수단을 통하여 규제를 완화하는 한편, 각종 혜택을 부여함으로써 수출입 및 투자 등 특정한 종류의 경제활동을 장려하는 제한된 범위의 지리적 공간'이라고 정의한 이 개념은 당시 중국의 푸둥, 싱가포르를 참고하여 우리나라에서도 새로운 정책 수단이 필요함을 환기했다.

초기의 구상을 바탕으로 정부는 2000년 21세기 국가 비전으로서 개방형 통상국가 추진전략의 개요를 마련하고, 2001년 국토종합계획에서 '세방화(glocalization) 시대의 신개방 국토거점 육성방안'을 수립했다. 이어,

경제특구 설치의 필요성을 제기해 온 기업, 협회, 연구기관 등의 의견을 수렴하여 2002년 1월에 '동북아 비즈니스 중심 국가 육성을 위한 기본구상'을 발표, 그 후속 조치로서 2002년 4월 기본계획(마스터플랜)을 확정지었다. 이 기본계획을 통하여 인천국제공항·광양항·부산항을 동북아 물류허브로 육성하고, 그 배후지인 인천·광양·부산을 경제특구로 지정하여 동북아 비즈니스 거점으로 개발한다는 구상이 구체적인 윤곽을 드러냈다.

이어 정부는 경제특구를 지정하기 위해 2002년 8월 경제특구 특별법을 입법 예고하고, 11월 국회가 「경제자유구역의 지정 및 운영에 관한 법률」을 최종 의결하여 12월 30일에 이 법률을 공포했다. 정부가 오랫동안 구상해 온 '동북아 비즈니스 중심국 실현'의 방안은 이 '경제자유구역'이라는 형태로 집약된다. 이를 근거로 2003년 8월에는 인천을, 10월에는 광양과 부산을 각각 경제자유구역으로 지정 고시하여 동북아 경제중심국 실현의 첫걸음을 내딛게 되었다.

2. 새로운 연륙교의 필요성 대두

인천광역시는 1980년대 중반부터 연안 매립을 통한 송도·영종·용유 일대의 신도시 건설을 구상하면서 영종지구와 인천 도심부를 잇는 연륙교의 필요성을 인식하고 있었다. 송도신도시 건설은 인천국제공항 건설과 인천경제자유구역 지정에 앞서 당초부터 인천광역시의 독자적인 지역개발 계획으로 꾸준히 추진돼 온 사업이었다.

인천광역시는 1986년 송도지구 신도시 조성계획을 수립해서 장기 지역발전 프로그램을 미리 마련해 두었고, 1989년 1월 영종도와 용유도를 인천에 편입하여 신공항 건설과 연안 매립을 통한 신도시 개발을 준비했다. 이후 1989년 6월 연수구 동춘동 일원의 공유수면(535만 평) 매립 기본계획을 세우고, 1990년 11월 해양수산부에서 송도신도시 공유수면 매립이 승인되자 1994년 9월 신도시 조성공사에 착수하며 사업추진을 본격화했다.

이렇게 신도시 조성사업이 진행되는 동안 정부의 인천국제공항 건설계획이 발표되면서, 영종과 송도 두 지역을 잇는 연륙교의 필요성이 더욱 강조되는 분위기로 진전되었다. 그러나 1990년대 초 발표된 수도권 신공항 건설계획에는 신공항과 서울을 연결하는 고속도로와 철도를 동시에 건설한다는 내용만 포함되었을 뿐, 신공항에서 인천을 포함한 수도권 남부로 연결하는 교통망 확충 방안은 마련되지 않은 상태였다.

이 계획에 따르면 신공항에서 뻗어 나가는 제1연륙교(영종대교)를 경유하는 8차선의 인천국제공항고속도로는 서울 북부지역 여행객들에게 편리한 노선이 되겠으나, 남부지역 특히 서울 남부와 인천 및 그 주변지역의 도시민들을 위해서는 인천항을 횡단하는 또 다른 교량이 필요했다. 또, 영종대교를 경유하는 노선은 인천 북단의 일부를 경유하고 있음에도 인천 도심부와의 연계 효율성이 낮아서, 인천국제공항을 지역에 품고 있는 인천광역시로서는 개항 효과를 충분히 누리지 못하는 한계가 있었다.

3. 인천경제자유구역 지정과 개발계획

2002년 말 「경제자유구역의 지정 및 운영에 관한 법률」이 공포되자 인천광역시는 송도지구, 영종·용유·무의 지구, 김포지구 등에 대하여 경제자유구역 지정을 신청했다. 이를 심사한 재정경제부는 송도·영종·청라를 묶어 우리나라 최초의 경제자유구역으로 지정했다.

이러한 인천경제자유구역 지정에 따라 인천광역시는 송도(연수구), 영종(중구), 청라(서구) 등 총면적 6,336만 평의 지역을 묶은 삼각 개발전략으로써 1단계를 2008년까지, 2단계를 2020년까지 나누어 개발한다는 계획을 수립하여 시행해 나갔다. 송도지구는 국제 비즈니스와 IT 등 첨단산업을, 영종지구는 항공물류·특송화물·관광산업을, 청라지구는 금융·국제업무·레저산업을 핵심적으로 개발하기로 방향을 잡았다. 마침내 2004년 11월, 최초의 경제자유구역 사업인 송도국제도시 개발이 착공되었다. 이와 더불어 송도국제도시와 인천국제공항을 잇는 교통망 확충의 필요성은 더욱 높아졌다.

III. 인천대교 프로젝트 추진

1. 인천 해저터널 타당성조사

1980년대 후반 공표된 수도권 신공항 건설계획은 인천 지역발전계획에도 영향을 미쳤다. 인천광역시로서는 장차 들어설 신공항 개항의 효과 때문에 영종지구과 인천 도심부를 직접 연결하는 새로운 교통망 확충의 필요성이 더욱 커진 것이다. 이에 인천광역시는 제2연륙시설 건설의 기초자료를 수집하기 위한 연구조사에 들어갔다. '인천 해저터널 타당성조사'는 구상 차원에 머물던 연륙시설 건설계획이 실행 단계로 진전되는 첫걸음이었다.

인천광역시가 1992년 6월부터 1994년 2월까지 실시한 제2연륙시설 타당성조사는 연륙시설 형태가 당초에 해저터널 시공을 전제로 구상됐음을 보여 준다. 이 조사는 교통수요 예측, 예비기술 검토, 대안노선 설정, 해저지층 탐사와 지반 조사, 최적노선 선정과 단계별 연륙방안, 기본계획, 집행계획 등 제반 관련계획에 대한 검토와 분석을 다루었다. 경제성 분석은 물론이고 국가안보 문제와 선박통행 문제까지 포함하는 광범위한 연구작업이었다.

이 조사의 종합보고서는 비록 해저터널 시공을 전제로 연구가 이루어졌지만, 당시 연륙교 건설의 타당성에 대한 상세한 분석과 함께 적정노선과 시공법을 처음으로 제시했다는 점에서 의의가 있다. 이 종합보고서의 내용을 요약하면 다음과 같다.

- 신공항 건설과 그 배후단지 개발이 진행 중이므로 연륙 교통수요는 증가 추세에 있다. 건설될 신공항고속도로(제1연륙시설)와 기존 고속도로 교통망으로 2008년까지는 교통 처리가 가능하겠지만 그 이후에는 더욱 혼잡해져서 2020년에는 총 14차선 도로가 필요할 것으로 예상된다. 2008년까지 새로운 연륙시설을 건설할 필요가 있다.
- 1994년 조건에서는 아암도와 신촌부락을 연결하는 고속도로화 직선노선이 대안노선으로 최적이다. 이 노선은 신공항고속도로의 교통수요를 분담할 뿐만 아니라 수도권 남부지역에 대한 접근성을 높여 교통량을 분산하고, 유사시 접근시설을 제공하며, 기존 고속도로망과 연계함으로써 광역 접근성을 향상시킨다. 특히 인천도심부와 영종지구 간의 접근성을 제고하여 전반적인 교통 효율과 경제성이 가장 우수한 노선으로 분석된다.
- 대안 공법으로는 터널공법과 교량공법을 함께 검토했다. 주 항로 구간을 해저터널로 하고, 이 터널 양단에 인공섬을 구축하여 영종도와 인천도심부를 각각 교량으로 연결하는 방법이 기술·경제 면에서 타당하다고 판단된다.
- 해저터널 개통 시기는 2009년이 최적이라고 판단되지만 추가 연륙시설 필요 시기가 2008년이므로 조기 착공이 바람직하다.

2. 구상 변경과 노선 규모 확대

인천광역시는 이 종합보고서 내용을 바탕으로 처음에는 해저터널 시공계획을 수립했다. 그런데 이 계획은 건설교통부를 비롯한 여러 관련 부처와 협의하는 과정에서 해상교량 시공과 비교되는 여러 문제가 지적되면서, 해당 계획은 해저터널과 해상교량을 놓고 뜻하지 않은 비교 논란에 빠져들었다. 해저터널은 막대한 시공비, 해상교량의 1.5배나 되는 공사 기간, 시공시 일부 항로 폐쇄, 연약한 지반층, 높은 유지 관리비 등의 문제가 거론되었고, 해상교량은 상대적으로 낮은 시공비와 함께 교량 자체의 상징성과 관광 효과가 무시할 수 없는 장점으로 부각되기도 했다.

비교 논란이 점점 뜨거워지는 가운데 여론의 향방은 해저터널보다 해상교량 쪽으로 기울었다. 관련 논의가 진행되는 동안 1995년 11월 21일 『경인일보』는 '해저터널 특집'에서 해저터널 시공의 막대한 공사비 문제를 집중 조명했고, 이를 계기로 경제성 좋은 현수교 시공이 더 낫다는 주장이 힘을 얻었다. 결국 인천국제공항 건설과 송도국제도시 조성 공사가 한창이던 1996년 7월, 해저터널 구상은 폐기되었고 해상교량을 건설하는 쪽으로 가닥이 잡혔다.

건설방향을 바꿔 수립한 기본계획에 따르면, 해당 노선은 인천항 개항 100주년 기념탑(현재 철거)에서 영종 운남JC를 연결하는 왕복 6차선 도로로, 총길이 11.8km의 현수교 형식의 해상교량으로 구상되었다. 인천광역시는 이 계획을 추진하는 데 사업비 8,500억 원을 책정하고 공사 기간을 약 6년으로 잡았다.

이 계획을 심의한 재정경제원은 1997년 4월 총길이 11.8km 중 현수교 구간을 1.6km로 잡아 사업비를 5,200억 원으로 조정하고, 연륙시설 건설의 필요성을 인정하되 민자유치방식으로 사업을 추진할 것을 확정했다(재정경제원 고시 87-14호). 이에 따라 인천광역시는 1997년 5월부터 국방부·해양수산부 등 정부 부처와 제반 협의에 들어갔고, 6월에는 내무부에서 지방재정 투융자사업 중앙투자심사를 받았다.

이 과정에서 인천광역시는 해상교량으로 변경하여 수립한 이 제2연륙시설 건설계획을 재검토한 결과 신도시 개발계획과 상충되는 요소가 있다고 판단하고, 신공항 배후단지와 송도신도시를 직접 연결하는 노선으로 건설계획을 수정했다. 이 수정계획에 따르면 규모가 총길이

14.6km(현수교 구간 2.3km)로 늘어나면서 예상사업비가 1조 5,200억 원으로 증가한다.

한편 해양수산부와 국방부는 해상교량 형태의 건설계획에 관한 재고를 요청했다. 해양수산부는 운항선박의 시야를 차단하거나 레이더 판독을 방해하여 선박의 안전운항이 방해받는다는 이유를 들었으며, 국방부는 유사시 피폭으로 인한 항로 차단으로 군의 해상작전에 중대한 지장이 초래될 가능성이 있다고 지적했다.

결국 인천광역시가 이 사업을 인천국제공항 1단계 개항 후에 추이를 살펴 진행하겠다고 결정하면서 연륙시설 건설계획의 추진은 사실상 유보되었다. 국방부와 해양수산부가 제기한 문제에 대하여 1998년에 이르기까지 명확한 대안을 찾지 못했고, 한편으로는 수정계획상의 재원 확보에 어려움을 예상했기 때문이었다.

영종지구와 인천도심부를 잇는 제2연륙교 건설은 인천광역시의 지역발전전략에서 빠뜨릴 수 없는 숙원사업이지만 규모가 커서 그동안 인천광역시 재정으로는 사업추진을 충분히 뒷받침할 수 없었다. 그러다가 1998년 12월 「사회간접자본시설에 대한 민간투자법」 개정안이 국회에서 통과되고 1999년 2월 제10회 수도권 행정협의회에서 인천 연륙교의 조기 건설을 촉구하는 공동건의문이 채택되는 등 사업추진에 유리한 분위기가 형성되었다. 이어 1999년 4월 정부가 이 사업을 국가사업으로 전환하기로 받아들이면서 제2연륙시설 건설 추진은 새로운 양상으로 전개되었다. 해상교량이 유사시 군 작전에 지장을 초래할 우려가 있다는 국방부의 주장에 대하여 해군기지 자체를 송도 신항만에 새로 건설한다는 대안을 제시함으로써 의견 조율의 실마리를 잡게 된 것이다.

3. 외자 유치와 사업추진 본격화

1) 외국자본의 직접 투자와 인천대교(주) 설립

인천 제2연륙시설 건설 추진이 새로운 동력을 얻게 되는 중대 전환점은 대한민국과 캐나다의 투자약정 체결이라고 볼 수 있다. 김대중 대통령이 캐나다를 방문한 1999년 7월 5일, 양국 정상은 상호간의 투자약정을 체결하고 양국의 경제협력을 약속했다. 이를 계기로 캐나다 굴지의 설계 및 시공 회사인 아그라(AGRA)가 인천 제2연륙교 건설에 투자할 의향이 있다고 표명하면서 건설사업 추진이 급물살을 타기 시작했다.

아그라의 투자 의사는 정부의 실무 협의를 거쳐 건설교통부와 아그라 사이의 투자의향서 서명과 교환으로 이어졌다. 1999년 9월 8일 이건춘 건설교통부장관과 피어슨(H. William Pearson) 아그라 사장은 주한 캐나다대사가 배석한 가운데 건설교통부 대회의실에서 인천국제공항과 송도신도시를 연결하는 제2연륙교 건설 민자유치를 위한 투자의향서에 서명했다.

투자의향서에 따르면, 아그라는 이 프로젝트에 소요되는 비용을 약 12억 달러(미화)로 추정하며 민간투자법에 의한 제반 절차에 따라 사업시행자로 지정될 경우 2001년 6월까지 프로젝트 파이낸싱을 완료하겠다고 약속했고, 건설교통부는 프로젝트 추진에 대한 행정지원 등 협조를 명시했다. 아그라가 국내 출자 파트너를 선정하여 프로젝트 시행사를 설립하고 1999년 11월까지 민자유치사업 제안서를 정부에 제출한다는 내용도 포함되었다. 국내 주요 언론은 사회간접자본 시설분야의 외자 유치로는 사상 최대이면서 외국자본의 직접 투자는 국내 최초이며, BOT방식으로 시행된다는 점을 기사의 주요 내용으로 다뤘다.

다음날인 1999년 9월 9일에는 인천광역시와 아그라가 프로젝트 시행사를 설립할 경우 인천광역시가 지분을 출자한다는 것을 주요 내용으로 하는 투자양해각서를 교환했으며, 이를 근거로 같은 해 11월 인천광역시는 민관합동법인 설립계획을 확정했다. 이러한 사전 준비를 거친 뒤인 1999년 12월 23일, 인천광역시와 아그라가 합작하여 인천 제2연륙시설 사업을 전담할 인천대교(주)를 출범시켰다.

인천대교(주)는 아그라 51%, 인천광역시 49% 지분구조의 설립자본금 10억 5천만 원으로, 본사를 서울특별시 서초구 서초동 1462-7번지 대호빌딩에 두고 출범했다. 인천대교(주)는 설립과 동시에 인천 제2연륙시설 사업계획을 수립하고, 2000년 2월 총사업비 1조 400억 원 규모의 민간투자사업 제안서를 정부에 제출함으로써 본격적인 사업추진에 돌입했다.

2) 사업시행사 선정과 환경변화

2000년 4월 영국 유수의 건설 엔지니어링 기업인 에이멕(AMEC plc)이 아그라를 인수 합병함으로써 인천 제2연륙교 사업팀에는 '새로운 강점과 힘의 자원'이 밀려왔다. 이에 따라 제안 팀의 구성에도 변화가 생겼다. 제안서 제출자로서 에이멕의 브리안 벤츠 부사장이 대표를 맡고 김수홍 마케팅 대표가 사실상의 사업 제안을 담당하여, 산하 조직체계를 프로젝트 파이낸스·상업 및 법률·사업 제안·건설 등의 4개 부문으로 나누었다.

민간투자사업 제안서는 민간투자심의위원회와 민간투자지원센터(PICKO)의 의견을 수렴하여 2000년 8월에 관계기관 합동회의에 회부되었다. 관계기관 합동회의는 건설교통부, 기획예산처, 재정경제부, 해양수산부, 민간투자지원센터 등으로 구성된 심의기구이다. 이어 10월과 11월에 건설교통부와 기획예산처의 심의가 각각 진행됐다.

민간투자사업을 제안한 인천대교(주)가 우선협상대상자로 선정된 것은 2001년 7월이었다. 2001년 3월 기획예산처가 민간제안사업 추진안을 의결하고, 이어 4~6월에 건설교통부가 민간제안사업 제3자 제안을 공모하여 다수 기업에 사업 참여 기회를 부여하는 절차를 거친 다음이다.

이 무렵은 한국 정부가 IMF 구제금융 195억 달러를 조기에 상환할 만큼 국내 경제 여건이 개선되어 국내 자본도 여력이 커진 시기였다. 자연스럽게 국내 자본의 활용 요구가 높아지면서 우호적 금융정책의 당위성도 제기되고 있었다. 이러한 변화는 다시 민간투자사업에 대한 재무투자자의 관심을 불러일으키면서 재원 확보에 더욱 유리한 환경을 조성했다.

2003년 6월 13일, 마침내 인천대교(주)는 총사업비 9,065억 원의 규모로 국토해양부와 실시협약을 체결함으로써 사업시행자로 지정되었다. 사업시행자가 협약체결 이후 신규투자자를 물색하여 재원을 확보한다는 조건이었다.

IMF 관리 체제 아래의 외환위기 극복 과정에서, 국내 시장의 무분별한 개방과 함께 외국자본에 대한 과도한 지원은 급기야 '론스타 사태'와 같은 외국자본의 단기투기성 폐해를 초래하기도 했다. 이에 따라 반(反)외국자본 정서가 확산되면서 내국 자본 육성의 필요성이 새삼 부각되었다. 외자 유치보다는 국내 민간자본을 활용함으로써 국내 산업을 보호하는 한편 투자 선순환을 촉진해야 한다는 주장에 광범위한 공감대가 형성된 것도 이 무렵이었다.

정부는 이러한 여론을 반영하여 국내 자금 유동화 방안과 국외 단기자본에 대한 방어전략을 수립하여 대응하고, 인천 제2연륙교 건설사업에서도 정부 정책에 맞는 최선의 금융 구조를 확립한다는 방침을 세웠다. 이에 인천 제2연륙교 프로젝트는 고이율(高利律) 외자도입에 의한 사업추진을 지양하고 국내 자본의 활용을 통한 조달이율의 인하를 유도함으로써 2000년 불변가 기준 8천 원~1만 원으로 예상되는 통행료 부담을 획기적으로 낮출 계기를 마련했다. 관례에 따라 정부가 당초 목표수익률(17.2% 이상)을 확정했다면 외국자본에 대한 퍼주기식 정책에 대한 비난과 정부의 부담 증대는 피하기 어려웠을 것이라는 예상이 설득력 있게 받아들여지던 때였다.

3) 시공사 선정

인천 제2연륙교 시공사 선정은 국내 민간투자사업 역사상 주목할 만큼 투명하고 공정한 입찰 절차를 통해 이루어졌으므로 그동안 민간투자사업에서 끈질기게 나타났던 입찰 없는 선정, 불투명한 절차 등의 문제점을 극복한 모범 사례로 평가받는다.

사업시행자로서 인천대교(주)는 2004년 3월 설계/시공사 사전 자격 심사를 완료하고 두 달 후인 5월에 시공사의 우선협상대상자 선정을 위한 경쟁입찰을 실시, 2004년 5월 24일 시공사를 선정했다. 입찰에 참가한 2개 컨소시엄은 각각 8,497억 원과 1조 1,495억 원의 입찰가격을 제출하여 약 3,000억 원의 차이를 보였는데, 더 높은 금액을 제출한 삼성물산 JV가 낙찰되었다. 삼성물산 JV는 삼성물산 건설부문, 대림산업, 대우건설, 한진중공업, LG건설, 한화건설, 금호건설 등 7개 사로 구성된 컨소시엄이다.

입찰가격을 더 높게 쓴 삼성물산 컨소시엄이 낙찰된 것을 두고 납득하기 어렵다는 의혹이 제기되어, 국회 건설교통위원회 소속 일부 의원들이 자료 요청을 하는 등 국정감사의 쟁점으로 떠오르기도 했다.

더 높은 가격을 제출한 업체가 우선협상대상자로 선정될 수 있었던 이유는 사실 간단했다. 낮은 입찰가격에 높은 점수를 주는 방식이 아니라 적정가격에 높은 점수를 주는 방식을 택했기 때문이다.

국제적 설계시공일괄입찰(턴키) 방식으로 진행된 입찰 과정에서 평가 요소는 5가지 분야로 구성되었으며, 각 분야 점수를 합산한 최종 결과 삼성물산 컨소시엄이 더 높은 점수를 받았다. 인천대교(주)는 시공사 선정 과정을 투명하고 공정하게 진행하기 위하여 상업·기술·공정·일반·혁신 5개 분야로 나눠 이 분야의 전문가들로 구성된 검토위원회를 구성해 심사를 진행했다.

로비는 원천적으로 불가능했다. 분야별 심사가 각각 다른 관련 전문기업에서 진행됐을뿐더러 심사 장소도 서로 다른 곳이었기 때문이다.

우선 가격의 적정성을 심사하는 상업검토위원회는 건설사업 컨설팅 분야에서 세계적으로 유명한 싱가포르의 데이비스 랭던 앤 시어(Davis Langdon & Seah)에 의뢰해 그곳 사무실에서 심사를 진행했다. 상업검토위원회는 자체적으로 정한 심사 기준에 따라 종전 국내 턴키공사의 평균 낙찰가를 종합적으로 고려하여 적정가를 산정하였으며, 이 과정은 모두 독립적으로 수행되었고 인천대교(주)는 전혀 관여하지 않았다.

공법과 시공능력 등을 평가하는 '기술검토위원회'는 사장교 분야에서 최고로 꼽히는 버클랜드 앤드 테일러(Buckland & Taylor)에 의뢰해 사장교의 아버지로 불리는 피터 테일러가 직접 심사에 참여했으며, 캐나다 토론토에서 심사를 진행했다. 공기(工期)의 적합성을 평가하는 공정검토위원회 역시 버클랜드 앤드 테일러가 맡았다.

이와 같이 각 분야 최고 전문가에 의한 독립적인 심사 방식은 그동안 발주자가 임명한 대학교수들에 의해 구체적인 기준 제시 없이 밀실에서 진행돼 로비 의혹이 끊이지 않았던 과거 턴키 심사와는 질적으로 달랐다.

이러한 조건 아래 진행된 5개 분야 심사에서 삼성물산 컨소시엄은 생애주기 전체의 경제 분야에서 만점을 받고 기술과 공정 분야에서도 다른 컨소시엄보다 앞서, 큰 점수 차이로 우선협상대상자로 선정됐다.

이렇듯 사업시행자가 경쟁입찰 없이 컨소시엄을 구성하는 건설사들을 대상으로 시공 물량을 배정하는 기존 민간투자사업의 관행에서 인천대교(주)가 경쟁입찰을 도입해 시공사를 선정한 것은 획기적인 일이었다.

IV. 기본계획 수립과 건설 대장정 시작

1. 주경간 폭에 대한 시각

1) 중앙부처의 다양한 견해

인천대교 건설의 기본계획을 수립하는 동안 인천 지역사회의 관심이 집중된 가장 큰 이슈는 주경간 폭을 결정하는 문제였다. 우선 인천광역시와 경제자유구역청, 중앙부처인 건설교통부와 해양수산부의 시각이 서로 달랐고, 여기에 인천 시민사회의 의견까지 더해지면서 유사하거나 상충되는 의견들을 조정하고 조율하는 과정은 상당히 복잡한 양상을 띠었다. 다양한 의견이 제출된 만큼 그 논의는 오랜 기간에 걸쳐 진행되었다.

인천광역시가 제2연륙시설의 건설계획을 당초에 구상했던 해저터널에서 해상교량으로 변경했던 1997년 무렵에는 교량 방식으로서 현수교를 염두에 두고 있었다. 이에 대하여 관련 중앙부처들은 1999년까지 3년여에 걸쳐 협의에 협의를 거듭했는데, 이때의 논의들은 주로 '해상' 건설로 발생할 문제를 둘러싸고 전개됐다.

해양수산부는 해상교량이 운항선박의 시야를 차단하고 레이더 판독을 방해해 선박의 안전 운항에 지장을 초래할 수 있다고 지적했고, 국방부는 유사시 해상교량이 피폭되면 항로가 차단되는 문제가 생겨 군 작전에 중대한 방해 요소가 될 가능성을 우려했다. 한편, 막대한 시공비 문제는 건설교통부가 집중했던 주요 관심사였다. 그런데, 1999년 6월 인천광역시와 국방부가 송도 신항만 건설지역으로 해군기지를 이전하기로 의견을 좁히면서 안보상의 문제는 일단 대안의 실마리를 잡았다. 논의의 초점이 '해상' 교량에서 사장교의 '주경간 폭'으로 옮겨간 것은 1999년 말이었다.

1999년 11월 인천공항 접근 교통시설 확충과 관련하여 건설교통부가 주경간 폭을 550m와 450m로 시공할 때의 차이를 검토하도록 해양수산부에 요청했고, 해양수산부는 이에 대하여 선박 안전운행을 위해 주경간 폭은 700m에서 1,000m까지 확보할 필요가 있다고 회신했다. 중앙부처 간 견해가 처음으로 엇갈렸던 것이다. 이어 2000년 2월 인천대교(주)가 아그라를 통해 정부에 제출한 민간사업제안서에서 '주경간 폭 675m의 사장교'라는 또 다른 견해를 제의했다. 하지만 이 무렵까지는 주경간 폭을 결정하는 문제가 지역사회의 현안으로 대두하리라고 예상할 만한 상황은 아니었다.

2) 선박운항 안전성 검증

주경간 폭의 적정선에 대한 논의가 시작되던 무렵에는 인천대교(주)가 제의한 '675m 폭'을 수용하는 분위기였다. 2001년 3월 인천대교(주)가 이 내용을 담아 제안한 민간투자사업이 정부 심의에 통과되었고, 4월에 한국해양연구원이 제출한 선박운항 안전성 평가보고서에서도 교량 위치를 남쪽으로 더 옮기고 교각 폭을 675m로 할 경우 선박운항이 크게 지장받지 않는다는 결론을 제시했던 것이다.

이에 건설교통부는 그해 7월에 국토연구원 민간투자심의센터(PICKO)에 이견들에 대한 협상을 의뢰하고, 이어 쟁점 사항을 관계기관들과 협의해 나갔다. 여기서 인천광역시는 접속도로 건설에 소요되는 비용의 50%, 공사용 도로와 작업장, 작업 부두를 지원하는 안을 제시했으며, 국방부와는 약 2,600억 원이 소요될 것으로 예상되는 해군기지 이전을 합의했다. 그러나 주경간 폭 문제와 관련해서는 의견 차이가 더 벌어졌다. 해양수산부는 제2연륙교를 사장교 방식으로 하되 그 노선을 남쪽으로 조금 더 이전하고, 주경간 폭을 675m에서 더 늘려 1,000m로 할 것을 제안했다.

2002년 7월 동북아 경제중심국가 실현방안 모색을 위해 열린 경제장관회의에서 인천 제2연륙교의 주경간 폭을 700m 내외로 잡아 기본설계를 진행하되 그 안전성을 미리 검증하자는 제안을 수용함으로써 주경간 폭과 관련한 논의는 잠시 수면 아래로 가라앉았다. 안전성 검증은 신뢰할 수 있는 국외 기관에 의뢰하고 그 결과에 따라 안전성 증대 방안을 강구한다는 방침이었다. 이에 따라 2003년 6월 인천대교(주)는 사업시행사로서 실시협약을 체결하고, 8월에 일본 과학기술청 산하의 일본해양과학(JMS)에 선박운항 안전성 검증용역을 의뢰했다.

JMS는 주경간 폭 700m의 조건에서 선박운항의 안전성을 확인하기 위해 선박 급수를 각각 3000TEU(218.5m), 5000TEU(285m), 6000TEU(318m)로 잡아 일방통행, 양방통행, 비상시 등에서 통행 안전성을 교차 측정하는 22가지 경우의 모의실험을 실시했다. JMS의 검증작업은 2003년 9월부터 2004년 2월까지 나카무라(Shinya Nakamura) 박사의 주도로 진행되었는데, 주목할 사항으로는 이때 인천항 도선사협회 소속 도선사가 시뮬레이션에 참여했다는 점이다.

2004년 2월 24일 JMS는 선박운항 안전성에 대한 평가보고서를 인천대교(주)에 제출했다. 평가보고서는 제2연륙교의 사장교 위치가 당초 제시한 자리보다 남쪽으로 약 1km를 더 이동해야 한다는 내용을 포함하여 안전을 위해 12가지 조치를 권고했다. 남측으로 더 이동함으로써 추가 발생하는 공사비는 약 1,200억 원으로 추정되었다. 그러나 결과에 대한 해석을 놓고 같은 해 4월 도선사협회가 새로운 의견을 제출하면서 주경간 폭에 관한 논의는 시민사회의 관심권으로 확대되기 시작했다.

3) 도선사협회의 주장

인천항 도선사협회는 JMS가 실시한 모의실험의 풍속 자료와 주경간 폭 700m의 정합성에 각각 문제가 있다고 지적하고, 안전조치 권고에 대해서 전혀 다른 해석을 내놓았다. 주경간 폭이 700m일 경우 12가지 권고 조치를 이행하면 선박의 항행은 안전할 수 있겠지만 그 대신 다른 문제가 발생한다는 것이다. 선박통항의 안전성을 확보하려고 체선 시간이 길어지면 결국 항만 이용료 증가로 이어져 인천항의 경쟁력이 하락한다는 것이 문제 제기의 핵심이었다. 이에 도선사협회는 주경간 폭 700m는 인천항의 기능을 떨어뜨리므로 이를 더 확장해야 한다고 주장하고, 그 확장으로 인한 추가 사업비는 국고에서 충당할 것을 요청했다.

인천항 도선사협회의 의견을 검토한 해양수산부는 2004년 6월 평가보고서 내용을 재검토할 필요가 있다고 보고, 선박운항 안전에 대한 최종 입장을 확정하기 전까지 실시설계 등의 착수를 중지하고 사업 진행을 보류할 것을 건설교통부에 요청했다. JMS의 선박운항 안전성 평가보고서의 결론을 사실상 거부하는 요청이나 다름없었다.

상황이 예상 밖으로 흘러가자 2004년 7월 5일 제2연륙교 현안조정을 위한 관계기관 1급 회의가 열렸으나 주경간 폭을 원안인 700m로 잡아 사업을 계속 추진하고 후속 조치를 실무회의에서 조정한다는 안을 채택하는 선에서 마무리됐다. 일단 원안 유지가 결정된 것이다. 이 결정에 대하여 해양수산부는 7월 14일 건설교통부와 주경간 폭에 대한 의견 차이가 있음을 다시 언급하고, 적절한 조치를 시행하여 그 결과를 검토한 뒤 의견을 밝히겠다는 계획을 제시했다. 건설교통부의 의견과 해양수산부 및 인천 도선사협회의 의견이 서로 어긋난 형국이었다.

2. 시민단체의 참여와 여론의 흐름

건설교통부와 해양수산부가 의견 조정에 난항을 겪는 동안 제2연륙교와 관련한 선박통행 안전성·인천항 기능저하의 문제는 이미 지역사회의 뜨거운 현안으로 떠올라 있었다. 인천항 도선사협회 등 인천항만 관련 업계는 무엇보다도 인천항의 경쟁력 하락 문제를 집중 거론했고, 이러한 분위기를 반영하듯 2004년 7월 12일 인천항발전협의회 주관으로 열린 토론회는 인천지역 국회의원이 참석할 만큼 열기가 뜨거웠다. 급기야 인천지역 시민단체들이 연대해 지역 여론의 전면에 등장함으로써 사태는 더욱 복잡하게 얽혀 들어갔다.

2004년 7월 19일 인천지역의 여론 형성에 영향력을 발휘하는 유력한 시민단체들이 제2연륙교 관련 범시민대책위원회(이하 범대위)를 결성, 문제 해결을 촉구하는 기자회견을 인천광역시청에서 열었다. 중앙일간지에서도 인천 시민사회의 동향이 예사롭지 않음을 포착하고 제2연륙교 주경간 폭 문제를 비중 있게 다루기 시작했다. 주경간 폭 문제는 이제 중앙부처 간에 오가던 협의 안건에서 벗어나 바야흐로 항만도시로서 인천광역시의 생존 기반과 관련한 중대 문제로 부각되기 시작한 것이다.

이런 흐름과는 별개로 해양수산부는 제2연륙교 선박통항 안전성 확보와 인천항 항만기능 유지의 방안을 마련할 목적 아래 2004년 7월부터 9월 18일까지의 기간으로 한국해양수산개발원에 연구용역을 의뢰했다. '700m 주경간 폭'에 대한 선박통항의 안전성을 확실하게 검증하고자 하는 절차였다. 그 결과, 선박통항을 위한 안전조치를 이행하기 위해서는 최소 2,200억 원의 추가 비용이 소요된다는 추정 내용을 확인했다. 인천항 효율성 평가를 유보한 결과였지만 그 추가 비용이 총공사비를 대폭 증가시킬 요인이라는 점을 인식시키기에 충분했다.

지역사회의 관심이 고조되던 2004년 7월 22일, 범대위 주관으로 토론회가 열렸지만 합의점을 찾지는 못했다. 발표자로 나선 인천광역시 물류특보와 도선사협회 회장의 의견 발표를 통하여 이견 사이의 시각차가 크다는 점을 확인했을 뿐이다.

의견이 쉽게 합치되지 못할 상황이라고 판단한 범대위는 8월 9일 청와대를 포함하여 재정경제부, 건설교통부, 해양수산부 등 중앙부처와 인천광역시가 공동 참여하는 용역을 실시하자고 제안했다. 인천광역시의회 역시 8월 19일 공동용역 추진 건의를 채택함으로써 범대위의 제안에 힘을 실어주었다. 이렇듯 인천 시민사회의 여론이 들끓자 8월 24일 건설교통부 장관이 직접 인천을 찾아와 범대위와 현안을 논의하는 등 범대위와 인천광역시, 그리고 중앙정부 사이에 주경간 폭 문제를 해결하기 위한 대화는 활발하게 이어졌다. 하지만 견해차는 좀처럼 좁혀지지 않았다.

범대위의 출범으로 시민사회의 여론이 표출되면서부터 의견 차이는 크게 범시민대책위원회의 주장과 중앙정부의 주장으로 집약되었다. 양쪽의 주장은 선박통행량 예측이나 입항 가능한 최대 선박 규모에서 엇갈렸고, 항로 폭에 대한 시각차도 컸다. 여기에 교행 가능 여부에 대한 의견도, 항만운영의 효율성을 보는 눈도 달랐으며, 기능 재배치 가능성에 관해서도 의견이 부딪혔다.

이러한 의견 차이는 결국 적정한 주경간 폭이 얼마인가 하는 문제로 모아졌다. 범대위는 적정 주경간 폭을 산정한 이후 검증 결과에 따라 주경간 폭을 확장하자고 주장했고, 중앙정부는 주경간 폭을 원안과 같이 700m로 추진하되 안전성을 보완하자고 주장했다. 중앙정부가 한사코 700m 교량 폭을 고집하는 사실상의 가장 큰 이유는 막대한 사업비 조달의 어려움 때문이었다. 이에 반해 범대위는 선박운항의 안전성과 인천항의 효율성을 동시 확보하는 방안에 초점을 맞추고 있었던 것이다.

3. 800m 주경간 폭 합의

1) 상황 변화와 새로운 진전

범대위는 2004년 8월 31일 자체에서 별도의 용역을 추진하기로 하고 한국항해항만학회와 한국해양대학교 부설 마린 시뮬레이션센터에 연구용역을 의뢰, 2004년 9월부터 10월까지 48회의 통행 시뮬레이션을 실시했다. 인천항 제2연륙교 주경간의 적정 교량폭을 결정함으로써 인천항 중장기 발전계획을 마련한다는 목적이었다.

이와는 별도로 2004년 9월 17일 열린 경제장관 간담회에서는 안전조치 이행을 단서로 주경간 폭을 700m로 하여 추진하겠다고 최종 결론을 내렸다. 이는 기존 정부안을 그대로 관철한 것이었다. 이에 대해 범대위 측은 9월 19일 항의성명을 발표하며 크게 반발했다.

한편으로는 정부안에 대한 항의가 거세지고, 다른 한편으로는 정부안의 후속조치에 대한 논의가 급박하면서도 활발하게 진행되었다. 정부는 정부대로 9월 21일 중앙부처의 실무책임자급과 인천광역시 정무부시장이 참여하여 후속조치를 논의했고, 9월 22일과 29일에는 범대위 공동대표진이 시장과 정무부시장을 면담했으며, 10월 6일에는 재정경제부 경제자유구역단장, 건설교통부 수송정책실장, 해양수산부 기획관리실장, 인천광역시 정무부시장, 경제자유구역청장이 참여하는 대책회의가 다시 개최됐다. 이렇듯 대화는 지속되었으나 뾰족한 해결책을 찾지 못한 채 공전을 거듭했다. 문제가 풀릴 기미는 보이지 않고 점점 더 꼬여 가는 형국이었다. 상황이 이러하다 보니 2004년 10월 국회 국정감사에서까지 이 문제가 거론되었다.

복잡하게 꼬여 가던 이 문제는 뜻밖의 방향에서 진전의 실마리를 잡았다. 2004년 10월 12일 국무총리가 주재하는 당정협의회는 새로운 연구용역을 시행한다는 중재안에 합의했다. 인천광역시는 2004년 11월 말까지 인천 제2연륙교 주경간 폭과 관련한 용역을 수행하여 그 결과를 중앙정부에 건의하고, 해양수산부는 그에 필요한 기술적 조치를 지원하기로 결정한 것이다. 다음날에는 관계부처 1급 회의가 개최되어 후속조치를 논의하는 한편, 용역추진협의회 및 자문위원회를 구성하여 운영하기로 범대위, 중앙부처, 인천광역시가 전격 합의했다.

사실 이 문제는 정부로서도 시급히 해결해야만 할 또 다른 이유가 있었다. 대한민국 대통령의 영국 방문 일정이 그해 12월로 잡혀 있었던 것이다. 영국 방문 이전에 대한민국 정부와 영국의 에이멕 사이에 인천 제2연륙교 건설계획을 확정하도록 약정돼 있었으므로, 이 문제가 해결되지 않는다면 국가적 신뢰도가 크게 손상될 상황이었다.

2) 계속되는 진통

국무총리 주재 당정협의회의 중재안에 따라 마침내 인천광역시 주도로 제2연륙교의 적정 주경간 폭을 연구하는 새로운 용역이 추진되었다. 중앙정부의 관련 부서와 인천광역시, 범시민대책위원회가 공동 참여함으로써 이해당사자들이 체계적으로 논의할 기본 틀을 마련한 것이다.

선박운항의 안전성 연구는 신뢰도가 높은 국외 기관에 의뢰하고, 인천항 효율성 연구는 한국해양수산개발원에 의뢰함으로써 어느 한편에 치우칠 가능성을 예방했다. 또한 인천발전연구원을 선정하여 인천광역시와 범대위 등과 협조하면서 이들 용역을 관리하도록 하였다.

무엇보다도 주경간 폭의 적정선을 제안해 줄 신뢰도 높은 용역기관을 선정하는 것이 관건이었다. 이해당사자 모두가 수긍할 만한 성과를 제출하지 않으면 또 다시 논란에 휩싸일 것이 자명했기 때문이다. 이에 대해 영국의 BMT와 일본의 JMS가 물망에 올랐는데, BMT는 범대위가 거부하여 결국 JMS가 최종 선정되었다.

용역수행기관에 JMS를 선정한 뒤에도 합의할 일이 많았다. 시뮬레이션 횟수도, 시뮬레이션을 실시할 때의 기상·조류 등의 조건도 중요했다. 상호 합의를 통해 시뮬레이션을 실시해야 그 결과를 모두가 수용할 수 있기 때문이다. 결국 총 35회의 시뮬레이션을 실시하기로 의견을 모았다. 이로써 JMS는 인천광역시, 범대위, 인천발전연구원에서 각각 추천한 인사가 참여한 가운데 11월 5일부터 35회의 시뮬레이션을 실시했다.

시뮬레이션 결과를 정리·발표하는 용역보고회는 11월 10일과 11월 20일, 두 차례에 걸쳐 실시되었다. 1차 보고회에서는 별다른 이의가 없었으나, 용역추진협의회에서 이루어진 2차 보고회에서는 다시 시뮬레이션 조건에 대한 이견이 나와 재시행 요구가 대두됐다. 이에 따라 11월 23일 주경간 폭 700m에 대한 일부 시뮬레이션을 재실시하기로 하고, 최종 용역 기한을 11월 25일에서 12월 10일로 연장한다는 결정이 내려졌다. 국무조정실장이 주재하고 재정경제부·건설교통부·해양수산부의 차관, 기획예산처 예산관리국장, 인천광역시 정무부시장이 참여한 관계부처 차관회의에서 이루어진 결정이었다.

3) 새로운 중재안으로 마침내 합의 도달

진통을 거듭하던 인천 제2연륙교 주경간 폭에 대한 논란은 인천광역시가 내놓은 중재안을 고비로 합의에 이르는 커다란 진전을 이루게 되었다. 2004년 11월 25일 국무조정실장과 재정경제부·건설교통부·해양수산부의 차관, 기획예산처 예산관리국장, 인천광역시장 등이 참여한 관계부처 차관회의에서, 인천광역시장은 획기적인 새로운 방안을 제안했다. 주경간 폭을 800m로 할 경우 추가되는 비용의 일부를 부담할 용의가 있다는 의견이었다.

사실 범시민대책위원회 역시 주경간 폭을 충분히 늘려야 한다고 주장하면서도 추가 비용에 대한 부담감에서 벗어날 수는 없었다. 비용 부담을 국가가 져야 한다고 주장해서는 문제가 해결될 기미가 보이지 않았기 때문이다. 한편 중앙정부도 당초 정부안인 700m를 계속 고집할 명분이 없었고, 범대위에서 받아들이지 않을 것이 명확하다고 인식하고 있었다. 그렇다고 범대위에서 주장하는 1,000m 역시 현실적인 해결책이라고 보기 힘들었다. 이런 형편에서, 주경간 폭을 800m로 하고 비용의 일부를 인천광역시가 부담한다는 중재안은 그간의 의견 중에서는 가장 합리적이었다.

12월 7일, JMS는 관계자가 참여한 가운데 앞서 합의한 조건을 토대로 4차례의 시뮬레이션을 추가로 실시했다. 그리고 용역이 마무리된 2004년 12월 12일 제2연륙교 주경간 폭 관련 간담회가 개최됐는데, 이 자리가 주경간 폭 문제에 대한 해결책을 도출하는 결정적인 계기였다. 범대위 공동대표진, 인천지역 국회의원, 건설교통부 장관과 해양수산부 장관, 인천광역시 정무부시장, 경제자유구역청장, 인천발전연구원장 등이 참여한 이 회의에서, 정부가 주경간 폭을 800m 이상으로 결정하는 경우 범대위가 이를 수용하겠다는 합의안이 도출된 것이다.

이로써 용역 결과를 토대로 중앙정부에 제출하는 건의사항이 확정됐다. 인천 제2연륙교의 주경간 폭은 800m 이상으로 하고, 주경간 폭 확장에 소요되는 추가 비용에 대하여 50% 이상을 국고에서 지원하며, 인천항 종합발전계획을 조속히 수립·시행하여 개성공단 및 중국 북부권 개발에 대비한 서해안과 수도권 중심항으로서 인천항의 역할과 기능을 제고한다는 것이 주요 내용이다.

2004년 12월 17일 오전 10시, 경제부총리가 주재하는 인천대교 관련 관계부처 장관회의에서 재정경제부 장관, 건설교통부 장관, 해양수산부 장관, 기획예산처 장관, 국무조정실장, 인천광역시장 등이 위 내용을 담은 합의서에 각각 서명했다. 마침내 인천대교 주경간 폭을 둘러싼 논란이 종지부를 찍게 된 것이다.

이어 2004년 12월 21일 범시민대책위원회 결산 간담회가 개최되고, 12월 23일 재정경제부가 이 합의 사항을 건설교통부 장관, 해양수산부 장관, 기획예산처 장관, 국무조정실장, 인천광역시장에게 통보함으로써 주경간 폭 결정에 따르는 절차가 모두 마무리되었다.

4. '인천대교' 건설 돌입

1) 제2연륙교 명칭 공모

인천대교는 제 이름을 얻기 전까지 '인천 제2연륙교'라 불렀다. '제2연륙교'라는 이름은 편의상 사용한 통칭이다. 단순히 섬과 육지를 잇는 두 번째 다리라는 뜻으로, 인천국제공항이 있는 영종도를 육지와 연결하는 두 번째 다리임을 가리킨다. 먼저 건설된 영종대교가 인천 제1연륙교인 셈이다.

오랫동안 지속돼 온 주경간 폭 관련 논의가 해결되자, 건설교통부는 2005년 3월 7일 비로소 인천 제2연륙교에 고유 명칭을 붙여줄 방안을 세우고 이를 인천광역시에 통보했다. 국내 최대 교량이자 사장교로는 세계 5위 교량인 인천 제2연륙교에 대한민국의 지표로서 위상에 걸맞는 이름을 붙이기 위한 절차가 시작된 것이다. 인천광역시가 주관하여 명칭을 공모하고, 그 응모작 중에서 복수안을 선정하여 건설교통부에 건의하면 건설교통부가 최종 선정하는 과정을 밟았다.

이에 따라 인천광역시는 3월 16일 지역사회의 의견을 널리 수렴한 다음 투명한 절차를 밟아 선정한다는 추진계획을 수립하고 이내 명칭 공모를 진행했다. 명칭 공모의 의미는 크게 세 가지를 짚을 수 있다. 첫째, 국내 최대 교량으로서 대한민국, 나아가 동북아시아를 대표할 지표(landmark)로서 이미지를 구축한다는 점이다. 둘째, 무한한 가능성을 품고 있는 인천국제공항과 송도신도시의 미래지향적이고 국제도시적인 감각에 어울리는 이름을 선정할 수 있다는 점이다. 셋째, 경제자유구역으로 지정된 인천지역은 물론 국가 차원에서도 홍보 효과를 극대화하여 제2연륙교 건설에 대한 관심과 동참을 유도한다는 점이다.

인천광역시는 좋은 아이디어를 가진 많은 사람들이 응모하도록 공모 전문 기획사를 선정하여 공개모집 실무를 의뢰했다. 별도로 4월 8일 시의회, 시민단체, 교수, 전문가 등 10명으로 구성된 명칭심사위원회를 설치하여 심사의 효율성과 전문성을 확보했다.

공모는 2005년 3월 25일부터 4월 6일까지 13일간 진행됐으며, 총 5,691명이 참여했다. 심사 기준은 주제 적합성, 국제적 감각성, 창의성 및 심미성, 대중성 및 대표성 등 4개 부문이며, 심사 방법은 위원회에서 먼저 선별한 3개 안 중에서 건설교통부가 하나를 선정하여 최종 확정하는 방식이었다. 공모 당선작은 대상 1명에 300만 원, 우수상 2명에 각 100만 원, 행운상 40명에 각 5만 원의 상금이 주어졌다.

명칭심사위원회는 4월 12일과 4월 15일 두 차례 심사를 통해 많은 응모작 가운데 '인천대교', '송도국제대교', '황해대교' 등 세 개를 선별했다.

2) '인천대교' 기공식

하지만 지역사회 일각에서 시민 의견 수렴이 미흡하다는 지적이 있어, 여론조사 전문기관인 한국갤럽에 의뢰하여 시민 의견을 더 듣기 위한 전화 여론조사를 실시했다. 한국갤럽은 2005년 5월 20일부터 8일간 무작위 전화 통화로 '인천대교', '송도국제대교', '황해대교', '인천황해대교', '인천송도대교' 5개 중에서 가장 마음에 드는 이름을 고르는 방식으로 여론조사를 진행했다. 여론조사 결과는 송도국제대교 36.2%, 인천대교 17.9%, 인천황해대교 12.2%, 그리고 황해대교 10.3%로 나타났다.

이 결과를 바탕으로 지명위원회가 2005년 5월 27일 심의 결과를 발표하고, 인천광역시는 '인천대교'를 건의안으로, '송도대교'와 '황해대교'를 후보안으로 잡아 건설교통부에 건의했다. 6월 3일 건설교통부는 건의안인 '인천대교'를 받아들여 제2연륙교의 정식 명칭을 확정했다. 세계와 인천을 연결하는 관문으로서 인천 제2연륙교가 '동북아의 랜드마크'를 꿈꾸는 인천 시민의 꿈을 담아 마침내 '인천대교'로 확정된 것이다.

중앙부처 사이의 이견에서 중앙정부·인천광역시와 인천광역시민사회의 뜨거운 이슈로 확대돼 온 인천대교 주경간 폭의 문제가 '800m'의 중재안으로 전격 합의에 이르자, 인천대교(주)와 건설교통부 사이에 체결된 변경실시협약은 수정이 불가피해졌다. 이미 2005년 5월 3일 주경간 폭 700m를 기준으로 체결했던 변경실시협약을 5월 30일에 다시 800m를 기준으로 주경간 변경합의서를 체결하게 된 것이다. 이 변경합의서 체결은 그동안 추진해 온 준비작업을 마치고 사실상 건설단계로 본격 이행한다는 의미가 들어 있다. 변경실시협약은 1차 실시협약의 총사업비 1조 249억 원에서 712억 원이 증가한 1조 961억 원 규모로 확정했다.

마침내 2005년 6월 16일 오전 10시, 인천국제공항과 송도국제도시를 연결하는 국내 최장의 인천대교 건설 기공식이 거행되었다. 1조가 넘는 대규모 사업비를 투입하여 2009년 10월 완공하는 해상건설 대장정이 시작된 것이다.

이날 기공식은 노무현 대통령, 한덕수 부총리 겸 재정경제부 장관, 추병직 건설교통부 장관, 피터 메이슨 에이멕 회장, 브라이언 윌슨 영국 특별무역대사, 워릭 모리스 주한 영국대사 등 국내외 인사 2천여 명이 참석한 가운데 송도국제도시 인천대교 현장에서 거행되었다.

3) 인천대교(주) 출범

인천대교 프로젝트 시행사인 인천대교(주)는 2007년 3월 27일, 회사 이름을 그동안 사용하던 (주)코다개발에서 인천대교(주)로 변경했다. 회사는 2007년 3월에 열린 주주총회에서 사명을 인천대교주식회사(영문명 Incheon Bridge Co., Ltd.)로 변경하는 안건을 의결, 사명 변경을 확정했다. 사명 변경은 인천대교 사업을 회사명에 드러냄으로써 인천대교를 건설·관리하는 기업임을 대외에 표방하고, 회사 내부에서는 전체 구성원이 2009년 준공 예정인 교량 건설에 박차를 가하는 새로운 다짐의 계기로 삼기 위해서였다.

V. 인천대교 프로젝트의 특징과 평가

1. 인천대교 프로젝트 추진의 특징

1) 대형 프로젝트 제안의 위험부담 최소화

인천대교 프로젝트는 민간투자사업 중에서 BTO 방식으로 진행된 민간제안사업이다. 이는 정부고시사업에 비해 제약과 한계가 많아 위험부담이 크다는 점을 의미한다. 통상적으로 건설 프로젝트 제안은 기본설계, 재무투자자 확보, 시공자 선정 등 선행작업을 바탕으로 준비한다. 프로젝트의 규모가 커질수록 이 선행작업에 들어가는 비용이 더욱 커지기 마련이다. 인천대교 사업도 이 준비작업에 190억 원가량의 비용을 책정한 바 있다. 그런데 이런 방식은 프로젝트 제안자가 사업시행자로 지정되지 못할 경우 선행작업에 소요된 비용을 회수할 기회가 없다는 난점이 있다. 이런 조건 때문에 그동안 민간업체들은 대형 프로젝트 제안에 참여하기 어려웠다.

정부도 이러한 문제점을 인식하고 있었으므로, 2002년 7월 경제장관 간담회에서는 인천대교 프로젝트와 관련하여 민간 측 위험부담을 최소화하는 방안으로서 기본설계를 우선 시행토록 결정했다. 이에 따라 인천대교(주)는 실시협약을 2단계로 나누어서 진행하기로 정부와 합의했다.

1단계는 조건부 실시협약 체결과 우선 시행이었다. 정부는 코다개발이 제출한 사업제안서를 기초로, 조건부로 사업시행자 자격을 인천대교(주)에 부여하여 실시협약을 체결했다. 이에 따라 인천대교(주)는 1단계 실시협약 내용인 기본설계·자금조달·시공사 선정 등 사업 시행을 위한 구체적인 사항을 정부와 협의하면서 시행해 나갔다.

2단계는 변경실시협약 체결과 1단계의 보완·보강 시행이다. 정부와 인천대교(주)는 실시협약에서 정한 금액 이내에서 변경실시협약을 최종 확정했다. 총사업비에 대한 정부의 부담을 최소화하기 위한 방안이다. 시공계약은 국내 민자사업 사상 최초로 경쟁입찰을 도입함으로써 총사업비에 최소의 시공비를 반영했다.

2) 국내 최초로 민자사업에 경쟁입찰 도입

인천대교 프로젝트는 국내 민간투자사업 최초로 경쟁입찰을 도입했다. 과거 민간투자사업의 시공사 선정 과정을 보면 설계가 100% 수의계약으로 실시되는 것이 관례였다. 하지만 인천대교 프로젝트는 사업비와 사업시행자를 먼저 확정하고, 시공사는 앞서 정해진 사업시행자의 고유권한에 따라 공개입찰을 통해 선정했다. 가격은 확정된 사업비보다 더 낮추고, 품질은 75년간 보전될 수준으로 보장한 인천대교 사업의 경우는 국내 민간투자사업 사상 최초다.

인천대교 프로젝트와 종래의 민간투자사업을 비교하면 그 차이가 확연해진다. 과거 민간투자사업의 관례로는, 시행자가 거의 건설사였으므로 사업개발 비용을 사전에 부담한 건설사들이 이를 보전하기 위한 방책으로 수의계약을 체결하는 것이 보통이었다. 민간투자법은 이러한 구조를 용인했다. 또 시행에 참여한 건설사가 스스로 수주하여 시공사를 겸임하는 형태였으므로 높은 시공비를 사업비에 전가하는 방법으로 총사업비를 늘려, 결국 국고 보조금을 증가시켜 국가와 국민의 부담을 더 키우는 폐단이 있었다. 무엇보다도 이 방식의 가장 큰 단점은, 시공을 완료하여 이익을 실현한 건설사가 지분을 매도할 경우 철저한 품질관리가 이어지지 못한다는 점이었다.

이러한 문제를 사전에 방지하기 위하여 인천대교 프로젝트는 민간투자사업에서 국내 최초로 사업시행자와 시공자를 분리하고, 공정하고 투명한 경쟁입찰 절차를 도입하여 사업비의 적정성을 확보했다. 또 튼튼하고 합리적인 금융 구조를 확립함으로써 통행료를 인하하여 국민 부담을 줄였다. 이전의 폐단이 발생할 가능성을 원천 차단한 것이다.

3) 사업 운영의 투명성

인천대교 프로젝트는 모든 비용의 확정과 집행이 투명하게 관리되었으며, 그럴 만한 기반을 갖추었다. 출자자가 100% 순수 투자자로 구성되었기 때문이다. 은행과 출자자가 참여한 이사회의 결의를 통하여 3개월 단위로 비용을 결정했으며, 시공비 지급도 같은 절차를 거쳐 출자은행에서 직접 지급되는 시스템을 운영했다. 또 3개월에 1회씩 그 내용을 실사했다.

2. 인천대교 프로젝트에 대한 국외 평가

인천대교 프로젝트는 국내 민간투자사업의 비합리적인 구조를 개선하는 데 기여한 모범 사업으로 평가받는다. 시공 설계가 100% 수의계약으로 실시되던 관례를 깨고 과감하게 경쟁입찰을 도입함으로써, 합리적인 건설비 산정으로 국고보조금을 절약하고 통행료를 인하하여 국민 부담을 줄이는 효과를 창출한 프로젝트로 주목을 받았다. 이는 국내에서는 투명하고 효율적인 민자투자사업으로 자리매김되는 첫 사례로 기록된다. 이 때문에 인천대교 프로젝트는 해외에서도 우수 사업으로 평가받아, 건설기술·금융·사업구조 부문 등에서 세계적인 상을 수상하는 영예를 누렸다.

1) '경이로운 세계 10대 건설'로 선정

영국의 주간 건설전문지 『컨스트럭션 뉴스(Construction News)』는 2005년 12월 8일 '경이로운 세계 10대 건설(10 wonders of the construction world)'이라는 내용의 특집기사를 통해, 2005년 현재 계획 또는 진행 중인 건설 프로젝트 가운데에서 기술적·사회적으로 큰 의미를 가지는 세계의 건설 프로젝트 10개를 선정했다. 인천대교 프로젝트는 그중의 하나로 선정됐다.

이 특집기사는 인천대교가 세계 5위(사장교 주경간 800m)의 장대교량으로, 3,000톤 해상크레인과 런칭거더 등 대형 기계화 장비가 투입되고 철근망 자동화 제작 방식이 국내 최초로 도입된 점 등을 들어 '규모와 기술의 프로젝트'라고 평가했다. 『컨스트럭션 뉴스』는 인천대교가 한국 정부의 공익성과 외국 자본·기술력이 결합한 민관협력(PPP)의 모범 사례이며, 인천대교 프로젝트의 성공은 한국은 물론 아시아의 다른 국가에 긍정적인 자극을 줄 것이라고 분석했다.

이 기사는 인천대교 프로젝트가 총투자비 1조 5,201억 원을 투입, 2009년 10월 완공할 예정이며, 총연장 12.3km(왕복 6차선, 교량폭 31.4m)의 해상 사장교라고 소개하면서, 사업시행자가 영국 에이멕(AMEC)과 인천광역시, 국내외 재무투자자 등이 출자한 인천대교(주)라고 언급했다.

인천대교와 함께 '경이로운 세계 10대 건설'로 꼽힌 프로젝트는 세계 최고층 빌딩(163층)인 '부르즈 할리파(Burj Khalifa)', 그랜드 캐니언의 공중 유리교량 '스카이워크(Skywalk)', 새집 모양의 디자인으로 화제를 모은 2008 베이징 올림픽 주경기장, 9·11 뉴욕 테러로 붕괴한 세계무역센터 자리에 새로 들어설 '자유탑(Freedom Tower)', 20만 가정에 무공해 전기를 공급하는 태양열 집열판인 호주의 '솔라 타워(Solar Tower)', 파나마 운하 확장 공사, 뮌헨의 자기부상열차, 뒤틀리고 꼬인 듯한 건물 디자인으로 화제를 모은 중국 CCTV 사옥, 쿠알라룸푸르의 SMART 터널이다.

2) '아태지역 교통인프라 부문 최우수 PF상' 수상

인천대교는 프로젝트 파이낸스(PF) 부문에서 영국의 국제 금융 전문지 『유로머니(Euromoney)』가 선정하는 '2005년 올해의 최우수 프로젝트 파이낸스상'을 수상했다. 월간 『유로머니』는 해마다 세계 금융시장을 통틀어 혁신성(innovation)과 우수성(excellence)에서 가장 주목을 받은 사례를 부문별로 선정하여 '올해의 최우수 프로젝트(The Deal of the Year)' 시상식을 거행해 왔다. 인천대교 프로젝트는 대한민국에서 정부, 해외투자자, 그리고 재무투자자가 공동으로 참여한 SOC 민간투자사업이라는 점을 높이 평가받아, '2005년 아태지역 교통인프라 부문 최우수 프로젝트 파이낸스'로 선정되었다.

당시 인천대교에 투입될 예정이던 프로젝트 금융은 7,827억 원 규모였다. 인천대교 프로젝트는 국민은행과 기업은행이 주간사로 참여하고, 맥쿼리 은행의 자회사인 IBIC와 교보생명, 대한생명, 삼성생명 등이 대주단으로 구성된 대형 프로젝트였다.

금융전문가를 대상으로 1969년에 창간한 금융전문지 『유로머니』는 부채, 자산, 펀드, 매니지먼트, 기업금융, 외환 등을 심도 있게 다루며, 특히 아시아·남미·EMEA(유럽·서아시아·북아프리카) 지역의 시장 판도를 읽어내는 데에 정통하다는 평가를 받고 있다. 『유로머니』는 이후 각 분야별로 『프로젝트 파이낸스』, 『아시아머니』 등이 속속 발간되는 데에 큰 영향을 끼칠 만큼 권위를 누리는 금융 관련 매체다.

프로젝트 파이낸스(PF)란 특정 기업의 담보와 신용을 근거로 하는 일반 금융과는 달리, 특정 사업 자체의 사업성을 담보로 그 프로젝트를 수행하는 데에 필요한 자금을 조달하는 방식이다. 대규모의 자금이 필요한 석유, 탄광, 조선, 발전, 고속도로, 교량 건설 등의 사업에 흔히 적용되는 선진 금융기법이다. 금융기관은 프로젝트 자체를 담보로 장기간 대출하는 것이므로, 개발계획의 조사와 입안 단계부터 참여하여 프로젝트 수익성이나 업체의 사업수행 능력 등을 포함한 많은 분야를 심사한다.

[표 3-1] 인천대교에 대한 국내외 평가

	제 목	내 용
1	2005년 영국 『컨스트럭션 뉴스』 '경이로운 세계 10대 건설 프로젝트'	• 2005년 영국 건설 전문지 『컨스트럭션 뉴스』로부터 기술의 우수성을 인정받아 '경이로운 세계 10대 건설 프로젝트'로 선정됨.
2	2006년 『유로머니』 '올해의 최우수 프로젝트 파이낸스' 수상	• 금융 전문지 유로머니는 국내 민자사업으로는 최초로 시행사와 시공사를 분리하고 정부와 해외투자자, 순수 민간투자자가 공동으로 참여한 인천대교 사업을 2005년 아태지역 교통인프라 부문 최우수 PF로 선정함.
3	2009년 대한토목학회 '대한민국 토목건축기술 대상' 수상	• 민관이 협력하고 대한민국 유수 건설사가 시공사로 참여한 인천대교 사업이 대한민국 토목 역량 증진에 큰 역할을 해온 점을 인정받아 2009년 대한토목학회 '대한민국 토목건축기술대상' 토목부문 대상 수상함.
4	2010년 일본토목학회 '다나카상(田中賞)' 수상	• 인천대교의 계획, 시공, 미관 등의 면에서 우수성을 인정받아 일본토목학회에서 가장 권위가 높은 다나카상 수상.
5	2011년 미국토목학회(ASCE) '세계 5대 우수 건설 프로젝트' 선정	• 160년 전통에 15만 명 회원이 활동하고 있는 미국토목학회로부터 2011년 국내 건설사업으로는 처음으로 인천대교가 '세계 5대 우수 프로젝트'로 선정됨. • 인천대교 사업이 기술, 금융, 사업관리 면에서 세계적으로 우수함을 인정받은 것으로 건설 부문도 세계 리딩국이 되었음을 상징.
6	2013년 한국언론인협회 주최 '2013 대한민국 지속 가능 경영대상' 기획재정부 장관표창(종합대상) 선정	• 지속 가능 경영 활성화를 위한 공감대를 형성하는 기업을 선정하는 '2013 대한민국 지속 가능 경영대상' 기획재정부 장관표창(종합대상)에 인천대교가 선정됨.

3)『ENR』 선정, ‘올해의 뉴스메이커 25인’

인천대교 사업시행자인 인천대교(주)의 김수홍 대표는 세계적 권위의 미국 건설전문지 『ENR(Engineering News Record)』이 선정한 ‘2007년 올해의 뉴스메이커 25인’에 선정되기도 했다. 이 잡지는 창간 100년이 넘은 건설전문잡지로 세계 주요 건설현장 소개과 함께 가장 혁신적이고 고부가 가치 성과를 이뤄낸 인물을 매년 ‘올해의 뉴스메이커’로 선정해 발표해 왔다. 김수홍 대표는 같은 상을 받은 25인 중 유일한 아시아인이며, 한국인으로는 처음으로 이 상을 수상했다.

당시 김수홍 대표는 인천대교 사업을 통해 국내 사회간접자본에 대한 외국자본의 성공적인 투자 사례를 만들었다는 평가를 받았으며, 또 국내 최초로 입찰 때 사업시행자와 시공사를 분리하고 경쟁입찰을 통해 시공사를 선정했다는 점이 주목을 받았다.

3. 인천대교 사업효과

인천대교는 인천국제공항과 송도국제도시를 연결한다. 우선 인천대교는 영종대교의 대체도로 역할을 함으로써 용의·무의지역의 개발로 인해 증가할 교통량을 분산하는 효과가 있다. 넓게는 서울 남부와 수도권 남부지역은 인천국제공항까지의 통행거리가 기존 인천국제공항 고속도로를 이용할 때보다 13km 이상 줄고, 통행시간도 40분 이상 짧아진다. 또, 인천국제공항의 약점으로 꼽히던 접근 교통시설이 더욱 다양해지는 등 주변국 공항에 대한 경쟁력을 높이는 동시에 유일한 공항 접근도로인 인천국제공항 고속도로의 기능을 분담할 대체도로 역할도 수행한다. 개통 후의 통행량은 일평균 3만 5천 대, 통행시간 40분 단축은 연간 380억 원의 직접효과와 연간 1,600억 원의 간접효과를 수반할 것으로 예상되었다.

그런가 하면 인천대교는 인천국제공항과 제2경인고속도로·서해고속도로를 연결하여 인천국제공항 물류 지원체계의 효율성을 높이는 한편, 인천경제자유구역의 핵심 인프라로서 인천지역이 동북아 경제중심으로 도약하는 데 기여하고 연접 지역 개발을 촉진하는 역할도 수행하게 되었다. 이때 전망된 물류비용 절감 효과는 연간 4,800억 원이다. 환경 측면에서 이 물류비용 절감은 연간 2만 5천 톤의 이산화탄소 배출을 줄이는 효과가 있는데, 이는 소나무 약 833만 그루를 심는 것과 같은 수준의 감축 효과에 해당한다.

그 외에도 송도 국제업무 시설단지와 영종 물류관광단지의 건설 촉진, 가치 극대화를 위한 핵심 기반시설로서 외국자본 유입을 이끌어 내는 매개체로 작용할 것으로 기대된다. 한편으로는 국내 최장, 세계 5위 사장교의 장대교량 건설을 통해 국내 토목기술의 향상이 기대되며, 인천대교 건설을 통하여 선진 사업관리 방식(PM기술)을 국내에 정착시킴으로써 인천대교 프로젝트가 관련 산업의 선도 역할을 수행할 수 있다. 그런가 하면, 천재지변이나 전쟁과 같은 유사시에 영종대교의 대체 통행로 역할을 수행할 수 있으며, 미려한 외관을 바탕으로 인천 경제자유구역의 주요 관광자원으로 활용할 가치도 충분하다.

한편 인천대교는 수려한 외관 및 아름다운 야경과 함께 인근 관광지와의 연계가 용이하여 개통 후에 많은 방문객이 다녀갈 것으로 기대했다.

이처럼 인천대교 개통에 따른 단기·직접 경제효과는 우선 총생산유발액 6조 1,562억 원, 부가가치유발액 2조 4,517억 원과 함께 7만 6천 명의 고용창출을 이끌어낼 것으로 예상하고 있다. 여기에 장기·간접 경제효과를 포함시키면 그 규모는 더욱 커져서, 총생산유발액 20조 5,207억 원, 부가가치유발액 7조 3,404억 원과 25만 명의 고용창출의 경제효과를 거둘 것으로 당시 전망했다.

VI. IPMA의 '프로젝트 엑설런스상' 수상

인천대교 프로젝트는 공사 시기부터 그 우수성이 증명되어 그간 국내외의 권위 있는 상을 수상하였다. 그동안의 수상 현황을 살펴보면 주로 금융 관점의 프로젝트 파이낸싱이나 기술적인 측면의 우수성에 대한 수상이 주를 이루었으나, 세계프로젝트관리협회(IPMA, International Project Management Association)의 '프로젝트 엑설런스상(Project Excellence Award)'과 같이 계획부터 운영 단계까지 프로젝트 전체에 대한 관리·운영부분에 대한 수상은 없었다. 이 상의 수상은 이러한 점에서 가치가 큰 것으로 평가된다.

1. IPMA 소개

IPMA는 1965년 설립된 세계 최초의 PM협회로 이전에는 INTERNET으로 불리다 1970년에 IPMA로 명칭이 바뀌었다. IPMA는 프로젝트, 프로그램 및 포트폴리오 관리의 권위 있는 기관으로, 모든 공공 및 민간 부분 조직에 최고의 PM 사례를 널리 알리고 적절하게 제공하는 데 힘쓰는 것을 비전으로 삼고 있다.

현재 전 세계 70여 개국이 가입했으며, 매년 프로젝트 엑설런스상, 공로상(Achievement Awards), 연구상(Research Awards) 3개 분야에서 우수한 프로젝트와 프로젝트 매니저에게 시상을 거행하고 있다.

IPMA에서는 PM 관리를 위해서 ICB 3.0(IPMA Competence Baseline version 3.0)을 추천한다. 여기에서는 기술적 역량(technical competences), 상황적 역량(contextual competences), 행위적 역량(behavioural competences)으로 크게 3그룹으로 나누어 모두 46개 개별 요소들을 제시하며, 이를 "역량의 눈(The Eye of Competence)"으로 명명한다.

ICB에서는 "프로젝트는 품질기준 및 요구사항까지 정의된 산출물의 집합(프로젝트의 목표를 달성할 수 있는 범위)을 실현하기 위한 시간과 비용 제약 작업이다."라고 정의한다. 또한 수많은 종류의 프로젝트를 전문적으로 관리하기 위해 필요한 역량(competence)을 "지식 또는 기술을 적용할 수 있는 증명된 능력이며 이와 관련된 개인적인 특성"이라고 개념화한다. IPMA에서는 프로젝트 관리를 위해서 개인의 역량에 맞게 4단계(four-level-certification, 4-L-C) 시스템으로 프로젝트 매니저 인증 제도를 시행 및 권장하고 있다.

2. IPMA의 프로젝트 엑설런스상 개요

IPMA에서는 2002년부터 프로젝트의 규모별로 세 분야로 나누어 매년 우수한 프로젝트에 대하여 수상하고 있다. 지금까지 전 세계 34개국의 주요 산업분야에서 230개의 프로젝트가 본상(finalist)에 진출하였다.

IPMA에서는 수상을 위한 프로젝트 엑설런스 모델(Project Excellence Model)을 제시하고 있다. 이에 따르면, 프로젝트의 우수성은 실제 프로젝트에서 입증할 수 있는 일련의 잠재적 특성이다. 그러나 프로젝트 관리 분야의 개발 및 혁신의 특성상, 이는 명확히 정의되지 않고, 명확히 정의될 수도 없으며 접근 방식의 규정 모음, 방법 또는 관행도 아니다. 우수한 프로젝트는 계획, 실행 및 결과의 관리 등 모든 측면에서 우수한 성과를 입증해야 하며, 결과는 과정에서 기인해야 한다. 이를 정리하면 다음과 같이 다섯 가지로 정리할 수 있다.

- 첫째, 프로젝트의 관리 프로세스를 지속적으로 개선하기 위한 잠재력을 인식하는 데 도움을 주는 프레임워크 포함 여부.
- 둘째, 계획, 실행 및 결과의 관리 등 모든 측면에서 우수한 성과 입증 여부. 결과는 과정으로부터 기인하므로 프로세스 입증.
- 셋째, 자신의 접근 방식, 방법 및 결과를 숙고하여 도출한 결과로부터

배우고 개선하는 것을 구현했는지의 여부.

- 넷째, 기존의 기준, 방법, 도구 및 기술을 의식적으로 넘어서거나 심지어 그에 반하기도 하지만, 이러한 결정은 이미 사용 가능한 솔루션과 상황에 대한 주의 깊은 분석을 전제로 했는지의 여부.
- 다섯째, 우수 프로젝트는 실제 프로젝트 목표를 넘어 부가가치로 이어짐. 이로서 기업, 사회, 환경 등을 풍요롭게 함.

따라서 프로젝트 엑셀런스(Project Excellence, PE)는 반드시 우수한 결과를 양산할 수 있는 프로젝트가 아니며, 우수한 결과를 양산한 프로젝트가 반드시 PE 측면에서 우수한 것도 아니다.

3. IPMA의 프로젝트 엑설런스상 평가체계

평가 방식은 프로젝트 관리(Project Management)와 프로젝트 성과(Project Results)의 두 영역으로 구성되며, 총 9개의 기준으로 나뉜다. 각 분야별 500점씩 총 1,000점으로 평가한다. 평가 방식을 살펴보면 총 9개로 구분된 기준들은 프로젝트 관리와 프로젝트 성과의 관계 속에서 연관되어 관리 부분이 결과에 미치는 영향을 검토하는 형태를 취하고 있다. 따라서, 이는 어느 한 가지 기준이 따로 독립적으로 평가되지 않고 상호 영향을 주고 있다는 것을 의미한다.

구체적으로 각각의 평가 방법을 살펴보면, 먼저 프로젝트 관리에 대한 평가 방법은 PDCA(Plan-Do-Check-Action)의 전통적인 평가 방법으로 프로세스 측면에서 절차를 지키고 있는지, 각 절차에서 결과물이 증명(또는 증거 제공) 가능한지를 평가한다. 프로젝트 결과에 대한 평가 방법에서는 프로젝트의 결과와 목적, 다른 프로젝트, 연속성, 프로세스로의 피드백 등을 비교하여 평가하며, 각 항목에 대하여 역시 증거 제시나 증명되는 정도를 가지고 평가한다.

[표 3-2] IPMA 프로젝트 엑설런스상 세부 배점 표

프로젝트 관리(500점)
1. 프로젝트 목표(140점) 해당 프로젝트가 관련 이해관계자의 요구에 대한 광범위한 정보를 기반으로 어떻게 목표를 수립, 개발, 점검 및 실현하는가. 1.1. 어떻게 이해관계자의 기대와 요구 사항을 파악하는지(신청서는 이해관계자와 그들의 기대 및 요구 사항의 목록을 포함. 이해관계자는 기준 6, 7, 8을 기반으로 구성해야 함); 1.2. 어떻게 광범위한 관련 정보에 기초하여 경쟁 이익을 통합할 뿐만 아니라 프로젝트 목표를 개발하는지; 1.3. 어떻게 프로젝트 목표를 전달, 실현, 점검, 변경하는가를 제시해야 한다.
2. 리더십(80점) "프로젝트 엑설런스"에 참여하는 모든 매니저의 행동을 어떻게 고무, 지원, 장려할 것인가. 모든 매니저가 어떻게 2.1. "프로젝트 엑설런스"를 위한 신뢰할 수 있는 모범을 보이고 프로젝트 내 개선 사항을 효과적으로 홍보하고 적극적으로 지원하는가; 2.2. 고객, 공급 업체 및 다른 조직을 돌보는가를 제시해야 한다.
3. 인력(70점) 프로젝트 팀 구성원이 어떻게 참여하는가. 어떻게 그들의 잠재력을 파악하여 이용하는가. 3.1. 어떻게 직원의 잠재력을 파악 · 사용하여 프로젝트 결과를 달성하고 이를 어떻게 유지하고 발전시키는가; 3.2. 어떻게 직원들이 관련 · 참여하고 독립적인 조치를 취할 권한을 부여받는가를 제시해야 한다.
4. 자산(70점) 어떻게 기존의 자원을 효과적이고 효율적으로 사용하는가. 해당 프로젝트가 4.1. 금융 자원; 4.2. 정보; 4.3. 공급 업체 및 서비스; 4.4. 기타 자원을 계획하고 조정하는지 제시해야 한다.
5. 프로세스(140점) 필요할 경우 프로젝트 내 중요한 프로세스를 어떻게 파악, 확인 및 변경하는가. 5.1. 프로젝트 성공을 위해 필요한 과정을 어떻게 체계적으로 파악, 관리, 점검, 변경 및 최적화하는가(신청서는 핵심 프로세스 특히 기준 6-9의 결과에 큰 영향을 미치는 프로세스 및 하위 프로세스의 목록을 포함해야 한다); 5.2. 프로젝트 관리 방법과 시스템을 어떻게 효과적으로 채택, 사용 및 개선하는가; 5.3. 해당 프로젝트가 어떻게 과거와 현재의 경험을 준비, 문서화하여 다른 프로젝트에 이익을 주는가를 제시해야 한다.

2개 분야, 9개 기준별 세부 배점 표는 [표 3-2]와 같다. 평가 방법 중 특이한 점은 자료의 증명 및 증거의 정의에서 찾아볼 수 있다. "증명"이란

[표 3-2] IPMA 프로젝트 엑설런스상 세부 배점 표(계속)

프로젝트 결과(500점)
6. 고객 결과(180점) 고객의 기대 및 만족과 관련하여 프로젝트는 무엇을 달성하는가. 고객들이: 6.1. 직접적으로 그리고 6.2. 추가 측정 고려하여 성과와 결과에 있어 프로젝트를 간접적드로 어떻게 판단하는가를 제시해야 한다. 6.1과 6.2에 관한 보고서는 다양한 고객 그룹을 구별해야 한다.
7. 인력 결과(80점) 관련 직원의 기대 및 만족도와 관련하여 프로젝트는 무엇을 달성하는가. 7.1. 직접적으로 그리고 7.2. 추가 측정을 고려하여 직원과 매니저가 프로젝트, 프로젝트 내 팀워크, 성과 및 프로젝트 결과를 간접적으로 어떻게 판단하는지 제시해야 한다.
8. 다른 관련 당사자들의 결과(60점) 다른 이해 당사자들의 기대 및 만족도와 관련하여 프로젝트는 무엇을 달성하는가. 어떻게 다른 이해 당사자들이 프로젝트에 의해 영향을 받으며: 8.1. 직접적으로 프로젝트를 인식하고 8.2. 추가 측정을 고려하여 간접적으로 프로젝트를 판단하는지 제시해야 한다. 8.1과 8.2에 관한 보고서는 다양한 관련 이해관계자를 구별해야 한다.
9. 핵심 성과 및 프로젝트 결과(180점) 의도한 프로젝트 결과와 관련하여 무엇을 달성하는가. 9.1. 해당 프로젝트가 어느 정도까지 목표를 달성하는지 제시해야 한다(75%); 9.2. 9.1을 넘어서는 측정치를 고려하여 프로젝트 성과를 제시해야 한다(25%).

평가자가 신청 자료의 설명이나 신청자의 설명을 신뢰할 수 있다고 간주하는 경우를 말하며, 이때 평가자들은 증명된 자료를 증거로 받아들인다. "증거"의 경우에도 일반적인 사실 또는 주장을 입증하는 문서 외에도, 신청자와 기타 관련 이해관계자가 추가적인 평가자의 심도 있는 검증 질문을 견뎌낼 만한 일관성 있는 설명을 제공한다면 해당 사실은 유효한 증거로 간주된다. 이는 프로젝트의 우수성을 평가할 때 문서와 같은 증빙자료뿐만 아니라 인터뷰나 주장 등이 일관성을 띤다면 충분한 설명으로 인정된다는 것을 의미한다.

VII. 인천대교 프로젝트의 프로젝트 엑설런스상 추진 사례

1. 추진 배경 및 절차

인천대교 프로젝트는 대한민국의 랜드마크이며 국내 최장교량으로 기술적, 금융적으로 성공적인 프로젝트다. 많은 이들이 성공적인 초대형 프로젝트로서 인천대교 프로젝트를 논하지만, 그것은 토목 기술적인 설계, 시공 등에 한정되어 있고, 아이러니하게도 프로젝트 관리의 관점에서 보면 프로젝트의 시작에서 완성까지의 중요 관리기법과 노하우가 체계적으로 정리되어 있지 않은 것도 사실이다. 따라서 프로젝트 엑설런스상 수상을 위한 추진 과정을 통하여 인천대교의 기획 단계부터 현재 운영 단계까지 전 단계에 걸쳐 IPMA의 평가 요소별 핵심 성과 및 개선 사항을 파악하고, PM 자료를 체계화하고자 한다. 이를 통하여 프로젝트 관리 기법의 노하우를 전승하고 향후 회사가 나아갈 방향을 제시하고자 한다. 또한 PE 수상을 통해 인천대교의 프로젝트 관리 성과는 세계 최고의 프로젝트임을 대내외에 알리고자 했다.

인천대교 프로젝트의 IPMA PE Award는 다음과 같이 진행하였다.

- 2015. 4. 6. 신청서 등록(등록 양식에 따라 작성)
- 2015. 4. 14~16. 온라인 회의(평가 대비 준비 사항 협의)
- 2015. 5. 4. 프로젝트 성과보고서 제출(A4 35매 이내)
- 2015. 5. 8. 신청서에 대한 IPMA의 평가 착수
- 2015. 6. 22. 프로젝트 성과 평가단 국내 방문(6.22~6.25)
- 2015. 9. 28. 파나마에서 프레젠테이션 진행

2. 추진 전략

IPMA 프로젝트 엑설런스상 수상을 위하여 배점 기준과 증거 제출 및 설명 가능 여부를 고려하여 인천대교 프로젝트의 핵심 요건 7가지를 선정하였다.

- **이해 당사자 만족도**: 회사의 프로젝트 팀은 고객의 요구와 바람을 완벽하게 이해하고 지원함.
- **직원의 개발과 참여**: 직원의 완전한 잠재력은 신뢰와 개방의 분위기에서만 발현될 수 있음.
- **협력업체 및 공급 업체와의 파트너십**: 신뢰와 협력을 기반으로 하는 고객과 공급자 관계는 양측에 큰 자산임.
- **리더십**: 참된 리더는 조직 문화를 형성하고 자원과 노력이 탁월한 업적을 이루는 데 쓰일 수 있도록 진두지휘하므로 훌륭한 리더십이 필수적임.
- **사회적 책임**: 모든 우수 기업은 주위 환경으로부터 격리될 경우, 절대 선택적 결정을 할 수 없음을 이해해야 함. 윤리와 사회적 책임은 모든 결정에서 가장 중요한 역할을 함.
- **과정과 사실**: 모든 활동은 프로세스를 통해 체계적으로 실시되며 프로세스는 지속적으로 개선해야 함. 사실과 명확한 측정치는 판단의 기준임.
- **결과**: 뛰어난 결과를 지속적으로 얻으려면, 모든 당사자의 기대와 요구를 잘 조정해야 함. 이러한 기본 아이디어로부터, 9개의 기준이 수립되어 프로젝트가 어떻게 위대한 성과를 내는지 판단함.

3. 추진 결과

IPMA의 프로젝트 엑설런스상 기준에 따라 최초 금융 조달 단계에서부터 시공 단계를 거쳐 운영 단계까지 약 15년간 진행된 인천대교 프로젝트 과정을 평가한 결과는 다음과 같다.

인천대교는 2015년 IPMA 프로젝트 엑설런스상을 준비하며 본선 수상 대상(3개 프로젝트)으로 선정되어 파나마에서 열리는 'IPMA World Congress 2015'에 참여했다. 기술, 금융적으로 국내 최우수 프로젝트이며, 기술적인 분야에서 여러 국제적으로 권위 있는 상을 수상하였지만, 프로젝트 자체의 시작부터 운영 중인 현재까지의 프로젝트 관리 전체를 보고 9가지 분야별 평가를 통해서 수상 프로젝트를 선정하는 이 상은 단지 몇 가지 분야에서만 뛰어난 것으로는 수상할 수 없고, 프로젝트의 결과가 좋다고 해서 수상하는 것도 아니다. 이러한 점에서 IPMA 프로젝트 엑설런스상의 수상이 더 큰 의미로 다가온다고 할 수 있다.

그야말로 거시적 관점에서 미시적 관점까지 오가며 인천대교 프로젝트의 전체 역사를 살펴보고, 단계별 관리 기법을 정리한 프로젝트 엑설런스상 자료와 경험을 바탕으로 향후 인천대교의 부대·부속사업 추진, 더 나아가 프로젝트 관리 전문회사로 성장하여 새로운 프로젝트를 수행할 때 큰 자산으로 활용될 것이다.

IPMA 프로젝트 엑설런스상 추진 결과를 요약하면 [표 3-3]과 같다.

[표 3-3] IPMA 프로젝트 엑설런스상 추진 결과 요약

평가 기준	결과
1. 프로젝트 목표(Project Objectives)	• 이해당사자별로 요구사항을 정리하고, 그에 해당하는 프로젝트 단계별 목표를 선정함. • 단계별 목표를 달성하면 동시에 해당하는 이해당사자의 요구사항을 달성함. • 금융조달 단계, 시공 단계, 운영 단계 총 3단계로 나누어 목표를 선정하였으며, 이를 관리하기 위하여 최초부터 AMEC PM이 프로젝트 시행자로 참여함.
2. 리더십 (Leadership)	• 민관이 합작하고, 최초의 외국인 PM이 전면 시행됨에 따라서, 문화적, 인적 갈등요소를 해결하기 위해 국제 인력과 한국 인력을 조절하여 구성함. • 프로젝트 단계별로 해당 프로젝트 매니저가 주도해 나가는 형태를 취해 팀 리더십을 구현하고자 함.
3. 구성원 (People)	• 상업, 계획, 엔지니어링, 품질 관리자들로 이뤄진 조직원들은 전 세계에서 영입됨. • 기술 전문가는 설계, 시공을 위한 전반적인 자문을 하였고 상업분야 전문가는 협상과 입찰을 추진했으며 금융분야 전문가는 금융 조달을 추진함. 그밖의 회계 분야, 법률 분야, 보험 분야는 별도로 자문회사를 이용함.
4. 자원 (Resources)	• 3단계로 프로젝트 구분하여 프로젝트를 관리하며, 시간대별로 1, 2차 실시협약을 체결하여 이해당사자의 요구사항을 충족하고, 금융 조달을 완성함.
5. 프로세스 (Processes)	• AMEC PM을 통하여 시공 단계 전반에 걸친 프로세스를 구성함. • 5개의 PM 핵심요소를 선정하고 이에 따라 조직을 구성함. • 패스트트랙(Fast-Track) 특성을 고려하여 설계승인 절차와 사업보고 절차를 마련함. • 운영 단계에서도 업무 프로세스 자산화시스템을 구축하여 진행함.
6. 고객 성과 (Customer Results)	• 정부는 시공사 입찰을 통하여 공사비를 절감하고, 예측통행량을 합리적으로 추정하여 MRG를 최소화함, 민자 모범사업으로 홍보함. • 인천시는 송도국제도시, 경제자유구역 활성화를 이루고, 지역경제 활성화 및 자산 증가를 가져옴. • 주주 및 대주단은 고정수익율 확보 및 투명한 현금흐름으로 원리금 상환의 리스크를 최소화함. 특히 경쟁방지조약을 협약에 반영하여 사업자의 리스크를 최소화함. • 국민은 대한민국의 랜드마크로 자긍심을 고취하고 공항에 편리하게 접근할 수 있는 도로를 추가적으로 확보함. • 서남권 공항이용객의 편의가 증대됨.
7. 구성원 성과 (People Results)	• 국제규준의 설계, 시공 경험획득 및 선진 PM기법 노하우를 취득함. • 최초의 시공사 입찰 및 무담보 무보증 파이낸싱으로 금융 조달을 완성함.
8. 기타 이해관계자 성과(Results of other parties involved)	• 지역상업경제 활성화와 송도 국제도시화로 연천시는 250조의 자산가치가 상승함. • 직접적 고용창출은 7만 명, 간접적 고용창출 효과는 25만 명임. • 공사 기간과 운영 기간을 포함하여 8년간 환경 모니터링 공동조사단을 운영함(EIA, POS-EIA).
9. 핵심 성과 및 프로젝트 결과(Key Performance and Project Results)	• 프로젝트 이해당사자의 요구사항을 모두 만족함. • 프로젝트 기획 단계에서부터 3단계의 프로젝트 추진 절차를 계획하고 단계별로 프로젝트 추진함. 장기적 프로젝트 관리 기법을 추진함. • 지속적으로 성장하고 프로젝트 기반의 PM 전문 회사로 거듭나기 위하여 프로세스 자산관리시스템을 구축 운영함.

4. 향후 과제

IPMA의 프로젝트 엑설런스상 현장 실사단이 2015년 6월 방문하여 현장 평가를 한 뒤 실사단 단장 에릭 맨슨(Erick Mansson)은 인터뷰에서 다음과 같이 말했다.

> "인천대교는 정말로 독특한 프로젝트다. 외국에서도 순수한 프로젝트 파이낸싱 사례를 찾기가 어렵다. 또한 더욱 특별한 것은 프로젝트를 위해 장기적인 관점에서 단계별로 관리했으며, 현재도 그러고 있다는 점에서 우수한 벤치마킹 사례로 선정할 수 있다. 또한 실사 기간 중 이해관계자 인터뷰에서 모두가 프로젝트 결과에 대해서 큰 만족을 느끼고 있다는 점까지, 이 두 가지가 놀라운 벤치마킹 사례다."(IPMA의 인천대교 실사는 2015년 6월 22일~24일에 진행되었으며, 당시 실사단장 인터뷰에서 발췌함.)

이 인터뷰로 미루어 보아, 프로젝트 엑설런스상을 추진하는 과정에서 인천대교 프로젝트의 독창성이 잘 평가된 것으로 보인다. 그러나, 한편으로 보완해야 할 점(AFI)에 대한 코멘트를 살펴보면 프로젝트 관리기법이 지속적으로 혁신되고 학습되어야 한다는 것을 알 수 있었다. 실사단장이 지적한 보완 사항은 다음과 같다.

- 시공 시 PM 노하우가 현재 운영 시까지 전수되지 않은 점 보완 필요.
- HR 관리를 위한 정형화된 관리체계 구축 필요.
- 지속적인 PM 학습체계 구축 필요.

실사 기간에 보완 사항으로 지적된 항목들은 계속해서 보완·연구하여 향후 좀 더 완성도 높은 PM 기법으로 자산관리 노하우를 개발하고 지식을 체계화해야 할 것이다.

또한, 최근 공공시설물의 지속적인 유지관리를 위해서 자산관리 통합프레임워크 개발 3D-BMS 구축, BIM 기반 유지관리 등 다양한 연구가 진행되고 있다. 그러나 이는 시설물의 상태평가 방법과 유지관리를 위한 의사결정을 위한 기술적 보조 수단으로 실제 시설물의 관리주체 관점에서 보면 크게 도움이 되지 못하고 있다. 이는 관리주체는 시설물 자체의 유지관리뿐만 아니라 프로젝트 전체가 효율적으로 관리되기를 원하기 때문이다. IPMA의 ICB 3.0은 바로 이러한 관점에서 보면 프로젝트의 목표에서부터 사람, 조직, 절차, 제3자(NGO 등 이해관계자), 결과에 이르기까지 프로젝트 전반을 관리하는 개념의 지식 기반을 제시하고 있고, 이러한 지식체계를 기반으로 한 PM 기법이 유지관리 분야에 적용된다면 좀 더 체계적이고 예측 가능한 도움이 될 것으로 기대된다.

02

동북아의 허브, 인천국제공항

I. 인천국제공항 건설 과정

1. 인천국제공항 건설을 위한 준비

1990년 6월 영종도가 신공항 건설 입지로 최종 확정됨에 따라 인천국제공항 건설을 위한 준비가 본격적으로 추진되었다. 우선 기본설계는 1990년 11월에 착수하여 약 13개월 후인 1991년 12월에 완료하였다. 기본설계는 (주)유신코퍼레이션과 미국의 벡텔 사가 담당하였는데, 이들은 세계 최고 수준의 전문 기관을 동참시켜 철저한 업무분장을 통해 기본설계를 마련했다.

기본설계를 바탕으로 1단계 건설사업의 건설 기간은 1992년부터 1997년으로 정하고, 향후 항공운송 수요 증가 등 대외 여건의 변화를 감안하여 1단계 이후 건설사업은 탄력적으로 계획하기로 하였다.

1단계 사업 내용의 규모는 공항부지 총 1,172만 4천m^2이었으며, 길이 3,750m 폭 60m의 활주로 2본, 여객터미널 49만 6천m^2, 전용고속도로 6~8차로 54.5km, 전용철도 건설용지 확보, 공항신도시 218만 2천m^2,

처리능력은 운항 횟수 연간 24만 회, 여객 연간 3,000만 명이었다.

이와 함께 정부는 신공항 건설의 추진력을 높이기 위해 1991년 5월 31일 「수도권신공항건설촉진법」을 제정, 공포했다. 이후 1992년 1월 한국공항공단 내에 신공항 건설 업무를 전담할 수도권신공항 건설본부가 만들어졌다. 하지만 한국공항공단이 공항 건설보다는 기존 공항의 운영에 전문성을 가진 기관인 만큼 건설에 집중한 별도 기관을 설립하는 것이 필요하다는 의견이 제기됐다. 이에 정부는 신공항건설공단을 새로 설립해 건설 업무를 전담케 하고 인천국제공항 운영권은 준공 후 한국공항공단에 이관한다는 취지의 수도권신공항건설공단(이하 '신공항건설공단') 법안을 마련했다. 1994년 9월 수도권신공항건설본부가 한국공항공단에서 분리되면서 현재의 인천국제공항공사의 전신이라 할 수 있는 수도권신공항건설공단이 설립되었다.

공항 건설 공정이 어느 정도 진척을 보임에 따라 건설 운영의 연계와 효율적인 공항 운영을 위한 민간기업형 운영 조직 설립 논의가 구체화되었다.

마침내 1992년 2월 인천국제공항공사법이 제정·시행되면서 인천국제공항공사가 그 모습을 드러내게 되었다.

2. 인천국제공항의 성공적 그랜드 오픈(1단계, 1992.11.~2001.03.)

인천국제공항에는 수많은 이야기가 담겨 있다. 세계 최고 공항의 자격을 얻기까지 여러 사람의 손길이 닿았다. 꿈을 향한 도전, 더불어 쌓아 가는 신뢰, 타협하지 않는 윤리, 그리고 함께하는 행복, 이 모든 것이 모여 인천국제공항을 만들었다. 세계 최고를 향한 열정과 도전, 인천국제공항이 만들어 온 세상인 것이다.

'단군 이래 최대 공사'로 불린 인천국제공항 1단계 건설을 성공적으로 완료하고, 2001년 3월 29일 드디어 인천국제공항은 전 세계를 연결하는 동북아 허브공항으로 새로운 비상을 시작하였다. 영종도와 용유도 사이의 간석지를 매립하여 조성된 인천국제공항 부지는 공항 후보지 선정 당시부터 미래 사회가 요구하는 첨단 허브공항의 입지조건을 구비한 천혜의 지역으로 평가받았다. 총 5,919만 9천m^2 중 해수부 4,628만 1천m^2는 수분함량이 많고 미세한 입자로 구성된 연약점토층으로 연약지반의 두께가 평균 5m에 불과해 부지 조성이 용이했다. 부지조성공사 비용 또한 3.3m^2당 12만 원으로, 일본 간사이공항의 170만 원이나 홍콩 첵랍콕공항의 32만 원보다 훨씬 저렴하여 경제적인 우위에 있었다. 남북 간 거리 8km, 동서 간 거리 6~10km로 조성된 인천국제공항 부지 위에 건설된 활주로는 최대 이륙 중량 600톤의 미래 항공기에도 견딜 수 있도록 시공되었다.

인천국제공항 건설사업은 1992년 11월 12일 개최된 기공식을 기점으로 본격적인 공사에 들어갔다. 영종도와 용유도 사이 개펄은 2년 동안의 방조제 공사를 거쳐 준설·매립, 지반개량 공사를 거치면서 점차 안정된 지반으로 탈바꿈해 갔다. 우선 모래 기둥을 심어 지하 수분을 제거하고, 각종 다짐공법으로 지반을 단단하게 다져 나갔다. 이렇게 다져진 지반에는 다시 강관파일을 지하 암반층까지 심어 각종 시설물을 받치도록 했다. 기반조성공사가 어느 정도 진척되면서 광대한 부지가 모습을 갖춰 나가자 다른 한쪽에서는 본격적인 시설공사에 착수했다. 1996년 5월 여객터미널 기공식을 필두로 1997년 1월 활주로 공사, 같은 해 12월 항공보안시설공사, 교통센터가 순차적으로 착공에 들어갔고 2000년 6월 30일 공항 운영에 필요한 주요 기본 시설물에 대한 준공을 마칠 수 있었다.

인천국제공항공사는 1999년 11월 한국능률협회와 함께 인력 운영 실무검토를 통해 2000년 12월부터 2001년 3월까지 운영 조직으로 체제 전환작업을 마쳤다. 조직 설계 방향은 우선 기존의 건설 중심에서 운영 중심 조직으로 전환하는 것을 기본으로, 유사 기능의 통폐합과 과감한 아웃소싱으로 효율성을 높였다. 한편 개항준비 업무체계 강화를 통한 종합시운전 및 시험운영의 효율적 수행을 위해 본부별로 분산됐던 개항준비 업무 수행 조직체계를 2000년 8월부터 사장 직할 개항준비 TF팀으로 일원화했다. 아울러 인력 운영의 효율화 및 서비스 제고를 위해 건물관리, 소방, 정보통신 등 23개 패키지에 대한 업체 선정을 완료하고 3,500여 명의 관련 인력을 확보했다. 이어 2000년 9월 말부터 경비, 소방, 청소, 홍보, 유지보수 인력 1,090명을 종합시운전에 투입했다.

인천국제공항 시험운영은 계통연동시험 과정에 실제처럼 가상여객, 수하물, 항공기를 투입해 실부하(live-load) 상태의 시설 가동 상태와 운영준비 상태를 종합적으로 점검하는 방식으로 이뤄졌다. 시험운영을 통해 운영 준비 점검, 운영자의 교육훈련, 미비 사항 보완작업이 완료될 수 있도록 '인천국제공항 시험운영 종합계획'을 수립했다. 이를 위해 외국공항의 시험운영 시나리오를 수집하고 분석해, 외국의 전문 기술진과 공항공사가 합동으로 인천국제공항의 시설 및 운영 특성에 맞는 112개의 시험운영 시나리오를 준비했다. 이후 정부기관, 공항공사, 항공사, 지상조업체 등 모든 공항운영조직이 함께 시험운영 시나리오를 검토해 확정했고, 2000년 10월부터 12월까지 3개월에 걸쳐 각각 시험운영을 시행했다. 특히 최대 1만 5천 명의 가상 여객과 1만여 개의 수하물, 5대의 항공기를 실제로 동원해 실부하 상태에서 공항의 운영 준비 상태를 종합적으로 점검했다. 또한 외국의 공항 개항준비 전문가 이외에도 공항 이용 경험이 풍부한 국내의 여행업 종사자 등을 시험운영 모니터 요원으로 활용해 여객의 시각에서 불편사항을 찾아냈다. 한편 국내 주요 시민단체도 모니터링에 함께 참여하면서 국민적 관심도 불러모았다.

인천국제공항 운영 준비를 모두 마친 뒤에는 '사상 최대의 이전'이라는 마지막 과제가 남아 있었다. 김포공항 국제선 운영체제를 정상 유지하면서도 개항일에 맞춰 인천국제공항이 정상적인 공항 운영을 시작하기 위해서는 김포공항에서 사용 중인 장비 및 비품 등을 김포공항에서 인천국제공항으로 이전·재배치해야 했다. 공항 이전은 1대당 40~60톤에 달하는 토잉트랙터 22대를 포함하여 트럭 3,322대가 필요했다. 이전 시기별로 사전-집중-주력-사후 총 4단계의 이전계획을 수립하였고, 특히 공항 이전의 하이라이트였던 2001년 3월 28일 밤부터 29일 새벽 사이에는 1,060여 대의 이사 트럭이 대이동해야 했기 때문에, 서울에서 인천국제공항 고속도로로 진입하는 일반 차량이 통제됐다. 또한 김포공항에서 마지막 비행을 마치고 계류 중인 대한항공 20대, 아시아나항공 9대, 외국항공사 5대 등 총 34대의 빈 항공기가 김포공항을 이륙해 인천공항으로 들어왔다. 인천국제공항공사, 한국공항공사, 상주기관, 항공사, 지상조업사, 수송업체 등의 긴밀한 상호 협조체제가 없었다면 불가능한 일이었다.

그리하여 2001년 3월 29일 인천국제공항은 개항이라는 역사적인 순간을 맞이했다. 1992년 바다를 막는 방조제 공사 착공 이후 8년 만의 일이었다. 새벽 4시 30분 인천국제공항 관제탑에는 적막을 깨고 스피커가 울렸다. "인천타워 여기는 아시아나 OZ3423. 공항에 접근하고 있다." 방콕발 아시아나항공 OZ3423편이 승객 245명을 태우고 제2활주로에 안착하면서 인천국제공항이 동북아 중추 공항을 향한 웅비의 첫 나래를 펼치는 순간이었다. 뒤이어 이날 오전 8시 30분 필리핀 마닐라행 대한항공 KE621편이 인천국제공항에서 이륙했다. 미국의 CNN, 영국의 BBC, 일본의 아사히 TV 등 각국의 취재진은 인천국제공항의 자동화 시스템이 예전의 홍콩 첵랍콕공항처럼 문제를 일으키지는 않는지, 수하물 처리는 정상적으로 작동하는지, 공항 이용에 애로사항은 없는지 꼼꼼히 살폈다. 공항을 통해 입국하는 승객들 역시 언론으로만 접하던 인천국제공항을 직접 체험하며 공항의 수준을 평가했다. 결과는 대성공이었다. 극히 일부분의 장애나 지체 현상이 벌어졌지만 대부분의 승객과 취재진으로부터 성공적인 개항이라는 평가를 받을 수 있었다.

3. 인천국제공항 2단계 건설사업 추진(2002.01.~2008.06.)

인천국제공항 1단계 시설은 공항 개항을 위한 기본 시설 위주로 2005년도의 항공 수요를 처리하는 것을 목표로 건설되었다. 그러나 1999년과 2000년 사이에만 항공 수요가 17.2% 증가하였고, 이후 10년간 항공 수요 증가율은 연평균 8.8%로 예측되었다.

인천국제공항은 성공적인 개항과 동시에 예상을 뛰어넘는 항공 수요 증가로 인해 새로운 문제에 직면하게 되었다. 여객계류장은 2002년, 화물계류장은 2004년, 활주로는 2008년이면 용량 초과 상태로 인해 서비스 수준의 저하가 예상되었던 것이다. 반면 공항 확장 예정 부지는 천연의 갯벌 상태로 설계를 비롯한 연약지반 개량 등의 건설사업을 수행하는 데 최소한 7~8년의 긴 기간이 필요했다. 조속한 시일 내에 2단계 건설 사업을 추진하지 않으면 머지않아 넘쳐나는 항공 수요를 감당하기 힘든 상태를 맞게 될 상황이었다.

취항 항공사의 수 또한 증가세를 보였다. 개항 당시인 2001년 3월 당시 기준으로 35개의 취항 항공사가 있었으나, 2007년 12월 말 기준 취항 항공사는 66개로 개항 이후 약 1.9배 증가하였다. 이는 성공적인 개항과 최첨단 시설, 저렴한 공항 사용료 등의 장점과 신규 취항 및 증편 항공사, 심야운항 항공사에 대한 금전적 인센티브 제도 시행, 국제회의 참가를 통한 항공사 유치 활동 전개 등 지속적으로 마케팅 활동을 강화해 온 결과였다.

세계의 항공운송산업 환경 또한 2단계 건설사업의 빠른 추진 속도와 맞물려 변화를 겪었다. 미-중 간 항공자유화 협정이 체결되었고, 우리나라 역시 중국과 일부 노선에 대한 항공자유화에 합의하였다.

항공자유화(open skies)란 국가 간 항공편을 개설할 때 정부의 사전 승인 없이 어느 항공사든 신고만 하면 취항할 수 있게 하는 협정을 말한다. 하늘길 자유화 바람은 항공운송 산업의 무한경쟁을 유도하는 동시에 아시아·태평양 지역의 항공 수요 급증을 견인하는 역할을 했다.

2단계 건설사업의 주요 내용은 부지조성 956만 8천m^2, 탑승동(166천m^2, 계류장관제탑 포함) 신설, 2007년 F급 초대형 항공기(A380) 취항을 대비한 4,000m급 활주로 1본 증설이었으며, 이를 위해 총 3조 9,737억 원의 예산이 투입되었다. 아울러 2008년 베이징올림픽에 대비해 공항 주요 시설을 올림픽 개최 전에 조기 완공하는 것을 목표로 했다.

2002년 11월 용유도 지역에 위치한 51.7m 이상의 오성산·을왕산·왕산의 장애구릉을 제거하는 부지조성공사를 시작으로 2008년 6월 2단계 건설사업을 완공함으로써 주변 공항과의 경쟁에서 한발 앞서 나갈 수 있는 미래 성장 동력이 마련되었다. 인천국제공항이 1단계 공사의 완공으로 동북아의 물류허브로서 세계에서 가장 사랑받는 공항으로 성장할 수 있었다면, 2단계 공사의 완공을 통해 서비스와 시설 규모 등 모든 면에서 명실상부한 세계 최고의 공항으로 위상을 확립하게 됐다.

4. 인천국제공항 3단계 건설사업 추진(2009.06.~2017.12.)

2008년 2단계 오픈 이후 인천국제공항의 시설 규모는 활주로 3본, 여객터미널 66만m^2(탑승동 포함), 화물터미널 25만 8,000m^2, 여객계류장 234만 7,000m^2, 화물계류장 73만 7,000m^2 등으로 크게 확장됐다. 이로써 연간 여객 5,400만 명과 화물 450만 톤을 처리할 수 있게 되었다. 하지만 여전히 늘어난 항공 수요를 감당하기에는 역부족이었다.

2단계 오픈 직후 향후 항공 수요를 분석한 결과 중국의 급속한 성장과 FTA 가속화, 동북아 지역의 항공자유화 확대 등의 영향으로 아시아 지역의 항공 수요가 연 5% 이상 지속적으로 성장할 것으로 예상되었다. 인천국제공항의 2035년 항공 수요는 국제여객 1억 336만 명으로 예측되었다. 인천국제공항은 3단계 건설계획을 통해 미래 항공 수요 대응과 동북아 허브공항으로의 도약을 위한 구체적인 방안을 설계하였다.

인천공항은 1992년 미국 벡텔 사의 제안을 받아들여 시설 집중화로 운영의 효율성을 도모하는 한편, 투자 대비 경제성을 높이기 위하여 집중식으로 계획하였다. 제2여객터미널을 제1여객터미널 남쪽에 접현주기장 없이 배치하고 다수의 탑승동을 배치하는 방식이었다. 그러나 3단계 건설사업에 들어서면서 평면배치 검토와 국내외 전문가 자문(FAA, ICAO 등), 공개토론회 등을 통해 경제성, 안정적 운영, 이해관계자 의견을 종합 고려하여 제2여객터미널을 공항 북측에 배치하는 것으로 계획을 변경하였다.

제2여객터미널은 연간 1,800만 명의 이용객을 수용할 수 있도록 기존 제1여객터미널의 77% 규모에 이르는 연면적 38만 4,000m^{2}에 지상 5층과 지하 2층으로 건설되었다. 특히 기존에 운영 중인 제1여객터미널과 탑승동에서 파악된 문제점을 개선하고 보완해 더욱 편리한 최첨단 터미널로 건설하였다.

5. 인천국제공항 4단계 건설사업 추진(2017.11.~2024.10.)

3단계 건설사업으로 구축된 제2여객터미널은 새로운 항공 수요를 흡수하고 제1여객터미널의 여객처리를 분산하는 역할을 했지만, 한편으로는 미완성 상태로 남아 있었다. 3단계 건설사업 기간에도 항공 수요가 증대하고 있었으므로 수요 증가에 대한 장래 개발계획 수립이 필요했기 때문이다. 이에 따라 인천국제공항공사는 3단계 건설사업이 마무리를 향해 치닫던 2015년 말부터 제2여객터미널의 또 다른 미래를 준비하기 시작했다.

2016년 9월에 수립한 4단계 건설사업 사업계획에서는 건설 소요 기간은 약 6.5년으로 상정하고, 2023년 말까지 4단계 건설사업을 추진하기로 했다. 그러나 근로시간 단축 등 정부 정책, 4단계 건설 기본계획 당시와 달리 예측을 크게 상회하는 항공 수요의 증가 등 운영환경의 변화, 그간 시행한 설계 성과를 반영한 4단계 건설사업 추진계획의 조정 필요성이 제기되면서 추진계획의 조정이 불가피했다.

주요 조정 내용을 보면 가장 먼저 사업기간의 변경으로 근로시간 단축(휴일 포함 주 52시간) 등에 따라 2023년에서 2024년으로 사업기간을 연장했다. 제2여객터미널 확장에 따른 여객수용능력도 2,800만 명에서 2,900만 명으로 상향 조정했다. 또한 기존 시설 수용능력도 그간의 운영 효율화 성과를 반영하여 기존 여객터미널(제1여객터미널+제2여객터미널[3단계]+탑승동) 수용 능력이 7,200만 명에서 7,700만 명으로 변경되어 4단계 건설사업에서의 총 여객수용능력은 1억 6백만 명에 이르렀다.

4단계 건설사업은 제4활주로 건설과 제2여객터미널 확장 등 에어사이드와 랜드사이드 영역을 고루 확대했다. 4단계 건설사업의 또 다른 특징은 기술적인 진전으로, 스마트 공항으로 전환할 준비를 마쳤다는 점이다. 설계단계부터 BIM(Building Information Modeling)을 전면 도입해 설계 품질을 높이고, 셀프체크인·셀프백드롭 등의 시스템을 구축해 여객 편의성을 높였다. 그 밖에 여객 및 화물계류장 확장, 장기주차빌딩 신축, 항공 정비(MRO) 단지 조성, T1-T2 연결도로 단축노선 신설, 제2교통센터 증축 등 다양한 사업이 포함됐다.

2017년부터 시작해 2024년 말 준공을 목표로 한 인천국제공항 4단계 건설사업은 마침표를 찍기 직전, 면밀한 최종 점검이 필요했다. 2024년 5월부터 건설, 운영, 종합시운전, 개장준비와 평가 등으로 구성된 운영준비계획을 수립하고 종합시운전에 나섰다. 이를 마친 뒤에는 그랜드오픈이 이어졌다. 1992년 인천공항 건설계획을 처음 수립할 당시 세운 연간 수용여객 1억 명 국제공항의 목표를 30년 만에 이루게 된 것이다.

II. 인천국제공항 건설사업관리

인천국제공항 건설사업은 국내에서는 발전소 이외의 건설사업 중 최초로 사업관리체계를 도입하였고, 4단계 건설사업이 완료된 현재까지 사업관리 형태를 당시 상황에 맞게 바꿔 가며 우리나라 건설사업관리의 본보기를 만들어 가고 있다. 1단계부터 최근 종료된 4단계 건설사업관리용역(Construction Management, CM)을 간략히 정리하면 [표 3-4]와 같다.

1. 1단계 건설사업관리

인천국제공항 1단계 건설사업의 특징은 초대형 복합 공종, 국내 초유의 첨단공항 건설사업으로 요약된다. 인천국제공항 1단계 건설사업의 특징을 세부적으로 살펴보면 다음과 같다.

- 초대형 건설사업: 건설비용 중 이자 제외 1단계만 5조 6,323억 원의 막대한 사업비가 투입되었으며, 8년 4개월(1992. 1.~2001. 3.)의 초장기 사업기간이 소요된 건설사업.
- 복합공종의 건설사업: 토목, 건축, 기계, 전기, 전자, 정보통신 등 현존하는 모든 건설 공종이 망라된 건설사업.
  계약패키지 건수: 325건(설계 39건, 시공 176건, 감리 41건, 기타 69건)
- 국내 초유의 첨단공항 건설사업: 국내 보유공항 건설사업 전반(설계, 구매, 시공)에 대한 경험 부족 및 국내 항공산업의 기술적 기반이 취약한 건설사업.
- 사회기반시설 성격이 강한 대형 토목 건설(Heavy Engineering Construction) 중 기술적인 난이도가 높은 건설사업.

국내 학계, 산업계와 공항에 대한 개념설계를 수행한 미국의 벡텔

[표 3-4] 인천국제공항 건설사업 사업관리용역 요약

구분		용역명	기간	계약금액 (백만 원)	계약사	특징	비고
1단계	1차	사업관리용역 (1차)	'94.12. ~ '96.12.	14,610	한국전력기술(주) Parsons Turner ICT	공사와 사업관리조직의 독립적 운영	- 사업관리 절차서 작성 - 정보관리시스템 개발 - 사업관리체계 구축 등
	2차	사업관리용역 (2차)	'96.12. ~ '01.4.	47,570	한국전력기술(주) Parsons ICT	공사와 사업관리 조직과의 일원화 통합조직 운영	- 공사 조직체계에 PM 인력 배분 - PM인력에게 기안 및 결재권 부여
2단계		인천국제공항 2단계 건설사업관리 기술지원용역	'03.7. ~ '08.6.	26,284	건원 ITM 도화 공간	공사와 사업관리 조직과의 일원화 통합조직 운영 ※ 1단계 유경험자 활용	- 특수분야(BHS/IAT/건축 구조/실내디자인/항행) 기술지원
3단계		인천국제공항 3단계 종합사업관리 지원용역	'11.12. ~ '17.12.	32,012	건원 삼우 도화	공사조직 증원 한계성 극복 필요	- 특수분야(BHS/IAT/건축 구조/실내디자인/항행) 기술지원
4단계		인천국제공항 4단계 건설정보관리용역	'18.4. ~ '24.10.	7,795	희림 근정 상아	공사조직 증원 한계성 극복 필요	- 공사 주도 사업관리 - 일부 기술지원(공정, BIM 등 프로그램 운용 및 건설사업 관리시스템 개편/유지관리 등 - 특수분야 기술지원(BHS 등)은 사업관리(CM)에서 수행

사는 당시의 사업 시행자인 건설교통부에 위와 같은 특성을 보유한 인천국제공항 건설사업의 성공적 수행을 위해서 건설사업관리의 개념 도입을 권고했고, 1993년까지의 타당성 검토를 거쳐서 1993년 말 도입을 확정했다. 그리고 본격적인 착수는 인천국제공항 건설사업의 효율적 수행을 위해 전담 조직으로 설치된 수도권신공항건설공단(현 인천국제공항공사) 창립 후인 1994년 12월부터 이루어졌다. 인천국제공항이 국내에서는 발전소 이외의 건설사업 중 최초로 사업관리체계를 도입하게 된 것이다.

제1차 사업관리용역은 원자력발전소 설계 및 사업관리 전문회사인 한국전력기술(주), 공항설계 및 사업관리 전문회사인 미국의 파슨스(Parsons), 터미널빌딩 등 대형건물 시공관리 전문회사인 영국의 터너(Turner), 공항의 항행설비 및 보안설비 전문회사인 ICT로 구성된 컨소시엄이 사업관리 용역수행자로 선정되어 건설사업관리 인프라 구축을 위한 툴(Tool) 개발과 기본계획에 따른 공항설계 검토, 계약패키지내용 검토, 시공우선순위 및 방법 결정 등 시공계획 수립 지원 등의 업무를 수행하였다.

그러나 당시 국내에서는 발전소 건설사업을 제외하고는 건설사업관리체제를 도입하지 않고 있었으므로 발전소 건설사업관리체제를 바탕으로 건설사업관리체제를 개발하여 운영하는 과정에서 몇 가지의 문제점이 발생했다.

산업 설비 건설(Industrial Construction)에 해당하는 원자력발전소 건설사업의 관리체제를 대형 토목 건설인 공항건설 사업에 동화시키는 과정에서 원자력발전소 건설사업의 정교한 관리치제를 일반 건설사업에 맞게 최대한 단순화하려는 시도가 있었으나, 여전히 복잡한 절차 등의 비효율성이 일부 남아 있었다. 이러한 비효율성은 건설사업관리체제의 운영 초기 감리단이나 시공사 등에서 새로운 체제에 대한 관성적인 반발의 논리적 근거로 제기되기도 했다.

건설사업관리체제에 대한 필요성과 효율성의 인식 부족도 애로 사항 중 하나였다. 개발 착수 당시의 국내법에는 건설사업관리체제 개발·운영에 대한 법적인 근거가 없었고, 공항건설사업에서의 건설사업관리체제에 대한 운영 경험이 전혀 없어 공항공사, 감리단, 시공사의 인식이 부족해 개발 후 운영이 정상화되기까지 힘든 과정을 거쳐야 했다. 1997년 7월에야 비로소 건설산업기본법이 제정되어 건설사업관리자 제도에 대한 보완이 이뤄졌으나, 이마저도 전면책임감리 제도와의 연계성을 정확히 설정하지 못했다. 또한 건설산업기본법의 도입 이후 건설사업관리(CM)와 사업관리(PM)에 대한 우위성 논란, 건설사업관리 수행 방안에 대한 논란도 발생했다.

건설사업관리용역단과 공항공사 내 운영준비 조직의 이원화도 문제였다. 조직의 이원화로 사업관리 용역수행 효율성 저하와 의사결정 지원 기능 미흡 등의 문제도 발생했다. 이러한 문제점들을 보완하기 위해 사업관리체제에 대한 전면 보완 및 수정, 교육훈련 강화 등 다각적인 개선 대책이 검토되어 제2차 건설사업관리용역이 추진되었다.

공항공사는 제2차 건설사업관리용역을 시행하면서 설계사, 감리단, 시공사에 대한 건설사업관리체제 준수를 계약 의무 조항으로 부과하고, 건설사업관리 도입에 대한 최고경영자의 확고한 의지 표명으로 동 체제의 효율성 및 필요성에 대해 직원들의 인지도를 제고했다. 또한 공항공사 중심의 통합건설 사업관리 조직을 구성했다. 현행법이나 제도를 언급하지 않더라도 사업의 성패는 궁극적으로 사업주의 책임이므로 공항공사와 건설사업관리 용역조직을 통합하여 공항공사 중심의 통합건설사업관리조직을 구성함으로써 건설사업관리체제의 개발과 운영의 지휘 및 통제체계를 일원화했다. 발주자의 하부 조직으로 인식되는 건설사업관리 용역단의 기술인력에게도 기술능력 및 관리능력을 평가한 후 공항공사 직원과 동일한 결재권 및 감독권(부장급 해당직위까지)을 부여하는 등 책임과 권한을 부여했다. 이러한 조직 운영으로 그전까지는 원활하게 전달되지 않던 사업관리용역단 직원들이 정보를 완전하게 공유하며 의사결정에 직접 참여할 수 있었고 동질감과 책임의식 부여 등에서 많은 부수 효과를 얻을 수 있었다.

즉 제1차 사업관리용역의 주 업무는 사업관리 기반 조성을 위한 각종 절차서와 사업관리정보를 관리하기 위한 전산 프로그램의 개발이었으므로 용역단장 책임하에 별도 독립적인 조직을 구성·운영하였으나, 제2차 사업관리용역에서는 사업관리시스템 운영단계로서 공항공사의 사업조직에 용역단의 전문 경험인력을 배치하였다. 이로써 직책에 따라 기안, 결재권도 부여하며 공동 수행을 통해 공사직원들에게 기술 전수 촉진과 현안 사항 관리능력을 향상시킬 수 있었다.

2. 2단계 건설사업관리

2단계 건설사업은 1단계 대비 사업비 규모가 70% 수준이었으나, 공항공사 건설인력은 47% 수준에 불과했다. 공항 개항 이후 1단계 건설에 참여했던 기술인력이 시설물 유지관리 및 운영 부서로 전출되었기 때문이었다. 따라서 2단계 건설사업관리 용역에서는 부족한 사업관리 인력과 수하물처리시스템(Baggage Handling System, BHS), 셔틀트레인, 항행/항공등화시설 등 공항 특수 분야 기술인력을 공항공사 기술인력과 통합하여, 건설사업관리 업무를 공동수행하는 방식을 도입함으로써 관리의 효율성을 극대화하였다. 건설사업관리의 업무수행 분야는 사업기획, 공정관리, 통합정보관리, 설계관리, 설계감리, 특수사업(BHS, 셔틀트레인 등)관리, 품질관리, 안전관리 등 설계(감리)에서 운영준비 완료까지의 전반적인 기술지원 업무를 포함한다. 각 분야의 주요 업무를 살펴보면 다음과 같다.

사업기획의 주요 업무는 2단계 건설사업의 사업관리가 원활히 추진될 수 있도록 용역수행계획서 및 종합사업시행계획서 작성, 사업번호체계절차서 개정 및 보완 지원, CM인력투입절차서, 국내 교육훈련 및 기술 전수, 해외 교육 시행 등 인천국제공항공사가 효과적으로 건설사업관리 업무를 수행할 수 있도록 지원하는 것이었다. 국내 기술 전수 교육으로는 전산설계교육, 공정관리, 품질관리 등 전 분야에 걸쳐 총 52회 실시하였으며, 인천국제공항공사, 감리단 및 시공사 직원 1,500여 명이 기술 전수 교육을 받았다.

설계감리는 「건설기술관리법」 시행령 제38조의 13(설계의 경제성등 검토)에 따라 사업관리용역 내에 탑승동A의 건축시설과 전기시설에 대한 설계감리 조직을 별도로 구성하여 2003년 8월부터 2005년 6월까지 23개월간 시행하였다. 특히 설계도서의 적정성 검토 업무는 설계감리 업무 중 가장 주된 업무로서 설계사가 작성한 각종 설계도서에 대한 철저한 검토를 통하여 부실설계를 예방하고, 우수한 설계 품질이 확보되도록 하였다.

설계관리는 설계 단계에서부터 철저한 인터페이스 관리와 함께 1단계 건설·운영을 통해 드러난 문제점을 분석하여 보완 방안이 설계에 반영될 수 있도록 하였다. 또한 최소의 생애주기비용(LCC)으로 시설물에 필요한 기능 확보가 가능하도록 철저하게 경제성(VE) 관점에서 설계가 이루어지도록 하였다. 이와 함께 공항시설 전문 분야의 해외 전문기술력을 통해 중점적인 설계관리를 실시함으로서 최상의 설계 품질 및 시공성을 확보하였다.

전산설계관리는 인천국제공항공사 고유의 전산도면 작성기준(설계통합기준서)을 사용하도록 하고, 체계적인 추적관리를 통해 고품질의 전산도면 확보가 가능하도록 하였다. 이러한 전산도면은 3차원 모델 구축 및 설계 검증, 공항 종합시설물도 작성 및 관리 등의 기준 자료로 활용하여 자료의 효율성을 높였다.

건설사업관리시스템(Project Management Information System, PMIS)는 건설현장과 관리 요소들을 사업관리의 데이터 자료로 전산화하는 것에서 출발했다. 2단계 구축 당시 PMIS는 총 25개 모듈로 구성돼 건설사업 완공에 기여했다.

3. 3단계 건설사업관리

공항공사는 3단계 건설사업의 기본설계를 본격화하면서 설계, 시공, 시험운영 등 건설사업 전반의 과정을 추진할 사업관리체계가 필요했다. 또 별도의 지원사업을 통해 부족한 건설인력과 전문기술인력을 보완하는 효율적인 기반을 마련할 필요가 있었다. 이에 따라 2011년 7월부터는 대규모 공항 건설사업을 운영할 수 있는 '종합사업관리 지원용역'을 검토했고 같은 해 12월에 사업자를 선정했다. 이후 1·2단계 사업 때와 마찬가지로 공항공사의 사업관리부서와 사업관리 지원용역단 일부를 통합해 전담조직인 '사업관리단'을 구성했다. 당시 사업관리단은 종합사업관리와 설계감리로 조직업무를 구성하고 사업관리 체제의 안정화를 초기 사업관리 역량으로 삼았다.

3단계 건설사업은 항공 수요와 평창 동계올림픽 개최를 감안해 공사 기간을 53개월로 단축해야 했다. 공항공사는 종합공정계획 일정을 최대한 단축시키는 방향으로 공정계획을 수립했다. 공정관리체제는 공항공사가 전담해 기본공정, 종합공정, 관리기준공정, 예정공정, 상세공정을 추진해 갔다. 먼저 인허가, 공항시설, 건축시설, 종합시운전, 정보통신, 철도시설, 상업시설 등 구분에 따라 총 29개 사업의 기본공정표를 도출했다. 관리기준공정표는 실제 건설 과정에서의 관리기준이 되는 공정표로 기준일정을 점검, 조정하는 데 필요했다. 다양한 공정표 중에서도 관리기준공정표는 인천국제공항이 주기적으로 공정 현황을 파악, 분석하는데 가장 중요한 자료로 활용되었다. 상시적 관리뿐 아니라 일정이 늦어지는 공정의 이유나 다른 영향을 분석할 수도 있었다. 일례로 제2여객터미널의 층별 공정관리를 3,487개 액티비티(activity)로 세분화해 제1여객터미널 건설 당시보다 세밀하게 관리했다. 특히 3단계에서는 1·2단계와 달리 공정구역 전체가 아니라 층별 관리기준을 확립하고 복합공종에 대한 관리기준을 통해 인터페이스를 줄이고자 했다. 또한 종합관리시스템을 통해 관리기준, 상세공정표 등을 시스템화함으로써 종합공정관리를 현대화된 관리환경에서 추진할 수 있게 되었다.

다양한 공종이 집중된 사업에서 인천국제공항은 여러 참여자들의 입장, 서로에게 끼치는 영향 등을 파악하고 간섭 사항을 조정했다. 이와 함께 공정 관련 회의체를 운영했다. 이는 설계, 기기 제작·구매, 시공, 시운전 분야에 걸쳐 공정을 촉진하기 위함이었다. 또 턴오버(turn-over) 계획을 수립하고 제2여객터미널, 부대건물 등 실(room)별로 '룸 턴오버(room turn-over)'관리를 지속했다. 이는 건물의 일정 공간에서 여러 사업자가 다양한 업무를 순차적으로 진행할 때 원활하게 인수·인계될 수 있도록 지원했다. 특히 3단계 룸 턴오버는 핵심 룸 58개를 선택해 집중적으로 관리했는데, 주 통신실, BHS통신실 등 핵심 통신 룸과 전기 관련 룸도 포함되었다.

사업 대부분의 시공이 완료되는 시점부터는 건설 마무리 관리를 진행했다. 인천국제공항은 시운전 기간을 확보하는 데 초점을 맞춰 건설 마무리 계획에 따라 각 사업과 공종을 집중적으로 관리했다. 특히 시공 막바지에 이르러 품질에 문제가 생기지 않도록 유의했다. 공항공사는 공정관리체제를 확립하고 나서 공정관리를 효율화하고 고도화하는 것을 목표로 했다. 공정촉진계획과 관리기준공정계획을 계약자 공정 중심으로 개선하고, 실적관리에 적합한 공정관리 프로그램을 개발·시스템화하는 데 노력을 기울였다.

3단계 건설사업에서는 2단계 건설사업에서 개발했던 PMIS시스템을 완전히 새로운 시스템으로 대폭 개선한 i-PMIS(Incheon airport Program Management Information System, 인천공항 건설사업관리시스템)를 개발하였고 종합관리시스템으로 각 시스템의 통합기반을 마련하는 데 중점을 두었다. 공항공사는 2012년 10월 시스템 구축을 위한 마스터플랜을 수립한 후 먼저 2013년 5월까지 i-PMIS 시스템의 기틀을 구축해 운영 단계로 전환할 수 있도록 했다. 시범운영을 병행하면서 개선점을 반영하고 시스템을 보완했다. 2015년 5월에는 i-PMIS시스템이 종합적으로 구축되어 정식 운영을 시작했다.

운영 단계에서 i-PMIS의 핵심 원리는 3단계 건설사업의 모든 정보를 공유하는 것이었다. 이를 위해 i-PMIS의 체계는 전체 시스템을 역무관리, 조치사항·사업비관리, 공정관리, 시공관리, 안전·품질·환경·시운전관리, 협업관리까지 주요 6개 부문으로 정리했다. 사업 전반에 대한 문제 해결은 투두리스트(To-Do List)와 인터페이스를 바탕으로 한 조치사항 부문에서 가능했다. 그 외 협업관리 부문은 공지사항, 게시판, 자료실 등 시스템 운영에 필요한 콘텐츠로 구성했다.

4. 4단계 건설사업관리

2017년 공항공사는 4단계 건설사업 추진과 함께 이를 효율적으로 추진할 사업관리조직 구축에 착수했다. 특이한 점은 3단계 건설사업 준공을 목전에 두고 있는 시점에서, 이를 마무리하면서 동시에 건설조직이 운영까지 참여하는 가운데 4단계 건설사업을 준비해야 하는 환경이었다는 점이다. 2017년 4월 건설사업 공정률은 95.75%였으며, 9월 최종 준공을 목표로 숨 가쁘게 진행되고 있었다.

3단계 건설사업의 건설사업관리용역까지는 책임감리와 별도로 우리공사 부족 인력 확보 및 전문분야 기술지원을 위해 '종합사업관리지원용역'을 시행했다. 그러나 4단계 건설사업부터는 「건설기술진흥법」 제정(2013년)으로 구 건설기술관리법의 책임감리와 건설사업관리를 통합하여 '건설사업관리'로 규정함에 따라 건설사업관리와 책임감리를 별도로 시행할 근거가 부족한 문제가 발생하였다.

또한 2015년 감사원 감사에서는 일부 과업이 사업관리지원용역과 책임감리용역에 중복되어 있다는 지적을 받았다.

이와 같이 대외 환경이 변화함에 따라 사업관리지원용역 형태로 발주자 인력을 보강하는 것이 곤란해졌으며, 4단계 건설사업은 공항공사 단독으로 사업관리를 추진할 필요가 있었다. 따라서 사업관리는 공항공사가 주도하고, 건설사업관리용역 과업에서 분리된 기술지원(종합 건설공정관리, BIM 등 프로그램 운용 및 i-PMIS 개편·유지관리 등) 분야만 묶어서 '4단계 건설사업 건설정보관리용역'을 시행했다.

이전 건설단계에서는 건설사업관리의 대부분을 건설사업관리용역에 위탁하여 시행했던 것과 비교했을 때 가장 큰 변화는 4단계 건설사업 사업관리에서는 전문인력이 필요한 i-PMIS 시스템관리 및 BIM 등을 제외한 대부분의 영역을 공항공사에서 직접 수행했다는 점이었다.

1) 주 52시간제 도입에 따른 사업기간 조정

4단계 건설사업 실시설계가 진행되는 동안 2·3단계 건설사업에서 활용한 패스트트랙으로 공사가 병행되는 가운데 '4단계 건설사업 공정계획안'을 수립했다. 주요 자원의 수급전망, 주요공정(critical path) 등 공정환경을 분석해 단계별 일정을 구성했다.

2018년 7월 「근로기준법」 개정에 따른 주 52시간제 시행, 2019년 1월 국토교통부 훈령 '공공 건설공사의 공사기간 산정기준' 시행, 2019년 3월 정부부처 합동으로 공공기관 작업장 안전강화 대책 가이드라인 제시 등으로 4단계 건설사업의 건설환경이 요동쳤다. 아울러 운영 중인 공항시설과의 간섭, 설계 성과를 반영해 공항공사는 2019년 12월 4단계 건설사업 추진계획을 조정해야만 했다.

가장 먼저 제2여객터미널 확장사업의 공사 기간을 조정했다. 건설완료 기한을 2023년 12월에서 2024년 10월로 변경했다. 주 52시간제 시행 3개월, 기후여건 반영 3개월, 안전관리 강화 1개월, 운영간섭영향 3개월이 반영된 수치였다. 다만 일부 포화 시설은 조기 확충 및 운영효율성 증대를 통해 대응하고, 실제 운영(open) 시기는 정부와 협의해 결정하기로 했다. 이와 함께 기본계획에서 예측했던 항공 수요에서 달라진 추세를 반영해 4단계 건설사업 목표연도를 2029년에서 2030년으로 조정했다.

2) 계약패키지 구성 개선

4단계 건설사업 계약패키지는 인터페이스에 따른 발주도 고려하면서 공정관리와 신속한 공사 진행에 목표를 두었다. 아울러 공항공사는 3단계 건설사업에서 도출된 개선 사항을 반영해 패키지 사업관리 기본 방향을 설정했다.

첫째, 시공 인터페이스 최소화 및 하자 책임을 명확히 하기 위해 제2여객터미널 확장은 골조공사와 마감공사를 통합하는 것으로 했으며, 제2여객터미널 접현계류장지역은 협소한 공간에서 건축공사와 토목공사가 동시 시행되어 상호 간섭이 많았으므로 건축공사로 통합했다. 제2여객터미널 건축공사에서는 외장공사나 터미널 외부 지하에 매설되는 관로로 인해 접현계류장 토목공사와 많은 인터페이스가 발생한다. 건축공사와 토목공사의 건설사업관리단이 다르면 의견을 조율하기가 쉽지 않은데, 동일한 업체가 공사를 시공하고 건설사업관리를 시행함으로써 많은 인터페이스가 다툼 없이 해결될 수 있었다. 또한 터미널 외부 지하 매설물 설치 및 접현계류장 포장 공정을 조기 시행함으로써 접현계류장을 자재 야적장 및 가설시설물 설치부지로 사용할 수 있어서 협소한 부지를 효율적으로 활용할 수 있었다.

둘째, 조기 착수 또는 조기 준공이 필요한 계약패키지는 별도 패키지로 구성해 공사 효율성을 높였다. 통상 여객터미널의 경우 건축공사를 우선 발주하고 승강기, 전기시설, 통신시설 등은 나중에 발주하는 게 일반적이지만, 4단계 건설사업에 포함된 제2여객터미널 확장공사는 운영지역 개선공사가 포함돼 있어 건축공사와 비슷한 시기에 기계·전기·통신 분야가 발주된 것이 특징이라 할 수 있다.

4단계 건설사업에서 가장 주안점을 둔 부분은 제2여객터미널 확장이었으나, 에어사이드 내 계류장 시설 등으로 인해 기존에 운용되는 공

[표 3-5] 인천국제공항 건설단계별 계약패키지 구성 비교(단위: 건)

구분	1단계	2단계	3단계	4단계
설계	39	5	9	4
시공	176	57	85	90
CM(감리)	41	22	20	21
기타	69	6	3	3
합계	325	90	117	118

간에서 발생할 간섭의 해소도 중요하게 다뤄졌다. 4단계 건설사업의 또 다른 공정관리 차별성을 꼽자면 건설사업단계에서 준공되는 패키지가 많아졌다는 점이다. 전체 사업공기가 2017년부터 2024년 10월 말까지였지만 부분 준공이 꽤 많이 있었다. 특히 제4활주로는 이미 신설 공사를 마치고 2021년 6월 17일부터 정식 운영에 돌입했다. 그 밖에도 2023년 7월 기준으로 전체 4단계 건설사업 89개 공사패키지 가운데 24건이 완료될 정도로 빠른 단계별 준공이 많아졌다. 3단계 건설사업에서 117개 계약패키지가 건설사업 완료 시점에 공사를 마무리한 것과 비교하면 조기운영을 통해 공항운영에 더 크게 기여했다고 볼 수 있다.

3) 더욱 세밀해진 공정관리

제2여객터미널 확장사업은 운영 중인 여객터미널을 확장하는 사업으로 기존 시설과의 간섭이 불가피하다고 예상됐기에 사전에 인터페이스 사항을 발굴, 관리해 공정 지연이 발생하지 않도록 했다. 마감공사에 대한 공정관리는 3단계 건설사업에서는 층별로 관리했다면, 4단계 건설사업에서는 각 층을 다시 8~10개의 구역으로 세분화해 건축·기계·전기·통신 분야의 서로 다른 시공사가 협력해 통합공정표를 작성·운영했다. 총 36개 구역에 관리 액티비티 수는 약 10,120개에 달했다. 접현계류장은 총 16개 구역으로 세분화해 약 240개의 액티비티를 관리했다. 또한 공용

홀 천장공사, 바닥 마감공사, 보호구역 벽체공사 등 주요 공사는 후속 공사 및 시운전에 영향이 없도록 매주 현장 점검을 실시해 지연이 발생하지 않도록 관리했다.

4) 코로나19

4단계 건설사업 과정에서 코로나19도 전체 공정에서 큰 변수로 작용했다. 계류장 내 인터페이스, 제2여객터미널 확장사업에서 여객의 불편 민원이 줄어드는 등 일부 긍정적인 부분도 있었지만, 에어사이드 계류장에 가득 차 있는 장기 주기 항공기들로 인해 작업계획이 틀어지는 일도 자주 발생했다. 코로나19 유행이 본격화되던 2020년 초부터 환자 및 접촉자 격리 조치 등 정부 시책에 맞춰 발 빠르게 대처해 근로자 부족 등의 영향은 크지 않았으나, 보안검색 장비, BHS 등 외국사들이 참여하는 사업들의 발주와 계약이 지연됐다. 또한 공사가 진행 중인 시설들도 해외에서 반입하는 자재와 장비들을 원활하게 공급받지 못했고, 외국 기술자의 입국이 미뤄지면서 공기가 약 1~3개월 지연되기도 했다. 다행히 4단계 건설사업의 주요 시설인 제2여객터미널의 확장공사는 땅파기 및 파일공사가 진행되던 시기여서, 코로나19 유행에 따른 공정 영향이 비교적 적어 4단계 건설사업 사업기간의 조정은 발생하지 않았다.

5) i-PMIS의 고도화

인천국제공항공사는 설계, 시공, 유지관리 등 건설사업의 주요 프로세스를 시스템화하여 관련 정보와 자료를 통합적으로 관리하는 건설사업관리 통합플랫폼인 i-PMIS를 4단계 건설사업에 활용했다.

인천국제공항 3단계 건설사업부터 본격 활용된 i-PMIS는 모든 정보를 공유하기 위해 주요 관리분야를 조치사항, 사업비관리, 공정관리, 시공관리, 안전·품질·환경관리, 시운전관리 주요 6개 부문으로 정리했다. 이후 종합상황실, 주요일정 SMS 알림, 시스템통합관리, 건설 마무리

관리 등의 모듈을 계속 개발하면서 종합사업관리의 수준을 한 단계 높였다. 4단계 건설사업에서도 3단계 건설사업에서 사용된 시스템을 적극적으로 활용하면서도 이를 더욱 진화시켰다.

또한 기존에 PC 버전으로 운영하던 i-PMIS를 2019년 12월부터 모바일 버전으로도 확대 운영했다. 덕분에 접근성이 높아져 인천국제공항 4단계 건설사업자는 지급자재 신청 및 승인 처리와 같은 행정업무를 건설현장에서도 손쉽게 해결할 수 있었다. 이로써 모바일 기반 스마트 건설사업관리가 가능해졌다. 이와 함께 스마트폰으로 촬영한 공정사진을 모바일 i-PMIS에 바로 업로드할 수 있도록 개선해 기존의 행정절차를 간소화하고 안전 및 건설 관련 자료의 공유 기능을 강화함으로써 4단계 건설사업의 업무 효율성을 대폭 향상했다.

6) 전면 BIM 도입

국토교통부는 제6차 건설기술진흥 기본계획(2018~2022)에서 인프라 BIM 활성화를 위한 가이드라인과 방안을 적시하며 공공기관의 대규모 프로젝트에 적용할 것을 권장했고, 인천국제공항공사도 3단계 건설사업에서 부분 시행을 통해 얻은 경험과 성과를 토대로 정부의 지침에 호응해 BIM 전면 도입을 결정했다.

최신 건설기술인 BIM은 효용성이 크지만, 여전히 현장 건설사업 참여자에게는 낯설었다. 이들은 2D 도면에 익숙한 탓에 복잡한 구조를 이해하는 것부터 난관이었다. 이에 따라 인천국제공항공사는 BIM 사용자들을 대상으로 2018년부터 기술이전교육과 실무교육으로 나누어 지속적으로 교육을 시행했다. 또한 최신 정보 습득을 위해 실무자가 국내외 관련 포럼과 컨퍼런스에 참여하도록 유도하고, BIM 관리 우수 현장을 방문해 실제 사용 사례를 접하도록 했다.

아울러 '인천국제공항 건설사업 BIM 관련 지침서 및 작성 가이드'를 발간했으며, 프로젝트의 모든 주요 공종을 BIM으로 수행했다. 이를 위해 2019년 7월에는 4단계 건설사업 및 운영을 위한 BIM 데이터 활용 계획서를 제출하고, BIM의 활성화와 활용성을 높이기 위해 BIM 협의회도 발족했다. BIM 협의회는 매월 1회 이상 BIM 품질관리자와 연관 패키지별로 개최돼 총 56차례(2024년 10월 기준)가 열렸다. 이를 통해 실무자 중심으로 설계시공 BIM 업무의 정보를 공유하고, 구체적인 수행 규칙을 정해 일관성있는 데이터 관리와 활용 방향을 마련했다.

골조 및 외장공사 시기에는 BIM 설계를 기반으로 철골공사와 지붕 및 외장공사를 시뮬레이션해 일정이 지연되는 구간을 건설 참여자들이 함께 공유하고 지연 사유를 분석해 공정을 만회하고자 노력했다.

7) 인터페이스 관리의 체계화

건설과 운영에서 최고의 경쟁력을 갖춘 인천국제공항공사도 인천국제공항 4단계 건설사업은 쉽지 않은 도전이었다. 성공적인 사업수행의 성패가 달린 인터페이스 문제가 산적했기 때문이다. 기존 운영 중인 제2여객터미널의 확장은 새롭게 건설하는 것보다 어려운 사업이었다. 여객터미널 내의 문제뿐 아니라 에어사이드 내 다양한 시설 건설에서 기존 운영 시설과의 간섭은 불가피했다. 이해당사자 간의 소통도 복잡했다. 단순히 운영부서와 건설부서의 문제를 넘어 항공사, 다양한 공항 유관기관과 협의와 조율을 거쳐야 하는 일이 비일비재했다. 더욱이 보안과 안전을 최우선으로 삼는 공항이라는 특수한 환경도 인터페이스 문제를 더욱 어렵게 만들었다.

이에 따라 인천국제공항공사는 4단계 건설사업 시행 초기부터 기술조정 및 협의체 운영을 통한 인터페이스 사전 예방 및 적시 해결에 힘을 쏟았다. 2019년 기술조정 회의를 19차례 개최, 자체 인터페이스를 발굴했다. 그 결과 발의안건 총 184건 중 147건을 반영했으며, 제2여객터미널 확장지역 기능실 출입통제설비 추가설치 등 4건의 기술조정이 이뤄졌다.

4단계 건설사업이 본격적인 궤도에 오른 2020년부터는 인터페이스 대응을 체계화했다. 통합인터페이스관리 그룹을 제2여객터미널 확장, 부대건물, 활주로, 계류장, 접근도로 등 사업별 5개 관리그룹으로 편성하고, 총괄 CM단이 주관하는 통합인터페이스 회의를 신설했다. 이를 통해 자체 관리·처리 활성화를 도모하고, 사전 예방과 적시 해결 분위기를 조성했다. 또한 인터페이스 조정 확인서 제출 의무화, i-PMIS를 통한 제출안건 관리 등으로 인터페이스 관리체계도 탄탄하게 구축했다. 그 결과 설계·시공·기술조정 분야에서 총 860건의 인터페이스를 발굴해 837건을 조정했다. 반영률이 무려 97%에 달했다. 공항공사, 상주기관 및 공사 건설·운영·유지관리 조직의 정례·수시 협의체 운영으로 사업 품질 확보 및 신속한 의사결정 구조도 확립했다.

특히 2020년 11월에는 제4활주로의 적기 운영 개시를 위해 공사-정부-민간 합동 제4활주로 운영준비단을 운영해 역할을 분담했다. 서울지방항공청은 신속한 인허가 행정지원을 비롯해 실제 운영을 고려한 통합시운전 계획을 수립했으며, 공사는 2020년 4월부터 9월까지 제4활주로 건설 및 운영 준비 계획을 수립 시행하고 추진 현황 관리 및 관련 부서 협의를 진행했다. 항공사는 이용자 측면 의견 개진과 활주로 시험운영을 지원했으며, 기상청 등 관련 기관도 적극적인 지원을 아끼지 않으면서 4단계 건설사업의 모범 사례를 만들었다.

III. 결언

인천국제공항의 건설사업관리는 우리나라 건설사업관리의 역사 그 자체다.

1단계 건설사업에서는 국내에서 발전소 건설사업 외의 건설사업에서 건설사업관리에 대한 법령과 사례가 전무했던 건설사업관리를 국내

[그림 3-2] 인천국제공항 전경

최초로 도입하였고, 인천공항을 성공적으로 개항하는 데 크게 기여하면서 국내 대형프로젝트 건설사업관리의 본보기가 되었다.

공항공사는 2단계와 3단계 건설사업을 거치면서 축적된 노하우를 이용하여 4단계 건설사업에서는 대부분의 건설사업관리업무를 직접 수행하면서 독자적인 대형 프로젝트 건설사업관리 수행 능력도 확보하게 되었다. 이를 바탕으로 이제 공항공사는 국내 다른 대형프로젝트를 앞둔 발주청에 건설사업관리에 대한 컨설팅과 교육도 시행하고 있다.

현재 제3여객터미널, 제5활주로 등을 건설하는 다음 단계의 건설사업을 계획하고 있는 인천국제공항공사는 앞으로도 국내 메가프로젝트 매니지먼트 분야를 선도해 나갈 기업으로 자리매김할 것이다.

03

행정도시 개발사업의 모델, 행정중심복합도시 건설

I. 행정중심복합도시 건설 배경

행정중심복합도시(행복도시)는 수도권의 과도한 인구 집중 등에 따른 교통 혼잡과 주택난, 환경오염 등의 사회적 비용의 증가에 따른 부작용을 시정하고 국가의 균형발전과 국가 경쟁력 강화를 목적으로, 서울에서 남쪽으로 약 120km 떨어진 곳에 73.0km² 규모로 2030년까지 50만 명의 인구를 목표로 건설 중에 있다.

신행정수도 건설에 대한 논의는 일찍이 1970년대부터 진행되었다. 수도권 집중과 과밀화 현상을 해소하기 위하여 행정수도를 이전하는 방안이 검토되었고, 남북 대치 상황에서 수도가 휴전선과 가깝다는 문제도 제기되었다. 이처럼 '수도권의 과밀화 대책'과 '안보'라는 두 상황을 한꺼번에 해결할 수 있는 계획으로 '백지계획'이 시작되었는데, 이는 모든 것을 백지에서 새로 검토한다는 의미에서 붙여진 명칭이다. 그러나 백지계획이 전면 백지화되어 수행되지 못하였다. 2002년 9월 노무현 대통령 후보는 지역 간 성장 격차 해소와 국가 균형발전을 약속하며 행정도시를 충청권으로 이전한다는 공약을 발표하였고, 2003년부터 본격적으로 행

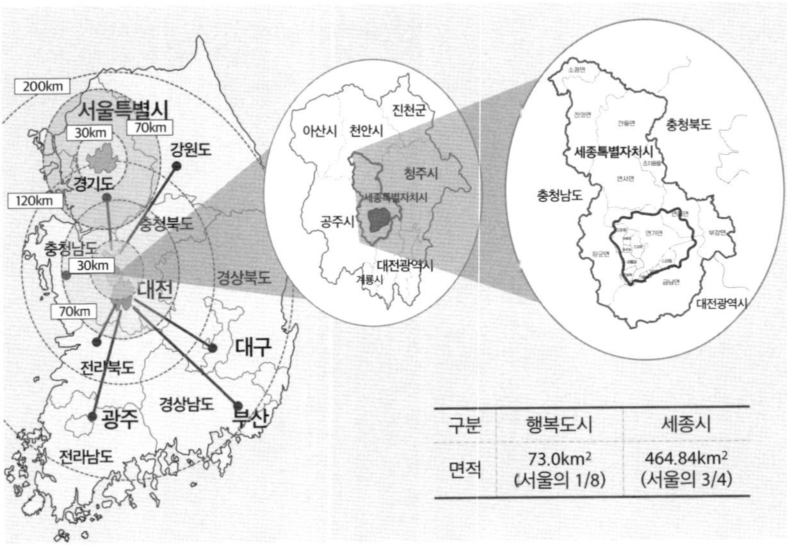

[그림 3-3] 행복도시 위치 및 면적

복도시 건설사업을 위한 준비에 박차를 가하였다. 행정부 소속의 73개 단위행정기관을 대상으로 2012년부터 3개년에 걸쳐 이전하는 계획을 수립하였다. 행복도시는 기존 신도시보다 공원과 녹지 비중을 높은 수준으로 확보하여 인간과 자연이 공존하는 환경 친화적인 도시로 구상되었다. 또한 전국 주요 도시에 2시간 내 접근이 가능하도록 광역교통망을 확충하여 교통 편의성을 높이고 도시 내에서는 보행자와 자전거 및 대중교통 중심의 교통체계를 구축하여 소음과 공해를 줄일 수 있는 도시로 설계되었다.

행복도시 건설 사업은 2005년 3월 「신행정수도 후속대책을 위한 연기·공주지역 행정중심복합도시 건설을 위한 특별법」 제정과 도시개념의 국제 공모, 공개 세미나, 공청회 등 도시 수요자의 직접 참여를 이끈 개방형 도시계획체제를 통해 도시 건설 기본계획과 개발계획, 광역계획을 수립하였으며, 2006년 1월에는 행복도시 건설사업의 총괄·조정을 추진하는 주무 부처로서 행정중심복합도시건설청(행복청)이 출범하였다. 2006년 12월에는 국민 공모를 거쳐 도시 명칭을 '세종(世宗, Sejong)'으로 선정하였다. 행복청의 주요 업무는 행복도시 건설의 총괄·조정과 공공 건축물과 광역도로의 직발주 관리이며, 사업시행자로 한국토지주택공사(LH)를 지정하여 예정지역 내 토지 매수, 실시계획의 수립, 부지 조성 및 공급, 기반시설 설치 등의 업무를 담당토록 하였다.

II. 행정중심복합도시의 건설계획 수립

행복도시 건설은 대규모·장기간의 사업으로 기존 신도시 건설과는 달리 도시 건설계획 수립을 위해 건설기본계획, 개발계획, 실시계획 수립을 수행했으며, 각종 계획 수립 간의 연계성과 일관성을 확보하기 위해 연구기관들이 참여하는 공동연구단을 구성하였다. 또한 21세기의 세계적인 모범도시로 건설하기 위해 국내 및 해외 관계자들이 참여하는 국제공모가 시행되었고, 국내외 최고 전문가로 심사위원회를 구성하여 전 세계적으로 많은 관심과 주목을 받으며 뜨거운 호응을 불러 일으켰다.

대한민국을 포함하여 세계 25개국에서 121개(국내 57개, 해외 64개)의 우수한 작품이 출품되었고, 이 중 다섯 개의 작품을 당선작으로, 다섯 개의 작품을 장려상으로 선정하였다. 특히 스위스의 장피엘 뒤리그와 스페인의 안드레스 페레아 오르테가가 공동으로 제안한 환상형(環狀形) 도시구조 개념을 적극적으로 수용하고 다른 당선작들이 제안한 장점들을 반영하여 기본계획을 완성하였다. 이렇게 수립된 주요 계획의 추진체계는 [그림 3-4]와 같다.

환상형 구조는 도시 중심부에 녹지 공간이 위치하고 그 주위로 순환하는 고리형의 교통 축을 둘러싼 권역별 커뮤니티가 연결된 분산적 다핵형(多核形)의 구조다. 이는 기존의 신도시에서 자주 보이는 전통적인 도시

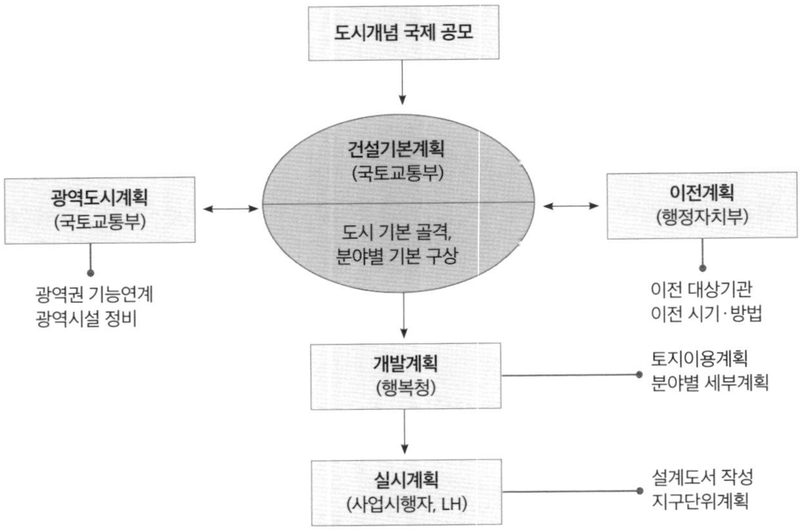

[그림 3-4] 행복도시 건설 주요 계획의 추진체계

계획 기법에 따라 중앙부에 상업중심지역이 위치하고, 주거지역으로 그 주변을 둘러싼 단핵형(單核形) 구조와는 확연한 차이를 보이며, 매우 선진적이고 미래 지향적인 개념이라 할 수 있다.

행복도시 건설기본계획에서는 특별법령에서 규정된 자족도시, 친환경 도시, 인간중심도시, 문화·정보도시를 달성할 수 있는 다음과 같은 추진전략을 제시하였다.

- **분산형 도시기능 배치**: 환상형 도시공간 구조는 간선교통축이 원형으로 순환하므로 특정 지점에 교통축이 집중되지 않는다. 이를 바탕으로 행복도시에서는 중심부에 교통이 혼잡한 현상을 방지하고자 대중간선교통축에 도시기능을 분산 배치하였다. 기능 간의 연계 등을 고려하여 개별 시설 단위의 완전 분산형이 아니라 상호 활동 연계가 밀접한 기능을 군집시켜 분산 배치하는 것을 원칙으로 하였다. 따라서 행복도시의 지형적 구조는 6개 구역으로 분리

되며 각 구역은 개발 가용지에 따라 약 6~10만 명의 인구가 주거할 수 있는 조건을 갖추고 있다.

- **자연 친화적인 도시환경 조성**: 전월산 등의 산림녹지 연결축과 이어지는 하천 연결축을 주요한 보존지역으로 설정하고, 하천과 산림녹지축이 만나는 전이 부분도 보존하게 하였다. 중앙녹지공간은 주민의 옥외 활동 공간으로서 레저스포츠, 테마형 공간, 주말농장, 친수공간 등으로 활용 가능하고, 전체적으로 산림, 하천 등의 보존 지역과 중앙녹지공간, 각 생활권 내의 공원녹지를 포함하여 전체 면적의 50% 이상을 공원녹지로 조성함으로써 세계적으로 친환경적인 도시를 제시하였다.
- **쾌적한 주거공간 구성**: 중·저밀도의 쾌적한 주거환경 조성과 함께 일상생활의 필수 시설인 문화, 복지, 교육, 의료, 레저 등의 활동을 충족시킬 수 있는 기능들을 생활권 단위별로 도입하였고, 주거지역을 2~3만 명 단위의 기초생활권으로 구분하고 각 생활권에서 필요한 근린문화센터, 주민생활체육시설, 근로노인복지센터, 주민생활지원센터, 근린복합상업시설, 학교 등을 생활권 공원 녹지축에 배열하여 복합 커뮤니티 형태로 생활에 편리하도록 구성하였다.
- **인간과 환경 중심의 대중교통체계 구축**: 환상형 중심 교통축은 대중교통중심축과 통과교통중심축의 2링 구조로 구성되고, 대중교통중심축의 정류장을 중심으로 생활권을 구성하였다. 대중교통중심축에는 급행대중교통수단인 BRT(Bus Rapid Transit) 전용차선이 운영되고, 통과교통중심축에는 도시 통과 시 도시를 외곽으로 순환하는 자동차 전용도로로 구성하였으며, 보행 및 자전거를 활성화하기 위하여 생활권의 공원 녹지축을 마련하여 원하는 장소에 접근할 수 있게 하였다. 또한 일부 보행권을 벗어나는 곳에서는 마을순환버스를 도입하여 노약자를 배려하는 동시에 악천후에도 편

리한 교통시설을 이용할 수 있게 하였다.

- **언제 어디서나 정보를 주고받는 첨단정보체계 구축**: 미래 도시는 각종 원하는 정보를 원하는 곳에서 이용할 수 있는 첨단정보체계가 필수적이라 할 수 있다. 행복도시는 도시행정, 교육, 문화, 복지, 교통, 안전 등의 공공부문의 정보를 주민들이 언제 어디서나 쉽게 이용할 수 있는 정보체계 구축을 제시하였고, 이를 위해서는 법·제도 등의 적용이 필요하며 장기적으로 추진될 사항으로 제시되었다.

행복도시 건설의 계획 위계는 광역계획과 기본계획, 개발계획 순이며, 이들은 도시 건설 관련 타 법률에 의한 계획보다 우선한다.

개발계획과 그 뒤에 이어지는 실시계획(지구단위계획 포함)의 구성과 절차는 다음과 같다.

- **개발계획**: 개발계획은 행복도시의 정책계획으로서 기본계획의 원칙과 개념을 구체화하는데 그 의의가 있고, 실시계획의 기준이 되는 지침적 계획의 성격을 가지고 있으며, 행복청장이 수립 주체가 되어 법적 수립 절차에 따라 이루어졌다. 기본계획의 지침과 국제공모 결과를 반영하고 전략연구과제, 자문회의, 세미나, 관계기관 협의 결과 등 각계각층의 의견 수렴을 통해 구체적인 개발 방향과 인구, 주택, 토지이용계획 등의 공간 구조를 형성하는 개발계획이 수립되었다.
- **실시계획**: 실시계획은 개발계획에서 규정한 개발 방향 및 인구, 주택, 토지이용계획 등의 공간 구조를 기반으로 행복도시 건설 사업의 시행에 필요한 설계도서, 재원조달계획, 연차별 사업비 투입계획, 지구단위계획의 결정에 필요한 관계 서류와 도면을 포함하여 작성한다. 행복청은 이에 대한 서류를 신중하고 면밀히 검토하여

행복청장이 승인하면, 사업시행자인 LH가 도시 건설 공사를 착공하는 데 필요한 모든 절차를 완료한다.

- **지구단위계획**: 지구단위계획은 실시계획의 일환으로 토지 이용의 합리화와 기능 증진, 경관과 미관의 개선, 양호한 환경의 확보를 위해 수립되는 계획으로, 해당 구역을 체계적·계획적으로 개발 및 관리할 수 있도록 건축물과 기타 시설의 용도, 종류, 규모 등의 제한을 완화하거나 건폐율 및 용적률 등을 완화하는 방식으로 수립하게 된다. 행복도시는 기초생활권 21개와 특별생활권 2개로 구성되어 있다.

III. 행복청의 기능 및 역할

2006년 1월 1일, '특별법'에 근거하여 행복도시 건설 사업의 총괄 및 조정 기능을 수행하는 핵심기관으로 행복청이 출범하였다. 기존의 행정도시 건설에는 추진위원회와 국토교통부, 지방자치단체가 업무를 분담하였으나, 행복도시 건설은 행복청이 전담하여 총괄함으로써 사업추진의 일관성과 효율성을 확보하였다. 행복도시 건설 사업은 행복청을 중심으로 국토교통부 소속인 추진위원회와 추진위원회가 운영하는 자문위원회, 국토교통부 및 행정자치부를 비롯한 중앙행정기관들, 사업시행자인 LH 등이 참여하고 있다. 행복도시 건설 지원체계는 [그림 3-5]와 같다.

행복청장은 행복청을 통솔하며 행복도시 건설을 지휘하는 중요한 직책으로, 주요업무는 예정지역 안에서의 행위 허가, 행복도시 건설 개발계획의 수립 및 실시계획의 승인, 조성 토지 및 원형지 공급계획의 승인, 조성 토지 및 원형지 공급에 따른 선수금의 승인, 행복도시 건설 특별회계의 관리·운용, 예정지역 내에서의 도시계획의 수립 및 건축법에 의한 사무, 추진위원회 사무 지원, 행복도시 건설 사업의 총괄·조정, 행

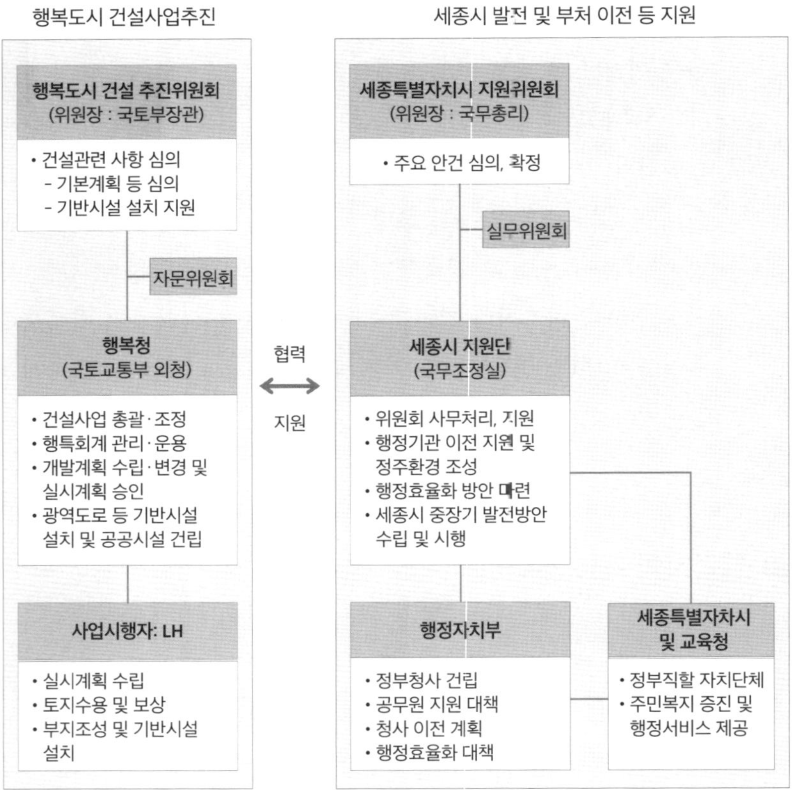

[그림 3-5] 행복도시 건설 지원체계

복도시의 원활한 기능 수행을 위하여 필요한 기반시설의 설치 및 관리 등의 업무를 수행하도록 규정하는 것이다.

행복청은 2006년 1월 1일 출범할 당시 147명 정원에 4본부 15팀 1단 1사무소 기구였으며, 그동안의 여러 환경 변화에 따라 2025년 2월 146명 정원에 1관 2국 13과 4팀의 조직으로 구성되어 있다. 각 국별 주요 업무의 경우, 대변인은 대국민 홍보계획의 수립·조정, 대외정책 발표 및 브리핑 지원, 언론보도 확인 및 정정 보도, 소셜미디어 정책 소통 총괄·점검 등을 담당하고, 기획조정관실은 각종 정책과 계획 수립의 총괄·조정, 국회 업무 총괄, 예산 편성·집행, 혁신행정 등의 행정관리, 성과관리, 법무·조직, 감사·공직 기강, 행복도시 관련 국제협력 등에 관한 업무를 담당한다. 도시계획국은 개발계획 등의 도시계획에 관한 사항, 공간시설과 도시경관의 관리, 도시기능 유치, 광역상생 발전 계획, 스마트도시 추진, 교통시설 계획 및 설치, 환경친화적 도시 구성 등을 수행한다. 시설사업국은 건설사업의 총괄·조정, 사업시행자 지도·감독, 교통시설 계획 및 설치, 공공건축물 건립, 문화체육시설 건립 업무를 담당한다.

IV. 도시계획의 전제

1. 도시 건설의 정책목표

행복도시는 국가균형발전을 선도하여 국가경쟁력을 제고하고 도시 수준을 향상시켜 미래세대를 위한 '지속 가능한 도시'의 모범을 조성하는 목표를 가지고 있다. 다국분산형 국토 구조를 구성하고 이를 토대로 국민통합에 기여하여 국가균형발전을 이루고, 도시환경 수준의 향상과 기술적·문화적 비전 및 도시 건설의 새로운 모델, 즉 세계적 모범도시를 제시하여 누구나 살고 싶어 하는 도시의 건설을 추진하고 있다.

2. 도시 건설의 이념

행복도시 건설의 이념은 국가균형발전과 경쟁력 강화의 선도로 상생과 도약을 이루고, 세계적인 모범도시의 추구로 순환과 소통을 실행하고, 이 기반하에 더불어 잘사는 공생의 도시를 추구한다.

지역 및 세대, 계층 갈등의 극복과 화합, 전국이 골고루 잘사는 균형발전의 선도로 모두가 상생하는 조화로운 도시를 구성하고, 행정·환경·

문화·기술 등 각 분야의 혁신을 이루고 도시 수준 및 삶의 질 향상을 위한 국가 차원의 도약을 이루며, 자연과 인간, 보존과 개발의 조화와 모든 세대를 위한 자연의 순환과 재생산으로 자족 가능한 도시를 구성한다. 또한 첨단 정보통신 네트워크로 시공간의 확대와 참여와 교류로 개방적이며 민주적으로 소통하는 열린 도시를 추구하여, 더불어 잘사는 공생(共生)의 도시를 구성한다.

3. 도시 건설의 기본 방향

행복도시 건설의 기본 방향은 복합형 행정·자족 도시와 살기 좋은 인간 중심 도시, 쾌적한 친환경 도시, 품격 높은 문화·정보 도시를 구성하는 것이고, 그 상세 방향은 다음과 같다.

국가균형발전의 구심점으로 다양한 도시 기능을 유치하고 품질 높은 공공서비스를 제공하여 복합형 행정·자족 도시를 구성하며, 생활하기 편하며 장벽이 없고 재난으로부터 안전한 도시로 살기 좋은 인간 중심의 도시를 추구한다. 또한 인간-생태환경의 조화와 수자원 관리를 통한 쾌적성 증진과 자원 순환으로 에너지를 절감하는 쾌적한 친환경 도시, 그리고 지역문화의 정체성 확보와 특성 있는 도시문화 연출과 스마트 도시 구현을 통한 품격 높은 문화·정보 도시를 구성한다.

4. 도시 건설의 목표

행복도시는 더불어 잘사는 '공생'의 도시를 지향하는 목표를 설정하였으며, 주요 분야로는 조화로운 민주 도시와 시민 중심의 열린 도시, 환경이 보존하는 지속 가능한 도시, 편리한 선진 도시, 역사와 문화가 살아 있는 아름다운 도시, 그리고 재해에 안전한 도시 등이다.

조화로운 민주 도시는 도시 기능을 분산 배치한 민주적 도시공간 구조, 다양한 계층이 어우러지면서 살아갈 수 있는 주거환경, 균등한 기회가 제공되는 수준 높은 교육환경, 누구에게나 삶의 질을 보장하는 다양한 문화 및 복지 기반을 조성하는 것이다. 시민 중심의 열린 도시는 국민에게 친근하게 다가가는 모습의 중앙행정기관과 연구기관을 배치하고 시민들이 이용하기 편리하게 도시행정기관을 개방적으로 배치하는 것이며, 환경이 보존되는 지속 가능한 도시는 자연과 인간이 함께 사는 생태친화적인 도시환경을 조성하고 자원을 절약할 수 있는 도시기반시설을 설치하고 운영하는 것이다. 또한 편리한 선진 도시는 전국 어디서나 접근이 용이한 광역교통망을 구성하고 대중교통을 이용하여 어디든 갈 수 있는 도시교통환경을 조성하고 어디서나 편리하게 이용할 수 있는 도시정보통신망을 조성하는 것이다. 자연 친화적인 문화도시는 자연과 인간이 어울리는 도시경관과 삶을 풍요롭게 하는 문화공간을 조성하고 지역의 전통문화와 역사를 보존하고 계승하여 정체성이 있는 도시를 건설하는 것이며 안전한 도시는 시민이 안심하고 살 수 있는 시설을 구축하고 자연재해에 안전하고 접근이 용이한 하천을 구성하는 것이다

V. 도시계획의 지표

1. 인구

행복도시의 인구는 도시로서의 경쟁력 확보와 수준 높은 도시생활에 필요한 구매, 의료, 교육, 문화, 복지 등의 자족기능을 유치할 수 있도록 목표인구를 50만 명으로 계획하였다. 중앙행정기관 이전과 첫마을 입주, 정부출연 연구기관 이전 등으로 인한 정책적 인구는 15만 명으로, 첨단지식기반기능과 대학기능, 의료복지기능 등 자족기능 도입에 따른 자족적 유발 인구는 35만 명으로 설정하였다.

목표인구를 달성하기 위하여 도입하는 도시기능을 국가균형발전기능과 지역혁신기능, 도시서비스기능으로 구분하여 검토하여 산업별 고용목표 수치를 제시하였다. 국가균형발전기능과 지역혁신기능, 일반도시서비스기능 등 주요 도입기능에 따른 고용창출 인구를 산업별로 배분하면 2차 산업인구는 약 3만 인, 3차 산업인구는 약 22만 인으로 총 25만 인으로 추정하였다.

행복도시의 인구 수용 기준은 단계별로 설정되었다. 초기 활력단계인 2007~2015년에는 최초 이주민과 중앙행정기관 및 정부출연연구기관의 이전, 도시행정기능 도입 등 초기 도시개발 단계에서 15만 명이 거주할 것으로 계획하고, 자족적 성숙단계인 2016~2020년은 자족적인 성장 동력에 의한 성장단계로 문화·국제교류, 의료복지, 첨단지식기반 등 일부가 유입되면서 총 30만 명이 거주할 것으로 계획하였다. 완성단계인 2021~2030년은 국토균형발전 혁신거점으로서의 완성단계로 첨단지식기반기능, 상업업무기능이 추가로 유입되면서 계획목표인구인 50만 명이 거주할 수 있도록 계획하였다. 2025년 2월 기준 행복도시 인구는 31만 명이다(세종시 인구는 39.7만 명).

2. 도입기능

행복도시의 도입기능은 국가균형발전기능, 문화·국제교류기능, 지역혁신기능, 도시서비스기능으로 구분할 수 있다. 국가균형발전기능의 중앙행정기능은 수도권에서 이전하는 9부 2처 2청을 비롯한 36개 단위기관으로서 국가균형발전의 구심적 역할을 수행한다. 정부출연연구기관은 연구기관과 연구회 등 수도권에서 이전하는 17개 단위기관으로서 국가정책의 싱크탱크 역할을 수행한다.

문화·국제교류기능은 국토의 중추적 문화기능을 수행하는 도시에 적합한 박물관, 미술관, 공연장, 도서관 등의 시설과, 국가행정의 중심도시로서 대외적 교류기능을 수행하기 위한 국제회의장, 무역전시장, 호텔, 쇼핑센터, 국제업무지역, 공항터미널 등을 유치하는 것이다.

지역혁신기능은 첨단지식기반기능과 교육연구기능, 의료복지기능으로 세분화된다. 첨단지식기반기능은 차세대 성장 동력 산업 중 대전·충청권의 기존 산업군과 상호 보완하면서 도시형 산업에 적합한 기능을 선정하여 의료·정밀·광학기기 산업 등을 도입하는 것이다. 교육연구기능은 도시의 자발적 혁신기능을 조성할 수 있도록 대학, 민간연구소 등을 유치하여 산학연 클러스터를 형성하는 것이다. 의료복지기능은 의료복지에 대해 증가하는 수요에 대응하고 정주 여건의 향상을 위해 선진적 의료복지 시설로서 대형 규모의 의료·복지·요양형 종합병원을 도입하는 것이다.

도시서비스기능은 도시행정기능과 상업·업무기능으로 나뉜다. 도시행정기능은 시청, 시의회, 보건소 등의 지방행정기능과 교육청, 경찰서 등 중앙정부의 지역관할기능을 배치하는 것이다. 상업·업무기능은 중앙행정기능, 도시행정기능, 첨단지식기반기능, 국제교류기능을 서비스하기 위한 중심 상업업무기능을 배치하고 시민들의 일상생활을 서비스하기 위한 쇼핑, 위락 등의 일반 상업·업무서비스 기능을 도입하는 것이다.

3. 토지이용계획표 설정

세대당 가구원수는 2.5명이고 주거지역의 순밀도는 300명/ha이며, 기초생활권은 2~3만 명 내외 약 20개소로 구성한다. 상업·업무 시설은 예정지역의 3% 내외이며 첨단지식기반산업 단지는 1개소, 도시형산업 단지는 3개소 내외이고, 중앙녹지공간 1개소, 묘지공원 1개소, 열공급시설은 2개소, 대중교통분담율은 보행과 자전거를 포함하여 70% 등이다. 예정지역의 전체 면적은 73.0km²으로 주택용지는 21.2%, 상업업무용지는 2%, 공원녹지는 52.5%, 중앙행정기관 및 공공청사 등의 시설용지는

22.1%, 공공기반시설은 13.9% 등이다.

4. 주택공급계획 및 인구수

행복도시 주택은 총 20만 호이며 공동주택은 90.4%인 약 18만 호, 개인주택은 6.6%인 약 13천 호, 상업업무용지의 도시형 생활주택이나 오피스텔은 3%인 6천 호로 구성된다. 행복도시는 6개의 생활권으로 구성되며 각 생활권 내에서 기초생활권으로 구분되는데, 생활권별로 주택 수를 살펴보면 중앙행정지역은 27.0%인 약 5만 4천 호, 문화·국제교류지역은 17.8%인 약 3만 5천 호, 도시행정지역은 13.5%인 약 2만 7천 호, 대학연구지역은 10%인 2만 호, 의료복지 지역은 11.7%인 약 2만 3천 호, 첨단지식기반지역은 18.6%인 약 3만 7천 호, 특별생활권 S지역은 1.5%인 약 3천 호다. 또한 공동주택의 경우 소형인 60m² 이하는 31.2%, 중형인 60~85m² 이하는 31.3%, 대형인 85m² 초과는 37.5%로 구성된다.

VI. 단계별 추진계획

행복도시 건설은 도시성장 시나리오에 따라 각각 단계별 개발범위를 설정하고 각 단계에 도입되는 도시자족기능에 따라 주변의 배후지역을 개발하는 계획으로, 초기 활력단계(2007~2015년), 자족적 성숙단계(2016~2020년), 완성단계(2021~2030년)로 추진계획을 설정하였다.

1. 1단계(2007~2015년)

2007년에는 7월 기공식을 시작으로 정부청사가 위치하는 1-5생활권과 첫마을인 2-3생활권, 1-3생활권의 부지조성공사와 은하수공원 및 장사시설이 착공되었다. 이에 앞서 가옥, 공장, 분묘 등의 지장물의 철거가 필요하였으며, 이의 원활한 수행을 통해 '지장물 철거 종합대책'을 수립하고, 철거대책 TF와 실무대책 TF를 구성하여 운영하였다. 가옥과 공장, 분묘 등의 원활한 철거를 통해 2007년 7월 20일에 기공식을 개최할 수 있었다. 2008년에는 1-2생활권의 부지조성공사와 학나래교인 금강1교 및 우회도로, BRT 하부의 공동구, 광역도로의 일부인 행복도시와 대전유성 연결도로, 행복도시와 오송역 연결도로, 그리고 정부청사 1단계 건립공사가 착수되었다. 2009년에는 중앙행정타운 중심에 설치되어 동서남북 방향으로 도시의 모습을 관람할 수 있는 42m 높이의 밀마루 전망대가 개관되었으며, 2010년에는 은하수공원 장례문화센터의 준공 및 개관식이 개최되었다. 2011년에는 첫마을의 1단계 사업이 완료되어 주민들이 입주하였고 2012년에는 첫마을 2단계 주민이 입주하였다. 또한 2012년에는 정부청사 1단계 이전으로 국무총리실이 정부세종청사에 첫 입주하였고 정부출연연구청사 기공식이 개최되었으며, 정안IC 연결도로와 서측 외곽순환도로, 학나래교(금강1교), 보름교(미호천1교), 서측 BRT도로, 오송역 연결도로, 대전유성 연결도로가 개통되었고, 세종호수공원 담수식이 시행되었으며, 행복청이 세종청사에 입주하였고 정부세종청사 개청식이 개최되었다.

2013년에는 세종시청사, 대통령기록관, 행정지원센터가 착공되었고 국립세종도서관 및 어진동 복합커뮤니티센터가 준공되었으며, 정부세종청사 2단계 입주식이 거행되었다. 또한 행복도시의 주요 산인 전월산과 원수산의 둘레길 조성공사 시보식을 개최하였고 세종호수공원이 개장되었으며, 유성~행복도시~오송역을 연결하는 BRT가 정식 운영되었다. 2014년에는 정부청사 3단계 이전을 완료하였고 정부세종국책연구단지와 한국개발연구원(KDI), 세종시 교육청, 금강3교인 햇무리교가 준공되었으며, 시민들의 자전거 이용을 위한 공공자전거 '어울링'이 개시되었다. 행복도시 건설 1단계가 종료되는 2015년에는 대통령기록관과 세종

시청사, 세종소방서가 준공되었으며 아람찬교인 금강4교와 동측BRT도로, 3생활권 외곽순환도로, 대덕테크노밸리 연결도로가 준공 또는 개통되었고, 국책연구기관인 국토연구원이 착공되었다.

2. 2단계(2016~2020년)

행복도시 건설 2단계가 시작되는 2016년에는 행복도시 교통의 내부 링인 BRT도로가 전면 개통되었으며, 고운동과 보람동의 복합커뮤니티센터, 새롬동의 광역복지지원센터, 세종변전소, 국토연구원, 세종시의회 등이 준공되었다. 또한 청원IC 연결도로와 청주시 연결도로가 개통되었으며, 국립세종수목원 조성사업의 기공식이 개최되었다. 그리고 정부세종청사 옥상정원이 세계 최대 규모(79,194m², 3.6km)로 세계 기네스북에 등재되었으며, 이를 기념하는 제막식이 개최되였다. 2017년에는 세종시의회 청사가 입주하였으며 복합편의시설 1, 2, 3공사가 착공하였고, 2생활권 환승주차장과 3-1생활권 복합커뮤니티, 세종우체국, 금남교 확·포장 공사가 준공되었으며, 광역도로로는 공주시 연결도로가 개통되었다. 또한 도시 정주여건 확보의 중요 사항으로 약 500병상의 세종충남대 병원 기공식이 개최되었다. 2018년에는 6-3생활권 부지조성공사, 2-1생활권 복합커뮤니티센터, 3생활권 광역복지지원센터, 자동 크린넷 4차 시설공사, 금강보행교와 광역도로인 오송~청주 2구간, 외삼동~유성터미널 공사가 착공하였고, 1, 2 생활권의 복합커뮤니티센터와 나성3교 및 예술고 주변 도로, 무궁화공원 등이 준공하였다.

2019년에는 아트센터와 세종경찰서, 세종세무소, 4-1생활권 및 6-4생활권 복합커뮤니티, 행복도시~조치원 연결도로, 1생활권 환승주차장이 착공되었고, 복합편의시설 1, 2공사와 2-4생활권 및 4-2생활권 1공사, 폐기물 연료화시설 환경개선 등이 준공되었다. 행복도시 건설 2단계가 완료되는 2020년에는 2-4생활권 복합커무니티센터, 스마트시티인

5-1생활권 부지조성공사, 어린이 박물관 및 통합운영시설, 119특수구조단과 추가적으로 확정된 정부세종신청사가 착공하였고, 2-4생활권 및 6-4생활권 부지조성공사, 4생활권 삼성천 및 도시시설물, 2단계 상수도 간선시설, 도시상징광장 등의 준공, 중앙공원 1단계 및 국립중앙수목원 개장, 세종충남대병원 개원으로 시민들을 위한 도시 정주 여건이 확대되었다.

3. 3단계(2021~2030년)

행복도시 건설의 마무리 단계인 3단계의 주요사업은 정부세종 신청사 건립과 스마트시티인 5-1생활권 주민입주 및 부지조성공사, 중앙공원 2단계, 들목교 및 6생활권 외곽순환도로 준공으로 전체 외곽순환도로, 광역도로 18개 전체 노선, 국립박물관 단지 및 자동 크린넷 전체 집하장 등이다. 최근 국가상징구역에 추가되는 국회세종의사당과 대통령세종집무실의 건설을 준비하고 있다.

VII. 행복도시 건설 종합사업관리

1. 종합사업관리 도입 배경

행복도시 건설은 행복청이 총괄하고 다양한 사업주체(LH, 행안부, 교육청, 산림청, 한국전력, 민간 등)가 참여하여 22.5조 원(국비 8.5조 원, LH 14조 원)의 사업비가 투입되며 약 1,900개의 시설물이 2030년까지 준공되어야 한다. 현재(2025년 3월 말 기준) 139건의 사업이 진행 중이며 건설 초기부터 다양한 사업이 동시 다발적으로 이루어지는 특성으로 매우 복잡한 환경이 지속되고 있다. 따라서 각 개별 사업주체의 이해관계 조정 및 개선방안 강구 등 행복도시 건설 전체를 총괄 조정하는 종합사령탑의 역할이 요구되었으며, 행복청은 이와 같은 역할을 수행하기 위해 종합사업관리(Program Management)를 도입하여 운영하고 있다.

2. 종합사업관리 추진 근거

행복도시 특별법에는 행복청장의 업무로 행정도시 건설 사업의 총괄·조정을 규정하고 있으며, 행복도시 건설기본계획에는 장기간에 걸친 도시 건설사업의 성공적인 사업수행을 위해 종합사업관리 시스템 구축을 추진하도록 명시하고 있다. 행복도시 건설 사업관리 시행지침에서는 행복도시 건설에 참여하는 다양한 사업주체의 건설공사 등을 총괄·조정함으로써 건설사업을 효율적으로 추진하기 위한 종합사업관리 업무처리체계와 시스템의 구축·운영을 규정하고 있다. 행복청은 행정도시 건설 종합사업관리 수행을 목적으로 행정도시 건설 특별법에 보충적 지위를 부여하여, 특별법에 행정도시 건설사업의 총괄·조정에 관한 행복청장의 업무와 건설사업에 대한 사업시행자의 보고 및 검사의 의무를 규정하고 있다. 또한, 행정도시 건설 기본계획에는 특별법에 근거한 사업관리 방안에 대하여 종합사업관리 시스템을 구축하고, 시행령 및 시행지침에서는 개별 사업주체의 사업관리 적용에 관한 기본 여건 등을 규정하여 모든 참여자의 책임과 역할분담을 통한 업무처리 과정을 최적화하고 있다. 종합사업관리 추진 근거는 행복도시 건설 특별법과 기본계획, 개발계획 등에서 그 필요성을 언급하고 있다.

앞에서 언급한 특별법 및 기본계획 등 관련 규정을 기준으로, 행정도시를 건설하기 위하여 관계기관 간 역할분담에 따른 체계를 설정하였다. 주관부처인 국토교통부에서는 행정도시 건설 특별법의 설정 및 운영과 기본계획을 수립하며, 국토교통부 산하 추진위원회는 주요 정책을 심의한다. 행정도시 건설을 총괄 관리하는 국토교통부 산하 행정도시 전담

기관인 행복청이 개발계획 수립 및 실시계획 승인과 공공청사와 광역도로 등의 직접발주 사업을 관리하며, 사업시행자인 한국토지주택공사(LH)는 실시계획 수립 및 운영과 부지조성 등의 기반시설을 설치한다. 기존 신도시 건설사업의 경우 국토교통부는 주무관청의 역할로 주로 감독 및 인허가 중심의 권한을 가지고 있었고, LH는 전체 사업관리 기능을 가지고 있었으나, 행정도시 건설에서는 행정도시 사업의 일부 공간적·시간적 관점에서만 역할과 책임을 담당하고 있다. 공간적 관점으로는 부지조성, 기반시설 설치, 토지분양 등의 건축물 건설 이전 등이 있다. 시간적 관점에서 행복청의 책임은 2030년까지 전체 사업을 관리하여야 하는 반면, LH는 기반시설 구축 이후부터는 역할이 축소된다고 할 수 있다.

3. 종합사업관리의 역할 및 목표

행복도시 종합사업관리는 사업관리체계(조직, 절차서, 시스템) 구축, 공정관리 및 사업비관리 계획을 체계적으로 수립·운영하며, 종합사업관리회의 등을 통한 최적의 의사결정을 지원하여 성공적인 도시 건설에 기여하는 것이 목표다. 주요 내용은 [그림 3-6]과 같다.

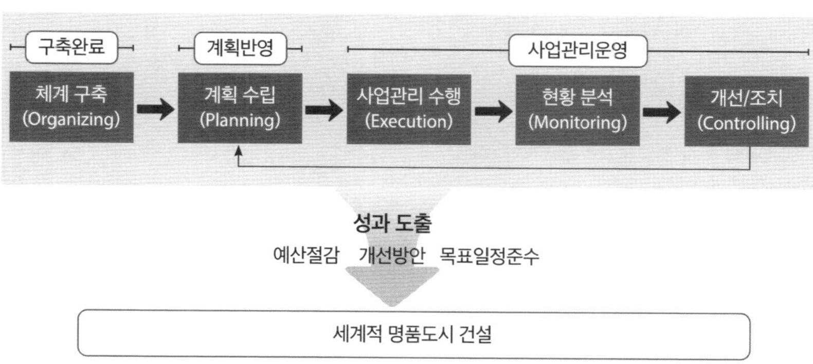

[그림 3-6] 종합사업관리의 역할 및 목표

4. 종합사업관리의 체계 구축

행복도시 종합사업관리는 사업관리 수행 조직을 구성하고, 사업관리 시행지침, 분야별 사업관리절차서 개발, 업무분류체계 개발, 공정표 및 종합사업관리시스템(MPAS)[1] 등의 체계를 구축·운영하고 있다. 사업주체에 대한 지도·감독·책임 규정을 위해 시행지침을 마련하였으며, 건설사업의 업무처리 과정을 정립하고 각 조직별로 명확한 책임과 역할을 규정하여 공정관리, 사업비관리 등의 분야별 절차서를 개발하였다. 또한, 행복도시 건설에 적합한 사업번호체계 및 업무분류체계(Work Breakdown Structure, WBS), 지역분류체계(Section Breakdown Structure, SBS) 등의 각종 코드체계를 정립하여 효과적으로 활용하고 있다. 그뿐만 아니라 행복도시 건설 기본계획, 개발계획, 실시계획, 청사이전계획, 부지조성 등 관련 계획을 반영하여 전체 사업일정 및 목표일정 달성을 위한 공정표를 개발·적용하고 있다. [그림 3-7]은 종합사업관리체계의 구성 요소다.

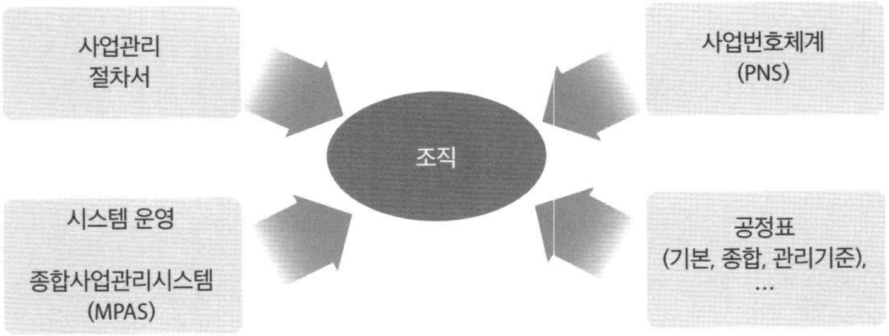

[그림 3-7] 종합사업관리체계의 구성 요소

1 MPAS(Multi-functional administrative city Program Administration System)는 행복도시 건설에 참여하는 행복청, 한국토지주택공사, 개별 시행주체 등 모든 사업관리 주체 간 원활한 의사소통체계를 마련하고, 정보체계의 일원화 및 집중화를 통해 전체사업을 체계적으로 관리하고 행복도시 건설 총괄책임자의 신속한 의사결정을 수행하기 위해 개발된 시스템이다.

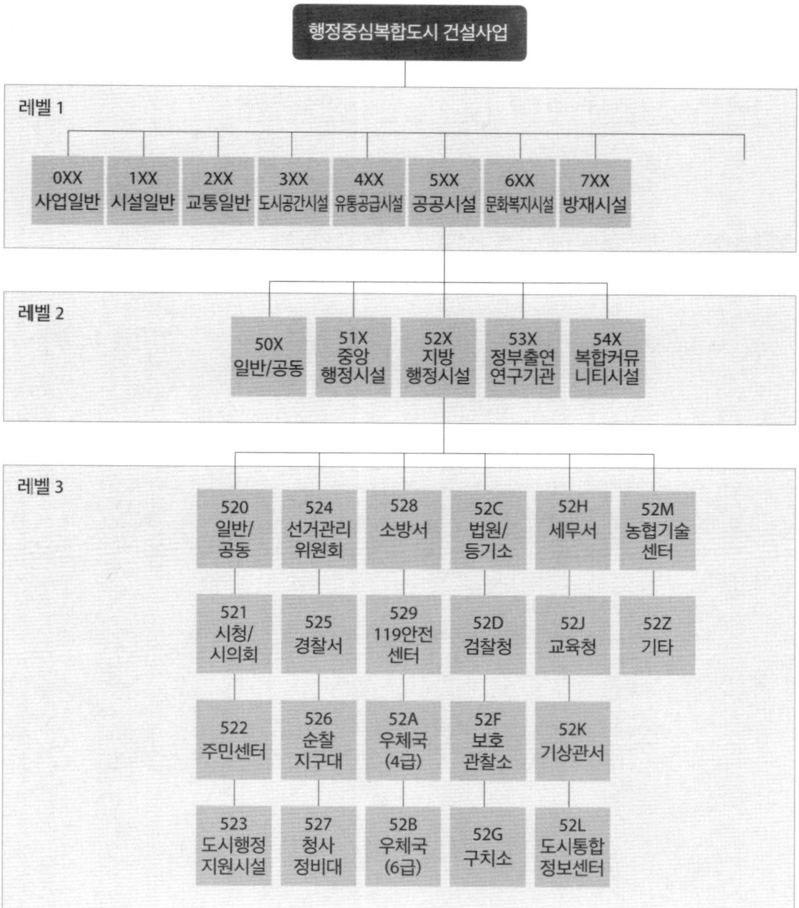

[그림 3-8] 행복도시 건설에 적용 중인 업무분류체계

다음은 업무분류체계와 지역분류체계다. 업무분류체계는 각 시설을 3레벨로 구분하여 고유한 번호를 부여하고, 지역분류체계는 기초생활권에 2자리 번호를 부여한다. 두 분류체계는 공통적으로 활용되어, 공정관리에서는 공정단위 작업번호를 관련 시설의 공종업무에 부여한다. [그림 3-8]은 행복도시 건설에 적용 중인 업무분류체계다.

구분	내용	자리수	설명
1	지역생활권 분류	1	0(공용), 1~6(지역생활권), S(중앙녹지공간)
2	기초생활권 분류	1	각 지역생활권을 세부 기초생활권으로 분류

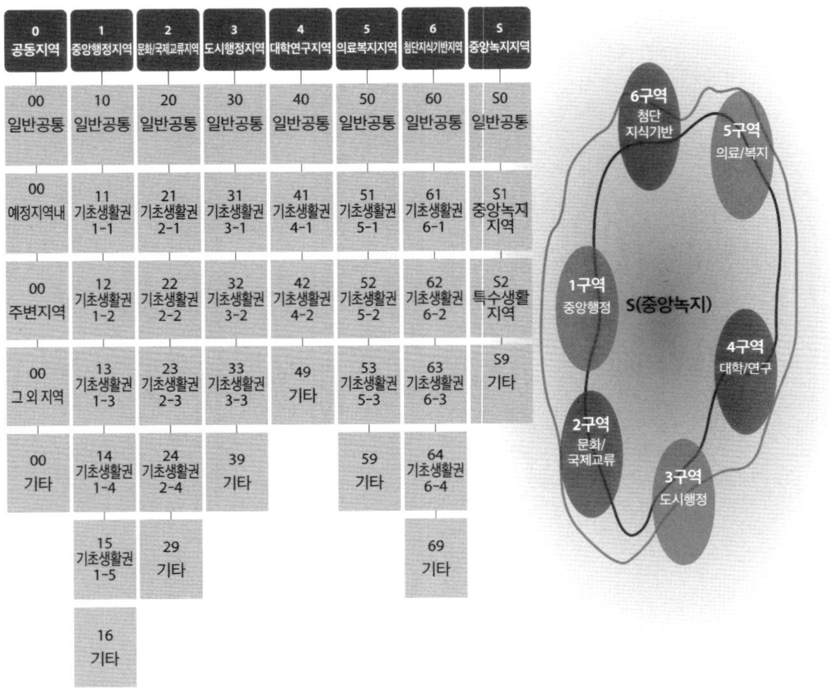

[그림 3-9] 행복도시의 지역분류체계

행복도시는 6개의 지역생활권과 1개의 중앙녹지지역으로 구성된다. 각 지역생활권은 각각의 기초생활권으로 구분되며, 지역분류체계는 [그림 3-9]와 같다.

5. 종합사업관리시스템 구성

종합사업관리시스템(MPAS)은 행복도시 건설사업의 직발주 사업 및 개별 사업주체별 사업을 효율적으로 관리하기 위하여 개발되었으며, 행복도시 건설에 참여하는 사업의 공정과 사업비 집행 등의 건설정보를 실시간으로 관리하는 정보시스템이다. 구성은 [그림 3-10]과 같다.

종합사업관리시스템은 종합상황실과 총괄관리시스템, 계약자관리시스템으로 구성되어 있으며, 종합상황실은 공정관리와 사업비관리 등의 내용을 종합적으로 도식화한 것이며, 총괄관리시스템은 행복청 업무 담당자가 해당 업무 및 관련 업무 내용을 검토 및 분석할 수 있도록 구성되었다. 계약자관리시스템은 계약자가 해당 사업의 계약 현황 및 공정·사업비 현황 등을 월간 기준으로 직접 입력하며, 월간 공정관리 및 사업비관리, 자원관리 등의 분석 기준으로 활용되고 있다.

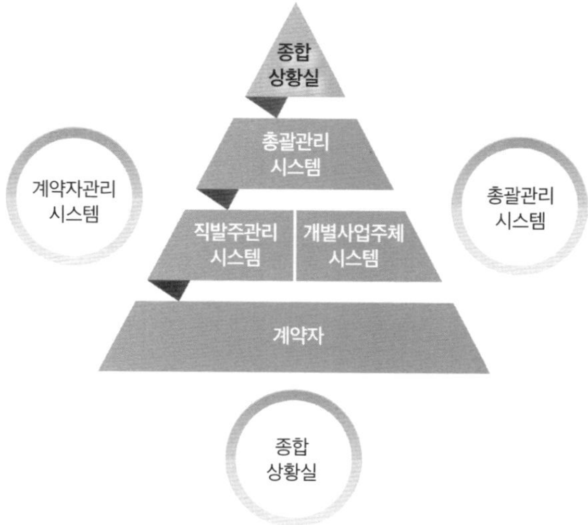

[그림 3-10] 종합사업관리시스템(MAPS) 구성

6. 종합사업관리 운영

개발계획과 주요목표일정(milestone) 등을 기반으로 행복도시 건설 총사업비, 당해연도 예산, 실적자료, 환경변화자료 등을 반영하여 행복도시 건설사업의 공정관리와 사업비관리를 수행하고 있다. 공정관리 부문에서는 공공, 교통, 환경시설 등 전체 사업일정 관리 및 목표일정 달성을 위해 당해 연도 및 중기 공정계획을 수립·운영하고 있으며, 금년 하반기에는 2030년까지 잔여 기간에 대한 사업기준 공정계획을 수립할 계획이다. 공정관리체계는 기본공정표를 기준으로 종합분야별공정표와 행복청 공정관리 실무자가 운영하는 관리기준공정표, 계약자공정표로 구성되며, 그 체계는 [그림 3-11]과 같다.

사업비관리 부문에서는 행복도시 총사업비의 효율적인 집행을 위해 실적금액과 당해연도 예산을 일정계획과 연계하여 반영한 연도별 사업비 집행계획을 수립·운영하고 있으며, 행복청과 LH의 사업뿐만 아니라

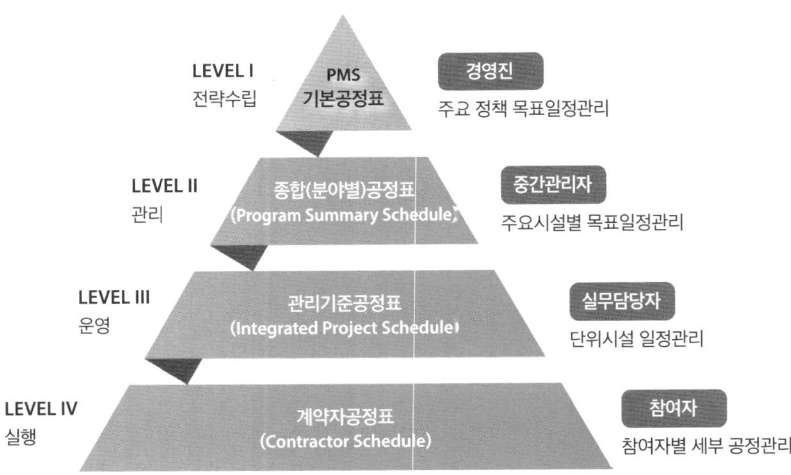

[그림 3-11] 공정관리체계

공동주택·상가 등 민간사업을 포함한 행복도시 건설사업 전체의 건설진행률을 파악한다. 사업관리운영지원 부문에서는 공정관리와 사업비관리를 기반으로 월별분석에 따른 주요 현안 및 쟁점을 발굴하여 종합사업관리회의에서 논의를 통해 각 사업주체의 이해관계 조정 및 개선방안 강구 등 의사결정을 지원하고 그 결과를 사업 계획에 재반영하는 역할을 한다. 이와 같은 업무 프로세스는 [그림 3-12]와 같다.

종합사업관리 회의체는 실무회의, 조정회의, 간부 확대회의에서의 현황 보고까지 3단계로 구성되는데, 실무회의는 사업관리총괄과장 주재로 현안 및 쟁점사항 도출을 위한 회의로, 안건에 대한 타당성 검토와 일정조정을 위한 지원 및 관계자들 간의 원활한 의사소통과 조율을 지원하고, 조정회의 전 사전 안건 검토와 현안·쟁점을 발굴하고 검토한다. 조정회의는 차장이 주관하는 회의로 실무회의를 통해 도출된 주요 현안 및 쟁점사항 등을 발의하여 최적의 의사결정 지원을 위해 안건에 대한 관계기관과 담당부서의 입장 등에 따른 간섭사항 해결을 위한 논의와 현안·

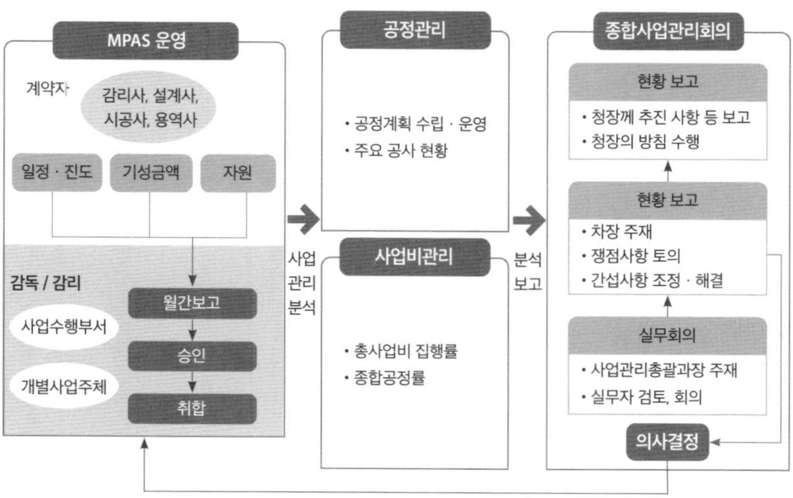

[그림 3-12] 사업관리 업무 프로세스

쟁점을 보고 및 결정하는 회의다. 종합 현황 보고는 각 국장 및 과장, 사업시행자, 본부장 등이 참석하는 월간확대간부회의에서 조정회의에서 논의된 사항에 대한 방침과 현안 진행사항 등에 대해 보고하는 회의다. 주요 현황 보고와 건설 현안 해결 이원화를 통한 업무효율성 향상 및 최적의 의사결정 지원을 위한 종합사업관리 회의체를 운영하고 있다.

2025년 9월 말까지 종합사업관리 제177차 조정회의를 개최하여 개선사항, 일정조정, 현장관리 등 558건의 안건 사항을 해결하였다. 개선사항으로는 방축천~원사천 자전거도로 연결 방안과 새나루초 사업일정 추진 및 통학 안전 확보 방안 검토, 원수산 생태통로 검토 등이 있고, 일정조정은 집단 에너지시설을 등 도시계획 수립일정 검토, 데이터센터 진입도로 등 기반시설 추진 일정 검토, 6생활권 공동주택 공사 추진 일정 및 관리방안 검토 등이 있다. 또한 현장관리로는 어린이박물관 및 중앙공원 2단계 착공에 따른 공사차량 관리방안과 세종중앙공원 개장 대비 주변 환경정비 검토, 금빛노을교 및 5생활권 외곽순환도로 추진 일정 검토 등이 있다.

행복청에서는 연도별 주요 관리대상사업들을 선정하여 행복청 및 사업시행자인 LH, 사업주체별 착수·진행·완료 등의 진행 상황을 시각적으로 표현하고 있으며, 해당 파일을 행복청 홈페이지에 게시하여 국민 누구나 행복도시 건설 주요 사업의 진행 사항을 확인할 수 있도록 건설 현황 정보를 공개하고 있다.

또한 행복도시의 3단계(2021~2030년) 건설을 원활히 추진하기 위해 잔여생활권의 권역별 중점사항을 관리하고 있다. 4-1생활권의 세종지방법원과 검찰청, 4-2생활권의 복합캠퍼스, 5-1생활권의 국가시범도시, 5-2 및 5-3, 6-1, 6-2생활권의 정주 여건 구성, 그리고 국가세종의당과 대통령세종집무실이 위치하는 S-1생활권의 체계적이고 효율적인 도시계획 및 구축이 수행하여야 할 주요 사항이다.

VIII. 종합사업관리 도입 효과

행정중심복합도시 건설사업은 국가균형발전 및 경쟁력 강화를 위해 추진되었으며, 2030년까지 인구 50만의 명품도시 건설을 목표로 진행되고 있다. 본 건설사업은 대규모 국책사업으로 초기 활력단계인 1단계(~2015년)와 자족적 성숙단계인 2단계(~2020년)를 마무리하고 3단계(2021년~2030년)에 접어들면서 건설사업 및 다수의 이해관계자 등 관리범위의 증대에 따라 더욱 더 효율적인 사업관리 업무가 중요한 시점이라 할 수 있다. 이에 행복청은 종합사업관리를 도입 및 적용함으로써 대형 국책사업인 행정도시 건설 사업의 체계적인 공정관리 및 사업비관리(22.5조 원)로 차질 없는 목표일정 달성과 세계적 명품도시 건설에 기여하고 있다고 할 수 있다.

공정관리분야에서는 중·단기 공정계획 수립 등으로 당해연도 및 중장기 세부 분야별 실제적인 공정계획을 수립하여 기준을 제시하였고, 공정표를 기본공정표 및 종합공정표, 관리기준공정표, 계약자공정표 등 계층적 공정표체계를 구성하여 효과적인 공정관리가 이루어지도록 하였다. 그리고 첫마을 입주 및 정부청사 이전 등 집중 관리할 부문에 대해서는 특수공정표를 개발 및 운영하여 성공적인 업무수행을 달성하였다. 또한, 권역별 주요 기능시설 및 기반시설 추진 현황을 중점 관리하였으며, 지연 또는 부진사업 방지 및 선제적 대응을 위해 지연예방체계를 구축·운영하였다. 사업비관리 분야에서는 정부지출 상한액 8.5조 원과 사업시행자 사업비 14조 원 등 총사업비 22.5조 원의 집행 현황을 분석 및 관리하고 있으며, 총사업비 외 사업인 공동주택 및 민간건물 등을 추정하여 행정도시 민·관 통합 사업에 대한 추진 현황을 효과적으로 분석하고 있다.

사업관리운영지원에서는 종합사업관리 실무회의, 조정회의, 확대간부회의 등의 종합사업관리 회의체 운영을 지원하고 사업 간 간섭사항 등을 해결하고 있다. 회의체를 통해 대규모 주택공급 등에 따라 예상되는 민원요인을 사전 제거하여 입주민 편의를 제공하고 정부세종청사 및 정부국책연구기관의 성공적인 이전에 기여하였다. 또한 보도블럭의 침하 방지 및 품질·안전관리에 자문을 제공하는 등 현장관리를 개선하고 지중매설물인 가스, 통신, 전기 관로 등의 재굴착을 방지하는 등 예산낭비 요인을 사전에 제거하였으며, 대규모 공동주택 주민 입주를 위한 준비사항도 검토하여 시민생활에 편의를 제공하였다. 이처럼 2025년 3월 말까지 총 547건의 항목을 해결하는 등 직간접적인 유·무형의 효과를 달성하였다.

또한, 각종 워크숍·세미나 개최, 외부기관 방문 대응 등 행정도시 종합사업관리의 국내외 홍보 및 전문가 기술교류를 통해, 행정도시의 국제적 홍보 및 명품도시로의 발전에 기여하고 있다고 할 수 있다. 국·내외 대형 국책사업들의 관계자, 대학교수 및 연구진들이 벤치마킹을 위해 행복도시를 방문하였고, 세계프로젝트관리협회(IPMA)에 논문 발표 및 사우디아라비아 도시 건설 포럼(The Cityquest KAEC[2] Forum) 참석 등 국제학술대회에 행복도시 건설의 우수성을 널리 홍보하였다. 2017년에는 한국건설관리학회와 행복청 공동으로 행복도시 착공 10주년 기념 국제학술대회를 개최하였으며, 매년 대형 건설사업에 대한 종합사업관리 세미나를 개최하고 국·내외 전문가 네트워크 구축 및 학술교류 등 종합사업관리 기술 발전에 기여하고 있다. 2020년에는 한국건설관리학회로부터 그간의 종합사업관리 수행 이력과 매년 관련 세미나 개최의 활동을 높이 평가받아 기술상을 수상하였다.

2 KAEC(King Abdullah Economic City)는 사우디아라비아 홍해변에 건설 중인 도시로, 인구 200만 명을 목표로 하는 국가적 메가프로젝트다.

IX. 맺음말

행정중심복합도시건설청은 국가균형발전, 지역상생, 도시혁신을 선도하는 지속 가능한 모범도시 건설을 목표로 끊임없이 달려왔으며 대규모 국가사업을 수행하면서 각종 노하우를 축적할 수 있었다. 또한 2019년 11월 한국-아세안 특별정상회의에서 인도네시아 정부와 체결한 '수도이전 협력 업무협약'을 시작으로 '인도네시아 수도이전 협력 팀'을 신설하는 등 몽골, 라오스, 탄자니아 등 외국의 도시개발 사업에 행복도시 건설의 노하우와 플랫폼을 수출할 수 있도록 지속적으로 협력하고 있으며 사업 초기부터 적용하여 시행한 종합사업관리가 미래의 도시수출과 같은 부가가치를 창출할 수 있는 초석이 될 수 있도록 노력할 것이다. 또한 새만금 개발사업, 국제공항, 스마트도시와 같은 국내 대형 국책사업의 체계적이고 효과적인 수행을 위해 행복도시의 종합사업관리 경험을 참고하도록 전파하여 국가 경쟁력 향상에 기여할 것이다.

04

고속철도 기술자립의 마지막 퍼즐을 맞춘 철도차량 부품개발사업

I. 사업의 배경

철도는 국가 또는 지방자치단체가 소유하며, 운영자는 일정 기간 동안 운영권을 부여받아 교통서비스를 제공하는 구조다. 철도는 국가 기간교통망으로서 전기와 같은 필수 사회 인프라이며, 건설 규모가 크고 철도차량 구입 및 운영에 막대한 비용이 소요되는 공공재다. 이에 따라 철도의 건설, 산업 육성, 공공성 제고는 국가의 책무로 규정되며, 「철도산업발전기본법」 등 관련 법령에 그 내용이 명시되어 있다.

철도산업은 건설(인프라), 철도차량 제작, 운영을 포함한 복합시스템 산업으로, 수요 공급의 결정권을 행사하는 정부 주도의 유기적인 복합 산업 생태계의 특성을 갖는다. 건설의 경우 고속철도, 기존선 속도향상, 전철화 및 복선화 사업 등으로 지속적인 노선 건설 수요가 존재하며, 국내 설계사 및 시공사 등을 중심으로 국내 시장을 독점함으로써 경쟁력 있는 생태계를 형성하고 있다.

그러나 철도차량 부품산업의 경우 불규칙한 신차 발주 물량, 해외업체와의 경쟁 심화 등으로 인해 시장 경쟁력 확보에 어려움을 겪고 있다. 철도차량은 25~30년의 장기 운행을 전제로 품질과 안전이 중요하며, 사후 관리가 필수적인 산업임에도 불구하고 안정적인 부품 공급망과 산업 생태계 구축이 미흡하다. 이로 인해 유지보수용 부품의 단종이 빈번하고, 적기 수급이 어려워 과도한 구매비용이 발생하는 실정이다. 이에 따라 국내에서 제작되는 철도차량조차 기술 난이도가 높거나 성능에 핵심적인 영향을 미치는 주요 부품은 외산에 의존하고 있다. 이는 국내 기업의 경쟁력 약화, 투자 축소, 유지보수 및 신차 도입 시 수입 의존도 증가 등 악순환을 초래한다.

반면에 철도차량의 수요는 자동차 등과 달리 철도서비스를 제공하는 운영사에 의해 결정된다. 운영사는 독점적 지위를 바탕으로 자체 품질 기준을 설정하거나 납품 실적을 요구하며, 품질 검증에 과도한 비용과 시간이 소요된다. 이로 인해 중소 철도부품 기업의 시장 진입이 어렵고, 경영 악화 및 기술 축적의 한계로 이어져 경쟁력 있는 공급자 풀(pool) 형성에 장애가 된다.

국토교통부는 철도산업의 제작, 정비, 관리, 전문인력 양성을 위한 법·제도를 운영하고 국가 재원을 투입해 왔으나, 대부분 노후 인프라 개량에 집중되어 중소·중견 제조기업 중심의 산업 육성에는 한계가 있었다. 최근에는 철도산업의 근간인 중소기업의 경쟁력 강화를 위한 부품 기술 개발의 중요성이 부각되었고, 2013년 이후 국토교통부는 철도차량 부품 R&D 지원을 확대하는 정책을 추진해왔다. 특히 본 사업의 기반이 되는 '철도차량 부품개발 마스터플랜'(2017.12.29.)은 철도차량 및 부품의 체계적인 개발과 산업 경쟁력 강화를 목표로 기획되었으며, 이를 실행하기 위한 '철도차량 부품개발사업'은 총사업비 1,846억 원 규모의 국가연구개발사업으로 예비타당성조사를 신청하였다. 조사 결과(2019.3.28.)에 따라 총사업비는 1,698억 원으로 조정되었다. '철도차량 부품개발 마스터플랜'은 안정적인 부품 공급을 위한 국산화뿐만 아니라, 부품기업의 해외시장 진출 확대 및 R&D 사업 개편에 대응하기 위한 전략으로, 추진 배경은 다음 두 가지로 요약된다.

첫째, '안전성과 기술 자립 측면'이다. 철도차량은 약 2만 개의 부품으로 구성되며, 부품 품질이 철도차량의 안전을 좌우한다. 그러나 국내 부품기업은 규모가 영세하여 양질의 부품을 적기에 공급하기 어렵다. 한국철도공사에 따르면 2021~2024년 사이 발생한 운행 장애 중 철도차량 관련 장애가 55.8%를 차지했다. 기술적으로는 해외 업체가 유지보수 부품을 고가에 공급하고 있으며, 수입 의존도가 높아질수록 유지관리 비용 증가와 기술 종속 우려가 커진다. 예를 들어 KTX 제어장치는 도입 당시(2005년) 1천만 원이었으나, 2016년에는 1억 9천만 원으로 19배 상승했다.

둘째, '산업 경쟁력 및 R&D 지속성 측면'이다. 철도차량에 비해 부품은 수요가 꾸준하여 실용화 가능성이 높고, 독자적인 해외시장 진출도 가능하다. 실제로 신차 가격 중 부품이 차지하는 비중은 73.51%에 달한다. 세계 철도부품장치 상위 3개 기업인 지멘스(Siemens), 와브텍(Wabtec), 크노르브렘제(Knorr-Bremse)의 2023년 매출은 약 32.6조 원으로, 현대로템의 철도사업 부문 매출(약 1.7조 원)의 19배에 달한다. 또한, 2017년 당시 진행 중이던 '철도기술연구개발사업'(2018년 사업비 867억 원)이 2019년 종료되며, 부품·철도차량·유지관리·인프라 개발 등 4개 사업으로 재편됨에 따라 철도부품 R&D 사업의 지속적 추진을 위한 대응이 필요했다.

II. 예비타당성 조사

국내 철도차량산업은 오랫동안 외산 기술 의존, 발주 불규칙성, 납품 기반 취약 등 복합적인 구조적 문제에 직면해 왔다. 이러한 상황에서 '철도차량부품개발사업'은 단순한 부품 국산화를 넘어서, 철도부품 중소기업의 기술 자립과 산업 생태계 재편을 위한 구조적 해법으로 기획되었다. 본 사업은 2019년 한국과학기술기획평가원(KISTEP)의 예비타당성 조사를 통해 그 정책적·기술적 타당성과 경제적 효과를 본격적으로 검토했다.

예비타당성 조사는 이 사업이 해결하고자 하는 구조적 문제들을 명확히 진단하는 데서 출발했다. 대표적인 것이 바로 해외 부품 의존으로 인한 고비용·고위험 구조다. 앞서 언급한 것처럼, KTX에 사용되는 제어장치는 초기 도입 당시 단가가 1천만 원 수준이었으나, 부품 단종 이후 대체품 개발 과정에서 1억 9천만 원으로 급등했다. 그 외에도 제어카드의 단종으로 인한 수급 차질, 독일산 전력반도체 소자 부품의 단종 및 재생수리 지연, 전기기관차의 중앙제어장치 단종 등 다수 사례가 확인되었다. 이는 단순한 비용 상승을 넘어 철도차량 운영의 안정성을 위협하는 수준이라는 점에서 심각성이 지적되었다. 특히 해외 업체 의존이 심한 핵심부품의 경우, 조달 기간의 장기화와 기술이전의 어려움으로 인해 유지보수 시장에서도 국산화 수요가 절실하다는 점이 분석을 통해 드러났다.

예타보고서는 본 사업의 추진 목적이 단순히 국산화율 제고에 있는 것이 아니라, 철도차량 부품산업 전반의 선순환 구조를 만들기 위한 생태계 조성에 있음을 강조했다. 구체적으로는 철도운영기관, 완성차 제작사, 시험인증기관이 공동 참여하는 '수요 연계형 R&D 구조'를 중심으로 기술 개발부터 시험인증, 현차시험까지 전 주기 과정을 총괄 과제가 통합적으로 관리하는 방식으로 설계되어 있다. 특히 다수의 과제에 운영기관이 요구사항 제시 단계부터 참여하고, 현차시험을 위한 철도차량 선정 및 시험 일정 협의까지 수행하는 구조는 실용화 가능성을 높이기 위한 실질적 설계로 평가되었다.

과제 선정 과정에 대한 분석도 보고서에서 자세히 다뤄졌다. 총 4차례에 걸친 기술수요조사를 통해 83개의 후보 과제가 도출되었고, 정량·정성평가와 전문가 위원회를 거쳐 최종적으로 18개의 세부과제가 선정되었다. 그러나 이 과정에서 일부 후보과제에서 기술 성격과 중점 추진 방향 간의 불일치가 확인되었고, 일부는 사업단 목표와 부합성이 떨어진다는 지적이 있었다. 또한 총괄기획위원회 단계에서는 당시 국토교통부의 철도부품 마스터플랜 방향과의 일치 여부가 주요 평가 기준으로 작용하면서, 기술수요조사에서 우선순위가 높았던 과제가 탈락하거나 기술완성도가 높지 않은 과제가 포함되는 등 평가체계의 일관성 측면에서 보완이 요구된다는 의견도 있었다.

이러한 사전평가 결과를 반영하여, 실제 사업 기획에서는 당초 18개로 확정되었던 과제가 15개로 재조정되었으며, 일부 과제는 중복성 해소와 전략적 집중을 위해 통합되거나 제외되었다. 대신 조정된 과제에 대해서는 시험·인증 단계의 완성도 확보를 위해 예산을 재배분하고, 현차적용과 형식승인을 위한 비용 항목을 강화하는 방식으로 사업 설계를 보완했다. 이는 단순히 '기술개발에 성공하는 것'만으로는 시장 진입이 어려운 철도산업의 특성을 반영한 조치로, 실용화 가능성을 높이는 핵심요소로 작용할 수 있을 것으로 판단되었다.

예비타당성 조사에서는 기술의 실현 가능성과 시장성에 대한 판단도 중점적으로 다뤄졌다. 개발 대상 부품들은 고속철도·도시철도 구분 없이 전력변환장치, 견인전동기, 팬터그래프, 주변압기 등 기술집약도가 높은 고부가가치 품목 위주로 구성되었다. 이들 부품은 대부분 외산 의존도가 높고 조달의 어려움이 반복적으로 발생하는 부품군으로 분석되었다. 특히 수요처와 공동 설계를 통해 도출된 성능 요구조건은 초기부터 반영되었으며, 해외 인증 요건도 함께 고려되어 시장 진입의 실질성을 높이는 설계가 반영되었다. 예타보고서는 이와 같은 방식이 기존 R&D사업과 차별화되는 지점이라고 평가했다.

정책적 차원의 분석에서는 이 사업이 철도산업 중소기업의 체질 개선과 산업 경쟁력 강화라는 국가적 목표에 부합한다는 결론이 도출되었다. 특히 부품 단종과 공급망 불안정으로 인한 운영기관의 직접적인 피해 사례들이 축적되고 있는 현 상황에서, 해당 사업을 통해 국내 공급체계가 자립화될 경우 연간 수천억 원 규모의 유지보수 시장에서 국산 부품의 점유율을 높일 수 있다는 점이 부각되었다. 또한 보고서에서는 참여 중소기업의 연평균 매출 성장률을 4.5%, 유지보수 시장 내 신규 매출을 약 5,785억 원, 신규 철도차량용 매출을 1조 5천억 원 규모로 예측하며, 취업유발 인력도 2.8만 명에 이를 것으로 추산했다.

끝으로 예타보고서는 이 사업이 성공적으로 안착하기 위해 필요한 몇 가지 정책적 조건을 함께 제시했다. 우선 부품의 시험성적서, 인증서, 현차시험 결과 등 실증자료를 확보하고 이를 운영기관과 형식승인체계에서 인정받을 수 있도록 제도적 기반을 마련해야 한다는 점이 강조되었다. 또한 WTO 통상규정 등 국제규범에 저촉되지 않는 범위 내에서 국내 기술 기반의 성능이 우수한 부품이 실질적으로 채택될 수 있도록 하는 '기술 성능 중심 구매기준'의 도입도 제언했다. 더불어 인증시험 인프라의 지속적 확충, 전문 인력 양성, 국가 R&D의 장기적 투자 안정성 확보 등도 중장기 과제로 함께 제시되었다.

결과적으로 예비타당성 조사는 '철도차량 부품개발사업'이 단순한 기술개발을 넘어, 철도산업 전반의 구조적 문제에 대응할 수 있는 실효적 해법임을 긍정적으로 평가했다. 본 사업은 외산 의존으로 인한 조달 불안, 기술 자립 기반의 부재, 인증 장벽 등 현재 산업이 처한 한계를 정밀하게 진단하고, 이를 해결하기 위한 전략적 사업 설계가 포함되어 있다는 점에서 그 정책적·기술적 정당성이 충분히 확보되었다. 특히 기술수요 기반의 과제 선정, 실용화를 고려한 시험·인증 지원체계 구축, 수요기관과의 협업 구조 설계 등은 본 사업이 실제로 산업 현장에서 작동 가능한 구조임을 뒷받침하고 있다. 이와 같은 종합적인 분석과 판단에 따라, '철도차량 부품개발사업'은 예비타당성 조사를 성공적으로 마침으로써 사업의 당위성이 확인되었다.

III. 사업 착수

'철도차량 부품개발사업'의 주요 목표는 부품 국산화를 통해 국내 조달 가능한 신규 부품 10종을 확보하고, 기술 경쟁력 강화를 통해 철도차량 기술 수준의 격차를 해소하는 것이다(기술 격차: 4.9년 → 2.0년). 사업기간은 2020년 4월 1일부터 2025년 12월 31일까지이며, 총연구비는 1,698억 원(정부 1,269억 원, 민간 429억 원)이다.

국토교통과학기술진흥원(국토진흥원)은 2020년 총괄주관연구기관(사업단)과 사업단장을 공모했고, 선정평가를 통해 한국철도공사와 이영근 사업단장을 선정했다. 사업은 같은 해 4월 1일 착수되었으며, 총괄주관연구과제(총괄과제)를 주관하는 기관이 사업 전체를 총괄하여 운영하는 형태로 총괄과제 1개, 부품개발과제 15개다. 사업의 구조는 [그림 3-13]과 같다.

본 사업은 총 3차례에 걸쳐 착수되었다(1차: 2020년 4월, 2차: 2021년 4월, 3차: 2022년 4월). 이는 각 부품별 연구기간의 차이를 고려하고, 현차시험을 통합적으로 시행하기 위해 착수 시점을 달리하되 종료 시점을 일치시키는 방식으로 설계한 것이다.

철도 분야의 국가 R&D는 주로 한국철도공사 철도연구원, 국가철도공단 혁신연구원과 한국철도기술연구원이 주관해 추진되었다. 한국철도공사와 국가철도공단은 국가 R&D 성과물의 주요 사용자 지위에 있으며, 한국철도기술연구원은 철도 부문에서 유일한 정부출연 연구기관이기 때문이다. 한국철도공사는 「한국철도공사법」에서 정하고 있는 철도여객사업, 철도차량의 정비 및 임대사업 등 10개의 사업을 수행하고 있다. 이러한 기관의 특성에 따라 국가 R&D의 참여 분야는 주로 핵심 부품과 장비의 개발, 작업 방식의 신기술 개발 등에 초점을 맞춘다. 국가철도공단은 철도 건설을 담당하고 있는 기관 특성에 따라 인프라 위주의 국가 R&D에 참여하고 있다. 한국철도기술연구원은 철도의 운영과 인프라 모두

[그림 3-13] 철도차량 부품개발사업의 구조

를 연구의 대상으로 하고 있는 특성에 따라 철도 분야 전반의 국가 R&D에 참여하고 있다. 특히 차세대 전동차, HSR 350, HEMU-430X 등 신형 철도차량 개발을 주도한 바 있다. HSR 350은 KTX-산천으로, HEMU-430X는 KTX-이음, KTX-청룡으로 실용화되었다.

본 사업은 주로 KTX-이음, KTX-청룡에 사용되는 외산 부품의 국산화를 목표로 하며, 선행 사업이었던 HEMU-430X 개발에서 이루지 못한 부품 국산화를 이어가는 성격을 지닌다.

IV. 사업관리

1. 사업추진체계 및 역할

본 사업의 주관 부처는 국토교통부이며, 전문기관은 국토진흥원이다. 한국철도공사는 현차시험 및 인증 지원을 포함한 총괄과제를 수행하며 사업의 효율적 운영과 성과 실용화를 담당하는 사업단을 운영하였다. 사업추진체계는 개발부품의 전략적 사업화 지원체계를 갖추기 위해 각 부품단위 개발을 위한 개별 과제 외 사업추진체계 내에 철도운영기관, 철도차량 제작사 및 인증기관 등으로 구성된 총괄과제를 두고, 별도의 총괄기술위원회와 기술도입 협의체를 구성하여 운영했다. 특징으로는 추진주체별 역할 정립을 통해 요구사항 정의 단계부터 해외 진출을 고려한 전략 수립이 가능하도록 설계되었다.

- **요구사항 정의**: 철도차량 부품개발사업에 참여하는 각 이해관계자별 의견을 수렴하여 철도차량 부품 실용화를 위한 요구사항 도출.
- **설계**: 철도차량과의 인터페이스 및 국내외 시험·인증 규격을 고려한 철도차량 부품 설계 지원.
- **제작**: 철도운영 기관, 부품개발 기업, 철도차량 제작사 간 협업을 통해 정합성 확보를 통한 부품 제작 수행.
- **성능검증**: 시험·인증기관의 협조를 통해 시험항목 및 절차, 문서작성 등 제반 사항 지원.
- **실증시험**: 철도운영 기관 등 관계기관과의 협력을 통해 시험선 확보 및 현차시험.
- **실용화**: 국내시장 진입 후 해외 수출 후속 지원.

구체적으로는 총괄과제가 총 15개 개별 과제의 목표 달성을 지원하고 연구공정, 성과관리, 연구개발비 등을 관리하는 형태를 취하고 있다. 총괄과제를 성공적으로 수행하기 위한 컨소시엄은 철도운영 기관, 시험·인증 기관, 철도차량 제작사, 연구개발서비스 기업으로 구성했다. 한국철도공사는 대표적인 철도운영 기관으로 본 사업의 사업단을 유치하고 사업을 총괄 관리했다. 사업단은 총괄연구팀, 사업관리팀, 사업지원팀으로 구성하여 사업의 통합 공정관리를 실시하고, 통합 현차시험을 추진했다. 그 외 사업단 총괄연구의 공동연구기관인 한국산업기술시험원(Korea Testing Laboratory, KTL)은 시험과 인증 분야의 국내 유일의 공공기관으로 본 사업에서는 개발부품의 적합성 검증체계를 구축하고 인증획득 활동을 지원했다. 현대로템은 국내 유일의 고속철도차량 완성차 제작사로 개발부품과 철도차량의 인터페이스 검토를 수행했다. 대전교통공사는 대전도시철도 운영과 더불어 국내 최초로 수소 트램을 건설하고 있는 지방공기업으로서 트램 부품개발과 실증을 위한 현차시험을 지원했다. 마지막으로 날리지웍스에서는 철도차량 부품 실용화 및 사업화 방안 도출을 담당했다. 이처럼 사업단 총괄과제 컨소시엄은 각각의 전문영역에서 활발히 활동하는 기관들로 구성되었다.

2. 사업관리체계 및 프로세스

본 사업은 연구개발 최종결과물의 실용화 및 현장 적용 성과 극대화를 위한 전 주기적 프로세스에 기반을 둔 성과관리 운영 방안을 도입했다. 계획(사업/과제기획) 단계에서는 사업 목표의 명확성, 성과계획의 합리성, 사업 목표와 내용의 적합성, 유사성 및 중복성 검토를 통해 사업추진의 적절성을 확보했다. 집행(연구개발 수행관리) 단계에서는 연구기관 선정 및 비용·인력 등의 자원배분, 연구개발 수행, 연구 수행 산출물 도출의 체계적 수행을 통해 사업수행의 체계성을 확보하고자 했다. 결과(성과 조사·분석·평가) 단계에서는 사업 투입 대비 산출 분석, 산업에 대한 경제적·사회적·공공적 영향력 분석, 특허·시제품·사업화 건수 등 질적 성과 및 양적 성과 분석을 통해 사업수행의 효율성, 효과성을 확보하고자 했다.

본 사업은 사업단을 중심으로 산학연 협력구조를 통해 기술개발을 수행하고 전문기관이 선정평가·중간 및 최종 평가와 성과관리·확산을 담당함으로써, 공공과 민간의 적절한 역할 분담을 통해 전문성 강화와 공정성 확보를 동시 달성하는 관리체계로 운영했다.

3. 적합성검증체계 구축과 인증 획득 지원

KTL은 본 사업에서 적합성 검증체계 구축과 인증 획득 지원을 담당하며, 최적의 검증 프로세스를 통해 15종의 개발부품이 성공적으로 개발될 수 있도록 지원하였다.

최적의 검증수행과 목표된 인증획득을 위한 가장 중요한 활동은 R&D 초기 단계에서의 '자료·정보 조사'와 '수행 전략 수립'이라고 판단된다. R&D 시작 과정에서 개발부품의 기본설계-시스템 인터페이스 설계에 초점을 맞추고, 바로 제작 과정을 진행할 경우 일반적으로 제작 이후 단계부터 검증활동 계획을 수립하게 되는데, 이럴 때 무분별한 검증활동이 시행될 확률과 올바르지 않은 시험 방법을 적용하여 시험 실패에 이를 확률이 상당히 높아질 수 있다. 더 나아가 실패했던 시험을 성공시키기 위해 실패 이후 설계·제작의 변경 과정을 반복하게 된다면, 목표로 한 현차적용 시험기간 충족의 어려움과 개발기간의 장기화(연장)까지 요구될 수 있다. 그러므로 R&D 초기 단계에 시간이 투입되더라도 요구사항 수립단계에 검증 활동을 위한 자료조사와 전략수립이 필수적으로 포함되어야 한다.

따라서 본 사업단에서는 총 15종의 개발부품을 대상으로 제품 설계단계 이전부터 개발부품의 상세 요구사항 및 검증관련 자료조사를 통해 1,300여 건의 '적합성 준수 확인목록(Compliance Check List, CCL)'을 작성했다. 검증 요구사항과 개발부품의 특성에 부합하는 인증 항목의 요구사항을 반영하여 개발부품에 적합한 '적합성 검증 계획 및 프로세스'를 수립하여 체계적으로 요구사항을 관리하고 제품 설계에 반영이 될 수 있도록 했다.

또한 설계 검증, 합치성 검증을 통해 설계 및 제작이 제대로 되었는지 확인하였고, 국내외 최적 시험 인프라 조사를 수행하여 제3자에 의한 객관적인 검증이 될 수 있도록 지원했다. 설계자료, 시험 결과물(시험성적서 등)을 기반으로 작성된 검증보고서는 지속적으로 관리·검토하여 검증 요구사항에 대한 적합성 검증을 수행했다.

인증의 경우 R&D의 주요 성과물로서, 연구기간 동안 획득이 가능하고 개발부품에 대해 최대한의 효과와 혜택을 받을 수 있는 인증으로 선정하는 것이 중요하다. 따라서 사업단에서는 '단기시장 진입형' 개발과제와 '미래기술 선도형' 개발과제의 특성에 따라 인증 대상별 효력을 고려하여 목표인증이 선정될 수 있도록 계획단계부터 인증 조사 분석을 수행하여 지원했다.

인증 심사 시 인증 대상별로 특성 및 목적에 따라 주력으로 심사하는 주요 사항들이 일부 다른데, 그러한 요소들이 부품설계 이전 계획단계에 수립된 '적합성검증 계획 및 프로세스'에 따라 검증을 수행하고, 모든 검증이 완료된 시점에 인증심사신청을 진행하여 계획된 기간 내 목표로 한 인증을 획득할 수 있도록 지원했다.

4. 인터페이스 검증 지원

연구개발부품의 인터페이스 검증 지원은 완성 차 제작사인 현대로템에서 담당했다. 단기시장 진입형 부품 10종 및 미래기술 선도형 부품 5종과 적용 대상 철도차량과의 인터페이스 검증을 위해 필요한 각 개발부품의 인터페이스 요구사항을 도출하여 각 연구기관에서 연구개발 수행에 적용할 수 있도록 지원했다. 개발부품별 요구사항 도출을 위하여 해외 철도차량 중 2016년 튀르키예 TCDD 고속철도를 포함한 4개 철도차량의 연구개발부품 관련 기술 요구사항을 조사하여 '1차 연도 연구개발부품의 국외 고속철도차량 구매 공고사양 조사 보고' 및 '2단계 연구개발부품의 국외 철도차량 구매 공고사양 조사 보고', '3단계 연구개발부품의 해외 철도차량 출입문 구매 공고사양서 조사 브고'에 수록하고 관련 기술사양을 참고할 수 있도록 지원했다.

각 연구개발기관의 연구개발부품이 요구사항 정의서에서 요구하고 있는 운영 사양, 성능 사양, 기능 사양, 안전 사양 및 인터페이스 사양을 만족하기 위하여 필요한 각 시험 및 검증 사항을 검토하여 적합한 시험 및 검증 항목을 결정하도록 기술지원하고 이를 적합성준수 확인 목록에 반영될 수 있도록 했다. 각 개발부품의 검증 보고서를 확인하여 각 연구단계별 검증 항목에 대한 검증 내용 및 시험 결과를 검토하여 요구사항 정의서의 각 요구사항을 만족하는지 검증했다.

특히 인터페이스 검증을 위하여 요구사항 정의서에서 요구하고 있는 인터페이스 요구사항에 대한 검증 항목을 검토하여, 각 개발 단계별로 실시할 검증 방법 및 시험항목을 검토하였고, 설계 적합성을 만족시킬 수 있도록 검토하여 연구개발에 반영하도록 기술지원을 했다.

각 부품별 현차시험을 대비하여 철도차량에 취부를 위한 기계·기구적인 인터페이스 및 전기적 인터페이스를 사전 검토하여 현차시험에서 발생할 수 있는 리스크를 최소화할 수 있도록 지원했다. 또한 철도차량 취부 및 현차시험의 사전 점검에 참여하여 예상되는 리스크를 최소화할 수 있도록 기술지원을 했다.

기계 및 기구적 인터페이스를 확인하기 위해 설계 도면과 철도차량의 실제 취부 공간을 검토하고 철도차량에 부품을 설치할 때 현장 지원을 통해 검토된 내용이 실제로 반영되었는지 확인했다.

전기적 인터페이스 검토를 위해 개발부품 중 현차시험 대상 철도차량과 동일한 열차제어 및 모니터링 시스템(Train Control and Monitoring System, TCMS)과의 인터페이스가 필요한 부품에 대해 철도차량에 설치 전 통신·전기적 인터페이스를 확인하고자 시험용 TCMS 장비와의 조합시험을 실시하여 이를 검증했다. TCMS 조합 시험 대상 부품은 지붕탑재형 공조시스템의 제어기 및 모듈형 주회로 차단시스템의 위상제어기, 팬터그래프시스템 제어기로 조합시험을 통해 안정성을 확인하고 현차에 적용될 수 있도록 기술지원을 했다. 고속철도용 냉각팬시스템의 경우 도면상의 설치 검토 및 현차시험 때 시험기 장착을 위한 인터페이스를 검토하여 시험에 반영될 수 있도록 기술지원을 했다.

이 밖에 지붕탑재형 공조시스템, 모듈형 주회로 차단시스템, 반능동형 팬터그래프시스템, 전두부 해치시스템과 모듈형 출입문의 전기적 인터페이스를 검토하여 현차 적용 시 발생할 수 있는 리스크를 도출하고, 철도차량과의 인터페이스를 검증하는 기술지원을 수행했다.

5. 트램 현차시험 지원

대전교통공사의 주요 지원 내용 중 트램 개발부품의 현차시험 지원이 있다. 트램에 적용되는 각종 부품 및 시스템 개발에 있어 개발 목표에 따른 기능 및 성능이 목표와 일치하게 구현되었는지를 확인하기 위한 현차 성능검증은 개발부품의 신뢰성 파악뿐만 아니라 개발부품의 실용화를 위해서 반드시 필요한 과정이다. 현차 적용에 따른 예상하지 못한 상황에 대한 대비와 현차시험 시 안전 확보 방안 등 다양한 요구사항을 도출하여 검토하고 안전한 현차시험 운영을 지원했다.

현차시험을 위해서는 시험할 수 있는 트램용 선로와 시험용 트램이 확보되어야 하는데, 현재 한국철도기술연구원 오송분원에 위치한 시험선로와 트램이 유일한 상황이었다. 따라서 연구 초기에는 오송분원의 선로와 트램을 활용하여 현차시험을 수행하고자 계획하였으나, 한국철도

기술연구원의 내부 사정에 의해 사용이 불가능하게 되었다. 다행히 대전교통공사의 적극적인 협조 덕분에 외삼차량기지에 트램용 급곡선 시험선로를 구축(0.3km)하고 곡선 통과시험을 진행할 수 있었다. 직선 주행시험은 기존 시험선(0.8km)을 활용하여 수행했다. 한편 시험용 트램은 공동연구기관인 현대로템의 협조를 받아 현대로템 자체 연구개발 프로젝트로 제작한 수소트램(3모듈)을 외삼차량기지에 반입하여 현차시험에 활용했다.

현차시험을 위해서는 대전교통공사 내부 행정절차 준수가 필수이며, 이에 따라 수소트램 반입 및 개조작업 시 위험성 평가와 작업계획서 작성을 지원했다. 내부적으로 트램용 급곡선 시험선로 구축 공사 및 시험선 운영에 대한 변경관리 위험도 분석을 진행했으며, 현차시험 마스터플랜 및 현차시험 절차서 작성을 통해 현차시험을 체계적으로 수행할 수 있도록 지원했다.

현차시험용 수소트램은 2017년 제작되어 사용된 후 현차시험 당시까지 사용되지 않아 트램시스템이 노후화되고 배터리 충전 불량을 비롯해 다수 부품에서 고장이 발생한 상태였다. 이에 따라 배터리와 제동장치를 수선하는 등 보수작업을 진행하였으나 수리비용이 연구비를 초과할 것으로 판단되어 트램 성능을 원형 그대로 복원할 수 없었다. 결국 전문가 회의를 거쳐 현차시험 운행 방법을 당초 100% 자력 운행 방식에서 직선시험은 모터카에 의한 피견인(被牽引) 방식으로, 곡선시험은 자력 운행 방식으로 변경했다.

현차시험은 약 4개월에 걸쳐 수행하였으며, 최종 누적주행거리 5,050.6km(목표 5,000km) 및 곡선통과 1,030회(목표 1,000회)를 달성했다. 현차시험 기간 동안 트램의 하중 균형 문제로 트램 앞쪽 부분에서 들뜸 현상이 발생했다. 하중을 맞추기 위해 대형 물통을 객실 앞쪽에 설치하여 균형을 맞춘 후 현차시험을 지속했다. 개발부품은 5모듈 3대차를 사용하는 트램용 부품으로 개발되었으나, 시험용 트램이 3모듈 2대차 구조인 관계상 개발부품 4종 중 상부관절장치 피칭 타입에 대한 현차시험은 할 수 없었다. 피칭 타입은 자체 동작 및 피로시험으로 대체하여 검증했다.

6. 실용화 및 사업화 방안 지원

사업단의 공동연구기관인 날리지웍스가 담당하는 주요 역할은 개발부품의 실용화 및 사업화 방안 지원이다. 총괄과제는 계획된 일정, 예산 범위 내에서 각 부품개발 기업들이 성공적으로 연구활동을 수행할 수 있도록 지원하며, 이를 위해서는 사업단 지원활동의 체계적인 관리(일정·비용 관리, 성과·요구사항 관리, 리스크 관리, 이해관계자 관리, 홍보 관리)가 요구된다. 이에 날리지웍스는 철도 상위 정책, 제도·규제 조사 분석, 철도차량 부품 주요 시장 조사 분석, 개발 성과 관련 기술동향 조사 분석, 철도차량 부품개발 기업 실용화 전략 방안 모색, 사업단 성과홍보 및 성과분석 지원을 과업 범위로 정하고, 다음 활동을 통해 개발부품의 실용화 및 사업화 방안을 지원했다.

① 철도 상위 정책·제도 및 규제 조사 분석을 실시하여 국내 철도차량 부품 상용화 주요 정책을 도출하고, 주요 정책별 시사점 분석을 통해 사업단 운영상 대응 방안을 제시함으로써, 연구기간 동안 사업단 차원의 실용화를 위한 정책 대응 활동을 지원했다. ② 철도차량 단기시장 진입형 부품(10종)과 관련된 국내외 고속철도, 도시철도, 트램 시장을 조사하고, 사업 종료 후 예상되는 각 부품별 시장을 예측하여 각 세부과제별 부품개발 참여 기업에 공유함으로써 사업 종료 이후 각 기업의 시장 타기팅 및 대응전략 수립을 지원했다. ③ 해외 경쟁사 기술 보유 현황 및 개발 현황 분석을 통해 현재 목표로 하고 있는 개발 성능 사양이 향후 경쟁력을 가질 수 있는 수준인지, 경쟁력 확보를 위해 개발목표의 상향 및 조정 등 보완이 필요한 부분은 무엇인지 점검함으로써, 해외 경쟁사 대비 경쟁력을 가질 수 있는 방향으로 연구가 추진될 수 있도록 지원했다.

④ 앞서 제시한 철도차량 상용화 관련 정책, 개발부품 관련 시장 및 기술 동향 분석 결과와 개발부품 기업 담당자 의견을 반영하여 '5 Force 모델'을 채용했다. 이 모델의 '산업 내 경쟁 정도', '신규 진입자의 위험', '대체재의 위험', '공급자의 협상력', '구매자의 협상력' 프레임에 따라 개발부품별 경쟁력 분석을 추진하고, 해당 결과를 기반으로 각 부품 사의 실용화 전략 수립을 지원했다. ⑤ 이를 발전시켜 '경쟁기업(시장주도 기업, 신규기업 등) 대비 제품 경쟁력 확보 측면', '국내외 시장 전망에 따른 대응 측면', '국내외 정책·규제 대응 측면', '기술 수요처 요구사항 확보 및 성과 활용, 홍보' 측면의 실용화 영향 요인을 설정하여 단기시장 진입형 부품기업의 실용화 지원 방안을 도출했다.

그 외 ⑥ 사업단의 현차시험이 본격화되기 전 현차시험에 대한 새로운 마일스톤을 설정하고 각 케이스별 대응 방안 마련을 위한 '사업단 현차시험 추진을 위한 의사결정 프레임(안)을 마련하여, 현차시험의 원활한 추진과 사후 조치를 위한 계획 마련을 지원했다. ⑦ 단기시장 진입형 부품(10개)에 대해서는 '부품의 기능 및 역할', '주요 경쟁력 항목', '인증 및 특허 현황', '품질관리', '그 외 특장점'으로 구성된 기술설명자료(Sales Material Kit, SMK)를 제작하여 그간의 개발 성과를 점검하면서, 철도차량 부품개발기업이 철도운영사 또는 철도차량 제작사를 대상으로 제품의 성능을 홍보하고, 해외 상용품과의 성능 비교를 통해 부품 국산화가 가능함을 보여 주기 위한 자료로 활용 중이다. ⑧ 단기시장 진입형 부품(10개)에 대해서는 '기술적 검증', '철도인증', '양산체계 및 품질관리시스템 구축', '철도운영사와 철도차량 제작사와의 협업', '정부지원 및 정책연계를 통한 프로그램 지원', '구체적 시장진출 타깃 설정' 측면에서 철도차량 부품개발기업들의 실용화 영향 요인별 대응 현황을 모니터링 중이다. ⑨ 미래시장 선도형 부품(5개)에 대해서는 최근 변화하는 개발 환경 및 연구 현황 분석을 통해 각 부품별 경쟁력 요인을 도출하여 현재 진행 중인 연구 추진 방향을 점검하고, 향후 시장을 선도하기 위한 경쟁 요건을 갖추기 위한 방안을 모색 중이다.

7. 기술위원회 운영

철도차량 부품개발사업의 수행과 관련된 기술 자문 및 자체평가 등 주요 사항을 효율적으로 추진하기 위해 외부 전문가로 구성된 총괄기술위원회를 설치했으며, 하위에 각 기술 분야별로 분과위원회를 두었다. 총괄위원회의 기능은 ① 사업단 과제 자체평가, ② 사업단장이 요청하는 연구개발 중요 사항에 대한 자문이다. 분과위원회의 기능은 ① 사업단 과제 마일스톤 단계별 산출물 기술검토, ② 사업단 과제 기술 개선사항 자문 및 반영 여부 확인, ③ 사업단 과제 기술 애로사항 해소를 위한 자문, ④ 사업단 과제 자체평가로 구성되어 있다. 각 분과위원회는 위원장 1인을 포함한 5인 이내의 외부 전문가로 구성된다. 위원 선정은 공정성을 확보하기 위해 공개모집을 통해 이루어졌으며, 전문성, 적합성, 역량, 기여 가능성 등 네 가지 심사 기준에 따라 선정했다. 총괄기술위원회의 조직 구성은 [그림 3-14]와 같다.

분과위원회는 사업단 과제의 성공적인 결과 도출을 지원하기 위해, 개발 과정의 핵심 단계를 심도 있게 검토하고 자문하는 역할을 맡았다. 우선 프로젝트의 이정표가 되는 마일스톤 단계별로 도출되어야 할 산출

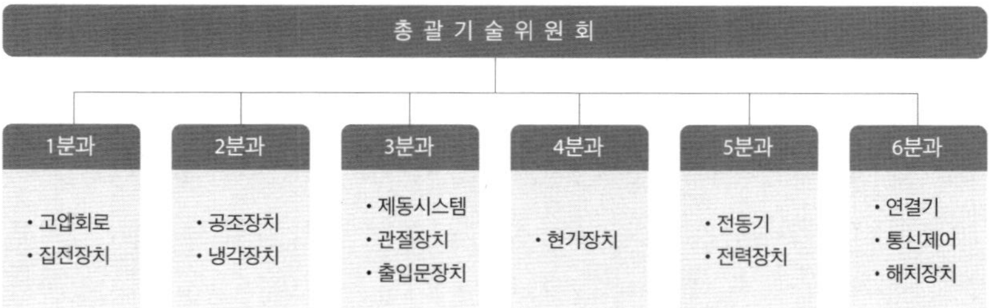

[그림 3-14] 총괄기술위원회 조직도

물이 구체적이고 적절하게 정의되었는지를 집중적으로 검토하여 프로젝트 관리의 기틀을 다졌다. 특히 최종 개발부품이 요구 성능과 기준을 충족하는지(적합성 준수)를 확인하는 데 필요한 검증 항목들을 검토하였으며, 이를 실제 이행하기 위한 단계별 실행계획에 대해서 자문을 제공했다.

또한 각각의 분과위원들은 해당 분야의 전문가로서 연구개발 과정에서 발생하는 다양한 애로사항에 대해 해결 방안을 제시했다. 위원들의 전문성과 경험에 기반을 둔 자문은 연구개발기관이 겪는 기술적 어려움을 해결하고 연구 방향을 설정하는 데 도움이 되었다.

총괄기술위원회 및 분과위원회의 활동은 철도차량 부품개발사업의 성공을 위한 필수적인 관리체계의 한 부분이었다. 사업단은 외부 전문가 그룹의 객관적이고 전문적인 시각을 통해 다음과 같은 긍정적 효과를 얻었다.

첫째, 연구개발의 신뢰성 및 전문성을 한 차원 높은 수준으로 제고했다. 외부 전문가들의 예리한 검토와 심도 있는 자문은 연구개발 단계에서 발생할 수 있는 잠재적 오류를 사전에 발견하고, 더욱 효율적인 연구방법론을 제시하는 길잡이가 되었다. 이를 통해 개발 과정의 시행착오를 최소화하고, 연구개발 결과물의 신뢰도를 높였다. 나아가, 각 기술 분야의 최고 전문가로 구성된 위원회는 최신 기술 동향과 표준을 연구에 반영하도록 독려함으로써, 최종 개발부품이 기술적 완성도를 넘어 시장의 요구 수준을 충족시킬 수 있는 기반을 마련했다.

둘째, 잠재적 위험 요소를 체계적으로 관리하고 사업의 안정성을 확보하는 데 결정적인 역할을 했다. 대규모 연구개발 사업에는 기술적 불확실성, 일정 지연, 예산 초과 등 다양한 위험이 잠재되어 있다. 기술위원회는 전문가의 식견을 바탕으로 이러한 위험을 사전에 식별하고, 객관적인 분석을 통해 실효성 있는 해결 방안을 모색했다. 특히 매년 초 착수보고회, 중간보고회 등을 통해 연구개발의 이정표가 되는 중요한 시점마다 전문가 집단인 기술위원회의 검증과 자문을 거침으로써, 연구개발의 방향성을 재확인하고 발생 가능한 위험을 사전에 차단하여, 사업이 안정적인 궤도 위에서 흔들림 없이 추진될 수 있도록 든든한 안전장치 역할을 수행했다.

셋째, 최종 성과물의 실용화 및 사업화 성공 가능성을 크게 증대시켰다. 기술개발이 단순히 실험실 수준에 머무르지 않고 실제 시장에서 가치를 창출하기 위해서는 시장의 요구사항을 정확히 파악하고, 품질, 성능, 안전성 등 모든 측면에서 경쟁력을 갖추어야 한다. 위원회는 기술개발 단계부터 수요처의 요구사항과 시장의 눈높이를 지속적으로 반영하도록 자문함으로써, 개발 부품이 실제 현장에서 외면받지 않고 성공적으로 적용될 수 있도록 했다. 또한 인증, 특허, 홍보 등 실용화를 위한 과정의 필수적인 요소들을 철저히 검증하고 방향을 제시함으로써, 사업단 과제의 성과들이 실제 사업 성과까지 이어질 가능성을 제고했다.

결론적으로 총괄기술위원회와 분과위원회는 단순한 자문 기구를 넘어, 전문성과 객관성을 바탕으로 사업의 방향을 제시하고 기술적 완성도를 이끌어 낸 동력이었다. 이러한 체계적인 전문가 자문 및 평가 시스템의 효과적인 운영을 통해 철도차량 부품개발사업은 국내 부품기업의 기술 혁신을 촉진하고 외부 의존도를 낮춰, 세계 시장에서 당당히 경쟁할 수 있는 강건한 철도부품산업 생태계를 구축하는 데 기여할 수 있었다.

8. 리스크 관리

사업단과 같은 대규모 국가 R&D에서는 내부의 시선에서 벗어나 연구과제의 잠재적 위험 요소를 객관적으로 식별하고 평가할 수 있는 전문적인 리스크 관리를 시행할 필요가 있다. 이를 위해 사업단은 리스크 관리를 전문으로 하는 외부 기관에 관련 업무를 위탁하는 '전략적 아웃소싱'을 결정했다. 이는 리스크 관리의 선진 기법을 도입하여 사업의 안정성을 높이고, 사업단과 연구개발기관이 핵심 연구개발 활동에 더욱 집중할 수 있는 환경을 조성하기 위함이다.

1차 연도는 사업단 리스크 관리체계의 기틀을 마련하는 중요한 시기였다. 사업 초기 단계의 불확실성을 최소화하고, 모든 참여자가 리스크 관리의 중요성을 깊이 인식하며 체계적인 대응을 준비할 수 있도록 기반을 다지는 데 주력했다. 주요 활동으로는 먼저 사업단 개별 과제에 대한 잠재 리스크 항목을 체계적으로 정의했다. 또한, 연구책임자와 실무자를 대상으로 리스크 관리 방안에 대한 전문 교육을 실시하여, 사업단 전체의 리스크 관리 역량을 한 단계 끌어올리고, 리스크 관리 방안에 대한 교육 기회를 제공하여 개별 과제의 리스크 관리 역량 제고에 힘썼다. 이러한 활동을 바탕으로 전체 연구개발 기간 동안 적용될 구체적인 리스크 관리 방안을 수립했다.

2차 연도에는 1차 연도에 수립된 리스크 관리 방안을 본격적으로 현장에 적용하고 고도화하는 데 집중했다. 주요 활동으로, 1차 연도에 수립된 절차를 바탕으로 사업단 과제의 리스크 관리 실무를 직접적으로 지원했다. 각 연구 단계별 리스크를 검토하고, 모니터링을 통해 잠재적 위험 요소를 식별하고 대응 방안을 제시했다. 또한 신속하고 누락 없는 리스크 식별 및 대응을 위해 다양한 유형의 리스크 체크리스트를 개발하고 지속적으로 업데이트했다. 마지막으로, 하드웨어와 소프트웨어 양 측면에서 리스크 관리체계를 더욱 구체적으로 구축하고 구조화했다. 리스크 관리의 전 과정을 도식화한 리스크 관리 절차도를 도입하여 전문기관, 사업단, 주관연구기관 등 각 주체의 역할과 책임을 명확히 규정했다. 이는 일관된 프로세스에 따라 리스크가 관리될 수 있도록 체계를 정립하고, 관리의 효율성을 한층 더 높이는 결과를 가져왔다.

3차 연도에는 현차시험이라는 구체적인 단계에 맞춰 리스크 관리체계를 완성하고, 실질적인 실행 가이드라인을 제시하는 데 중점을 두었다. 주요 활동으로는 먼저 기존의 요구사항 도출 및 추적 활동을 리스크 관리체계에 공식적으로 통합하고, 국내외 표준(PMBOK 등)을 기반으로 관리

체계의 적정성을 검토하여 완성도를 높였다. 또한 현차시험의 성공적인 수행을 위해 시험 착수 전과 시험 중에 발생할 수 있는 리스크에 대한 관리 및 대응 프로세스를 담은 구체적인 가이드라인을 개발했다. 마지막으로, 현차시험 리스크의 통합 관리와 연구기관 지원을 위한 '리스크 관리 지원센터'의 구축 및 운영 방안을 제시하여, 지속적이고 체계적인 리스크 대응이 가능한 조직적 기반을 제안했다('리스크 관리 지원센터'는 '현차시험 지원실'이라는 명칭으로 강릉차량사업소에 설치되었다).

현재 진행 중인 4차 연도에는 사업 전체 기간의 리스크 관리 활동을 종합적으로 분석하고, 그 결과를 바탕으로 관리체계를 고도화하여 향후 유사 사업의 지침이 될 수 있는 최종 결과물을 도출하는 데 집중하고 있다. 주요 활동으로는 먼저 사업관리 및 연구개발 단계(설계, 제작, 시험)별로 발생 가능한 리스크를 예측하고, 이를 체계적으로 식별할 수 있는 통합 리스크 관리체계와 체크리스트를 도출했다. 다음으로, 국산화 개발 과제들의 현차시험 과정에서 실제로 발생했던 고장 및 이슈를 정리하고, 이를 분석하여 문서화하는 방식으로 정리할 예정이다. 마지막으로, 실제 발생했던 리스크와 관리 과정에서의 시행착오 등을 분석한 내용을 담은 철도차량 부품개발 전용 '종합 리스크 관리 프로세스'를 정립하고 고도화할 계획이다. 이는 후속 부품개발 과제들이 참고할 수 있는 실질적인 지

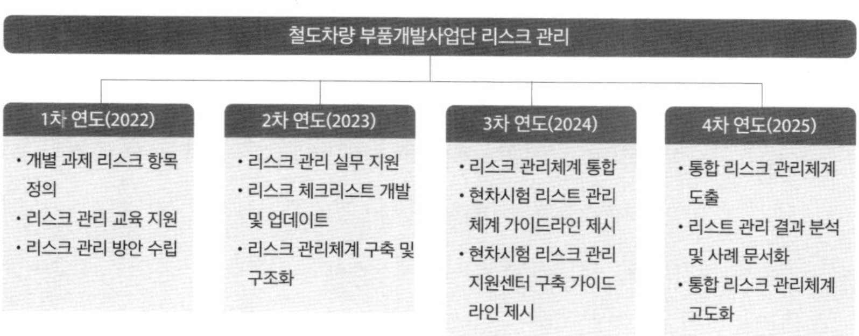

[그림 3-15] 철도차량 부품개발사업 리스크 관리 연도별 추진 현황

침서를 마련하기 위함이다.

이처럼 4년에 걸친 리스크 관리체계 구축 및 고도화 과정은 단순한 리스크 식별을 넘어, 체계적인 계획 수립(1차 연도), 현장 적용(2차 연도), 핵심 단계별 심화(3차 연도), 종합적인 분석과 자산화(4차 연도)로 이어지는 단계적 발전을 이루었다. 이는 본 사업의 성공적인 마무리를 지원할 뿐만 아니라, 향후 수행될 철도차량 분야 국가 R&D 사업에서 발생할 수 있는 시행착오를 최소화하고 사업 성공률을 높이는 데 기여하는 중요한 자산이 될 것이다. 사업단의 리스크 관리 용역은 본 사업을 위한 일회성 용역에 그치지 않고, 지속 가능한 철도차량 부품 R&D 리스크 관리의 표준 모델을 제시하였다는 점에서 의미가 크다.

9. 예산(연구개발비) 관리

국토교통 분야의 R&D 투자는 2016년부터 2023년까지 꾸준히 증가했으나, 정부의 재정운영 기조에 따라 2024년에는 감소했다. 2025년에는 소폭 회복되었지만 이전 최고 수준에는 미치지 못하는 것으로 나타났다. 실제로 국토교통 R&D 예산은 2023년 6,419억 원에서 2024년 4,592억 원으로 대폭 줄었다. 2023년에는 전체 108개 과제 중 신규 과제가 70개였던 반면, 2024년에는 91개 과제 중 신규 과제가 6개로 크게 감소하고 과제별 예산도 대폭 삭감되었다.

이러한 예산 변화는 2020년에 착수된 본 사업에도 영향을 미쳤다. 특히 본격적인 연구개발이 이루어져야 했던 2023년에는 당해 연도 예산이 10% 삭감되었고, 삭감된 예산은 사업 마지막 해인 2025년으로 이월되었다. 그러나 세부적으로 과제별 종료 시기가 달라, 2025년으로 예산 이월이 불가능한 시장진입형 국산화 과제 10건에 미지급된 연구비를 2024년에 우선 배정해야 하는 문제가 발생했다.

이에 사업단은 과제별 연구비 총액을 유지하는 선에서 16개 과제

간 연구비를 연차별로 조정하여 각 과제의 연구개발을 최대한 합리적으로 지원하고자 노력했다. 특히 2023년 10월 5일에는 미래선도형 5개 과제의 주관연구책임자를 대상으로 연구비 조정 회의를 개최했다. 이 회의를 통해 2024년 연구비 부족분을 포함해 전체 연구비 감소분(18.8%)을 미래선도형 과제가 균등하게 부담하여 2025년으로 이월하기로 협의를 마쳤다. 이로 인해 미래선도형 과제는 2023년 연구비 31억 원, 2024년 연구비 3억 원 등 총 34억 원의 예산이 2025년으로 이월되면서 연구개발에 상당한 부담을 느끼게 되었다.

이러한 어려운 상황 속에서도 철도차량 부품개발사업은 국토부와 국토진흥원 철도실의 적극적인 지원으로 당초 책정된 정부지원 연구개발비 1,220억 원 전액을 확보하는 성과를 거두었다. 이는 중소기업을 통한 철도 생태계 지원이라는 정부의 의지를 확인할 수 있다는 점에서 큰 의미가 있다.

10. 이해관계자 관리

철도차량 부품개발사업은 다양한 이해관계자의 참여와 협력을 바탕으로 추진된 국가 R&D 사업으로 사업단은 이해관계자별 소통과 협의의 구조를 정교하게 설계하고 운용해 왔다. 철도운영기관, 정책기관, 전문기관, 기술자문기구로 구성된 각 이해관계자 그룹과는 사업 초기부터 단계별 협업 구조를 형성하며, 개발 성과의 현장 적용성과 정책 연계 가능성을 동시에 높이고자 했다.

본 사업의 이해관계자로는 먼저, 직접 당사자이기도 한 한국철도공사가 있다. 본 사업은 한국철도공사의 기업부설연구소인 철도연구원 철도차량 부품개발사업단에서 운영하고 있으나, 사업의 성과물인 개발부품의 사용자는 한국철도공사의 차량본부가 된다. 한국철도공사의 직제 운영상 두 기구는 독립적으로 운영되고 있어, 사업단은 차량본부를 이해관계자로 인식하고 관리하여야 한다. 차량본부 내 고속차량처, 전동차량처, 차량기술센터 등 주관부서를 대상으로는 개발부품의 현차시험, 이례사항 모니터링, 사전 고장 방지 대책 등에 대한 실무 협의가 반복적으로 이루어졌다. 강릉·울산·부발차량사업소 등 정비 소속 현업 부서와는 취부 절차, 시운전 계획, 정비지침 등을 공유하며 실증 단계 준비에 만전을 기했다. 이러한 현장 방문과 설명회는 단순한 정보 전달이 아니라, 실제 정비 인력의 이해를 높이고 수용성을 확보하는 데 중요한 역할을 했다.

둘째로 국토교통부와 국토진흥원이 있다. 과학기술정보통신부도 있으나 직접적인 관계에 있지 않아 제외했다.

정부기관인 국토교통부는 본 사업의 기획, 승인, 재정지원에 있어 가장 상위의 정책결정기관으로, 「철도안전법」[법률 제20763호, 2025.1.31., 일부개정] 및 관련 고시에 따라 예산을 배정하고 기술개발을 가능하게 하는 제도적 기반을 제공했다. 사업단은 착수보고회 및 연차별 성과보고회에 국토교통부 철도국 소속 담당자를 초청하여 사업의 진행 현황과 기대효과를 보고하였고, 실적 공유를 통해 정책적 정합성과 후속 사업의 당위성을 확보해 왔다. 특히 개발부품의 철도차량 취부에 앞서 수행되는 개조신고 및 운행승인 절차는 「철도차량 개조검사 시행지침」에 따라 국토교통부의 개조신고 확인서 발급이 필수적이다. 이는 연구개발의 기술적 완성도뿐만 아니라 법적 실현 가능성을 입증하는 과정이기도 하다.

국가 R&D 담당 전문기관인 국토진흥원과는 「국토교통과학기술육성법」[법률 제14545호, 2017.1.17., 타법개정] 제16조에 따른 연구개발사업 위·수탁 구조하에서 사업 운영의 전반을 공동 관리했다. 행정 지침 수립, 사업비 사용 계획 검토, 성과지표 및 기술요소의 조율 등은 국토진흥원과의 정례적인 실무협의를 통해 조정되었으며, 과제별 마일스톤 관리와 성과 중심 공정 운영도 협업 구조 속에서 구현되었다. 철도차량 부품개발사업 후속 과제 논의나 'K-철도 기술 포럼' 구축 등도 국토진흥원과의 협동하에 이루어지고 있다.

셋째로 총괄기술위원회와 기술분과위원회가 있다. 이들은 사업단의 성과 달성을 위해 구성된 기구일 뿐 아니라, 기술적 완성도와 사업관리의 객관성을 확보하기 위한 외부 자문체계로 설치되었으며, 이에 따라 사업단 운영에 있어 견제 역할을 수행하고 있다. 총괄기술위원회는 전체 사업에 대한 기술 자문과 자체평가 기능을 수행하며, 연차별 실적과 계획의 종합 검토 및 목표 부합도 분석 등을 주기적으로 시행했다. 기술분과위원회는 과제별 마일스톤 단계에 따라 설치·운영되며, 기술요건 정립, 시험계획 수립, 세부 쟁점 자문 등을 통해 각 과제의 수행 완성도를 높이는 데 실질적인 역할을 했다. 주요 회의는 정기적으로 시행되고 일부 현안은 별도의 자문 절차를 통해 심층적으로 논의되었다.

이러한 다층적 이해관계자 협력 구조는 철도차량 부품개발사업이 단순 기술개발을 넘어 실질적인 현장 적용과 제도적 실행 가능성까지 확보하는 데 있어 핵심적인 기반이 되었으며, 향후 관련 기술의 확산과 제도 정착에도 중요한 발판으로 작용할 것으로 기대한다.

V. 현차시험 준비

현차시험은 글자 그대로 개발된 부품을 철도차량에 설치하여 성능과 신뢰성을 확인하는 연구개발의 마지막 단계이다. 현차시험을 완벽하게 수행해야 실용화에 도달할 수 있다. 현차시험을 위한 행정절차는 크게 한국철도공사의 내부 행정절차와 「철도안전법」에서 정하는 외부 행정절차로 나눌 수 있다. 먼저 한국철도공사의 내부 행정절차를 설명하면 다음과 같다.

1. 한국철도공사의 내부 행정절차

1) 기술검토

기술검토는 한국철도공사의 「철도차량 기술관리 기준」에 따라 개발부품이 현차시험을 통한 성능과 신뢰성 검증이 필요한지, 현차시험 시 문제가 발생하지 않을지에 대한 기술적 검토를 시행하는 것을 말한다. 기술검토를 요청하는 사업단은 부품개발기관과 함께 관련 자료를 작성하여 차량본부에 제출해야 한다. 정식으로 기술검토를 요청하기 전에 부품개발기관은 한국철도공사의 엔지니어링 부서와 충분히 협의하여 사전 검토회의 등을 통해 각 항목에 대한 상호 요구사항을 확인하고, 합의점을 도출하여 기술검토가 원활하게 진행될 수 있도록 한다.

2) 현차시험 심의회의

현차시험 심의회의는 기술검토가 완료된 개발부품에 대해 현차시험 시행을 요청할 때 현차시험 조건 및 세부 평가기준(시험항목, 절차 포함) 수립과 개발부품의 계절적 영향성을 반영한 현차시험 기간 및 환경 선정 등을 결정하기 위해 심의하는 것을 말한다. 사업단에서는 관련 자료를 작성하여 차량본부에 제출하여 심의회의 개최를 요청한다. 방대한 현차시험 계획을 심의회의 시간 내에 세부적인 부분까지 검토하기는 어렵다. 따라서 정식으로 심의회의 개최를 요청하기 전 차량본부의 담당자와 협의하여 사전 자료 검토 등을 통해 차량본부의 요구사항을 확인하고 이를 심의회의 제출 자료에 반영하여 현차시험 심의회의가 원활하게 진행될 수 있도록 한다.

3) 변경위험도 평가

변경위험도 평가는 한국철도공사의 '안전관리체계'에 영향을 줄 수 있는 신규 또는 변경되는 위험을 파악하고 통제하기 위해 사전에 위험도를 분석하고 안전대책을 수립하는 것을 말한다. 현차시험을 위해 철도차량을 개조하려는 사업단에서는 변경되는 부품으로 인한 위험도를 평가하여 위험도가 높은 경우 '안전관리체계'에 영향이 없도록 대책을 수립해야 한다. 변경위험도 평가 결과는 한국철도공사의 안전본부에 제출한다.

4) 현차시험 손해배상 보험

현차시험 중 개발부품의 문제로 운행 지연, 시설물 손상, 여객사상사고 등이 발생하는 경우 부품개발기관에서 그 손해에 대한 배상 책임을 진다. 배상 비용은 때에 따라 한 개 기관이 부담하기 어려운 수준의 액수까지 산출될 수 있다. 이러한 경우에 개발기관의 부담을 덜고 배상으로 인한 리스크를 완화하기 위해 개발기관이 현차시험 손해배상 보험에 가입할 수 있도록 한다.

5) 현차시험 협약체결

현차시험 협약은 현차시험 계획, 일정, 방법, 시설물 사용 등에 관한 사항을 확정하기 위해 현차시험을 요청하는 부품개발기관과 현차시험을 수행하는 한국철도공사가 체결하는 협약을 말한다.

이상 내부 행정절차를 간략히 설명하였고, 「철도안전법」에 따른 현차시험의 외부 행정절차는 다음과 같다.

2. 외부 행정절차

1) 철도차량의 개조

철도차량의 개조란 「철도안전법」 제38조의2에 따라 철도차량을 최초 제작 당시와는 다르게 구조, 부품, 장치 또는 철도차량 성능 등을 개량하거나 변경하는 것을 의미하며 철도차량 형식승인과 구분된다. 현차시험을 위해 철도차량을 개조하여 운행하려면 철도안전법령에 따라 개조승인 또는 개조신고 절차를 거쳐야 한다.

2) 운행승인

개조신고 대상 중 「철도안전법 시행규칙」 제75조의4 제1항 제6호에 해당하는 개발부품은 국토교통부에 개조신고서를 제출하기 전에 운행승인을 득해야 한다. 이를 위해서는 개발부품이 철도차량 기술기준 등에서 정한 요건을 만족하였음을 증명할 수 있는 공인시험 성적서를 비롯한 서류들을 구비해야 한다.

3) 개조신고

연구개발을 통해 제작된 부품에 대해서는 철도차량의 개조에 해당하는 부품이라도 철도차량 개조의 타당성 및 적합성에 관한 시험을 위한 대표편성 철도차량의 개조에 대해서 운행승인을 받은 경우에는 경미한 개조로 간주하여 개조승인이 아닌 개조신고로 추진이 가능하다.

현차시험 추진 시 이러한 구분을 자의적으로 판단하기 어렵고, 이례사항 발생 시 책임의 문제가 발생할 수 있다. 따라서 개발부품의 현차시험을 위한 철도차량 개조가 법령상 어떠한 분류에 해당하는지 정확하게 판단하기 위해서는 검사기관(한국철도기술연구원)에 사전 협의를 요청하여, 대상의 분류를 확정하고 개조신고 절차를 밟을 수 있도록 한다.

위와 같은 행정절차를 마친 후 현차시험을 수행하기 위해서는 먼저 대상 철도차량을 선정하고, 다음 단계로 운행 노선을 선정한다. 현차시험을 준비하는 과정은 기존의 부품을 취거하고 개발부품을 취부하기 때문에 상당한 시일이 소요된다. 이 과정에서 열차 운행에 차질을 줄 수 있으므로, 사업단에서는 대상 철도차량이 중정비를 시행하는 기간을 활용하여 개조작업을 수행하도록 계획했다. 중정비 공정에 영향을 미쳐서는 안 되기 때문에 공정 사이의 빈 시간을 찾아내서 개조작업을 수행했다. 이 개조작업에는 전체 기간 22일 동안 연인원 176명이 동원되었다. 특히, 철도차량의 개조작업은 「철도안전법」 제38조의7 제1항 및 「동법 시행규칙」 제75조의9 제2항에 따라 국토교통부 장관으로부터 승인받은 기관만이 수행할 수 있어 승인 업체인 (주)지엠테크가 담당하고, 개발기관과 사업단 인원은 개조작업을 지원했다. 또한 「중대재해 처벌 등에 관한 법률」에 대비하여 안전하고 효율적인 개조작업이 추진될 수 있도록 「철도차량부품개발사업단 안전관리 계획」을 수립하고, 작업에 투입되는 인원 전체를 대상으로 안전교육을 실시했다.

VI. 현차시험 돌입

사업단에서 개발하는 부품 15종 중 미래선도형 부품 5종을 제외한 나머지 국산화 개발부품 10종은 현차시험을 통해 성능과 신뢰성을 입증하도록 계획했다. 10종 중 8종은 KTX-이음용이며, 나머지 2종은 도시철도용 전기식 출입문시스템과 저상 트램용 관절장치로 각각 한국철도공사의 강릉선과 대전교통공사의 외삼기지에서 현차시험을 성공적으로 수행했다. 차종별 현차시험을 개관하면 [표 3-6]과 같다. 여기서는 KTX-이음용 부품 8종에 대해서 기술한다.

현차시험 대상 철도차량의 선정은 한국철도공사의 차량본부와 철도차량 관리를 담당하는 지역본부, 차량사업소와 협의하여 중정비를 앞두고 있는 KTX-이음 509편성을 선정했다. 운행 노선은 개조 작업된 철도차량의 초기 안정화 기간을 고려하여 비교적 운행 거리가 짧고 운행 횟수가 적은 중부내륙선에서 먼저 시작했다. 본격적인 현차시험은 서울-강릉 구간을 운행하는 강릉선에서 주로 이루어졌다. 또한 현차시험 과정을 지속적으로 모니터링하고 이례사항 발생 시 즉각적인 대응을 위하여

[표 3-6] 차종별 현차시험 개관

구분	KTX-이음	도시철도	저상 트램
현차시험 주체	한국철도공사	한국철도공사	대전교통공사
취부부품	제동디스크 외 7종	전기식 출입문 1종	관절장치 1종
시험기간	'24.4.~'25.12.	'24.1.29.~12.28.(종로)	'24.8.19.~12.16.(종로)
시험노선	강릉선 등	경강선	대전교통공사 외삼기지
대상철도차량	KTX-이음 509편성	도시철도 371910호	수소트램(현대로템)

강릉차량사업소에 현차시험 지원실을 설치하고 연구자를 배치했다.

당초 KTX-이음용 부품 8종을 통합해서 현차시험을 실시하고자 계획하였으나, 부품개발 일정이 각각 상이하여, 부득이 본 사업 착수 4년 만인 2024년 4월 11일, 부품 4종의 현차시험을 먼저 착수하게 되었다. 이어서 2024년 11월 22일, 2024년 12월 21일 나머지 2종을 각각 현차시험에 추가하였으나, 2025년 8월 현재까지 공기스프링과 팬터그래프는 현차시험에 착수하지 못하고 있다. 공기스프링의 경우 부품개발을 마치고 현차시험 착수를 위하여 2025년 1월 9일 동적시험을 실시한 결과 승차감 지수가 요구사항을 만족하지 못하여 현차시험 착수를 중단했다. 이후 전문가 검토회의를 통해 원인을 분석하고 이를 보완하여 공기스프링을 다시 제작했고, 현차시험 재착수를 위한 기술검토 과정을 거치고 있다. 팬터그래프의 경우 원천 기술은 개발되었으나, 철도차량과의 기계적 인터페이스 부분과 자동하강장치 부분에서 보완 사항이 발견되어 수정작업을 수행하고 있으며, 현차시험 착수를 위해 전력을 다하고 있다.

VII. 중간 성적표

과학기술정보통신부(과기부)는 우리나라 국가 R&D를 총괄하고 있다.

2025년 기준으로 국가 R&D 정부 예산은 9조 6,671억 원으로 이 중 국토교통분야는 5,413억 원이다. 대규모의 정부 예산이 투입되는 만큼 이에 대한 성과관리가 필요하다. 과기부는 국가 R&D 성과관리를 위해 크게 두 가지 평가 제도를 운영하고 있는데 중간평가와 최종평가다. 본 사업은 착수 4년 만인 2023년에 중간평가를 받았다. 국가 R&D 사업 평가 대상은 전 부처 합계 214개 사업이다. 평가 지표로는 추진 과정 범주에 '투입', '과제 관리', '위험요소 관리' 등 3개이며 그 외에 성과 범주와 환류계획 범주가 있다. 각각의 평가 결과는 다음과 같다.

먼저 추진 과정 범주에서 '투입' 지표는 최근 3년간 사업비 집행률과 실집행률을 확인하고, 예산계획에 따라 적절히 집행되었는지와 전략계획서 수립 시 설정한 예산대로 집행되어 예산 수립 과정이 적절한 것인지를 들여다보는 지표로 10점 배점에 10점을 득점했다.

'과제관리' 지표에서는 최근 3년간 사업 내 과제 구성이 사업목표 및 정부 상위계획과 부합성이 높고, 과제 수행을 통해 RFP 내 요구사항을 만족함과 동시에 당초 설정한 성과목표 달성에 기여할 것으로 평가되어 10점 배점에 10점을 득점했다.

'위험요소 관리' 지표에서는 대외 환경요인(코로나 19)과 사업추진 상의 위험요소(개발사별 개발능력, 제도적 문제) 등을 구체화하고 이에 대한 적절한 극복 방안을 수립하였다. 과제추진을 통한 기술개발, 위험관리 노력(리스크 관리, 의견 개진 등) 등을 통해 사업추진 시 위험요소를 적절하게 통제하고 목표 달성을 위한 사업수행이 효과적으로 진행되었다고 평가되어 10점 배점에 10점을 득점했다.

성과 범주에서는 특허 등록, SCI 논문 실적 등이 부족하여 60점 배점에 54점을 득점했다.

환류계획 범주에서는 종합적 성과분석의 형식적 요건을 충족하며, 효과분석의 방법이 적절하고 분석결과 효과성이 검증되며, 사업의 종합적 성과분석 결과 유효한 제언이 도출되어 이를 반영한 부처의 환류계획을 수립하였다. 종합적 성과분석보고서의 내용이 신뢰성이 있고 타당하며, 이에 기반을 둔 사업 개선사항을 논리적으로 도출하여 부처 환류계획의 효과성과 구체성이 높다고 평가되어 10점 배점에 10점을 득점했다.

종합하면 2023년 중간평가 결과 본 사업은 94점을 획득하며 전 부처 214개 사업 중 3위, 국토교통분야에서는 당당하게 1위를 달성했다. 본 사업에 참여하고 있는 연구진과 본 사업을 관리하는 국토교통부와 국토진흥원이 함께 일궈낸 귀한 성과이다.

VIII. 사업 성과 확산을 위한 노력

사업단은 국가 R&D 과제가 추진되는 전 과정과 R&D 종료 이후에도 연구 성과의 실용화 및 사업화를 위해 적극적으로 노력했다.

과제 추진 과정에서 국산화 부품개발의 핵심 단계인 현차시험을 위해 사업단은 한국철도공사 차량본부와 협의하여 KTX-이음 509편성을 대상 편성으로 선정했다. 현차시험은 부품별로 짧게는 11개월, 길게는 14개월 이상 소요된다. 원활한 현차시험 진행을 위해 본 사업에 대한 이해도를 높이고자 철도차량의 운영부서인 차량본부 고속차량처, 전동차량처와 유지보수를 담당하는 부발·강릉·울산차량사업소 직원을 대상으로 착수보고회, 중간보고회 및 현장 설명회를 개최했다. 이 과정에서 연구개발 성과에 대한 중간 점검이 이루어졌고, 내실 있는 현차시험이 추진될 수 있도록 실무적인 피드백이 활발히 이루어졌다.

사업단에서는 개발부품에 대해 유지보수성, 안전성 등 현장에서의 정기 점검 결과와 실제 운행 중 발생한 이례사항을 부품개발사에 지속적으로 공유하며, 기술의 실효성과 신뢰성 확보에 기여했다. 이러한 협력을 통해 국산화 부품의 완성도를 높이고, 과제 종료 이후에도 실용화 및 사업화가 원활히 이루어질 수 있는 기반을 마련했다.

사업단은 연구개발과 병행하여 실용화 촉진을 위한 성과 홍보 활동을 지속적으로 추진하고 있다. 2025년 8월 기준으로 철도 관련 협회 및 학회지에 총 15건의 기고를 했으며, 기술 세미나 21회 개최, 홍보 부스 운영 26회, 특별 세션 17회 개최, 언론홍보 148건 등을 수행했다.

2024년 11월에는 정부 및 산·학·연 관계자를 초청한 성과보고회를 개최하고, 국산화 개발에 성공한 10종의 개발부품을 소개했다. 특히 '코레일, KTX 등 열차 핵심부품 10종 국산화 성공', 'KTX-이음 부품 국산화율 90% 달성'이라는 주요 성과를 널리 공유함으로써, 철도운영사에는 실용화의 필요성과 효과에 대한 공감대를 형성하였고, 국토교통부에는 본 사업의 성과와 부품개발 R&D의 정책적 성과를 인식시킬 수 있는 기회가 되었다.

2025년에는 국토교통부가 주최하고 국토진흥원이 주관하는 국토교통과학기술교류회에 참여하여 본 사업의 주요 성과를 발표하고, 마그네틱 기어드 동력전달시스템 등 다수의 개발부품을 현장에 전시함으로써 기술 확산과 후속 협력 가능성을 제고했다.

해외 홍보 및 국제 협력 기반 마련도 사업단의 중요한 역할 중 하나였다. 특히 독일 베를린에서 격년으로 개최되는 국제 철도산업 박람회(InnoTrans)에 참가하여, 독일 철도공사를 포함한 다수의 해외 철도 기관 및 기업들과 기술교류를 진행하였고, 일부 기술에 대해서는 국제 공동연구 추진을 위한 협의도 이어가고 있다.

이처럼 본 사업은 단순한 기술개발에 그치지 않고, 현차시험, 성과 확산, 국내외 협력까지 아우르는 폭넓은 활동을 통해 국가 R&D 성과의 실용화를 적극적으로 뒷받침했다.

IX. 겪은 일

2020년 사업 착수 이래, 50여 개 연구기관의 협력을 통해 4년간의 개발 과정을 거쳐 개발한 부품들이 현재 철도차량에 장착되어 현차시험을 진행하고 있다. 연구개발, 설계, 사용자 요구사항 반영 및 시험 절차 관리 등 각 공정을 철저히 관리했음에도 불구하고, 현차시험 과정에서 예상치 못한 문제점들이 발생했음을 확인할 수 있었다.

특히 제작 품질 문제와 인터페이스 부적합 문제 사례는 향후 연구개발 과제 관리방안의 핵심적인 고려 사항으로 도출되었다. 사업단은 이러한 이례사항의 시사점을 철도차량 부품개발사업의 여러 과제에 확대 적용하여 동일한 문제의 재발을 방지하기 위한 중점 관리를 시행하였다. 그 결과 각 개발부품들은 KTX-이음 통합 현차시험에서 기존 제품 이상의 성능을 발휘했다.

1. 제작 품질 문제

KTX-이음 현차시험을 위해 개발된 제동패드는 생산 양산체제가 구축되기 전이었기 때문에 일부 공정은 외주 위탁하여 수작업 수준으로 작업되었다. 이 과정에서 정해진 공정을 벗어나 작업자 개인이 임의로 판단해 추가 작업을 시행했고, 이후 현차시험에 착수한 제동패드에서 스터드(stud)가 탈락되는 이례사항이 발생했다. 현차시험을 즉시 중지하고 개발부품을 모두 취거하고 기존 부품으로 원상복구하였다.

사업단에서는 스터드 탈락 문제 해결을 위해 외주 업체를 방문하여 작업 현황을 파악하고 품질관리 강화 절차를 수립했다. 기존 제작공정에서 인적오류 발생 가능성을 제거하기 위해 자동지그 제작, 편심게이지 제작, 부품단위별 시리얼넘버 관리, 비전카메라 및 육안점검 크로스체크, 조립공정 입회 과정을 추가하여 제작 품질관리를 강화했다. 강화된 품질관리 절차를 통과한 제동패드 개발부품은 현차시험에 재착수하여, KTX-이음 편성단위 현차시험이 정상적으로 진행 중이다.

부품개발 과정 중에는 구조 변경, 설계 개선 등 변경 사항 발생이 불가피하여 양산 단계 수준의 제조설비 구축을 통한 품질관리에는 어려운 부분이 있다. 그러나 최종 시제품 생산 시 각 기관의 유기적인 협업을 통해 각 공정을 면밀히 관리한다면, 현차시험 단계에서 발생할 수 있는 잠재적 위험을 최소화할 수 있을 것이다.

2. 인터페이스 부적합 문제

해치시스템은 영업운행 중인 철도차량에서는 치수 측정이 불가하여 공동연구기관에서 제출한 도면을 바탕으로 개발부품을 제작할 수밖에 없는 한계가 있다. 도면은 설계, 제작, 준공, 유지보수를 위한 도면으로 분류되며, 철도차량 운용 중 발생한 문제점 개선 시 추가로 변경될 수 있다.

해치시스템 개발부품은 최종 도면이 아닌 변경 내용이 반영되기 전의 도면을 제공받아 제작되었다. 그 결과 개발부품을 철도차량에 조립할 당시 개발부품의 내측 보강대와 철도차량의 안티클라이머가 간섭을 일으켜 장착이 불가능했다. 결국 개발된 해치시스템을 설치하기 위해, 탈거하였던 기존 해치시스템을 재취부하였다.

인터페이스 부적합 문제를 확인한 후, 부품 탈거상태의 현차 치수측정, 변경도면 확보, 변경 3D도면 확보를 통해 문제가 되었던 내측 보강대를 설계 변경하여 재제작한 후 철도차량에 설치했고, 현재 현차시험을 안전하게 수행하고 있다.

앞서 발생한 사례들을 교훈 삼아 향후 이루어질 연구개발에서는 설계 단계부터 전체 프로세스 관리 강화, 단계별 중점사항 사전 발굴, 연구기관별 역할의 명확화, 소통채널의 다각화 등을 미리 검토해 관리한다면, 여러 과제가 포함된 통합 현차시험을 진행함에 있어서 발생할 수 있는 리

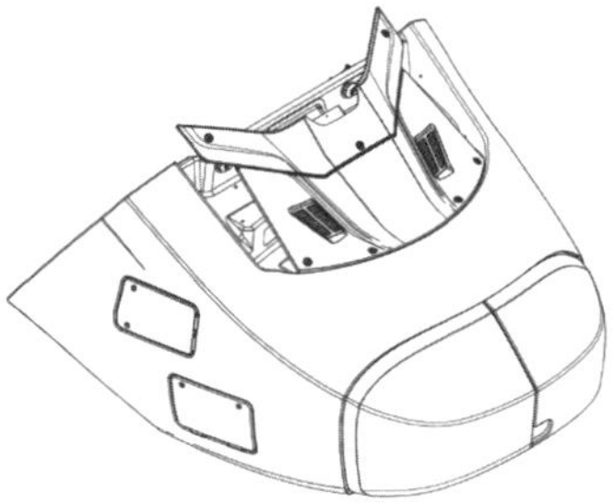

[그림 3-16] 해치모듈 조립도

[그림 3-17] 개발품 해치모듈이 취부된 열차

스크를 최소화할 수 있다. 또한 현차시험을 통한 테이터 확보에 집중하여 개발부품 성능을 높임으로써 실용화 목표에 쉽게 다가갈 수 있다.

X. 사업 이후의 사업

1. 후속 연구개발과제

사업단은 미래시장 선도형 과제의 원천기술을 실증하기 위한 후속 연구를 추진하기 위해 노력하고 있다. 이 과제들은 기술성숙도(Technology Readiness Level, TRL) 기준으로 'TRL6 현차적합성 시험 단계(시범규모의 시작품 제작 및 성능 평가)'에서 마무리되었다. 이에 따라 사업단은 전문기관인 국토진흥원을 대상으로 '국가 R&D 과제 후속 과제 제안 세미나'를 2025년 2월 12일 개최하고, 후속 연구의 필요성과 실증 방향에 대한 다양한 의견을 수렴했다.

이어 2025년 3월 31일에는 주관부처인 국토교통부 철도운행안전과를 대상으로 설명회를 열어 후속 과제 착수 필요성에 대한 이해도를 높였다. 이 자리에서 '후속 과제가 추진되기 위해서는 현재 연구가 성공적으로 종료되어야 하며, 후속 연구개발 추진 이전에 철도기술을 이끌어

가는 고속철도의 기술발전 방향에 대한 전체적인 로드맵을 구상하는 것이 필요하다'는 의견이 도출되었다.

사업단은 '컨버터 일체형 반도체 변압기 개발' 과제를 비롯한 고속철도 적용 기술의 현차시험을 위한 고속철도차량 확보를 위해, 기존 국가 R&D 사업으로 개발되어 현재 오송역 인근 기지에 유치 중인 HEMU-430X(동력분산식 고속철도차량)의 활용을 모색하고 있다. 본 사업의 개발부품인 반도체 변압기와 동기전동기는 현재 운영 중인 KTX-이음이나 KTX-청룡에는 전기적·기계적 인터페이스 문제로 설치할 수 없기 때문이다.

이와 관련해 2025년 5월 27일에 HEMU-430X 개발에 참여했던 한국철도기술연구원, 현대로템, 한국철도공사 등의 전문가를 초청하여 HEMU-430X를 활용한 실차 검증을 위한 사전 검토회의를 개최했다. HEMU-430X는 차세대 고속철도기술개발사업의 실용화 기술개발을 위한 시험차량으로서의 역할을 다하고 2019년 11월부터 운행을 중단한 상태로 시험 재개를 위해서는 철도차량 전반에 대한 정비가 필요하다. 정비 범위에 대해서는 철도차량 정밀진단 전문기관에 의뢰하여 진행하고 있다.

2. K-철도 기술 포럼

본 사업의 목적은 철도차량 부품개발 및 성능 검증을 통해 국산화와 기술 수준 향상에 기여하고, 나아가 정부 정책인 철도차량 부품 중소기업 육성을 지원하는 데 있다. 사업단은 철도차량 부품개발사업을 통해 창출된 성과가 일회성으로 끝나지 않고 산업 전반으로 확산될 수 있도록 다방면에서 노력을 기울이고 있다. 특히 사업 참여 기업과의 지속적인 협력을 통해 대한민국 철도산업 진흥의 구심점 역할을 수행하고자 국토진흥원과 협력하여 가칭 'K-철도 기술 포럼' 신설을 검토하고 있다.

'K-철도 기술 포럼'은 철도 부품 분야 중견·중소기업의 기술 경쟁력 제고와 산업 생태계 강화를 목적으로 산·학·연·관이 참여하는 협력의 장을 마련하는 것을 목표로 한다. 초기에는 철도차량 부품개발사업에 참여한 연구기관을 중심으로 얼라이언스를 구성한 후, 유관 협회의 협조를 통해 점진적으로 참여 범위를 확대해 나갈 계획이다. 본 포럼은 다음과 같은 역할과 기능을 수행할 예정이다.

- **첫째:** 철도차량 부품 R&D 성과 확산 및 보급을 위한 성과공유와 기술수요 매칭 추진.
- **둘째:** 기업 간 상생 협력체계 구축 및 공동 사업 기회 발굴.
- **셋째:** 기술 확산 기반 조성을 위한 표준화 및 검증체계 마련 지원.
- **넷째:** 관련 기관 간 정보 교류와 기술 세미나, 워크숍 등 다양한 협력 행사를 통해 지식 확산과 네트워킹 강화.

아울러 개발된 성과가 실제 산업현장으로 이어질 수 있도록, 한국철도공사의 동반성장 프로그램과의 연계를 추진했다. 국가 R&D를 통해 개발에 성공한 부품 중 우수 성과가 확인된 제품은 한국철도공사의 개발선정품으로 지정될 수 있도록 연계하여 실질적인 실용화 및 조달 시장 진입까지 지원하고자 한다.

XI. 다음 연구자를 위한 조언

1. 볼트 하나

볼트 하나가 고속철도차량을 불태울 뻔한 경험이다. 고속철도차량 내부의 배전반에 각종 차단기를 설치하는 작업을 끝낸 후 기능점검을 하고 작업자들이 철수한 상황에서 사업단 관리 인원이 마지막으로 고속철도 차량 밖으로 나오려는 순간 뭔가 타는 듯한 냄새를 맡았다. 확인해 본 결과 차단기 취부 볼트를 제대로 조이지 않아 접촉 불량에 따른 발열이 시작되고 있었다. 고속철도차량시스템에서 볼트 하나를 하찮게 볼 수도 있다. 그러나 그 작은 '하나'가 시스템 전체의 운명을 좌우할 수 있음을 잊어서는 안 된다. 연구자는 무엇 하나 허투루 놓칠 것이 없다.

2. 연구 몰입도

국가 R&D의 연구책임자를 맡는 연구자는 3책 5공 제도를 적용받는다. 이 제도는 다(多)과제 수행에 따른 연구몰입 저해를 방지하고 R&D 성과의 질적 수준을 제고하기 위한 것이다. 연구 몰입도는 연구 성과에 미치는 영향이 크다. 민간기업의 기업부설연구소의 경우 연구개발보다 기업활동을 우선시하는 경향이 강하다. 따라서 연구책임자가 연구개발에 온전히 몰입하기 어렵다. 이 경우 연구 지연 또는 연구 품질 하락으로 이어진다. 본 사업에서도 이런 현상이 목격되었다. 해당 기관의 경영진과 면담을 실시하였으나 해결책이 될 수는 없었다.

또 다른 사례로는 연구기간 중에 연구책임자가 변경되는 경우이다. 민간기업의 경우 연구책임자 또는 실무담당자가 퇴사하거나, 보직이 변경되기도 했다. 물론 보직 변경은 연구책임자 교체의 사유가 될 수는 없으나, 연구 몰입도에 일정 부분 영향을 준다. 문제는 연구책임자 등의 퇴사이다. 이 경우 연구의 연속성에 차질이 불가피하다. 해당 연구에 참여하고 있던 연구원으로 대체되는 경우에는 그나마 다행이다.

국가 R&D를 운영함에 있어 민간기업 연구자의 연구 몰입도를 보장해 주는 부분은 반드시 해결해야 할 숙제이다.

3. 계획대로 되지 않는다

연구개발은 연구개발계획서 제출에서부터 본격적으로 시작된다. 잘 짜인 일정표가 그 안에 들어 있다. 독자들도 경험이 있겠지만, 모든 일이 계획대로 되는 경우는 매우 드물다.

아무도 예상하지 못한 상황(검은 백조의 위험)으로 연구개발에 막대한 지장이 있었다. 바로 코로나다. 2020년 1월 국내 첫 코로나19 확진자가 나타났다. 코로나19는 순식간에 일상을 정지시켰다. 계속될 것만 같았던 팬데믹 상황은 2021년 11월 단계적 일상 회복에 들어갔고, 2023년 6월 위기단계에서 경계단계로 조정되었다. 이 기간은 3년 6개월에 달한다. 본 사업은 공교롭게도 2020년 4월에 착수되었다. 일상이 멈춘 상태에서 어렵게 연구개발을 이끌어 왔다. 수입 부품이 필요한 시제품의 제작도 지연되고, 수입 단가도 폭등해서 연구기관들의 고생이 많았다. 다행히 화상회의시스템이 있어서 그나마 화상회의를 할 수 있었다. 팬데믹 상황은 연구진을 모일 수 없게 만들기는 했으나, 개별적인 연구에서는 오히려 몰입도를 올리는 계기가 되었다고 볼 수도 있다.

4. 회색 코뿔소

인구절벽의 시대가 다가오고 있다. OECD가 2025년 3월 발간한 「한국의 태어나지 않은 미래: 저출산 추세의 이해」에 따르면 2023년 기준 우리나라의 합계출산율(여성 1명이 평생 낳을 것으로 예상되는 자녀 수)은 세계에서 가장 낮은 수준인 0.72명을 기록했다. 이는 2013년 1월 다보스 포럼에서 미셸 부커가 이야기한 미래의 위험인 '회색 코뿔소'의 위험에 해당한다. 알고 있지만 제때 대응하지 못했거나, 대응에 실패한 우리는 인구절벽의 위기에 직면하고 초고령 사회를 맞이했다.

본 사업은 서두에 밝힌 바와 같이 외산 부품에 의존하거나, 부품개발을 하지 못한 경우 발생할 수 있는 열차 운영상의 문제를 미연에 방지하고자, 즉 회색 코뿔소의 위험을 막고자 시작된 사업이다. 회색 코뿔소는 어디에든 있다. 다만 잘 안 보일 뿐이다. 연구자는 항상 현상을 잘 관찰하고 미래를 내다보는 자세를 갖고 현실 문제와 미래 문제를 다룰 수 있는 연구 주제를 지속적으로 발굴하고 이를 해결해야 한다.

5. 결국 사람

결국 사람이다. 일을 계획하는 것도, 추진하는 것도, 마무리 짓는 것도 결국 사람이다. 사업단을 운영하면서 다양한 관계자들을 만났다. 사업을 준비하는 과정에서 만났던 신병천 박사(기계연구원, 자기부상열차실용화사업단장 역임)는 이후 사업단 연차평가나 중간모니터링에서 지속적으로 뵐 수 있었는데, 대형 국가 R&D를 경험한 선배 연구자로서 다양한 경험을 들려 주시고 응원해 주셨다. 벤치마킹했던 모 기관의 사업단 관계자는 일부 핵심기술이 완성되지 못해서 몇 년째 사업을 마무리하지 못하고 있다는 사연을 전하며, 본 사업의 성공을 기원했다. 사업단의 리스크 관리 분야에 참여해 주신 목성균 OPMC 대표 그리고 엄승호 총괄기술위원장을 비롯한 각계에서 활발히 활동하고 계시는 위원 분들은 자문회의 때마다 날카로운 질문과 대안 제시로 사업단이 정도(正道)를 걸을 수 있도록 격려해 주셨다. 특히 가장 중요한 과업인 현차시험을 수행할 수 있도록 길을 열어준 한국철도공사 이기철 차량본부장을 비롯한 한국철도공사 직원들께 심심한 감사의 말씀을 드린다. 마지막으로 사업단과 함께 6년에 가까운 긴 기간 동안 동고동락해주신 한국철도공사의 사업단 식구들과 산학연의 8백여 참여연구원 분들의 노고에 감사드린다.

05

항공·우주분야의 강국에 도전, 무인기 개발사업

I. 들어가며 - 국내 최초의 민간 항공우주 연구기관으로 태어나다

흔히들 대한항공을 여객 및 화물을 실어 나르는 항공운송업체로만 생각하지만 대한항공은 대한민국 최초로 항공우주 분야의 기술과 제품을 연구개발하는 민간 연구기관인 '항공기술연구원'을 1978년 5월 설립하였다. 항공기술연구원은 항공기 설계 연구, 핵심기술 개발, 완제기 및 부품 개발, 위성체 및 발사체 개발, 무인항공기 개발 및 항공기 개조 및 성능 개량 등으로 사업 영역을 넓혀 가며 국내외 항공우주산업 '퍼스트 무버(First Mover)'를 향한 발걸음을 내딛고 있다.

대한항공 항공기술연구원의 주요 활동을 몇 가지 살펴보면, 대한민국 고유 민간항공기 독자 개발의 사명하에 1988년 5인승 다목적 소형항공기인 창공-91 개발에 착수하여, 1993년 건설교통부 형식승인 획득으로 국내 최초로 완제기 개발에 성공하였다. 이로써 체계종합 기술뿐만 아니라 기체설계, 계통설계 및 통합, 지상 및 비행시험, 감항인증 등을 포함한 항공기 개발 전 분야의 핵심기술을 보유하게 되었으며, 이후 다양한 항공기 개발사업 참여의 기틀을 마련하였다.

항공기술연구원은 1990년대 MD-11 항공기 스포일러를 설계, 제작하여 국내 최초로 FAA 인증을 획득하고 맥도넬 더글라스(McDonnell Douglas) 사에 납품하였다. 이후 보잉, 에어버스 등 세계 유수 항공사의 우수한 개발 파트너로서 다양한 민항기 구성품 개발사업에 참여하고, 꿈의 항공기라 불리는 보잉 사의 보잉 787 드림라이너(Boeing 787 Dreamliner)의 후방동체 등의 설계 RSP(Risk Sharing Partner)에 참여하여 최첨단의 일체형 복합재 구조물 설계, 해석 및 시험기술을 축적하였다.

또한 항공기술연구원은 국내 각종 민수, 군수 항공기 개발 프로젝트에 참여하여 확보한 기술과 지속적인 연구개발 투자를 바탕으로 그 소임을 다하고 있다.

그뿐만 아니라 하늘에서 우주로 지향하는 정부 정책에 발맞춰, 1990년대 중반부터 아리랑, 무궁화, 천리안 등 위성체의 본체, 안테나, 태양전지판, 카메라 경통 구조 등 개발에 참여하여 고난이도 설계 역량을 인정받았고, 나로호 총조립 기업으로 발사체 개발에 참여하여 나로호의 성공적인 발사에 크게 기여하였다.

대한항공 항공기술연구원은 보유한 개발역량을 바탕으로 2000년대 초반부터 미래 항공산업의 핵심인 무인기 개발에 전략적 진출을 결정하였다. 이에 따라 근접감시용 무인기 개발을 필두로, 전술급 사단 감시정찰용 무인기·전략급 중고도무인기·무인항공기 핵심기술 연구, 하이브리드 드론, 틸트로터 무인기 및 무인헬기 등 무인 비행체의 미래혁신기술을 개발하기 위해 지속적으로 연구개발 투자를 확대하고 있다.

II. 무인항공기의 미래 전망

전장의 자동화와 무인화 추세가 가속화됨에 따라 무인항공기는 아프가니스탄 전쟁, 이라크 전쟁과 같은 최근의 전쟁에서 눈부신 성과를 거두며 전장의 주역으로 부상하고 있다. 미국을 비롯한 선진국들은 정찰 감시와 전자전, 통신중계 및 지상공격 등 다양한 군사 임무를 수행하는 전장의 필수장비로서 다양한 성능의 무인항공기 개발을 경쟁적으로 진행하고 있다.

현재의 기술개발 능력이나 기술발전 추세를 미루어 볼 때, 아마도 유인 전투기를 대신하여 공중전을 수행할 수 있을 정도의 완전 자율화된 무인 전투기가 실전에 등장할 날도 멀지 않은 것으로 예상하며, 유인 항공기가 그러했듯이 무인항공기도 단순히 군사용을 넘어서 우리의 생활 주변에서 다양한 용도로 운용될 것이다. 향후 군사용의 지속적인 수요 증가와 함께 초소형부터 중대형에 이르기까지 민수용 수요도 새롭게 창출될 것으로 전망된다.

이러한 전망에 부응하여 대한항공 항공기술연구원은 R&D 로드맵을 수립하여 현재와 미래를 준비하고 있으며, 이제부터 항공기술연구원이 연구 개발한 무인기들에 대해 살펴보겠다.

III. 사단 정찰용 무인기 개발로 자주국방과 군 현대화에 기여

대한항공 항공기술연구원은 2000년대에 들어서면서 무인항공기 시장의 성장 잠재력을 예측하고, 각종 무인기의 시장과 규모, 소요 기술 등 선행 연구를 수행하면서 첫 시장 진입, 타깃으로 사단급 정찰 무인기를 설정하였다.

이를 추진하기 위해 2007년까지 산악감시를 위주로 하는 근접감시용 무인항공기(KUS-7)를 개발하고 2단계 성능을 향상시켜 전술급 무인기(KUS-9)를 개발한다는 방침으로 2004년 정부가 주도하는 근접감시용 무인항공기 개발 프로젝트에 착수하였다.

이후 2007년 1단계 목표인 KUS-7 개발에 성공하였다. 대한항공 항공기술연구원이 개발 총괄을 맡아 비행체 개발과 지상장비 통합 그리고 비행시험을 주관하였으며, 엔진을 제외한 대부분을 우리 기술로 개발해 국산화율이 97% 이상이었다.

1단계의 성공적인 수행에 이어 2단계 전술급 무인기 KUS-9 개발은 2007년 착수해 2009년에 완료하였다. KUS-9은 운용자 편의성과 비행체의 안전성을 고려해 활주로가 없는 산악 지형에서도 이착륙이 가능하도록 발사 및 회수 시스템을 적용하였다. 대한항공은 근접 무인기 KUS-7과 전술급 무인기 KUS-9 개발에 성공함으로써 기술 확보뿐만 아니라 향후 해외시장 진출까지 노릴 수 있게 되었다. 무엇보다 민간 및 군수용 무인항공기의 개발과 국산화에 중요한 기반을 마련했다는 점에서 의미 있는 한 발을 내디딘 것이다.

KUS-9 기반으로 개발된 사단 정찰용 무인항공기는 이동하는 표적을 자동 추적하며, 2대 동시 운영으로 24시간 연속 탐지가 가능하다. 탄소섬유 복합재를 적용해 기존 무인기 대비 절반 수준의 크기와 무게로 두 배 이상의 비행 성능을 확보한 점과 산악 지형이 많은 우리나라의 환경에 적합하도록 급강하 자동 착륙과 낙하산 착륙이 가능한 전천후 운용성을 갖춘 것도 큰 장점이다.

사단 정찰용 무인항공기는 2014년 운용시험 평가 결과 전투용 적합 판정과 국내 최초의 무인항공기 형식인증을 동시에 획득함으로써 국내 무인기 개발사의 새로운 장을 열었다. 특히 95%의 부품 국산화율을 달성해 외국 부품업체의 의존도를 낮춰 자주국방 측면에서 국가적으로 중요한 의미를 남겼다.

사단 정찰용 무인항공기는 야간 및 안개 상황에서도 자동 이착륙이 가능하며, 급강하 비행능력을 갖춰 좁은 지역에서도 착륙 목표지점에 정확하게 착륙할 수 있다. 그리고 2대 동시 비행이 가능해 24시간 연속으로 임무수행을 할 수 있고, 수 킬로미터 밖의 물체를 정밀하게 확인하고 목표물을 자동 추적하는 등 우수한 성능을 갖추고 있었다.

2015년에는 방위사업청과 대규모 양산 계약을 체결했다. 2017년 1호기를 군에 인도한 이후에, 현재 육군과 해병대 등 군 현대화에 기여하고 있을 뿐만 아니라 다수의 국가와 수출 협의를 진행 중이며, 대한항공은 국내 최고의 무인항공기 개발업체로 위상을 공고히 해나가고 있다. 2020년 12월에 양산을 성공적으로 완료하였다.

IV. 정찰용, 저피탐 무인항공기 제작기술 확보

대한항공은 2009년 중고도 정찰용 무인항공기인 MUAV(Medium Altitude Unmanned Aerial Vehicle) 탐색개발사업 계약을 체결하고 무인항공기체계 종합사업에 진출하였다.

MUAV는 군의 표적정보 수집, 정찰 및 감시 업무 수행을 위한 기종으로 대한항공은 2011년부터 지상시험에 들어가 2012년 탐색개발을 성공적으로 완료하였다.

개발된 MUAV는 수 킬로미터 상공에서 지상의 목표물을 정찰하는 무인항공기로서 사단 무인기에 비하면 월등히 향상된 성능이었다.

대한항공은 MUAV 탐색개발을 통해 전략 정찰·감시 체계 개발 능력을 확보하고 이를 토대로 2013년 이후 실전 배치를 위한 본격적인 MUAV체계 개발사업에 착수하였으며, 2023년 12월 관련사들과 양산 계약을 체결하였으며, 향후 양산을 위해 공군에 인도될 예정이다.

더불어 한국형 저피탐 무인항공기인 KUS-FC 사업에도 착수하였다. 2010년 KUS-FC 개발을 위한 축소형 비행체(KAORI-X) 시제제작 업체로 선정돼 5년간 연구개발을 통해 적의 레이더 탐지망에 발견되지 않는 저피탐 핵심기술과 꼬리날개가 없는 무미익 비행체 제어기술을 확보했다.

이를 기반으로 절반 크기의 제트추진 축소형 비행 시험기를 제작해 지상 및 비행시험을 통해 저피탐 성능을 확인하였다.

대한항공은 KUS-FC의 2단계 개발사업에 해당하는 저피탐 성능 향상 사업을 수주해 진행 중에 있다. 이를 통해 무인항공기 개발을 위한 핵심기술을 확보해 향후 본격적인 무인항공기 개발사업을 주도하고, 나아가 미래에 무인항공기 시장을 점유할 수 있는 가능성을 더욱 높였다.

V. 회전익과 고정익의 장점을 모두 갖춘 틸트로터 무인기 개발

대한항공은 2011년 한국항공우주연구원(KARI)과 틸트로터(tilt-rotor) 무인기 실용화를 위한 공동개발 협약을 체결하고 틸트로터 시험기 개발에 본격 착수하였다. 미국에 이어 세계에서 두 번째로 기술개발에 성공하고 실용화에 착수한 것이다.

틸트로터 항공기는 이착륙 때 프로펠러가 수직 방향으로 유지되다가 비행할 때는 수평 방향으로 자동 전환되는 틸트로터 기술이 적용된 비행체로 군사용부터 민간용까지 다양하게 활용할 수 있다. 틸트로터 기술이 적용된 항공기는 회전익과 고정익의 장점을 모두 갖췄기 때문에 수직 이착륙과 고속비행이 가능한 신개념 항공기이다.

틸트로터 항공기는 미국이 유일하게 실용화하고 있었으나 무인항공기 분야에서는 아직 실용화가 이뤄지지 않은 상태이다.

대한항공이 한국항공우주연구원과 공동 개발한 틸트로터 무인기인 KUS-TR은 한국항공우주연구원이 2011년 말 개발에 성공한 스마트 무인기의 축소형 실용화 모델이다. 고도 3km 이상에서 5시간 이상 체공할 수 있으며, 최고 속도는 시속 250km, 운용거리는 60~150km에 달한다. 활주로가 없는 좁고 험준한 산악 지역에서 군사용으로 활용도가 높을 것으로 예상되고 있다.

대한항공은 2013년에 KUS-TR의 시험비행에 성공했다. KUS-TR

에 적용된 틸트로터 기술은 초정밀 첨단 제어 능력이 요구됐다. 대한항공은 이후 시장이 원하는 성능과 장비 등을 갖춘 KUS-TR의 양산 모델을 만드는 체계 개발에 나서 2014년 시스템 개선과 비행시험을 완료하였다.

대한항공은 2017년 최초로 함상 이착륙 비행시험을 성공하였고, 2018년 실용화를 위한 개념연구와 기본설계에 착수하였으며, 상업화의 마지막 단계로 무인항공기의 두뇌가 될 임베디드 소프트웨어와 자동운항시스템 개발에 들어갔다. 틸트로터 무인기 개발이 완료되면 우리 군의 국방력이 크게 제고될 뿐만 아니라 사업성 측면에서도 첨단 기술력이 결합된 고부가가치의 기술과 수익을 모두 잡을 수 있을 것으로 기대되고 있다.

VI. 하이브리드 드론, 500MD 무인헬기 개발로 무인기 전 분야 라인업 완성

대한항공은 군용기 중심의 무인기 개발에 이어 소형 드론 개발에도 나섰다.

2015년 시장 진출 가능성을 검토하기 위해 기술 검증용 드론을 자체 제작하였다. 가능성을 확인한 대한항공은 2016년 재난·재해·환경 감시, 물자 수송, 시설물 점검 등 공공용 드론의 기본 플랫폼 자체 개발에 착수하였다. 그해 10월에는 배터리와 내연기관 발전기를 모두 사용하는 하이브리드 추진시스템이 적용된 시제품 2대를 제작해 시험비행을 수행하였다. 2017년에는 제주도 정석비행장에서 하이브리드 엔진 동작을 시현하고 다시 한번 시험비행에 성공하였다.

대한항공이 개발한 드론은 비행시간이 20~30분에 불과해 장기간 임무 수행이 어려운 기존의 상용드론과 달리 5kW급 하이브리드 엔진을 장착해 비행시간을 2시간 이상으로 늘려 활용도를 크게 높였다. 또 3~6kg의 화물 운송이 가능하고, 전자광학 및 적외선 카메라 등 특수임무 장비를 장착할 수 있으며, 자동으로 공중 재시동과 배터리 충전 등이 가능하다. 2019년 항공안전기술원(KIAST)으로부터 국내 최초 하이브리드 드론의 안전성 인증을 획득하였으며, 공공용 및 군용으로 납품하였다.

대한항공은 오래전부터 군에서 운용하고 있던 500MD 헬기의 활용에 대해 검토해 왔다. 500MD 헬기는 성능이 우수한 데다 설계수명 2만 시간 중 절반도 운용하지 않아 구조적 수명이 충분했기 때문에 이를 활용할 여지가 많았다. 대한항공은 검토 끝에 500MD 유인헬기를 다목적 무인헬기로 개조한다면 국방자원의 효율적인 운용과 군 전력 증강에 기여할 것으로 내다보았다.

이에 2013년 500MD 헬기 무인화를 위해 보잉 사와 MOU를 체결하고 2014년부터 유인헬기 무인화를 위한 비행조종시스템과 소프트웨어 개발 연구를 수행하였다. 대한항공은 이 연구를 통해 조종계통 개조, 무인구동시스템과 비행조종시스템의 통합시험 환경 개발 등 무인헬기 개발을 위한 핵심기술을 확보하였으며 500MD 헬기 완전 무인화를 통한 2019년 호버링 비행시험을 성공하였고 후속 개발도 진행하고 있다.

이로써 대한항공은 하이브리드 드론, 틸트로터, 사단 정찰용 전술급 무인기, 전략급 중고도무인기 개발 및 무인항공기 핵심기술 연구는 물론, 무인헬기 등 무인기 전 분야의 제품 포트폴리오를 구축해 연구개발을 수행하고 있다.

VII. 수십~수백 대의 무인기들이 일사분란하게 협업하는 자율군집비행

여러 대의 무인기가 공통 임무를 자율적으로 함께 비행하는 것을 자율군집비행이라고 한다. 평창동계올림픽에서 선보인 드론 쇼가 자율군집비행의 예 중 하나이며, 이때 선보인 드론 쇼는 미리 처음부터 끝까지 프로그래밍된 1,218개 드론이 각각 정해진 자기 위치에서 이동하는 방식으로 이루어졌다.

대한항공의 자율군집비행은 이와 같이 여러 대의 무인기에 목표와 목적지만 정해 주면 서로 부딪히지 않을 뿐만 아니라, 자동 비행 및 보완 절차도 함께 수행하여 목표를 달성한다.

이러한 자율군집비행에는 다양한 첨단 기술이 적용된다. 서로 부딪히지 않아야 하니, 각 무인기의 위치를 정밀하게 측정할 수 있어야 한다. 또한 복잡한 무인기 상호간에 데이터를 송수신할 수 있도록 데이터 링크도 필요하다. 물론 전체적인 무인기들의 역할을 통제하고 지시할 수 있는 통제장비도 필요하다. 자율군집비행에 필요한 주요 기술은 [그림 3-18]과 같다.

이제 단순히 하나의 무인기가 특정 임무를 수행하는 것을 넘어서, 수십~수백 대의 무인기가 함께 움직이고 임무를 수행하는 자율 군집비행 기술을 대한항공에서는 개발하고 있다.

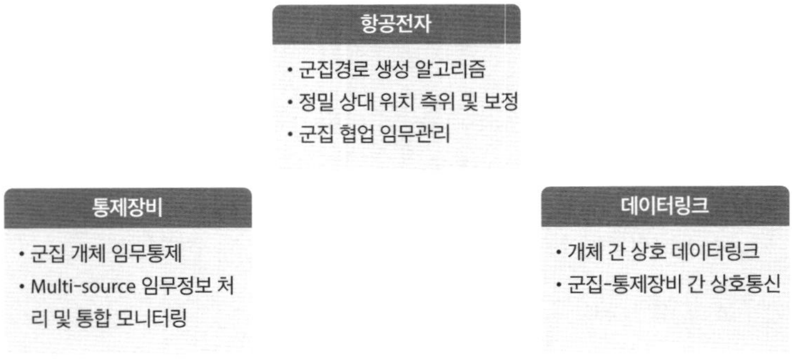

[그림 3-18] 자율군집비행에 필요한 기술

VIII. PM 조직의 도입과 정착

조직 내에서 주어진 프로젝트를 성공적으로 수행하고 지속적인 성과를 달성하기 위해서 조직을 구성하는 방법에는 기능 조직, 매트릭스 조직, 프로젝트 조직, 복합 조직, 팀제 조직 등이 있다. 하지만 매번 다른 프로젝트를 수행하면서 부족한 것을 해결하고자 적합한 조직구조 방식으로 조직개편을 하고 있는 것이 실정이다.

조직구조는 자원의 가용성과 프로젝트의 수행 방법에 영향을 미칠 수 있는 기업 환경 요인이며, 기능 조직, 다양한 형태의 매트릭스 조직 그리고 프로젝트 전담 조직에 이르기까지 조직의 구조는 광범위하다.

1. 사업부제 조직

사업부제 조직은 제품·서비스별, 고객별, 지역별 등으로 사업부를 갖는 경우 본사는 전략적 지원을 하며, 개별 사업부는 독자적으로 자율성을 갖고 시장에 신속하고 유연하게 접근하는 것이 가능하며, 경영의 위험 분산과 자원의 효과적 배분이 가능하다. 그러나 사업활동에 따른 자원과 부서가 중복되기 때문에 사업부의 운용 비용이 증가하며, 중앙 본부의 전략적인 안목과 함께 상호 협력을 위한 조종 메커니즘의 구축이 필요하다.

제품·서비스, 고객, 지역 등에 따라서 사업부를 설치하며, 사업의 모든 권한을 사업 본부장에게 일임하고 사업부에 대한 관리 및 이익에 대한 책임을 지게 한다. 사업부제 조직의 장·단점 분석 결과는 [표 3-7], 사업부제 조직은 [그림 3-19]와 같다.

[표 3-7] 사업부제 조직의 장·단점

장점	단점
• 불안정하고 급변하는 환경에 적합 • 제품에 대한 책임의 명확화로 고객만족 극대화 • 사업부 내 기능 간 협력/조정이 용이 • 제품, 판매지역, 고객에 따라 적응 용이 • 대규모 조직에 적합 • 다품종 생산에 적합	• 기능부서별 규모의 경제 상실 • 제품 라인 간 기능 조정 곤란 • 기술전문화 추구 곤란 • 제품 라인 간 통합 및 표준화 곤란

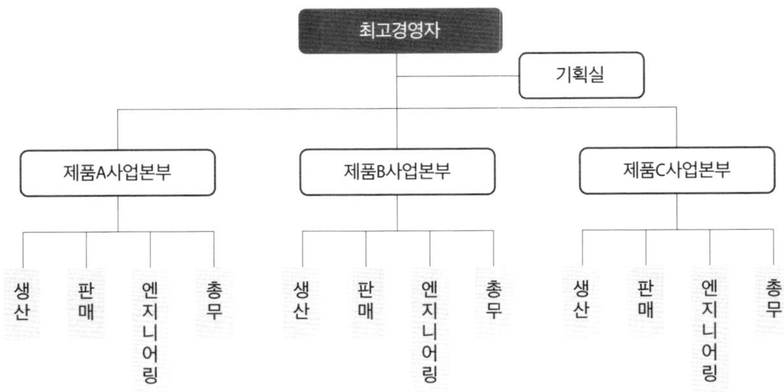

[그림 3-19] 사업부제 조직

2. 팀제 조직

팀제는 전통적인 피라미드 조직의 경직성을 극복하고 개인의 능력과 자율성을 극대화하면서 조직의 유연성과 환경 적응력을 확보하기 위한 새로운 조직 운영 방식이다. 팀장은 팀원의 대표임과 동시에 팀원이며, 조직설계, 업무분장, 성과목표 달성, 팀원 육성의 역할을 수행하면서 동시에 관리자 역할을 수행한다. 팀원은 업무 프로세스, 업무의 성격, 개인의 능력을 고려하면서, 내부조직의 운영 형태에 따라 공통업무를 수행하거나 독립 담당으로서 독자적인 업무를 수행한다. 팀제 조직의 장·단점 분석 결과는 [표 3-8]과 같다.

팀제 조직은 독립 담당형, 페어(pair)형, 파트 리더(part leader)형, 혼합형으로 구분되며, 독립 담당형 팀제 조직은 [그림 3-20], 페어형 팀제 조직은 [그림 3-21], 파트 리더형 팀제 조직은 [그림 3-22], 혼합형 팀제 조직은 [그림 3-23]과 같다.

팀의 내부 구조는 팀의 업무 내용, 팀원의 직급, 경험 등을 고려하여 팀장이 결정하며, 팀의 내부 구조 각각의 원칙은 [표 3-9]와 같다.

[표 3-8] 팀제 조직의 장·단점

장점	단점
• 급격한 환경 변화에 신속한 적응 가능 • 조직의 슬림(Slim)화 및 플랫(Flat)화에 따른 신속한 의사결정 가능 • 상호 보완적인 기수 및 경험 동원을 통한 시너지 효과 극대화 가능 • 복잡하고 다면적인 문제 상황 해결에 유리 • 명백한 성과 목표와 접근 방법의 공동 개발로 능력개발 창출 • 직무에 대한 전문가 육성 • 능력 중심의 동기부여 가능	• 팀 간 과열 경쟁에 따른 팀 중심의 이기주의 조직문화 발생 경향 • 팀장의 업무수행 능력에 따라 성과목표 달성이 좌우되는 사례 발생 • 일 중심의 조직 운영에 따른 수평적 커뮤니케이션 단절 성향 • 조직 중심의 마인드보다 일 중심으로 연결되어 소속감 결여 • 팀 조직 운영 미숙 시 팀의 기간 조직화 및 유사 팀 생성에 따른 조직의 비대화 초래 가능성

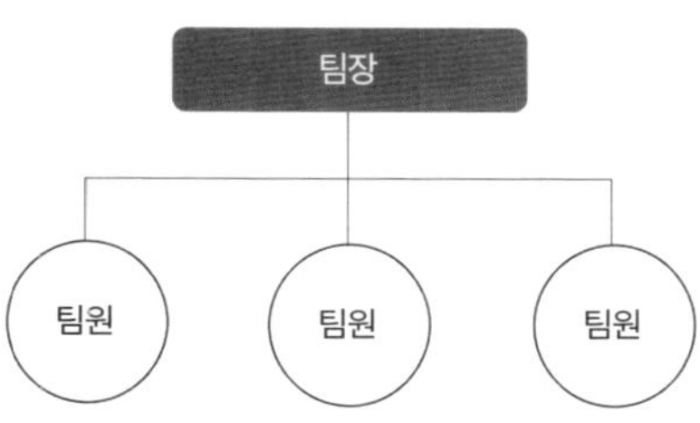

[그림 3-20] 독립 담당형 팀제 조직 구조

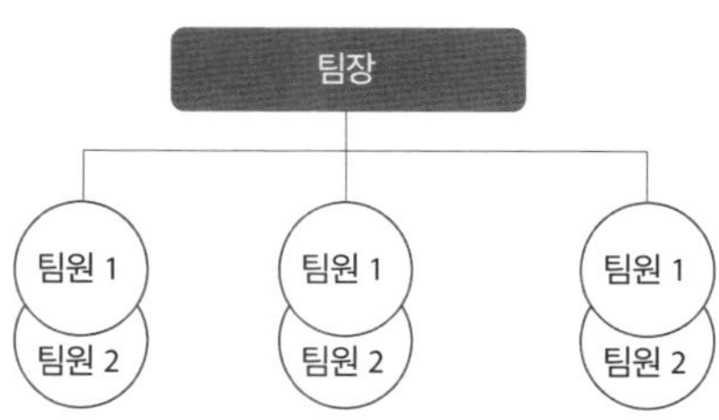

[그림 3-21] 페어(pair)형 팀제 조직 구조

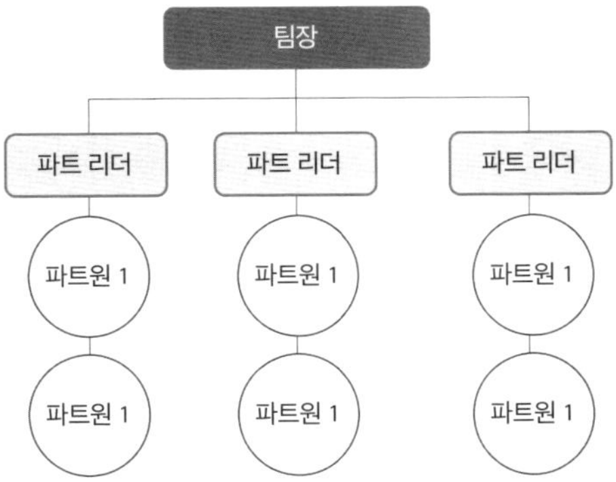

[그림 3-22]
파트 리더(part leader)형
팀제 조직 구조

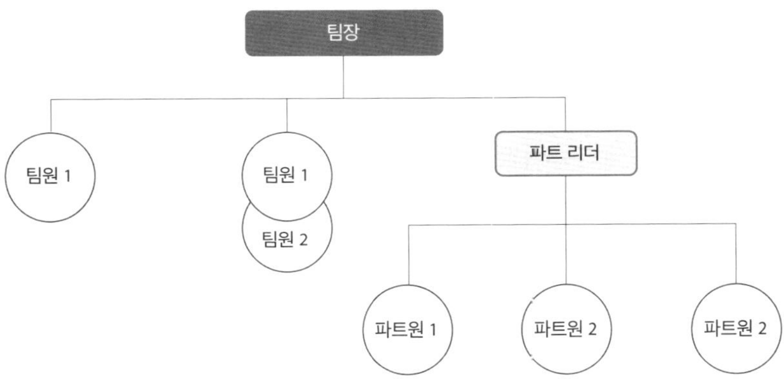

[그림 3-23] 혼합형 팀제 조직

[표 3-9] 팀제 내부 구조 원칙

독립담당형	페어형	파트 리더형	혼합형
• 능력이 높은 소속인원으로 팀이 구성된 경우 팀원 개개인을 독립 담당으로 운영 • 고직급화된 조직에 적합	• 동일 직무를 주/보조 형식으로 수행 • 업무에 대한 유경험자와 무경험자 편성 • 신입 업무 수행자의 OJT 기간 중에 운영하는 임시 운영 형태	• 파트(서브 팀)를 세분화하며 업무단위를 감안하여 P/L 선임 운영 • 팀 내 이질적인 업무 운영 시 적합	• 업무와 능력에 따라 독립담당, OJT 수행, 파트 리더를 중심으로 한 독립 업무 그룹 운영

3. 항공우주산업의 PM 조직 도입과 정착의 지속적 확대를 위하여

무인항공기와 드론의 자체 연구개발과 군용 항공기 성능개량 사업과 같은 정부 주도 연구개발 사업은 항공 분야 엔지니어링 프로젝트의 특성상 구조, 공력, 항공전자, 전기, 추진, 데이터링크 등 각 요소 기술을 담당하는 조직과 이를 총괄하는 체계종합 조직, 사업 및 계약을 관리하는 관리조직 등 복잡하고 다양한 조직이 구성되어야 한다. 이해관계자 역시 프로젝트에 따라 다소간의 차이는 있지만 방위사업청과 같은 계약 및 프로젝트 관리 총괄 조직을 기본으로 운용 부대, 항공기의 감항성을 입증하는 감항인증 조직, 품질 및 기술 수준을 정의하고 평가하는 기술품질원, 시험평가단 등으로 다양하게 구성되는 것이 일반적이다.

또한 정부에서 발주하는 군용 항공기 및 무인기 연구개발 또는 성능개량 사업은 방산산업 특성과 관련 법령에 따라 사업수행 기간, 예산이 엄격하게 통제되며 사업 성공 여부를 결정하는 시험평가 역시 가혹하게 수행되고 평가된다. 현재 프로젝트 계획 및 일정관리 기법으로 널리 사용되고 있는 프로그램 평가검토 기술인 PERT(Program/project Evaluation and Review Technique)가 1958년 미 해군의 폴라리스 미사일 개발 관리를 위해 고안된 기법에서 출발해 항공우주 분야에서 먼저 사용되었다는 사실은 항공분야 엔지니어링 프로젝트 관리의 중요성을 반증한다.

항공우주 기술 개발의 최첨단을 이끌고 있는 미국 항공우주국(NASA)에서는 이미 오래전부터 OCE(Office of the Chief Engineer)를 중심으로 프로젝트 관리조직을 운용하고 있고, 보잉이나 록히드 마틴 역시 항공기 개발 시 PMO(Project Management Office)를 통한 프로젝트 관리 인프라를 확보, 발전시키고 있다. 프로젝트 관리 기법 역시 국내에서도 도입, 적용 중인 EVM(Earned Value Management) 기반 위험관리 및 의사결정이 자리 잡고 있는 실정이다.

대한항공 항공기술연구원은 PM 양성 및 제도 운용의 효용성을 높게

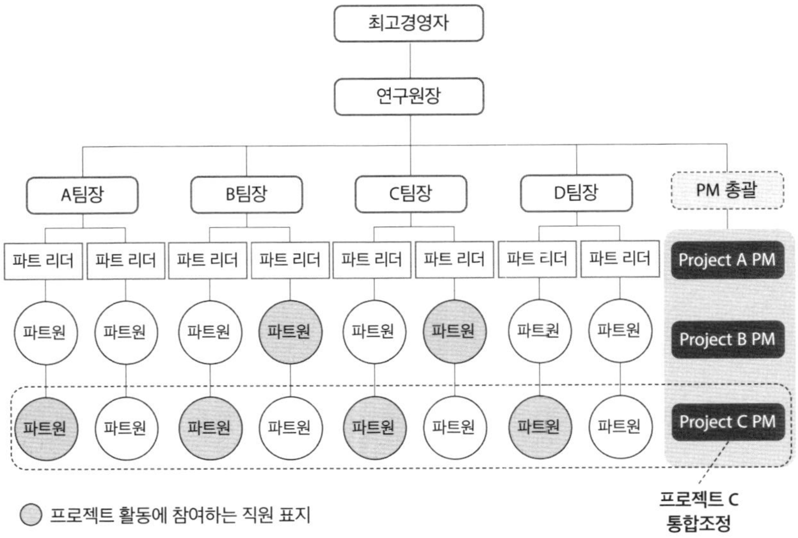

[그림 3-24] PM 조직 구조 및 운용

평가하여 사내 교육과정 및 대외 위탁교육을 활용해 인력을 양성해 왔다. 서울대학교 EPM 과정이 대표적인 대외 위탁교육 과정이라고 할 수 있다. 그동안 프로젝트 착수 시 엔지니어링을 주관하는 EPM(Engineering Project Manager), 사업관리를 주관하는 BPM(Business Project Manager)을 지정하고 각각의 영역을 총괄하도록 했으나, 2020년 조직개편을 통해 연구개발 프로젝트를 총괄하는 PM 조직을 신설하고 주요 프로젝트별 PM을 선발, 운용하고 있다. PM 총괄 관리는 팀장이 병행하여 담당하고 있으며, 조직 구조는 [그림 3-24]와 같다.

대한항공은 연구개발 프로젝트 수행 시 PM은 전반적인 프로젝트 계획을 수립하면서 경영층을 포함한 이해관계자와의 의사소통을 통한 예산 획득 및 조직 구성, 투자 소요 등을 결정하며 최종적으로는 프로젝트 목표가 조직의 비전과 경영 목표에 부합하는지를 판단하게 된다. 프로젝트 수행 중에는 참여 조직 간의 조율, 위험 식별과 대안 분석 및 제시, 일정·비용·품질 목표 달성을 위해 필요한 업무를 전담하게 된다.

PM 조직 운용 이후 분산된 의사결정 구조를 단일화함으로써 신속하고 일관된 프로젝트 추진이 가능해졌다는 점, 개별적으로 보유한 노하우와 지식을 하나로 모아 공유할 수 있게 되었다는 점이 효율성과 프로젝트 성공 확률 재고 측면에서 높게 평가받고 있다.

대한항공 항공기술연구원은 PM 조직의 정착과 더불어 지속적인 프로젝트 관리 역량 강화 및 인력 양성에 투자를 확대할 계획을 수립하고 관련한 사내 매뉴얼 보완 및 시스템 개선 등 인프라 개선에도 투자를 지속 확대할 예정이다.

IX. 마치면서 - 무한한 성장과 발전을 꿈꾸며…

항공우주 연구개발을 우리나라의 성장 동력산업으로 인식한 대한항공은 그동안 이를 회사의 핵심사업 영역 중 하나로 분류하여 유/무인항공기 연구개발, 성능개량 등에 역량을 집중하여 미래 항공우주산업을 선도하는 역할에 큰 발자취를 남기고 있다.

미래를 바라보면 최근 4차 산업혁명의 관점에서 지속적으로 무인항공기의 운용과 활용은 다양한 분야로의 확대가 가속화될 것이며, 이러한 무인항공기는 교통수단으로서 역할을 넘어 정보의 수집과 가공, 활용까지 다양한 역할을 통해 4차 산업혁명을 이끌어 나갈 것으로 전망된다.

또한 5G, AI, 빅데이터 등을 이용하여 자료 분석과 자율비행에 이르기까지 다양한 부분에서 앞으로 무인항공기의 발전이 계속될 것으로 전망한다. 대한항공 항공기술연구원은 하이브리드 드론, 틸트로터, 사단 정찰용 전술급 무인기, 전략급 중고도무인기 개발 및 무인항공기 핵심기술 연구는 물론, 무인헬기 등 무인기 전 분야의 제품 포트폴리오에 모든 역량을 집중해 오고 있다. 또한 단순히 하나의 무인기가 특정 임무를 수행하는 것을 넘어서, 수십~수백 대의 무인기가 함께 움직이고 임

[그림 3-25] ADEX 2025에 전시된 대한항공 저피탐 무인편대기(LOWUS) 시제기와 소형 협동 무인기(KUS-FX) 목업(mock-up).

무를 수행하는 자율군집비행의 최신기술까지 연구개발에 박차를 가하고 있다.

대한항공 항공기술연구원은 우리나라 성장 동력산업의 중심축에서 항공우주분야 연구개발 '퍼스트 무버(First Mover)'를 리딩하면서 4차 산업혁명의 핵심인 5G, AI, 빅데이터, 자율군집비행 등의 미래 핵심기술 개발에 발맞추어 최신 유·무인기 통합운영시스템 연구개발 및 완성을 목표로 무한한 성장과 발전을 꿈꾸고 있다.

또한 대한항공은 항공우주 무인기 분야 PM의 '퍼스트 무버'로서 지속적인 성과를 달성할 수 있는 PM, 프로젝트 팀 및 프로젝트 팀원 구성을 위해서 항공우주 분야의 다양한 프로젝트 경험에서 얻은 레슨런(Lessons learned)을 반영하여 끊임없이 PM 제도를 개선, 적용해 나아가면서, 무한한 성장과 발전을 통해 꿈을 이루고자 한다.

06

한국과 미국의 협정에 따라 건설된, 주한미군기지 이전사업

I. 주한미군기지 평택 이전을 위한 준비

주한미군기지 이전사업은 냉전체계 종식 및 군사기술 혁신이라는 새로운 국제안보환경하에서 한반도 주한미군 병력의 전략적 재배치와 한미동맹 관계 조정을 위해 추진된 사업이다. 대한민국 수도 서울특별시 용산에 있는 주한미군사령부와 미8군 사령부 등의 부대를 평택으로 이전하는 용산기지 이전사업(Yongsan Relocation Plan, YRP)과 경기 북부지역에 산재되어 있는 미 2사단을 평택과 기타 지역으로 이전하는 연합토지관리계획(Land Partnership Plan, LPP)으로 구분된다.

이 사업은 YRP, LPP 계획에 따라 평택 공여부지 약 444만 평에 건물 513동을 건립하는 사업으로 총사업비 약 16조 원의 초대형 건설사업이다. YRP에 해당하는 시설은 한국이 주도해 건설되며, LPP에 해당하는 시설은 미국 주도로 건설된다. 이를 통해 전국에 산재하여 있는 총 91개 지역, 40개 기지(YRP 9개, LPP 31개)를 평택과 대구로 이전하여 2개 권역, 49개 지역으로 재편했다.

주한미군기지의 이전 계획은 당초 노태우 전 대통령의 공약사업으

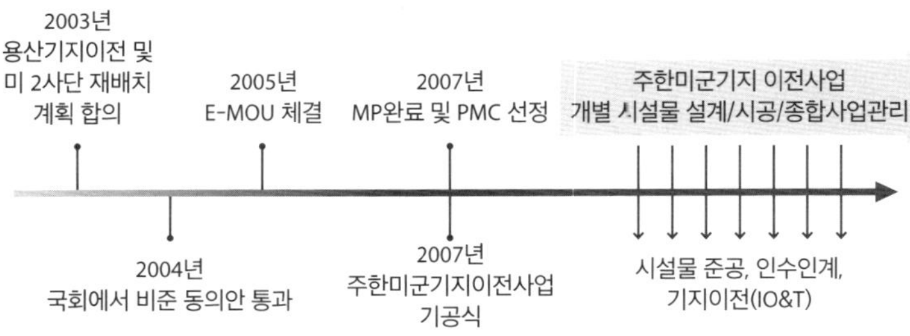

[그림 3-26] 주한미군기지 이전사업의 주요 일정과 현재 과업

로서 지난 1988년부터 한·미 간에 논의가 시작되었으며, 노무현 정부 출범 이후 구체적 합의를 거쳐 추진된 것이다. 2001년 11월 제33차 한·미 안보협의회의(ROK-US Security Consultative Meeting, SCM)에서 양국 국방장관 간에 LPP 의향서가 체결되면서 사업이 본격적으로 추진됐다. 2003년 5월 용산기지 이전 및 미 2사단 재배치 계획을 합의하였고, 2004년 12월 용산미군기지 이전협정(Umbrella Agreement, UA)과 LPP 개정협정 국회 비준 동의 및 「주한미군기지 이전에 따른 평택시 등의 지원 등에 관한 특별법」이 제정되면서 주한미군기지 이전사업 추진의 법적 근거가 마련되었다. 2005년 7월에는 한·미 간의 기술양해각서(Engineering Memorandum of Understanding, E-MOU)가 체결되었고, 2007년 3월에는 시설종합계획(Master Plan, MP)이 완료되어 같은 해 6월에 종합사업관리용역업체(Program Management Consortium, PMC)가 선정되었다. 그해 11월에는 사업의 기공식이 있었다. 현재는 평택기지는 종결단계에 접어들어 각종 시설물의 준공 및 인수인계, 하자보수 등이 진행되고 있다(그림 3-26).

II. 사업의 특징

1. 한·미 양국의 다양한 협정으로 수행되는 사업

주한미군기지 이전사업은 한·미 간의 이전협정, 이행합의서(Implementing Agreement, IA), 기술양해각서 등 한국과 미국의 협정에 따른 사업이다. 특히 본 사업은 한·미 양국 고유의 법령과 기술시방서 등 복수의 규정과 규격을 적용하여 개별 사업을 계획, 설계, 시공, 유지관리해야 하는 특성이 있다. 적용 규정 및 규격의 결정, 규격의 상충 시 적용 우선순위에 대한 합의도 필요한 사업이다. 재원, 제도 및 기준, 참여 주체 등 여러 측면에서 여타 대규모 국책사업과는 확연한 차이를 보인다.

2. 사업비 조달을 위한 국유재산 및 기부채납과 양여 활용

주한미군기지 이전사업은 우리나라 정부가 사업비를 부담하는 것을 기본 원칙으로 결정하였다. 정부는 본 사업의 재원조달을 위해 주한미군이 반환하는 공여해제 반환부지의 매각금으로 사업비를 조달하는 계획을 수립했다. 그리고 부지매각 시기와 사업비 조달 시기의 차이로 인하여 사업비가 부족할 경우 정부가 국고에서 지원하여 사업을 수행하기로 하였다. 하지만 2005년 「용산공원조성특별법」 제정으로 인하여 핵심적인 사업 재원 조달 방법이 사라지면서 새로운 재원 마련을 위한 방법 모색이 불가피하였다. 이에 국방부는 「국유재산법」을 근거로 '기부채납'과 '양여' 방식을 적용하여 LH공사를 참여하도록 하였다. LH공사는 직접 평택기지의 일부를 건설하여 '기부채납'하고, 국방부는 여기에 상응하는 재산을 '양여'하는 형식을 채택했다. LH공사가 참여하는 사업 이외의 건설비와 평택기지 건설용 부지 매입, 평택시 지원, 이사 용역, 반환기지 철거 및 오염토 환경정화 등에 소요되는 사업비는 국가 재정사업으로 추진하였다.

3. 다수의 사업 참여 주체 존재로 인한 복잡한 의사결정체계

주한미군기지 이전사업의 주요 특징은 다음과 같다. 첫째, 주한미군기지 이전사업은 한국이 기지 이전 비용을 부담하는 사업이다. 여기에는 이전 비용 최소화의 원칙도 있다. 이를 위해 양국은 한·미 간 협조체계 유지와 효율적 기획을 강조하였다. 둘째, 현물부담(in-kind)의 원칙이다. 설계와 시공은 한국이 담당하고 최종 시설물을 미국에 인계하는 것이다. 셋째, 종전 기지의 임무와 기능을 유지 혹은 높이는 방향으로 사업의 주요 범위가 설정되어야 하는 사업이다.

상기 사업 원칙에 따라 본 사업은 국내의 여타 대규모 국책사업이 가지고 있는 특징에 더해 상당히 복잡한 의사결정 과정과 체계를 가지게 되었다. 우선 국방부, LH공사, 주한미군(United States Forces Korea, USFK), 미 극동공병단(Far East District, FED), 시설대(Directorate of Public Works, DPW) 등 다수의 이해관계자가 사업에 관여하고 있다. 그리고 사업의 착수부터 종결까지 거의 모든 사안을 한·미 간 협상과 합의를 통해 결정해야 했다. 주한미군기지 이전사업은 [그림 3-27]과 같이 1) 한·미 합의에 따른 MP와 DD1391 작성, 2) 미국이 주도하는 기준패키지(Criteria Package, CP) 작성, 3) 한국이 주도하는 실시설계와 시공 추진, 4) 한·미 합의에 따른 시설인계인수의 절차에 따라 진행된다. 매 단계가 한·미 합의 및 각국의 기준에 따라 이루어지기 때문에 여타 사업보다 상당히 복잡하고 장기간

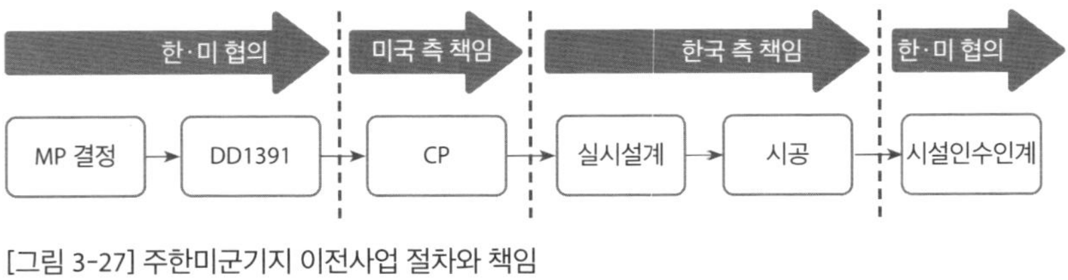

[그림 3-27] 주한미군기지 이전사업 절차와 책임

의 합의 과정이 필요하다. 본 사업이 당초 목표보다 계속 지연되고 있는 것은 바로 이러한 사업 특성에 기인한 것이다.

III. 이전사업의 프로그램 관리(Program Management)

1. 도입 배경 및 용역

YRP 사업은 한·미 양국 간의 합의와 협상에 따라 진행되는 사업으로 각 단계별 다수의 계약자, 사용자 등 이해관계자가 관여하므로 각자의 역할이 차질 없이 수행할 수 있도록 고도의 기술력을 갖춘 사업관리 조직이 필요했다. 또한 다수의 이해관계자(stakeholders)가 직간접적으로 영향력을 미치거나 행사하려는 경향이 높은 사업이므로 고도의 정보관리 및 의사소통체계가 필요했다. 양국의 참여 조직이 사회적·문화적 토대와 경험이 상이하므로 사업 초기부터 참여 조직 간의 신뢰성을 구축하기 위해 사업의 모든 절차에 대한 문서화된 업무처리 프로세스 정립이 필요했다. 또한 합의한 기간 내 건설해야 하므로 설계와 시간 기술력 못지않게 프로그램 관리(Program Management, PgM 또는 종합사업관리)의 전문성이 핵심 성공 요인이라는 것을 인식했다. 개별 프로젝트와 시설은 물리적으로 분리되어 있지만, 기능적으로는 서로 연계되어야 하므로 전체적으로 통합 차원에서 계획, 조정 및 통제가 필요했다. 대규모 사업비가 소요되는 사업에는 공기 지연으로 인해 추가 비용 발생 가능성이 상존하므로 책임과 원인 규명을 위해서는 체계적인 공정관리가 필요했기에 프로그램 관리 방식을 도입하게 되었다.

주한미군기지 이전사업은 인천국제공항 건설사업, 경부고속철도 건설사업 등과 같이 사업 규모가 크고, 사업기간이 길고 사업구조가 복잡했다. 따라서 전략적이고 선진화된 사업관리가 요구되었다. 프로그램 관리는 이러한 대규모 사업의 전략적 목표와 편익 달성을 위해 사업기간에 발생하는 모든 프로세스와 업무를 기획·계획(planning)하고 실행을 계획대로 조직(organizing)하며 계획과 실행을 대비 분석(monitoring)하고 필요한 조치(control)를 적기에 취하여 사업이 효율적이고 성공적으로 추진될 수 있도록 하는 기능과 역할로 정의할 수 있다.

본 사업은 시설종합계획이 미확정된 상태에서 PMC와의 계약을 체결해야 했기 때문에 국내 공공부문에서 거의 적용된 바가 없는 실비정산성과보상계약(Cost Plus Award Fee Contract)과 실비정산정액보상계약(Cost Plus Fixed Fee Contract) 방식을 활용했다. 이러한 사례는 국내 대규모 사업에서 주로 적용해 왔던 총액계약 방식과 함께 발주자가 선택할 수 있는 다양성을 제공했다는 측면에서 상당한 의의가 있다고 판단된다. 또한 실비정산성과보상계약에서 발주자가 고려해야 할 각종 고려사항과 위험요인을 보여 줄 수 있는 실천적 사례가 되었다는 점에서도 향후 유사한 사업 진행 시 상당한 시사점을 제공할 것으로 판단된다.

국내의 대규모 신공항, 철도, 원전 등 대규모 건설사업은 발주자가 곧 시설의 사용 주체이기 때문에 발주자 인력이 위탁 PMC 업체보다 많이 투입되는 종합사업관리가 수행되었다. 하지만 본 사업은 미군이 시설 사용자이기 때문에 한국의 발주자 인력을 대규모로 투입하기 어려웠다. 왜냐하면 발주자 인력의 과도한 투입은 프로젝트 종료 후 인력 운영의 경직성을 가져올 수 있기 때문이다.

공항사업 등 대규모 국책사업에서는 투입된 발주자 인력이 해당 시설의 운영과 자연스럽게 연계되기 때문에 본 사업과 같은 위험요인은 크게 존재하지 않았다. 이러한 이유로 본 사업은 최소한의 발주자 인력 투입이 이루어졌으며, 반대로 대규모의 PMC 인력이 투입되었다. 이로 인해 여타 사업과 비교할 때 위탁 PMC 비용이 크게 지출된 것으로 알려지기도 했다. 여기에 여타 대규모 사업에서 법적 기준으로 투입되었던 단위사업의 감리 역시 국방 시설의 특수성으로 위탁 PMC의 과업으로 수행됐다. 위탁 PMC 비용은 외형상 다른 사업보다 크게 보일 수 있다. 그러나 이는 단편적인 비교에 따른 착시일 뿐이며, 객관적인 평가를 위해서는 발주자 직접비용, 위탁 PMC 비용, 감리 비용을 모두 포함한 '종합사업관리비' 관점에서 판단할 필요가 있다. 국내 선행연구에서도 전체 사업비의 약 10% 수준을 종합사업관리비로 지출하는 것이 타당하다는 결과가 보고된 바 있다. 따라서 본 사업 역시 이러한 기준으로 평가할 때, 과거 유사 사례와 동일한 수준에서 PMC 비용이 집행된 것으로 판단된다.

2. 프로그램 관리 업무 수행체계

기술양해각서가 2005년 7월에 체결되면서 한·미 양국은 YRP 사업의 설계와 건설을 전문적으로 관리하기 위한 PMO(Program Management Office)의 구성에 합의하였다. PMO는 한국 측 설계건설대행자(Design and Construction Agent, DCA)인 MURO와 미국 측 DCA인 FED, 그리고 PMC로 구성되었다. 이후 LH공사가 기부대양여 사업에 참여함으로써 한측 발주자는 국방부 주한미군기지 이전사업단(MURO)와 LH공사로 이원화되었다. [그림 3-28]은 주한미군기지 이전사업의 프로그램 관리체계로 발주자와 PMC 조직 등의 위상 및 관계를 나타낸 것이다.

주한미군기지 이전사업의 종합사업관리는 한국 측 MURO/LH와 미국 측 FED, 그리고 PMC가 통합 PMO를 구성하여 건설 계약자를 관리하는 체계라 할 수 있다. 본 사업은 기획, 설계관리, 개별 사업의 건설관리에 이르기까지 종합사업관리 조직별로 역할과 책임이 다양하게 규정되어 있다. 대부분 업무가 한·미 DCA 간의 협상과 협의 혹은 승인을 거쳐야 해서 종합사업관리의 역할은 신속한 사업 진행과 함께 각 참여주체 간의 긴밀한 의사소통 유지가 핵심적인 과업이 되었다. 특히 사업은 하나인데 발주자 그룹이 이원화되어 있어 PMC 입장에서 과업을 어

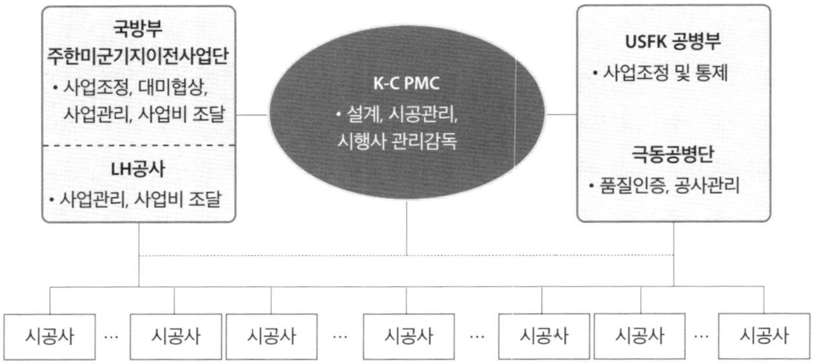

[그림 3-28] 주한미군기지 이전사업 프로그램 관리체계

떤 방향으로 수행할 것인지가 초기부터 중요한 쟁점이 되었다. 이로 인해 PMC는 과업 지시(Task Order, TO)에 따라 해당 업무를 수행해야 했다. PMC 용역은 한·미 합동 과업(Joint Task Order, JTO), 미국 측 과업(US Task Order, UTO), 한국 측 과업(Korea Task Order, KTO)으로 구성된다. JTO는 한·미가 50:50으로 비용을 부담하여 부여하는 과업이다. MP의 검토 및 개정, 사업관리기준(Project Management Baseline, PMB) 수립, 사업관리정보시스템(Program Management Information System, PgMIS)의 구축 및 관리 등 프로그램 수준의 설계 및 건설관리로 구성되어 있으며, MURO와 FED 간의 협의를 통해 발행된다. UTO는 미국 측이 비용을 부담하여 부과하는 과업이다. E-MOU와 부속 절차서에 따라 미국 측 책임으로 되어 있는 개별 프로젝트의 설계·건설관리로 구성되며, FED에 의해 발행되는 과업이다. KTO는 한국 측이 비용을 부담하여 부과하는 과업이다. E-MOU와 부속 절차서에 따라 한국 측 책임으로 되어 있는 개별 프로젝트의 설계 및 건설관리로 구성된다.

IV. 이전사업의 업무수행 절차

1. 사업단계별 프로젝트 수행 프로세스

건설 프로젝트의 사업단계는 크게 기획 및 계획, 기본설계, 상세설계, 실시설계, 조달, 시공, 유지·보수로 구분된다. 용산기지 이전사업에서는 현물제공이라는 특수성으로 인해 유지·보수 단계를 제외한 프로젝트 수행 단계를 기획, 계획, 기준패키지(CP), 실시설계 입찰, 실시도면 60%·90%·100%, 시공 입찰, 시공, 하자보증검사, 종결 등 11단계로 구분하여 사업을 진행하였다.

프로젝트 수행 프로세스의 첫 단계인 기획 단계에서는 시설종합계획의 개별 프로젝트 검토, 1-N 목록(프로젝트 번호체계)의 프로젝트 조건 검토, 프로젝트별 구체적인 사업관리기준 일정 및 비용 견적 확보, 프로젝트 시설과 관련된 부대 이전 순서 파악, 기타 프로젝트와의 연계성 파악 등의 업무를 수행한다. 계획단계에서는 프로젝트 기준일정 검토 및 승인, 리스크 검토, 시운전 계획을 개발하는 업무를 수행한다. CP단계는 프로젝트 수행 계획을 작성하고 프로젝트 태스크포스 팀 차터링 및 착수 회의를 개최하는 등 프로젝트 현황 보고서 작성을 시작한다. 실시설계 입찰 단계는 설계시공 일괄발주(DB)와 설계시공 분리발주(DBB)의 구분에 따라 설계사 또는 설계시공 일괄발주를 조달하기 위한 설계관리 및 계약그룹 업무를 협의하고, 선정된 설계사 또는 설계시공 일괄발주 낙찰자와의 프로젝트 착수 회의를 개최한다. 실시도면은 60%, 90%, 100%로 단계별 구분을 하고 60% 단계에서는 설계사 또는 설계시공 일괄발주 계약자 선정 절차 지원 및 설계의 검토 의견을 협의한다. 90% 단계에서는 설계시공 분리발주의 경우, 시공에 대한 계약 패키지를 개발하고, 설계 검토 절차 및 의견을 조율한다. 100% 단계의 주요 업무는 시공 도서의 확정과 승인을 위한 협의를 하며 설계 검토 절차 및 의견을 조율한다. 시

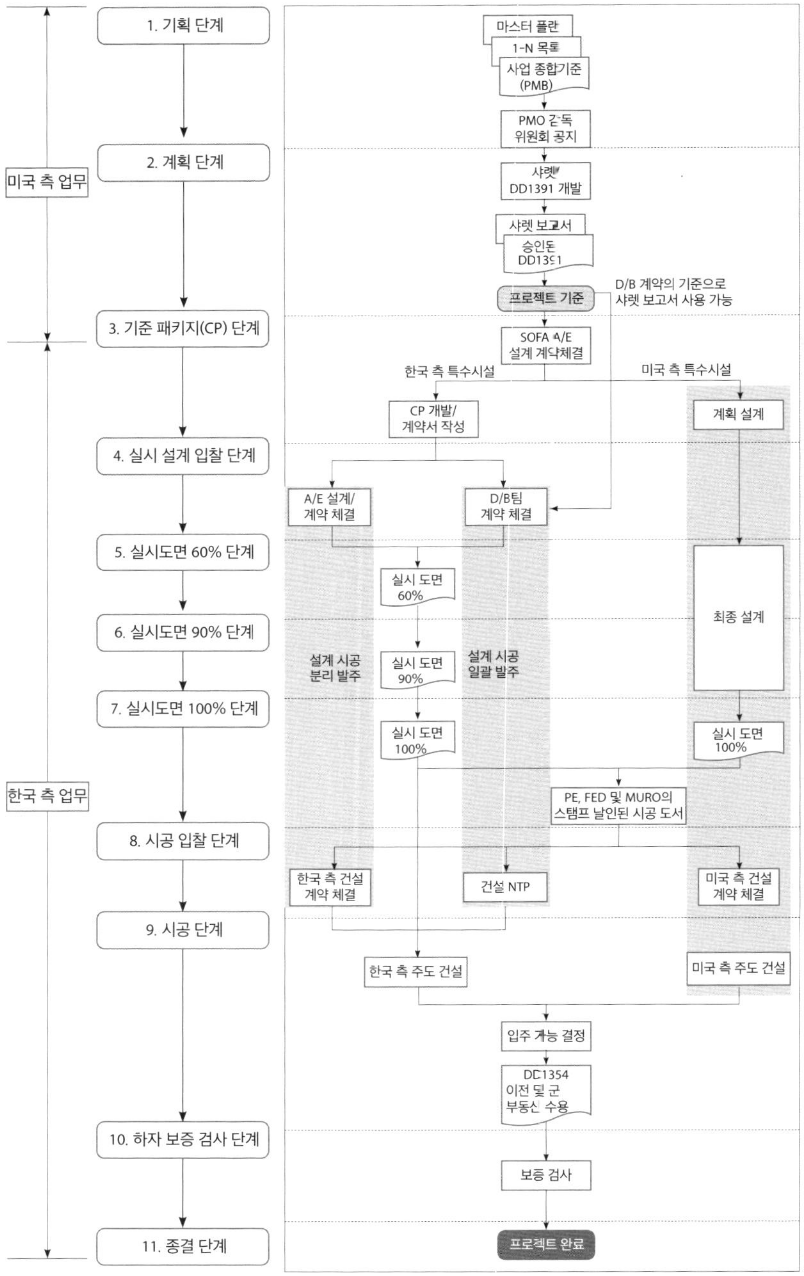

[그림 3-29] 주한미군기지 이전사업 업무 흐름도

공입찰 단계는 시공 계약 입찰 및 낙찰 업무 등의 계약 행정 절차와 관련된 업무를 수행한다. 시공 단계에서는 프로젝트 예산, 변경관리, 품질, 안전, 공기 등의 공사 관리 업무와 DD1354를 확인 및 승인한다. 하자보증검사 단계는 보증검사를 실시 및 협의하며 종결단계에서 계약 및 행정적 업무 종결 활동을 수행하게 된다. 주한미군기지 이전사업의 업무절차를 나타내면 [그림 3-29]와 같다.

2. 기능별 사업관리

성공적인 YRP 사업의 세부 내용을 체계적으로 파악할 수 있도록 기능별 사업관리 총괄흐름도(master flow map)를 작성하였다. 사업관리 총괄흐름도는 YRP 사업 특성을 반영하여 통합관리, 리스크 관리, 행정관리, 의사소통관리, 계약관리, 인사관리, 공정관리, 사업비관리, 자재구매관리, 자료관리, 품질관리, 안전환경보건관리, 보안관리, 설계관리, 시공관리, 시운전/검사관리, 클레임관리의 17개 사업관리 기능으로 구성되어 있다.

총괄흐름도는 프로젝트 관리 지식체계(Project Management Body of Knowledge, PMBOK)의 5가지 관리 프로세스와 10가지 지식영역(knowledge areas)를 중심으로 YRP 사업의 단계별 업무를 설명하고 있으며, YRP 사업의 종합사업관리용역업체(PMC) 관리 기능별 업무와 연계되어 있다([그림 3-30] 참조).

1) 통합관리

통합관리는 프로젝트의 시작부터 종결까지 전 사업 과정 동안 대내외 요인을 고려하여 프로젝트 헌장(project charter)을 개발하고, 프로젝트 지식영역의 관리계획 수립과 수행 과정에서 이를 통합하고 조정하여 프로젝트가 성공적으로 완료되도록 관리하는 활동이다.

주요 업무 프로세스는 다양한 프로젝트 관리 활동들을 식별, 정의,

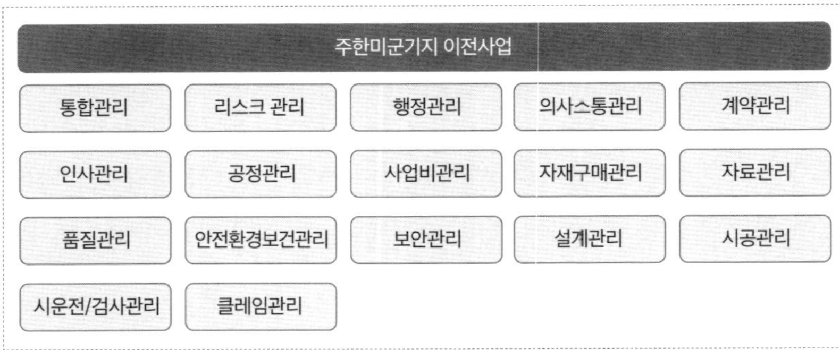

[그림 3-30] 주한미군기지 이전사업 기능별 사업관리

통합 및 조정하여 이해관계자의 요구 사항과 기대치를 성공적으로 관리하고 상호 영향 관계를 고려하여 프로젝트 착수부터 종료까지 관리하는 프로세스로 구성된다. YRP 사업의 통합관리 프로세스 요소는 "현장개발, 사업추진 세부계획 수립, 프로젝트 패키지 정의 및 요건확인, 사업관리 지침 수립, 실행계획 수립, 실행 검토·승인, 실행확인, 변경관리, 종합 현황 집계 및 모니터링, 종결관리" 등 10가지로 구성된다. YRP 사업은 한·미 양국이 사업수행 기간 동안 다양한 내용을 지속적으로 협의해 나가야 하는 만큼 통합관리가 매우 중요한 관리업무 중 하나이다. 특히 기술양해각서를 기반으로 한 MP 수립 단계부터 설계와 시공 단계에 발생하는 다양한 변경관리 업무를 모니터링하고 통제하는 업무를 수행하였다.

2) 리스크 관리

리스크 관리는 프로젝트 실행과 관련하여 각종 부정적 영향을 줄 수 있는 잠재적 위험을 항목별로 정의하고, 각 위험이 철저히 관리될 수 있도록 일련의 업무를 수행하며 이러한 위험을 조기에 인지하여 프로젝트 수행조직이 사전에 적절히 대응할 수 있는 계획 수립과 이에 따른 관리체계를 구축하여 발생 가능한 위험요인을 효율적으로 관리하는 활동이다. 주요 업무 프로세스는 프로젝트 목표 달성에 영향을 주는 리스크 식별,

리스크 분석, 리스크 대응계획 수립 및 리스크 통제와 관련된 프로세스로 구성된다. YRP 사업의 리스크 관리 프로세스 요소는 "리스크 관리 전략 수립, 리스크 식별, 리스크 분석, 리스크 대응계획 수립, 리스크 평가 실행, 리스크 대응, 리스크 추적, 리스크 감시 및 업데이트" 등 8가지로 구성된다.

YRP 사업은 대규모 자본이 투입되는 사업으로서 다수의 개별 프로젝트로 구성되었고, 기존 시설의 유지·철거, 새로운 시설의 설치 등이 복합적으로 이루어졌다. 또한 사업수행 과정 동안 발생하는 한·미 간의 문화적·기술적 차이 등으로 인하여 다양한 리스크가 발생할 것이라 예상되었으며, 이는 비용과 일정에 매우 큰 영향을 미칠 수 있는 것들이었다. 이에 PMC는 종합사업관리 차원의 잠재적인 리스크를 지속적으로 식별하고 평가 및 관리하였다.

3) 행정관리

행정관리는 PMC 운영에 필요한 각종 행정 업무 수행을 위한 프로세스로 구성된다. YRP 사업의 행정관리 프로세스 요소는 "행정관리 목록 파악, 행정관리 역할 및 책임 구분, 행정관리 인력운영, 사업관리정보시스템 관리" 등 4가지로 구성된다. 특히 YRP 사업에서의 행정관리는 PMC가 주한미군기지 이전사업 부지 내에 위치하고 있어, 사업에 참여하는 다양한 인력들에 대한 기지 출입증 발급 및 방문객 관리가 중요하였다. 또한 시설물의 운영과 유지 및 보수, 응급상황을 대비한 응급대응 및 방재, PMC 사용 비품 및 사무용품 관리 등이 행정관리의 주요 활동이다.

4) 의사소통관리

의사소통관리는 프로젝트 이해관계자들이 프로젝트 기간 동안 관련 정보의 생성, 수집, 배포, 저장, 검색, 그리고 최종적으로 폐기를 적절히 수행하는 데 필요한 프로세스 활동이다. 주요 프로세스는 이해관계자들에게 적시에 필요한 정보와 의사소통 요구사항을 제공하기 위해 의사소통 방안을 계획 및 수립하고, 의사소통 계획에 따라 필요한 정보를 수집·배포하며, 배포된 정보가 이해관계자의 의사소통 요구사항을 만족하는지 모니터링 및 조정하는 프로세스로 구성된다. YRP 사업의 의사소통관리 프로세스 요소는 "이해 관계자 식별, 이슈(issue) 추적, 쉐어포인트 신규 이슈 입력, 쉐어포인트 이슈 업데이트, 현황표 사전 배포, 보고서 초안 작성, 브리핑 준비, 번역/책임자 검토, 쉐어포인트, 회의 준비, 주간 그룹별 이슈 추적 회의 진행, 회의록, 주간 그룹별 이슈 추정, 배포 및 게재" 등 14가지로 구성된다.

YRP 사업에서는 시공사와 PMC, PMC와 한·미 설계건설대행자, 그리고 PMC와 LH공사 등 실무 레벨에서의 의사소통관리와 YRP 특별 분과위원회 및 주한미군지위협정 합동위원회 등 상위 레벨에서 의사소통 관리가 요구되었다.

5) 계약관리

계약관리는 계약체결 단계에서 하자보증 단계까지 건설공사 계약의 전 생애에 걸쳐 합리적인 계약이행을 추구하여 계약당사자의 이익을 보호하기 위한 경영관리 활동이다. 주요 업무 프로세스는 계약서에 약정된 프로젝트의 범위에 대한 체계화와 변경이 발생할 경우 이를 관리하는 관련 프로세스로 구성된다. YRP 사업의 계약관리 프로세스 요소는 "발주계획 수립, 계약조건 및 관련규정 검토, 변경관리 지원, 하자보증 준비 업무지원, 계약변경 현황 추적, 계약종결" 등 6가지로 구성된다. 특히, YRP 사업은 「국가를 당사자로 하는 계약에 관한 법률」의 개정으로 기본설계 기술제안 및 실시설계 기술제안 방식의 발주 제도를 새롭게 도입, 이에 따른 계약 체결 및 사업수행 과정에서 발생하는 다양한 변경 사항에 대한 계약변경 관리 업무의 중요성이 더욱 커졌다.

6) 인사관리

인사관리는 프로젝트와 관련된 인력 및 조직들을 효율적으로 활용하여 프로젝트에 적합한 인적자원을 확보하고 적재적소에 투입함으로써 인적자원을 극대화하도록 관리하는 체계 활동이다. 주요 업무 프로세스는 프로젝트 목표 달성을 위해 조직표 작성, 조직 인원 배정 계획 수립, 조직원의 역량개발, 조직원 성과평가와 관련된 프로세스로 구성된다. YRP 사업의 인사관리 프로세스 요소는 “PMC 조직 구성, 인력 등급 배정 기준 및 운영절차 수립, 인력관리 계획 수립, 직원평가, 인사관리 및 조치실시” 등 5가지로 구성된다. YRP 사업에 참여하는 PMC 인력은 내국인과 외국인이 혼재되어 있어 조직구성 인력에 대한 일관성 있는 관리가 매우 중요하였다.

7) 공정관리

공정관리는 프로젝트를 구성하고 있는 요소 작업들을 주어진 공기 내에 완성하기 위하여 공사와 관련된 정보를 분석한 후, 시공방법을 결정하고 세부 일정계획을 수립하며, 이에 따른 자재, 장비, 인원 등에 대한 최적의 자원투입계획을 수립하는 활동이다. 주요 업무 프로세스는 공사의 목적물을 계약된 공사 기간 내에 완성하기 위해 합리적이며 경제적인 공정계획을 수립하여 공사가 원활이 수행될 수 있도록 관리하며, 계획공정에 미달한 경우 이에 대한 만회대책을 수립·조정하는 프로세스로 구성된다. YRP 사업의 공정관리 프로세스 요소는 “예비프로젝트 스케줄 작성, 비용일정관리 계획서, 월간공정보고, 변경공정표, 월간공정회의, 공종 만회대책, 공정 위험 분석, FED 품질보증부서 공정 검수, 공정지연 관리, 중간공정관리일, 준공공정표” 등 11가지로 구성된다. YRP 사업의 공정관리는 사업 초기 발생할 수 있는 공기 지연 가능성을 검토하고 공사기간 중 실제 사용자의 요청에 의한 변경과 품질검사 과정에서 발생되는 지연 등을 감시 및 통제하였다. 특히 미 국방성의 품질기준을 확보하기 위한 재시공 업무 등으로 다수의 프로젝트에서 공기지연이 발생하였고, 이를 만회하기 위한 대책 수립 업무를 중점적으로 수행하였다.

8) 사업비관리

사업비관리는 발주자가 책정한 예산 범위 내에서 발주자의 요구조건이 충족될 수 있도록 하기 위해 필요한 각종 자원투입계획을 수립하여, 사업비를 산출하고, 사업단위 또는 공정별로 할당하여 예산을 편성한 다음, 편성된 사업비 혹은 예산 내에서 각 사업이나 공정이 완료될 수 있도록 관리하는 활동이다.

주요 업무 프로세스는 승인된 예산 범위에서 프로젝트를 완료할 수 있도록 원가산정, 예산수립, 필요자금 조성 및 집행을 통해 진도 상황을 모니터링하고 원가를 통제하는 프로세스로 구성된다. YRP 사업의 사업비관리 프로세스 요소는 "DD1391/계약금액 검토, 현 시점 사업비 검토, 향후 예상 비용검토, 선금 및 대가지급, 정산비용 검토, 계약금액 조정, 최종 비용 불균형 검토, 발주처 보고, 정산관리" 등 9가지로 구성된다.

YRP 사업의 사업비 관리는 각 프로젝트에 투입되는 프로젝트 사업비에 대한 관리와 PMC의 종합사업관리 업무 수행에 투입되는 사업비에 대한 관리로 구분된다. 특히 프로젝트별 비용 증가 요소를 분석하고 설계변경 등으로 인해 변경되는 비용에 대해서는 변경시점을 기준으로 총 사업비를 예측하여 발주자 사업비 관리업무를 지원하였다.

9) 자재구매관리

자재구매관리는 사업에 필요한 자재를 매입하는 행위로서, 물자를 구매함에 있어서 업자와의 가격절충 방식, 좋은 품질의 물자를 납품받기 위한 방식 등과 같이 필요한 물자를 요구하는 시기에 필요한 만큼 가장 경제적인 가격으로 구매할 수 있도록 하는 구매기능에 대한 종합적이고 과학적인 관리 활동이다.

주요 업무 프로세스는 건설계획에 따른 구매계획을 수립하고 품질, 비용, 납기를 충족하는 자재를 조달하기 위한 발주관리와 구매 자재에 대한 검수, 효율적 재고관리를 위한 관련 프로세스로 구성된다. YRP 사업의 자재구매관리 프로세스 요소는 "자재발주 계획, 자재발주 승인, 자재인수 조율, 자재반입 및 손상/완전성 검토, 손상/결함 자재 시정 통보, 자재 품목 목록 작성, 자재관리 계획 수립 및 운영, 외산 자재 제출물 등록부, 기자재 검수, 기자재 입출고 관리, 자재정보 관리" 등 11가지로 구성된다. YRP 사업은 실제 사용자가 미국 측이라는 점, 그리고 미 국방성(DoD)의 시방서 조건이 매우 엄격하다는 점에서 자재구매관리가 매우 중요하였다. 미국에서 생산되는 제품에 대한 발주계획 수립을 비롯해 외산자재의 등록과 검수는 물론이고, 향후 하자보수를 대비한 자재정보 관리가 필요하였다.

10) 자료관리

자료관리는 프로젝트 수행 과정에서 활용되거나 생산되는 방대한 각종 자료(도면, 시방서, 품질검사 및 시험 성적표 등)에 대한 수집, 분류 및 안전한 보관을 위한 지침 마련과 관련 주체별 역할과 책임 및 각종 양식을 제공하고 관리하는 활동이다.

주요 업무 프로세스는 사업수행 과정에서 생성되는 각종 문서, 기술자료 등 모든 자료를 일정 기준에 따라 체계를 구성하고 효율적으로 관리할 수 있는 프로세스로 구성된다. YRP 사업의 자료관리 프로세스 요소는 "자료관리 계획 수립 및 운영, 전자결재 문서, 설계/시공 시공사 제출물 접수/배포, PMIS, 검색지원, 보고서지원, 품질관리, 기록관리, 폐기관리, 자료이관" 등 10가지로 구성된다. YRP 사업에서 자료관리는 군 시설이라는 특성으로 인하여 매우 철저하게 관리되었다. 프로젝트 수행 동안 발생되는 각종 자료에 대한 기록과 폐기, 미국 측에 이관하는 자료를 구분하는 등의 업무를 수행하였다.

11) 품질관리

품질관리는 프로젝트의 성과물이 사전에 계획하였던 요구사항을 충족하며, 수행 목표를 확실히 달성하는 데 필요한 프로세스로 품질기획, 품질보증 및 품질통제 등의 업무 수행을 통해 프로젝트의 최종 결과물이 사업 전 단계에 걸쳐 계획한 품질 이상을 유지하도록 관리하는 활동이다.

주요 업무 프로세스는 프로젝트 품질 목표를 충족할 수 있도록 계획된 품질계획 절차서에 근거하여 품질보증, 품질관리를 할 수 있는 프로세스들로 구성된다. YRP 사업의 품질관리 프로세스 요소는 "품질관리 계획 수립, 과업착수지시, 계약상 품질관리(Quality Control, QC) 정책 분석, QC 조직구성 및 임명, 공정분석 및 가공표 작성, 품질시험계획, 협업 미팅(발주처+시공사), 3단계 품질검사로 예비 단계 검사(Preparatory Phase Inspection)·초기 단계 검사(Initial Phase Inspection)·후속 단계 검사(Follow-Up Phase Inspection), 주요 결함(부적합) 추적 장부 규정 미준수 보고서 작성, 인수인계 검사, 결함조치, 마감 전 검사" 등 13가지로 구성된다.

YRP 사업에서 품질관리는 가장 핵심적인 관리업무였다. 특히, 시공사의 QC와 PMC의 품질보증(Quality Assurance, QA), 그리고 FED의 건설감독 업무는 모두 실제 사용자의 만족도를 높이기 위한 목적으로 수행되었다. 품질관리는 비용 및 일정, 사용부대 이전 지연 등에 상당한 영향을 미치는 요소로써 PMC의 관리업무의 대부분을 차지하였다.

12) 안전환경보건관리

안전환경보건관리는 시공 중 안전사고와 재해 예방을 위한 안전관리 절차서 개발 및 안전관리 업무와 건설 현장 작업장의 환경을 최적화시켜 근로자들의 작업 생산성을 최대한 제고시키기 위해 시공 중 발생할 수 있는 먼지, 소음, 폐기물 처리 등에 대한 관리 절차서 개발 및 환경관리, 건설 현장 근무자들의 건강 유지와 쾌적한 근무 환경을 위한 다양한 수단과 방법을 동원한 관리 활동을 의미한다.

주요 업무 프로세스는 재해예방과 환경오염, 환경훼손을 방지하기 위한 절차서 작성, 현장 점검, 친환경 관리에 대한 적정성을 검토·확인·감독하는 프로세스들로 구성된다. YRP 사업의 안전환경보건관리 프로세스 요소는 "안전전문가 안전평가 준비, 잠재적 시공사 안전평가, 계약 및 시공 전 회의, 시공단계 안전관리, 현장조사/안전회의, 안전 및 환경관리, 안전환경보고서 제출/검토" 등 7가지로 구성된다.

YRP 사업의 안전환경보건관리는 일반적인 국내 안전관리와 큰 차이를 보였다. 사업 초기 단계부터 형식적인 안전평가가 아닌 실제적인 안전관리계획서를 요구하였으며, 지속적으로 안전규정 준수 여부를 확인하는 업무를 수행하였다.

13) 보안관리

보안관리는 건설 프로젝트 현장 및 사무소의 보안과 안전을 위한 관리계획 수립 및 관련 활동을 의미한다. 주요 업무 프로세스는 현장 및 사무소 출입관리 절차서 개발, 도난/불법 반입 및 반출 등을 방지하기 위한 보안시설 설치 및 관리, 현장 진출입 인력과 차량관리 등과 관련된 프로세스로 구성된다. YRP 사업의 보안관리 프로세스 요소는 "국가보안사업 운영 매뉴얼(National Industrial Security Program Operating Manual) 이행을 위한 표준 보안 절차, 험프리 현장 보안 계획, 사무실 보안, 운영보안, 미국 통신보안(무선 및 전화), 한국보안자산 보호계획" 등 6가지로 구성된다.

YRP 사업에서의 보안관리는 시설물이 설치되는 공간이 군사지역이라는 것과 일부 시설이 군사작전에 매우 중요한 역할을 담당한다는 점에서 중요한 관리 기능이었다.

14) 설계관리

설계관리는 발주처의 요구사항을 파악하여 사업의 목표를 정확히 이해하고, 이러한 목표를 모든 설계관련자와 공유할 수 있도록 설계기준을 정하고, 설계 전반에 걸쳐 전체 사업일정과 적절한 작업 기간을 고려하여 설계 성과물을 작성하고, 설계관련자 간 원활한 의사소통을 통하여 설계오류를 최소화, 전반적인 설계 품질 향상, 공사비용 및 유지관리 비용의 절감 등의 효과를 극대화하기 위하여 설계 전반에 걸친 관리 활동이다. 주요 업무 프로세스는 설계·품질·일정·예산의 목표를 달성하기 위하여, 설계 실행 계획서를 작성하여 설계 업무와 연관된 인터페이스를 조정하고 설계 산출물을 관리하는 프로세스들로 구성된다. YRP 사업의 설계관리 프로세스 요소는 "설계 품질관리 기획 및 계획 수립, 기준패키지 작성(약 30% 설계), 실시설계 입찰, 실시설계 60% 검토, 실시설계 90% 검토, 실시설계 100% 검토, 준공 도면 제출" 등 7가지로 구성된다.

YRP 사업에서 설계관리는 미 측이 CP를 담당하고 한국 측이 실시설계를 담당하였으나, 60%, 90%, 100% 설계검토는 한·미 DCA의 승인이 필요하다는 점에서 상당히 중요한 활동이었다.

15) 시공관리

시공관리는 시설별 사업추진 일정 내에 최적의 공사비를 투입, 최고의 품질 및 안전성이 확보된 시설을 건설하기 위한 시공계획 수립, 관리운영, 설계 기술요건 및 품질요건에 맞게 시공할 수 있도록 하는 일련의 관련 업무를 정의하고 관리하는 활동이다. 주요 업무 프로세스는 공사 품질, 일정, 예산의 목표를 달성하기 위하여, 공사 실행 계획서 작성과 이를 기반으로 공사 업무를 관리하고 공사를 지원하는 프로세스들로 구성된다. YRP 사업의 시공관리 프로세스 요소는 "시공관리계획 수립 및 관리, 건설 사전회의, 합동 부지조사, 부지건물 인계 요청서, 시공 착수 전 점검, 굴착시공 허가, 제출물 검토, 월간업무 수행, 종결회의(Red Zone), 하자보증검사" 등 10가지로 구성된다.

YRP 사업의 시공관리업무는 프로젝트 차원의 관리와 프로그램 차원의 관리로 구분할 수 있다. 프로젝트 차원의 관리는 앞서 서술한 품질

관리, 공정관리, 사업비 관리 등이 주요 업무이다. 프로그램 차원의 관리는 각 프로젝트에서 제출되는 다양한 제출물 검토 업무를 지원하고, 현장에서 해결되지 않는 품질 혹은 비용 등에 대한 문제를 해결하기 위한 업무를 수행하였다.

16) 시운전/검사관리

시운전/검사관리는 설계 단계부터 공사 완료에 이르기까지 전 과정에 걸쳐 발주자의 요구에 부합되도록 모든 시스템의 계획, 설계, 시공, 성능시험 등을 확인하고 최종 유지관리자에게 제공하여 입주 후 발주자의 요구를 충족할 수 있도록 운전성능유지여부를 검증하고 문서화하는 활동이다. 주요 업무 프로세스는 시설물에 대한 성능을 실증하고, 운전, 유지보수 절차 수립 등과 관련된 프로세스로 구성된다. YRP사업의 시운전/검사 프로세스 요소는 "시운전 계획서 작성, 운영 및 유지 매뉴얼 검토, 시운전 착수 보고서 승인, 시설/장비 적합성 검토, 교육훈련 및 검증, 주기적 시험, 준공검사, 최종시운전 보고서 제출" 등 8가지로 구성된다. YRP 사업에서 시운전/검사관리는 FED에 시설물을 인계하기 직전에 수행되는 업무로써, 각종 시설에 대한 시운전 이후 행해지는 준공검사가 가장 핵심이라고 할 수 있다. 특히 YRP 사업은 시설물의 발주자와 사용자가 상이함으로 인하여 발생되는 리스크를 예방하기 위한 관리 업무가 상당히 중요하였다.

17) 클레임관리

클레임관리는 프로젝트 수행 중 발생하는 클레임이나 분쟁으로 인한 소모적인 요인들을 근본적으로 차단함으로써 불필요한 시간적, 재정적 손실을 최소화하는 관리 활동이 주요 업무 프로세스는 사업수행 과정에서 발생할 수 있는 분쟁을 예방하고 대응할 수 있는 프로세스로 구성된다. YRP 사업의 클레임 관리 프로세스 요소는 "클레임 대응계획 수립, 시공사 클레임 제출, 클레임 검토 및 보고서 전송, PMC 검토 후 종합사업관리단에 권고사항 제시, PMO 권고사항 수락, 중재소로 클레임 제출" 등 6가지로 구성된다. YRP 사업에서 PMC는 시공사와 발주자인 주한미군기지 이전사업단 사이에서 발생하는 각종 클레임을 처리하는 업무를 수행하였다. YRP 사업은 각종 설계도서를 비롯한 시방서가 대부분 미 국방성(DoD) 기준에 의해 작성되었고, 모든 절차와 규정이 국내 건설 환경과는 상이한 부분이 다수 존재한다는 점에서 클레임 발생의 원인은 매우 다양하였다.

V. 교훈 및 제언

1) 의사결정체계의 구축

YRP 사업은 최종 의사결정을 위해 기술양해각서가 존재하고, 이를 기반으로 한 다양한 위원회 및 실무워킹 그룹이 존재하였다. 특히 본 사업은 특수한 사업 재원조달 방식에 따라 한국토지주택공사가 참여하면서 다수의 사업 참여주체가 존재함에 따라 동일한 규정에 대한 해석의 차이가 존재하고 이에 대한 논의 및 협의에 소요되는 시간이 길어지는 경우도 있었다. 특히 현장에서 발생하는 사안 중, 한·미 양측의 협의를 통해 결정되어야 하는 사안의 경우 현장에는 미국 측의 의사결정 권한을 갖는 리더(Leader)가 존재하지 않아 의사결정이 지연되는 일도 있었다.

그러나, YRP 사업의 의사결정체계는 가장 하위의 현장소장(Project Manager, PM)에서 시작하여 건설관리책임자(Construction Management Supervisor, CMS), 발주자 PM, DCA, JWG(Joint Working Group), 특별분과위원회(Ad-hoc Subcommittee) 등으로 올라가는 체계르 구축되었고, 각 절차마다 모든 절차서가 개발되었다. 이러한 의사결정체계는 YRP 사업이 더욱 투명하고 합리적으로 수행되는 데 큰 역할을 하였다. 따라서 향후 YRP

와 유사한 사업에서는 본 사업에서 나타난 문제점을 보완한 의사결정체계를 구축할 필요가 있다.

2) 비용일정통합관리 기법의 활용

YRP 사업은 초대형 국책 건설사업으로서 개별 프로젝트는 물론이고 사업 전체에 대한 프로그램 차원의 관리가 중요하였다. 이를 위해 공공부문 최초로 비용일정통합관리시스템을 구축 및 운영하여 비용일정을 체계적으로 관리하였다. 특히 비용일정통합관리는 시스템에 등록되는 방대한 자료가 모두 객관적 근거를 가지고 있어 사업참여주체의 분쟁을 미연에 방지할 수 있는 도구로도 활용되었다. 따라서 추후 국방부에서 발주하는 다양한 군시설에 대한 관리도구로 활용이 가능하다.

3) 효율적인 현장관리인력 운영 방식 활용

YRP 사업은 효율적인 사업관리업무를 수행하기 위해 개별 프로젝트를 하나로 묶어서 발주하는 계약패키지와는 다수의 현장을 묶어서 일괄 발주하거나 관리하는 번들링(Bundling) 방식을 도입하였다. 이를 통해 개별 프로젝트가 수행되는 현장관리 인력을 효율적으로 운영하고자 하였다. YRP 사업에서 이는 매우 큰 효과가 있는 것으로 나타났다. 이러한 방식은 향후 추진되는 대형 국책사업에 충분히 적용할 수 있는 사업관리방식이라 할 수 있다.

4) 새로운 발주방식의 도입 검토

YRP 사업의 개별 프로젝트에 대한 설계와 공사에 대한 발주는 한·미 합의하에 기술양해각서에 명시하였다. 그러나, 본 사업은 약 30% 수준의 설계에 해당하는 CP(Criteria Package)를 미국 측이 담당하고 그 이후 설계를 한국 측이 담당하는 절차로 되어 있어 국내 발주방식을 그대로 적용할 수 없었다. 이에 「국가를 당사자로 하는 계약에 관한 법률」의 개정으로 기본설계 기술제안 및 실시설계 기술제안 방식의 발주 제도를 새롭게 도입하였고, 이는 전체 사업의 공기지연 만회는 물론이고 국내 발주방식의 다양성을 제공하였다. 따라서 국내 대형 국책 사업에서도 이러한 발주방식의 도입을 고려해 볼 필요가 있다.

5) 시공사의 초기제출물 수준 향상을 위한 노력

YRP 사업의 개별 프로젝트를 수행하기 위해서 시공사는 미 국방성기준에 따라 각종 제출물을 제출하고 승인을 얻어야 한다. 그러나 사업 초기에는 다수의 국내 건설업체들이 이러한 기준을 충족시키지 못해 공사착수에 큰 어려움이 있었으며, 이를 검토하기 위한 PMC 인력이 증가하여 사업관리 비용 증가의 원인이 되기도 하였다. 따라서 추후 미군 시설이 포함된 사업에서는 국내 업체를 대상으로 한 관련 교육을 철저히 하여 이러한 문제를 사전에 예방할 필요가 있다.

6) 시공사의 품질수준 향상을 위한 노력

YRP 사업의 미측 설계건설대행자에 해당하는 FED, 그리고 시설물의 실제 사용자에 해당하는 미군 시설대(DPW)는 품질에 대한 요구수준이 매우 높았다. 특히 우리나라의 일반적인 건설사업에 대한 인식은 일정에 초점을 맞추고 있으며, 일부 미흡한 품질은 하자보증 기간을 활용하는 경향이 있다. 그러나, FED와 DPW는 거의 100%에 가까운 품질이 확보되어야 시설을 인계받기 때문에 품질개선을 위한 대규모 재작업이 다수 발생하였다. 따라서 품질보증업무를 담당하는 현장 품질보증담당자는 서류업무를 간소화하고 QC 업무에 대한 보증업무를 강화할 수 있도록 절차 및 기준을 마련할 필요가 있다.

7) 준공검사와 인수인계 절차의 통합 모색

YRP 사업은 실제 시설을 사용하는 사용자와 발주자가 상이한 특징으로 인하여 준공검사와 인수인계 검사의 주체가 다르다. 이에 YRP 사업은 준공검사 절차와 인수인계 절차가 분리되어 진행되며, 준공검사 절차는 계약자(시공사)와 발주자 간에 시행하고, 인수인계 절차는 발주자와 사용자 간에 시행하게 된다. 이러한 절차상의 분리로 인하여 인수인계 단계에서 준공검사 때와 다른 다량의 결함사항(Punch list)이 발생하기도 하였다. 이러한 절차상의 분리는 사용자의 요구 품질수준을 달성할 수 있다는 장점이 있다. 하지만 준공승인 이후 계약사의 품질에 대한 책임 회피로 인한 결함사항 처리 지연 등의 문제가 발생 될 수 있다. 따라서 향후 이러한 특징을 갖는 미군 시설공사에 대해서는 준공검사 절차와 인수인계 검사 절차를 통합하여 계약자, 발주자를 비롯하여 FED와 시설 사용자가 모두 참여하도록 할 필요가 있다.

VI. 시사점

주한미군기지 이전사업의 특징은 크게 세 가지 정도로 요약할 수 있다. 첫째, 한·미 양국의 다양한 협정에 의해 수행되고, 재원 문제 등으로 다수의 사업 주체가 관여하는 복잡한 의사결정구조를 가지고 있다. 둘째, 여타 조 단위의 대형 프로그램 사업의 특징도 가지고 있다. 셋째, 위치적으로는 국내에서 이루어지는 사업이지만 참여 주체와 적용 제도 및 미국방성 기준 관점에서는 국제 사업의 특징도 있다. 이러한 주한미군기지 이전사업의 진행 과정과 결과는 향후 국내의 대형 국책사업에 상당한 교훈과 시사점을 제공할 수 있을 것으로 판단된다.

특히 전문적인 사업관리를 위해 도입한 종합사업관리체계 역시 여타 국책사업과 다른 독특한 특징을 가지고 있다. 주한미군기지 이전사업의 종합사업관리는 한·미 설계건설대행자와 PMC로 명명된 종합사업관리 용역업체 간의 계약과 협력을 통해 수행되었다. 즉 주한미군기지 이전사업의 두 프로그램인 용산기지 이전사업과 연합토지관리 계획에 따른 복수의 발주자 및 종합사업관리용역 계약으로 체결되었다. 이 가운데 YRP 사업은 주한미군기지 이전사업단과 LH공사의 발주자가 주도하고 PMC가 종합사업관리 업무를 수행하는 구조로 진행되었다. 초대형 사업의 PMC 선정 및 계약, 업무체계가 향후 추진될 대규모 국책사업 및 후속사업에 줄 수 있는 교훈과 시사점을 정리하면 다음과 같다.

1. 종합사업관리체계의 구축과 위탁 PMC 계약

첫째, 종합사업관리체계는 단순히 종합사업관리 용역업체를 선정하는 것만이 아니라 발주자 조직과 종합사업관리 용역업체의 수행 구도를 정하는 것부터 결정되어야 한다. 종합사업관리는 PMC가 수행하는 것이 아니라 발주자가 해야 하는 업무를 위임받아서 수행하는 것이기 때문이다. 주한미군기지 이전사업은 두 개의 프로그램(YRP/LPP 사업)을 주도하는 발주자가 상이하기 때문에 이를 지원할 종합사업관리 용역업체를 단일화하여 업무의 효율성과 효과성을 도모하였다. 이러한 점은 여타 국책사업과 다른 차이점이라 하겠다.

둘째, 사업 절차 측면에서도 본 사업은 한국 측이 시설을 건설하고, 미국 측은 시설의 계획과 기준을 주도하고 시설을 사용한다는 관점에서 여타의 사업 절차와 완전히 다른 특징을 가지고 있다. 사업 프로세스의 주도권과 적용 제도 및 기준이 한·미 양국 간에 차이를 가지는 사업 특성상 종합사업관리 용역업체의 구성을 한·미 양국의 해당 전문업체 간 컨소시엄으로 구성하도록 유도하였다. 국내 사업의 경우 일반적으로 국내 업체가 주도하고 해외 업체는 주로 전문 기술분야를 담당하는 것이 일반적인 전략이었다. 하지만 본 사업의 경우 미국 업체는 한·미 양국 간의 의사소통, 특히 미국 측과의 의사소통 업무의 신뢰성을 높이는 역할을 담당한 것으로 평가할 수 있다.

셋째, PMC를 선정하는 절차에 있어서도 국내에서 잘 활용하지 않는 자격심사요청서(Request for Qualification, RFQ) 단계를 거쳐 이를 통과한 입찰자를 대상으로 본 제안요청서(Request for Proposal, RFP) 평가를 실시하였다. 일반적인 규모의 사업에서는 굳이 2단계의 절차를 거칠 필요는 없지만 대형 국책사업의 경우 이러한 RFQ 단계를 통해 보다 경쟁력 있는 입찰자를 확보하는 과정은 다른 국내 대형 건설사업에서도 충분히 고려할 만한 요소라 판단된다.

넷째, 본 사업은 시설종합계획이 미확정된 상태에서 PMC와의 계약을 체결해야 했기 때문에 국내 공공부문에서 거의 적용된 바가 없는 실비정산 성과보상 계약과 실비정산 정액보상 계약 방식을 활용했다. 이러한 사례는 국내 대형 사업에서 주로 적용해 왔던 총액계약 방식과 함께 발주자가 선택할 수 있는 다양성을 제공했다는 측면에서 상당한 의의가 있다고 판단된다. 또한, 실비정산 성과보상 계약에서 발주자가 고려해야 할 각종 고려사항과 위험요인을 보여 줄 수 있는 실천적 사례가 되었다는 점에서도 향후 대규모 국책사업 진행 시 상당한 시사점을 제공할 것으로 판단된다.

다섯째, 국내의 공항, 철도, 원전 등 대형 건설사업은 발주자가 곧 시설의 사용주체이기 때문에 발주자 주도 즉, 발주자 인력이 위탁 PMC 업체보다 많이 투입되는 종합사업관리가 수행되었다. 하지만 본 사업은 미군이 시설 사용자이기 때문에 한국의 발주자 인력을 대규모로 투입하기 어려웠다. 왜냐하면 발주자 인력의 과도한 투입은 향후 인력 운영의 경직성을 가져올 수 있기 때문이다. 여타 대형 국책사업에서는 투입된 발주자 인력이 해당 시설의 운영과 자연스럽게 연계되기 때문에 본 사업과 같은 위험요인은 크게 존재하지 않았다. 이러한 이유로 본 사업은 최소한의 발주자 인력 투입이 이루어졌으며, 반대로 대규모의 PMC 인력이 투입되었다. 이로 인해 여타 사업과 비교할 때 위탁 PMC 비용이 크게 지출된 것으로 알려지기도 했다. 여기에 여타 대형사업에서 법적 기

[그림 3-31] 주한미군 캠프 험프리스(Camp Humphreys) 기지 조감도

준으로 투입되었던 단위사업의 감리 역시 국방시설의 특수성으로 위탁 PMC의 과업으로 수행되었기 때문에 위탁 PMC 비용은 외형적으로는 다른 사업보다 크게 보일 수밖에 없는 한계점이 있다. 이를 객관적으로 평가하기 위해서는 발주자 비용, 위탁 PMC 비용, 감리 비용을 합산한 전체 종합사업관리 비용으로 전환하여 판단해야 한다. 국내의 사례를 보았을 때 전체 사업비의 10% 수준에서 이러한 비용을 지출하는 것이 타당하다는 선행연구 결과도 있다. 본 사업 역시 이러한 기준으로 평가해 볼 때 결코 과다하게 집행된 것이 아님을 확인할 수 있다.

2. 사업관리 프로세스 수립

첫째, YRP 사업은 사업단계를 11개로 구분해서 운영하고 있다. 그리고 기능별로는 17개의 관리업무로 구분하였다. YRP 사업의 효율적인 종합사업관리를 분석하기 위해 이들 단계와 관리업무가 망라된 총괄흐름도라는 틀 속에서 주요 구성과 내용, 그리고 흐름을 파악할 수 있어 YRP

종합사업관리업무를 보다 용이하게 파악할 수 있도록 하였다. 둘째, 구체적으로 총괄흐름도상의 YRP 사업단계는 착수, 기획, 실행, 감시 및 통제, 종료의 대분류로 구분하고 여기에 17개 관리업무를 배열하였다. 이를 통해 해당 관리업무가 각 단계별로 어떤 일을 수행하였는가가 명확해졌다. YRP 사업과 같은 대형 국방사업에서 이러한 종합사업관리업무의 구분과 분류는 향후 대형사업의 사업관리업무와 기능을 구축할 때 주요한 참고자료로 활용될 수 있을 것으로 판단된다. 또한 공항 건설 등 이전의 대형 국책사업의 경우 종합사업관리업무를 규정하고 정의할 때 주로 기능별 정의만을 활용하였다. 하지만 YRP 사업의 경우 사업 단계를 구분하여 기능별 업무를 재편하여 나타냄으로써 종합사업관리의 프로세스와 업무를 일목요연하게 규명하였다는 측면에서 후속 사업에 큰 시사점을 줄 것으로 판단된다.

07

동북아 경제중심지 개발, 새만금개발사업

I. 세계적 여건 변화 대응을 위한 새만금사업의 변천사

1. 사업개요

2010년 세계 최장 길이의 방조제(33.9km)가 국내에 준공되었다. 전북권에 위치한(비응도~고군산군도~변산반도) 이 방조제는 여의도의 약 140배 규모로 409km²(토지 291km², 호소 118km²)의 간척사업 발판을 마련했으며, 우리는 이를 새만금사업 또는 새만금간척사업으로 불리며 현재까지 진행 중이다. 총 22.79조 원이 투자되는 새만금사업은 그린성장을 실현하는 글로벌 신산업 중심지가 되기 위한 5대 목표인 그린에너지와 신산업 허브, 명품 수변도시, 첨단농업 육성 거점, 관광·생태 중심도시, 개방형 경제특구 조성을 위해 추진 중이다.

대규모 국토확장 사업인 새만금사업은 10억 톤 규모의 수자원 확보와 공항·항만·철도·고속도로 건설로 지역교통체계 개선, 기존 김제·만경평야의 배수개선을 통해 낙후된 지역경제 활성화와 함께 국가 미래 성장 동력 창출이라는 큰 의미를 부여할 수 있다.

[그림 3-32] 새만금사업 조감도

2. 사업의 태동

'새만금'이라는 명칭은 1986년 정부문서에 처음으로 등장했다. 당시 김제만경평야를 '금만평야'로 일컬어 왔는데, 여기서 '금만'을 바꾸어 '만금'으로 하고 새롭다는 뜻의 '새'를 덧붙여 '새만금'이라는 용어가 탄생하였다. 새만금이라는 용어가 탄생하기 이전 새만금사업은 '서남해안 간척자원조사' 결과로 개발계획을 수립하였으며, 1970년대 초 세계적인 식량파동과 함께 대단위 농업개발(금강·평택·영산강·삽교천 등)을 위해 추진되었다. 1971년 서남해 간척농지 개발예정지로 선정된 새만금 간척사업은 경제성평가(1972년)와 간척사업 대상지 선정(1975년) 및 기본조사실시(1981년) 등을 거쳐 1987년 5월 농림수산부(현 농림축산식품부)가 서해안 간척사업 추진계획을 발표하면서 새만금사업으로 발전하였다.

새만금 추진계획 발표 이후 1988년 농업진흥공사(현 한국농어촌공사)는 새만금 현지에 새만금사업단을 설립하고 1989년 기본계획 수립을 농림수산부에 제출하였으며, 그해 새만금 기본계획을 확정지었으나 1990년까지 예산 미확보로 공사착공이 지연되었다. 1991년 국회 예산결산위원회에서 농지기금 예산에 새만금 사업비 2차 추가예산을 확보하여 1991년 농림수산부의 고시로 새만금사업 시행계획이 공식화되었다.

3. 사업의 연혁

'새만금간척종합개발사업계획(1991년)'을 확정 후 한국농어촌공사는 그해 11월 28일 새만금사업 시작을 알리는 새만금 방조제 공사의 첫 삽을 떴다. 그러나 1996년 수자원확보를 위해 진행된 시화호의 오염문제가 대두됨에 따라 새만금 방조제 내부 수질오염 가능성에 대한 관심이 높아졌으며, 새만금호로 유입되는 상류하천(동진강, 만경강 등)의 수질 개선과 호내 수질보전 대책이 필요하였다.

또한 이전에 고려되지 않았던 갯벌의 가치 및 해양생태계의 영향 등 간척사업의 효과에 대한 논의가 공론화되기 시작하면서 1997년 환경단체들은 새만금사업 재검토 운동을 전개하였다. 환경단체의 중단 요구가 지속됨에 따라 1999년 새만금 환경 논쟁의 합리적 해결을 위해 수질·해양·경제성 분야의 조사를 시작하였으며, 조사기간(1999년 5월~2000년 6월) 동안 방조제 공사는 중단되었다. 각종 환경문제로 인해 중지되었던 방조제 공사는 2001년 '물관리정책 조정위원회'를 개최하여 방조제 완공 후 오염 요인이 많지 않음에도 불구하고 환경단체는 지속적으로 새만금사업을 반대하는 법적 소송을 계속하였고, 2003년 환경단체의 '새만금 공사 중지 가처분 신청'이 판결 시까지 집행을 정지하도록 결정(2003년 7월)됨에 따라 방조제 공사는 다시 중단되었다. 이에 정부는 법원의 집행정지에 대해 즉시 항고하였으며, 그 후 정부가 승소함에 따라 공사는 2004년 재개

[표 3-10] 새만금 방조제 제원

구분	제1호	제2호	제3호	제4호	제5호
구간	〔부안 대항리 ~ 가력항 배수갑문〕	〔가력항 배수갑문 ~ 신시도(33센터)〕	〔신시도(33센터) ~ 야미도〕	〔야미도 ~ 응도〕	〔비응도 ~ 내초도〕
행정구역	부안군 변산면 대항리	김제시 진봉면 심포리	군산시 옥도면 야미도리, 신시도리, 비응도동		
- 연장 * 총 33.9km	4.7km	9.9km	2.7km	11.4km	5.2km * 5.2km 중 4.1km는 산업단지로 편입
둑마루					
• 제정폭	30m(4차선 포장도로 26m + 보도 4m)				
• 도로	6차선(상단 4차선, 수변로 2차선), 설계속도 60~80km/hr				
• 둑마루 표고	EL. 10.70m	EL. 9.60m	EL. 8.50m	EL. 11.00m	
- 설계기준					
• 파랑	1000년 빈도				
• 설계풍속	40.50㎧	34.22㎧	40.54㎧	45.39㎧	
• 설계파고	3.98m	3.90m	2.64m	5.19m	
• 여유고	1.42m	0.92m	0.88m	0.8m5	
해수면 수위					
• 최고조위	EL. (+)3.5m				
• 최저조위	EL. (-)3.6m				
• 설계수위	EL. 9.28m	EL. 8.58m	EL. 7.86m	EL. 10.15m	
내수면 수위					
• 홍수위	EL. (+)1.26m				
• 관리수위	EL. (-)1.50m				
- 끝막이 일자	'94. 7	'06. 4	'94. 7	'03. 6	
- 사업 시행자	농림축산식품부 (대행: 한국농어촌공사)				(구)한국토지공사

되었다.

환경문제 등 각종 문제에 부딪혔던 방조제공사는 2006년 3월 대법원 전체합의체 최종 판결에서 정부가 승소함에 따라 환경 분쟁을 마무리하고 2010년 4월 27일 착공 20년 만에 준공되었다.

1991년 방조제 착공 이후 약 20여 년 가까이 방조제 축조공사가 추진되는 동안 국내에서는 농업생산력 향상과 시대의 변화에 따른 경제개발 요구가 높아졌다. 이에 2007년 4월 새만금 토지이용구상안 발표에서 당초 농업용지 비율을 100%에서 72%로 축소하고, 산업·관광 등 복합용지를 28%로 확대하였으며, 2008년 '새만금지역 등북아 경제중심지 조성계획'에 의해 산업·관광 등의 복합용지를 70%까지 확대하였다.

또한 토지계획 변경과 함께 2010년 '내부개발을 위한 기본구상 및 종합실천계획'을 수립하고 새만금 사업의 구체화를 위해 2011년 용지조성 및 기반시설 등의 내용이 담긴 '새만금 종합개발계획(MP)'을 수립하였다.

4. 새만금 종합개발계획 수립

1991년 농지조성을 위해 시작된 새만금 사업은 2008년 '새만금지역 동북아 경제중심지 조성계획'을 발표하면서 농지 위주의 개발에서 산업·관광 등 복합용도 개발로 변경되었으며, 그 후속 조치로 새만금 개발의 통합성과 실천력을 확보하는 '새만금 내부개발 기본구상 및 종합실천계획(2010)'을 확정·발표하였다. 그러나 본격적인 새만금사업 추진에 따라 용지별 토지이용계획 및 주요 기반시설계획의 구체화 및 다양한 정부기관에서 추진 중인 사업과의 정합성과 일관성 제고가 필요하였다. 이에 새만금을 둘러싼 개발여건 변화에 따라 기존 계획의 미비점을 보완하고 발전시킬 필요성에 따라 2011년 종합개발계획을 수립하였다.

종합개발계획은 「새만금사업 촉진을 위한 특별법」(제2조 및 제5조)에 근거하여 수립되는 법정계획으로 새만금의 개발비전 및 전략목표, 토지이용방향의 구체화된 정책계획과, 주요 기반시설계획 및 용지조성계획을 구체화하여 향후 수립하게 될 용지별 기본계획 및 실시계획의 준거가 되는 지침 등을 수립하였다. 이러한 종합개발계획의 주요 내용은 개발·투자를 선도하는 '명품복합도시' 조성을 목표로 8대 용지별(도시, 산업, 농업, 관광·레저. 국제업무, 과학·연구, 신·재생에너지, 생태·환경) 개발방향과 7개 기관(농식품, 국토, 교육, 문화, 지경, 환경, 전북)의 개발주체를 통해 용지를 단계적(1단계: ~2020년, 2단계: 2021년~)으로 개발하는 내용을 담고 있다. 또한 개발계획 내용에 개략적 교통계획(내부간선도로, 항만, 단선철도)과 '친수활동 가능' 수질목표 등을 제시하였으며, 이를 개발하기 위한 22.19조 원의 총사업비 규모를 추정하였다.

새만금 종합개발계획 수립 이후 새만금 특별법 개정(2012) 및 새만금개발청 출범(2013)과 함께 기존 개발계획에 제시된 새만금 개발목표 및 각종 계획 등 투자자 눈높이에 맞는 개편이 필요하였으며, 새만금을 둘러싼 환경여건 변화 대응 등 기존 개발계획 보완이 필요하였다. 이에 2014년 기존의 '새만금 종합개발계획'에서 '새만금 기본계획'으로 명칭을 변경하고, 투자 활성화에 기여할 수 있는 수요자 중심의 계획으로 변경하였으며 이러한 개발계획의 주요 변경 내용은 다음 [표 3-11]과 같다.

1971년에 처음 추진된 새만금사업은 현재까지 50년이 넘는 시간이 흐르는 동안 환경문제, 사업지연 등 각종 난관에 부딪혔으나 정부는 추진방식 결정, 새만금개발청 출범, 특별법 개정, 각종 상위계획 수립 등 원활한 추진을 위한 지속적인 노력을 행했다. 특히 새만금 기본계획은 새만금 개발사업의 근본이 되는 법적 최상위 계획으로 세계적 여건 변화, 국가 및 지역발전 정책 등 새만금 환경변화의 원활한 대응을 위해 2021년 재정비되었다.

2021년 기본계획 재정비를 통해 변경된 주요 내용으로는 기존 '글로벌 자유무역의 중심지'에서 '그린성장을 실현하는 글로벌 신(新)산업 중

[표 3-11] 새만금 개발전략의 변천 과정

구분	새만금 내부토지 개발 기본구상	새만금 내부토지 개발 기본구상 변경	새만금 종합실천계획	새만금 종합개발계획	새만금 기본계획
계획 수립 연도	2007	2008	2010	2011	**2014**
법적 근거	새만금사업 촉진을 위한 특별법				**새만금사업법**
소관부처	농식품부, 국토부, 미래부, 문체부, 산업부, 환경부				**새만금개발청**
목표	농지 확보 및 차세대 토지확보	동북아 경제중심지로 개발			
개발전략	순차개발	**동시개발**(추가적 수질·환경대책 추진)			
사업기간	동진은 2020년까지, 만경은 수질 만족 시	1단계(~2020까지)와 2단계(2021 이후)로 구분			
도입기능	농업, 산업, 관광, 도시, 환경	기본 5개 기능 + 신재생에너지, 과학연구, 국제업무		첨단농업, 산업, 관광, 물류, 국제업무, 과학연구, 재생에너지, 주거	**국제협력, 산업·연구, 농생명**
토지이용(km^2)	401.0				**409.0**
(농업)	161.0	85.7	85.7	85.7	**89.7**
(도시)	50.5	62.5	92.8	126.3	**133.9**
(환경)	30.0	59.5	59.5	59.5	**59.1**
(유보용지)	41.5	75.3	45.0	11.5	**8.3**
(호소)	118.0				

심지'로 개발전략을 변경하였으며, 새만금사업의 특성을 고려한 ① 그린에너지와 신기술 기반의 발전, ② 환경·경제적 지속 가능성 강화, ③ 다양한 분야·기능 간 융복합 촉진을 지향해야 할 가치로 두었다. 또한 글로벌 신산업 중심지가 되기 위해 5대 목표로 ① 그린에너지와 신산업 허브, ② 명품 수변도시, ③ 첨단농업 육성 거점, ④ 관광·생태 중심도시, ⑤ 개방형 경제특구 조성 추진을 설정하였다.

또한 민간투자를 위해 최소한의 개발 방향만 제시하는 기존의 '청사

[표 3-12] 5대 권역별 토지이용구상 및 단계별 개발계획 목표치

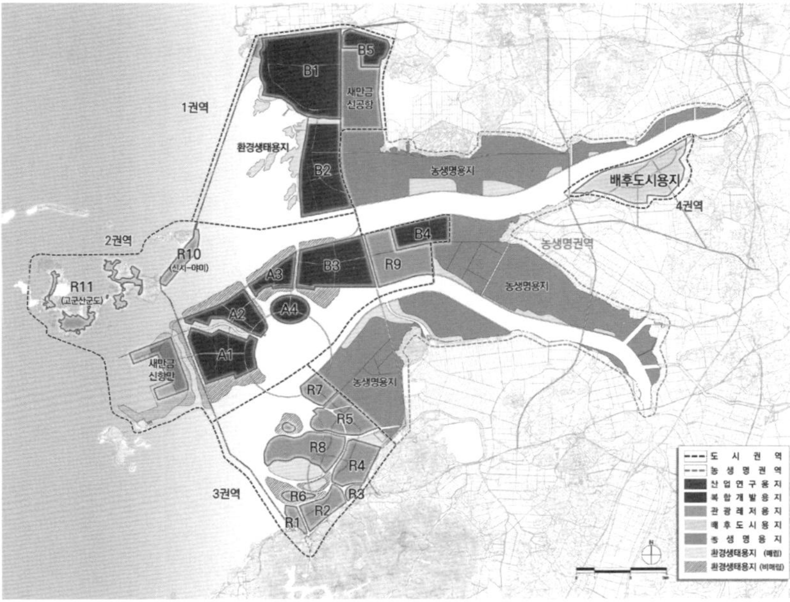

(단위: km²)

구분	1단계	2단계	3단계	4단계	합계
합계	124.5	102.9	24.6	39.0	**291.0**
1권역	8.3	44.1	1.0	21.0	**74.4**
2권역	14.8	24.8	4.5	18.0	**62.1**
3권역	10.7	11.8	9.1	-	**31.6**
4권역	-	-	10.0	-	**10.0**
농생명권역	81.4	22.2	-	-	**103.6**
기타용지	9.3	-	-	-	**9.3**

진'에서 공공주도를 바탕으로 구체적인 '개발로드맵'으로의 전환을 위해 기존 용지별 구분체계에서 5대 권역별 공간구조 변경과 미확정된 사업기간을 2050년까지 개발 완료(총 4단계, 10년 단위)를 목표로 변경하였다(표 3-12, 13).

[표 3-13] 기반시설 계획 및 단계별 개발규모

<table>
<tr><th colspan="3">구 분</th><th>계</th><th>1단계
(2020년)</th><th>2단계
(2030년)</th><th>3단계
(2040년)</th><th>4단계
(2050년)</th></tr>
<tr><td rowspan="12">기반
시설</td><td colspan="2">신항만 및 배후단지</td><td>9선석</td><td colspan="2">6선석</td><td>3선석</td><td>-</td></tr>
<tr><td colspan="2">새만금~전주고속도로</td><td>55.1km
(4차선)</td><td>55.1km 착수</td><td>-</td><td>-</td><td>-</td></tr>
<tr><td colspan="2">새만금항 인입철도</td><td>47.6km</td><td>-</td><td>47.6km</td><td>-</td><td>-</td></tr>
<tr><td colspan="2">동서 1축 도로</td><td>26.5km
(6→10차로)</td><td>-</td><td>26.5km
(6→10차토)</td><td>-</td><td>-</td></tr>
<tr><td colspan="2">동서 2축 도로</td><td>20.3km
(6차로)</td><td>20.3km
(4차로)</td><td>20.3km
(4→6차로)</td><td>-</td><td>-</td></tr>
<tr><td colspan="2">동서 3축 도로</td><td>21.5km</td><td>21.5km</td><td>-</td><td>-</td><td>-</td></tr>
<tr><td colspan="2">남북 1축 도로</td><td>완공</td><td>-</td><td>-</td><td>-</td><td>-</td></tr>
<tr><td colspan="2">남북 2축 도로</td><td>27.1km
(6~8차로)</td><td>27.1km 착수
(6~8차로)</td><td>-</td><td>-</td><td>-</td></tr>
<tr><td colspan="2">남북 3축 도로</td><td>27.2km</td><td>-</td><td>27.2km</td><td>-</td><td>-</td></tr>
<tr><td rowspan="2">순환링</td><td>교량</td><td>6.4km</td><td>-</td><td>2.7km</td><td>3.7km</td><td>-</td></tr>
<tr><td>도로</td><td>8.8km</td><td>-</td><td>5.4km</td><td>3.4km</td><td></td></tr>
<tr><td colspan="2">지역간 연계간선도로
(순환링 제외)</td><td>54.66km</td><td colspan="2">15.44km</td><td>39.22km</td><td>-</td></tr>
</table>

주 1. 지역간 연계간선도로 중 2개 노선(#2, #4)은 2개 단계로 나누어 추진
2. 용수공급시설 등은 개발단계를 고려하여 차질 없이 공급

그 외 2030년까지 내부개발 가속화를 위해 공공주도 선도사업(2권역 용지개발 중심) 확대 및 민간공기업 협력(3권역중심) 추진, 도로 및 용수 등 기반시설에 대한 국가·공공 우선지원과 내부 토지이용계획 수립 시 환경적 가치를 고려하여 자연노출지 형성, 공항 소음 영향 고려, 도시 내 물순환 촉진, 재난예방시스템 구축 등에 대한 내용을 포함하였다.

II. 새만금사업의 원활한 추진과 효율적 관리를 위한 새만금개발청 설립

1. 새만금개발청 설립 배경 및 목적

새만금사업 결정부터 방조제 축조 이전까지는 총괄집행기구의 필요성이 적었으나 2011년 '새만금종합개발계획'이 수립되고 본격적인 사업추진 단계에 접어들면서 새만금사업의 총괄관리를 위한 중앙행정기관의 필요성이 제기되었다. 그동안 새만금사업은 국무총리실 '새만금사업추진기획단'에서 기획하고 국토부, 농식품부, 환경부 등 7개 기관에서 각각 개발하게 되어 있었으나, 매립토 확보, 부지조성계획, 기반시설 구축 등 비효율적인 난개발의 문제로 사업 진행 속도 및 예산 확보의 문제와 그에 따른 비용 증가가 우려되었다. 이에 2012년 공포된「새만금사업 추진 및 지원에 관한 특별법」제34조에 근거를 두어 2013년 새만금사업지역을 환경 친화적 첨단복합용지로 개발·이용 및 보전하여 국토균형발전과 국가경쟁력 강화에 이바지함을 목적으로 새만금개발청이 개청되었다.

새만금개발청은 새만금사업을 추진하는 중앙행정기관으로서 원활한 추진을 위해 기본계획을 수립하고 사회적·경제적 여건 변화 등 필요에 따라 기본계획 변경을 수행하며, 광역기반시설의 설치 및 관리, 사업시행자의 지정, 개발·실시계획의 승인 및 변경, 사업지역 내 행위허가, 준공검사, 조성 토지 공급계획의 승인 등의 업무를 수행하고 있다. 또한 새만금사업 특성상 농업(농식품부), 수질(환경부), 신항만(해양수산부), 도로·철도·공항(국토교통부) 등은 관련 중앙부처에서 수행함에 따라 '청' 단위의 집행기관인 새만금개발청이 부처 간 이견 조정을 수행하기 어려운 한계 등을 보완하기 위해 새만금사업 관련 주요 정책의 통합·조정 기능 및 위원회 업무 지원을 위한 지원단을 국무총리 소속으로 설치하여 업무를 수행하고 있다(그림 3-33).

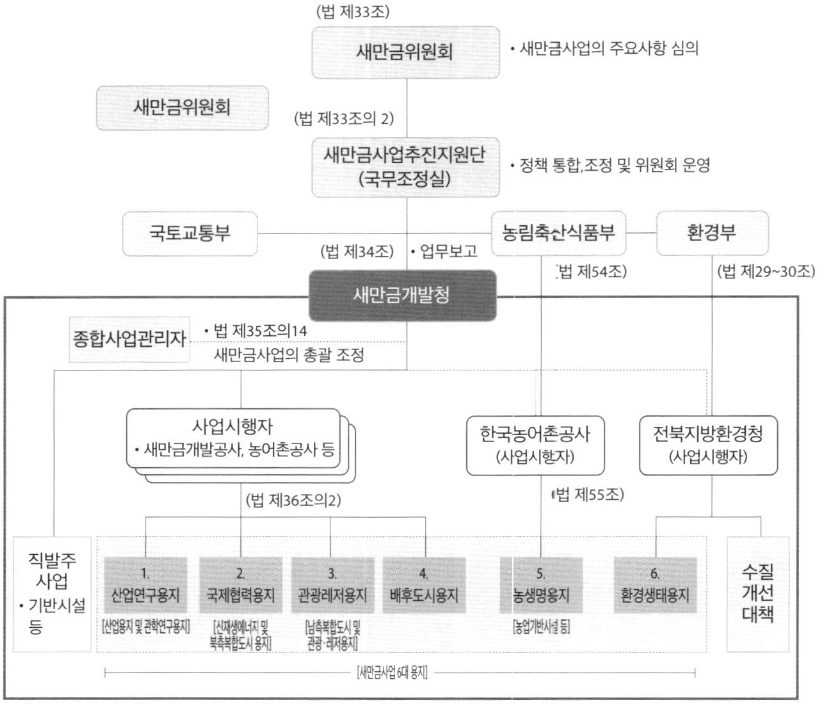

[그림 3-33] 새만금개발사업 참여기관(정부 및 공공기관) 구조

2. 새만금특별법상 새만금개발청의 역할과 권한

새만금 특별법상 새만금개발청은 새만금사업의 원활한 추진과 효율적인 관리를 위하여 국토교통부장관 소속으로 설립하였으며, 중앙행정기관으로서 각종 계획결정 및 사업지역의 행위허가 등을 수행하고 있다(표 3-14).

[표 3-14] 새만금개발청(장)의 역할과 권한

1. 새만금위원회의 지원에 관한 사항
2. 제 6조에 따른 기본계획의 수립 및 변경에 관한 사항
3. 제7조에 따른 광역기반시설 및 부대시설의 설치 및 관리
4. 제8조에 따른 사업시행자의 지정
5. 제9조에 따른 개발계획의 수립 및 변경과 제11조에 따른 실시계획의 승인 및 변경
6. 제13조에 따른 새만금사업지역에서의 행위허가
7. 제20조에 따른 준공검사
8. 제22조에 따른 조성토지등의 공급계획의 승인
9. 제23조에 따른 선수금의 승인
10. 제37조에 따른 새만금사업 특별회계의 관리·운용에 관한 사항
11. 새만금사업지역의 재해 및 재난의 관리에 관한 사항
12. 새만금사업지역에 기업의 투자유치를 위한 홍보 및 대외협력과 그 투자유치를 위한 지원
13. 새만금사업지역 내 토지 및 새만금호를 이용한 수익사업
14. 새만금사업의 총괄·조정
15. 이 법 또는 다른 법률에서 새만금청장의 업무로 규정한 업무

3. 청사진에서 실행계획으로 전환 관리

또한, 새만금개발청은 1단계 사업 종료(~2020년) 이후 2단계 사업의 지속적인 추진을 위해 기존 민간 주도에서 공공 주도의 개발로드맵으로 전환하여 공기업 참여 확대를 통해 개발 가속화 및 민간참여(투자유치형 재생에너지사업) 활성화 모델을 제시하였다. 특히 2단계 핵심사업(스마트그린산단, 그린수소복합단지, 항만경제특구, 공항경제특구, 재생에너지연계사업, 관광·신산업복합단지)을 구체화하여 사업주체의 원활한 추진을 위한 틀을 마련하였으며, 각종 하위계획 검토 등의 업무를 수행하고 있다.

[표 3-15] 2단계 개발기간 핵심사업

사업명	위치	사업내용	추진주체(예시)
1. 스마트·그린 산업단지	1권역 산업연구용지	• 스마트기술과 재생에너지 기반 산업단지 조성 • 국가시범사업으로 추진 • 국내 최초로 물리적 RE100 실현이 가능한 산업단지로 조성 • 새만금 그린수소 생산·실증을 위한 인프라 조성	농어촌공사 등 공공기관
2. 그린수소복합단지(수소도시)	2권역 복합개발용지	• 수소 기반의 도시생활과 경제활동이 이루어지는 본격적인 수소시범도시 건설	새만금개발공사 등 공기업 간 협업
3. 항만경제특구	2권역 복합개발용지	• 항만배후부지의 적극적 개발 및 복합도시내에 항만의존형 수출(식품)산업단지 조성 • 항만부지와 도시간 연계를 위한 각종 편의, 문화시설 배치 • CIQ 지원 및 기타 특구 지원 기준 적용	새만금개발공사 등 공기업 간 협업
4. 공항경제특구	1권역 산업연구용지	• 공항 인접 산업단지 내에 항공관련 산업기능 집적 거점 구축 • CIQ 지원 및 기타 특구 지원 기준 적용 • 공항-산업단지-산업단지 지원용지간 경제회랑구축	농어촌공사 등 공공기관
5. 투자유치형 재생에너지 연계사업	3권역 관광레저용지	• 체류형관광, 스포츠레저시설, 위락시설 등이 복합된 관광단지 조성	민간 혹은 민+관 (투자유치형 재생에너지 사업)
6. 기업 주도형 관광· 신산업 복합단지	3권역 관광레저용지	• 민간기업의 투자를 통해 관광기능과 도시기능이 복합된 도시를 개발 • 기업의 수요와 아이디어를 반영한 자율형 도시계획 및 개발(자율계획지구로 지정 개발) • 일부구역은 UAM 등 신이동체산업 사업화 및 실험·실증 기반을 제공하는 新이동체 실증단지 추진	민간 혹은 민+관 (투자유치형 재생에너지 사업)

[표 3-16] 새만금개발청 2단계 핵심사업 개요 및 추진전략

(스마트 그린산단) 지능형 전력망, 스마트 공장·물류·교통시스템, 대규모 태양광발전 등을 바탕으로 **국내 최초의 RE100**을 구현
- 사업개요 • (위치) **새만금 산단**내(5·6공구) • (면적) 3.7km² • (사업주체) 한국농어촌공사(매립), 국토부(시범사업) • (도입기능) 공항, 항공물류센터, 연구소, 군산공항역, 상업·업무시설 등
(추진전략) **RE100특구 지정**을 통해 재생에너지 직접거래를 허용하고, 인프라 조성, 관련 기업 지원 등 **국가 시범사업**추진
(그린수소 복합단지) 경**제활동**과 **시민생활**이 새만금내에서 생산된 **그린수소를 기반**으로 이뤄지는 **본격적인 수소 플랫폼 도시** 조성
- 사업개요 • (위치) 새만금 **순환링 북측** • (면적) 3.3km² • (사업주체) 새만금공사, 수자원공사 • (도입기능) 수전해시설, 수소저장단지, 수소산단, 수소실증단지, 수소도시, 재생에너지 단지
(추진전략) **국가적 차원**의 **수소허브 조성**을 위해 **공공**의 **선도적 참여**를 **유도**하고 **단지조성**부터 **생산기반 마련**까지 **일괄개발** 추진
(항만경제특구) **신항만**과 연계한 **경제특구** 개발을 통해 외투기업, **리쇼어링기업** 등의 투자거점으로 육성
- 사업개요 • (위치) 신항만 및 **수변도시 연접 부지** • (면적) 5.4km² • (사업주체) 새만금공사, 수자원공사 • (도입기능) 항만, 물류단지, 연구시설, 상업·도시지원시설, 새만금신항역
(추진전략) **투자진흥지구** 지정을 통해 국내 **최고 수준**의 **투자 인센티브**를 **부여**하고, **세관·출입국·검역**(CIQ) 지원 인프라 확충
(공항경제특구) 새만금 산단과 **신공항, 철도**를 연계한 **항공물류, 국제교류**·무역서비스, 항공정비센터 등 기능 확보
- 사업개요 • (위치) 새만금 산단내(7, 8, 9공구, 신공항) • (면적) 13.8km² • (사업주체) 국토교통부(신공항), 한국농어촌공사(산업단지) • (도입기능) 공항, 항공물류센터, 연구소, 군산공항역, 상업·업무시설 등
(추진전략) 공항터미널/역을 중심으로 **역세권 개발** 및 **복합물류체계** 구축, 항공보안·무인항공R&D등 **특화기능** 도입 및 **규제샌드박스** 지원

[표 3-16] 새만금개발청 2단계 핵심사업 개요 및 추진전략(계속)

(재생에너지연계사업) 재생에너지 발전권과 연계하여 **수상레저, 체류형 관광** 등 민간 사업자 주도 혹은 민관 협력방식의 관광개발 추진
- 사업개요 • (위치) 3권역 관광레저용지(2개 지구로 분리 개발) • (면적) 5.6km² • (사업주체) 민간 또는 민관합작개발, 새만금개발공사 등 공기업 • (도입기능) 마리나 및 수상레저시설, 골프장 및 골프빌리지, 테마상가 등
(추진전략) **재생에너지 발전사업권**을 **인센티브**로 활용하여 사업자를 유치, 관광용지 내부를 통과하는 지역간 연계간선도로를 우선 건설, **민간의 다양한 아이디어** 반영 및 **창의성 있는 개발** 지원
(관광·신산업 복합단지) **관광**과 **新산업 실증·체험의 결합** 등 민간의 창의적 수요를 반영한 **기업주도형** 관광레저 도시 조성
- 사업개요 • (위치) **잼버리대회** 부지 • (면적) 8.7km² • (사업주체) 민간사업자 • (도입기능) 체류형 관광용지, 에코빌리지(친환경 주거단지), 해양형 테다파크 및 수상레저, 골프장, 신기술(도심항공), 주거, 실험실증단지 등
(추진전략) '**자율계획지구**' 지정을 통해 **도입기능**과 **입지** 등을 제약받지 않고 계획할 수 있도록 하여 **민간**의 **자율성**을 최대한 **보장**

III. 새만금개발사업의 추진

1. 용지조성사업의 추진

새만금은 5개 권역으로 나뉘어 개발이 진행되고 있으며, 현재까지 1권역(산업연구용지), 2권역(복합개발용지), 농생명권역(농생명용지) 중심으로 매립·조성사업이 진행되고 있다. 2024년 12월 기준으로 전체 매립 계획면적(291km²) 대비 매립 완료 면적은 121.5km²(41.8%)이며, 매립 진행 중인 면적까지 포함하면 143.4km²(49.3%)이다. 그 외 4호 방조제 종점부 및 녹지대 등 기타 용지의 경우 명소화 사업 지구 등으로 개발할 예정이다. 권역별 세부 추진 현황은 [표 3-17]과 같다.

[표 3-17] 권역별 용지매립 현황

(단위: km², '24.12월말 기준)

구분		개발면적	매립 현황			매립예정
			계	완료	매립중	
합계		291.0	143.4	121.5	21.9	147.6
구성비(%)		100%	49.3%	41.8%	7.5%	50.7%
1권역		74.4	14.3	8.3	6.0	60.1
	산업연구용지	33.5	14.3	8.3	6.0	19.2
	공항용지	8.2	-	-	-	8.2
	환경생태용지	32.7	-	-	-	32.7
2권역		62.1	14.8	11.8	3.0	47.3
	복합개발용지	19.8	6.6	6.6	-	13.2
	산업연구용지	14.3	-	-	-	14.3
	관광레저용지	13.2	5.2	5.2	-	8.0
	신항만	4.9	3.0	-	3.0	1.9
	환경생태용지	9.9	-	-	-	9.9
3권역		31.6	10.7	10.7	-	20.9
	관광레저용지	24.4	9.9	9.9	-	14.5
	환경생태용지	7.2	0.8	0.8	-	6.4
4권역(배후도시용지)		10.0	-	-	-	10.0
농생명권역*		103.6	94.3	81.4**	12.9	9.3
기타 용지		9.3	9.3	9.3	-	-

* 농식품부 소관 환경생태용지(9.3km²) 포함

** 농생명용지 3개 공구(1-2·7-1·바이오, 18.4km²) 부분준공으로 매립완료 반영

1권역은 총 74.4km²의 면적이며, 산업·연구용지 33.5km² 중 18.5km²(새만금국가산업단지)는 한국농어촌공사가 사업을 추진 중이다. 신성장산업 및 관련 연구시설을 집적하고, 공항과 연계한 글로벌 특구로 개발하여 미래지향적 혁신생태계로 발전시킬 계획이다.

[그림 3-34] 새만금지역 위성 사진

2권역은 62.1km²의 면적이며, 복합개발용지 19.8km² 중 6.6km²(스마트수변도시)와 관광레저용지 13.2km² 중 1.9km²(신시야미지구)는 각각 새만금개발공사와 민간투자자가 사업을 추진 중에 있다. 새만금의 거점도시공간으로, 산업·물류, 문화·관광기능, 업무기능 등의 복합적 개발을 추진할 계획이다.

3권역은 31.6km²의 면적이며, 관광레저용지 24.4km² 중 초입지 1.1km²와 잼버리부지 8.8km²의 매립이 완료되었고, 0.8km²의 환경생태용지가 조성되어 운영 중이다. 수변을 활용한 관광레저와 신기술 기반의 기술체험 등 관광과 신산업이 어우러진 복합관광 공간으로 연계·발전시킬 계획이다.

4권역은 10.0km²의 면적이며, 단계별 개발계획에 따라 2030년 이후 개발 예정으로 사료작물 재배 등으로 임시사용 중에 있다. 주변의 농생명용지 및 수변공간과 연계하여 제조업 및 관광기능이 복합된 농산업·

관광 등 중심으로 개발할 계획이다.

농생명권역은 103.6km²의 면적이며, 농생명용지 94.3km²는 한국농어촌공사가 사업을 추진 중이다. 고부가 스마트농업의 전진기지로 활용, 식품산업의 안정적 원료 조달 및 친환경 농산물 공급, 수목원·농업테마파크 등을 연계한 농업생태관광 및 쾌적한 농촌 정주공간으로 조성할 계획이다.

환경생태용지는 49.8km²(1~3권역)의 면적이며, 1단계(0.8km²) 조성이 완료되어 운영 중에 있다. 자연 스스로 회복할 수 있는 여건을 조성하고 생태체험·환경교육의 공간 제공 및 보전과 이용의 조화를 이룰 수 있도록 구역을 핵심지역, 완충지역, 전이지역으로 구분하여 계획하였다.

2. 기반시설 사업의 추진

새만금지역의 원활한 내부개발을 위한 십(十)자형 간선도로·고속도로 건설 및 대규모 물류수송을 위한 물류기반시설 구축 등 도로·항만·공항·철도의 주요 SOC사업을 중심으로 기반시설 사업을 추진할 계획이며, 사업별 추진 현황은 다음과 같다.

새만금 동서도로 건설사업은 새만금 기본계획의 3×3 간선도로 중 동서2축에 해당하는 사업으로 새만금-전주고속도로와 함께 새만금 신항만, 새만금 산업단지의 물동량 처리를 지원할 목적으로 추진됐다. 전체 연장은 20.4km(왕복 4차로)이며, 16.5km는 새만금개발청이, 3.9km는 한국농어촌공사가 담당하였으며, 2020년 11월에 개통되어 이용 중이다.

새만금 남북도로 건설사업은 새만금 기본계획의 3×3 간선도로 중 남북2축에 해당하는 사업으로 산업연구용지, 복합개발용지, 관광레저용지의 접근성 개선을 목적으로 추진되었다. 전체 연장은 27.1km(왕복 6~8차로)이며, 1·2단계 사업으로 나누어 새만금개발청이 단계별로 추진하였다. 2023년 7월 전면 개통되어 이용 중이다.

새만금 지역 간 연결도로 건설사업은 새만금 기본계획의 순환링 및 연계 간선도로 69.9km 중 20.7km 구간을 우선 신설하는 사업으로 순환링을 중심으로한 상업, 업무, 관광 등 2·3권역의 주요 기능 연결을 목적으로 한다. 총연장은 20.7km(왕복 6차로)로 2030년까지 새만금개발청이 직접 추진해 나갈 계획이다.

새만금-전주고속도로 건설사업은 새만금 개발사업과 연계한 동서간 교통망 구축을 목적으로 한국도로공사가 추진하고 있다. 총연장은 55.1km(왕복 4차로)이며, 2025년 11월 20일 개통이 완료되었다.

새만금 신항만 건설사업은 새만금 내부개발에 따른 배후 산업 지원 및 대중국 교역 활성화에 대비한 환황해권 거점 항만 육성을 목적으로 해양수산부가 「신항만건설법」에 따라 추진하고 있다. 주요 내용은 방파제 3.35km, 호안 16.3km, 5만 톤급 선박이 접안할 수 있는 9개 선석, 진입도로 3.1km와 4,514천m^2 면적의 항만배후부지로 구성된 항만을 신설하는 것으로 2026년 접안시설 2개 선석을 우선 개항하고 2030년까지 4개 선석, 2040년까지 3개 선석을 추가로 개항할 계획이다.

새만금 국제공항 개발사업은 「공항시설법」에 따라 국토교통부가 시행하는 사업으로 국제공항을 신설하여 새만금의 글로벌 접근성을 향상해 글로벌 비즈니스 중심지로서의 경쟁력을 강화하는 것을 목적으로 하고 있다. 주요 내용은 길이 2,500m 폭 45m의 활주로 1본과 C급 항공기 5대를 수용하는 계류장, 여객터미널과 화물터미널, 주차장 696면 등 공항을 신설하는 것으로 2029년 개항을 목표로 사업추진 중이다.

새만금항 인입철도 건설사업은 「철도건설법」에 따라 국토교통부가 시행하는 사업으로 새만금 산업단지와 국제공항 및 신항만 등을 연계하는 여객·화물 철도 수송체계 구축을 목적으로 하고 있다. 주요 내용은 전북 군산시 대야역부터 새만금 산업단지 및 국제공항을 거쳐 신항만까지 단선전철을 신설·개량하여 연결하는 것으로 전체 연장은 47.6km(대야역-옥구신호장: 18.1km 개량, 옥구신호장-새만금 신항만 29.5km 신설)로 2031년 개통을 목표로 추진할 계획이다.

IV. 체계적인 사업관리를 위한 전문기술(기법) 도입

1. 종합사업관리 도입

새만금사업은 농식품부, 환경부, 군산지방해양수산청 등의 중앙행정기관과 전라북도, 군산시, 김제시, 부안군 등의 지방자치단체, 새만금개발공사, 전북개발공사, 한국농어촌공사 등의 공공기관과 민간사업시행자 등 다양한 이해관계자들이 참여하며, 이러한 주체들이 동시다발적인 사업을 추진 중이다(그림 3-35). 이에 사업시행 승인권한과 총괄 조정을 담당하고 있는 새만금 개발청은 새만금사업의 정상 추진을 위한 체계적이고 과학적인 관리가 필요하였으며, 종합사업(program)의 관점에서 접근이 필요하였다.

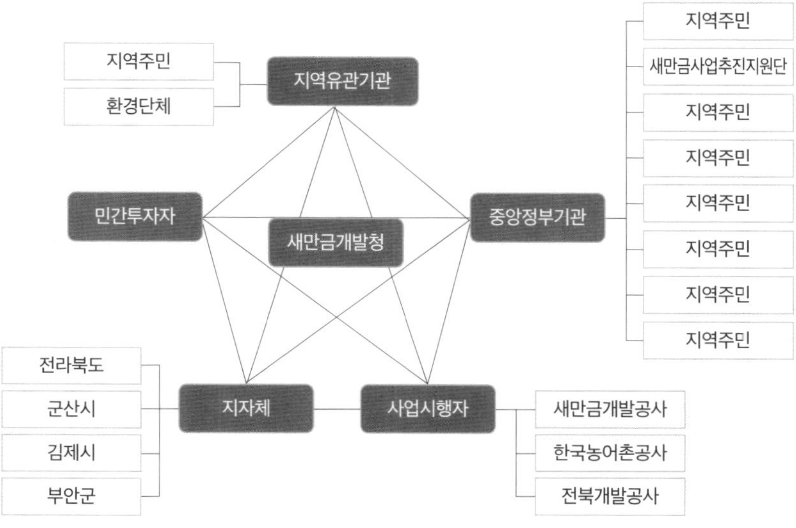

[그림 3-35] 새만금사업의 주요 이해관계자

[표 3-18] 새만금 개발 사업관리방안 수립 연구용역 결과(주요 내용)

구분	주요 내용
사업관리 범위 설정	• 새만금 사업전체의 총괄·조정업무 수행을 위한 기법이 필요 • 우선적으로 사업비, 공정, 자료, 범위관리 중심의 사업관리체계를 구축
사업관리 조직 제안	• 기존 인허가 및 경상업무 중심의 새만금개발청의 조직구조를 고려하여 위탁PM을 두어 새만금청 내부조직화를 제안
소요인력 및 비용 추정	• 종합사업관리를 위해 '30년까지 위탁 PM에 필요한 인력 150명(연간누적) 및 352.3억 원(시스템구축비용 포함) 추정
사업관리 업무분류체계 구축	• 새만금 사업 제반시설물들의 범위파악과 체계적 분류 및 관리 용이를 위해 WBS(업무분류체계)체계를 구축

이에 새만금개발청은 종합사업관리 측면에서 체계적인 관리를 위해 2016년 '새만금개발 사업관리방안 수립 연구용역'을 수행하였으며, 주요 연구결과로 사업관리 범위 설정, 사업관리 조직 제안, 소요인력 및 비용 추정, 사업관리 업무분류체계 기준을 제시하였다(표 3-18).

2. 종합사업관리 절차서 개발

이후 "새만금개발 사업관리 방안 수립연구"를 바탕으로 본격적인 종합사업관리 수행을 위해 5종의 절차서(범위관리, 자료관리, 공정관리, 사업비관리, 사업정보관리)를 수립하였으며, 사업참여자별 역할을 구분하고, 업무수행 절차를 표준화하여 일관된 업무를 수행할 수 있도록 구축하였다(그림 3-36).

먼저 범위관리절차서의 기본 내용으로는 사업 범위를 명확히 하고, 동일한 분류기준을 개발하여 사업정보의 효율적인 연계 및 통합관리를 위한 기반을 제시하였으며, 공정관리 절차서에는 새만금사업 목표기한 준수를 위한 체계적이고 실현 가능한 공정계획을 수립하고, 추진 현황을 파악할 수 있는 관리체계 및 의사결정 방법을 제시하였다. 또한 사업비관

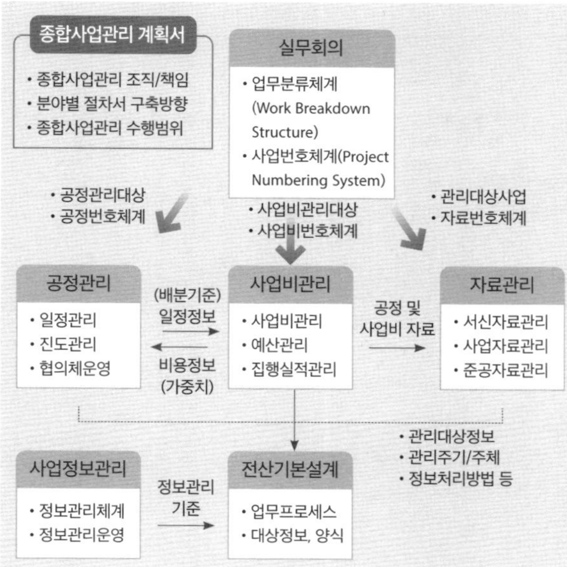

- 범위관리: **전체 사업의 목표와 범위**를 정하고 체계적인 관리 절차구축
- 공정관리: 새만금 사업의 목표를 달성할 수 있는 **공통의 공정계획 수립 및 이행절차** 구축
- 사업비관리: 사업전체 예산을 계획하고 연간 예산을 **효율적 집행 관리하는 절차** 구축
- 자료관리: 모든 사업참여자의 **서신, 사업 및 기록 자료에 대한 일관된 관리 절차** 구축
- 사업정보관리: 사업정보 **관리기준과 사업정보시스템 개발 및 운영에 대한 제반 절차 구축**

[그림 3-36] 새만금 종합사업관리 절차서 주요 내용

리절차서는 사업비 산정 및 편성, 예산편성 및 배정, 집행실적 분석 등에 관한 업무 및 개별 사업주체의 사업추진 현황 파악절차를 제시하였으며, 자료관리절차서는 문서 및 도서 등 방대한 자료를 일관된 자료의 생산·관리 절차를 통해 수행단계에 축적한 자료를 운영단계의 유지보수에 적극적으로 활용하는 방안들을 제시하였다. 마지막으로 사업정보관리절차서는 사업관리 현황을 신속·정확하게 파악하고, 의사소통·데이터 관리 일원화, 예상문제점 사전인식 등을 위해 표준화된 업무관리시스템으로서 효율적이고 종합적인 사업정보를 관리할 수 있는 절차를 제시하였다.

3. 종합사업관리 운영(위탁PM)

기 구축된 '새만금개발 사업관리방안 수립 연구용역'과 '종합사업관리 절차서 개발'을 통해 종합사업관리 틀을 구축한 새만금개발청은 현재 5종

[표 3-19] 새만금 종합사업관리 위탁PM 주요 과업범위 및 내용(2022년 과업지시서)

구분	주요 내용
종합사업관리 운영 총괄	• 사업비·공정관리, 준설·매립토 등 호소 자원관리, 사업관리 운영지원 등 총괄·조정
공정관리	• 2단계(~'30년) 핵심사업 및 '22년 주요 건설사업 중점 관리 • 연도별 공정진도계획 수립 및 종합진도율 관리 • 공정계획 관리 및 현황 종합분석·검토·보고 • 종합사업관리정보시스템 공정정보(계획, 실적 등) 운영관리
사업비관리	• 기본계획(총사업비 22.79조원) 집행계획 수립 및 분석 • 관리대상 사업의 전체 '22년 예산 파악 및 매월 추진 현황 점검 • 종합사업관리정보시스템 사업비 예산, 실적 등 정보 반영 및 운영관리
준설 등 호소자원 관리	• 새만금호 지형 변화 및 지질 특성 조사사업 기술지원 • 사업별 준설·매립토 조달방안 관리 지원 • 기관별 준설·매립관련 자료 확보 및 분석, 환경이슈 대응 지원 • 새만금호 내 공유수면 관리 지원
사업관리 운영 등 업무지원	• 새만금사업 총괄·조정을 위한 사업관리협의회 운영 지원 • 새만금사업 신규계약, 설계변경, 준공 등 계약정보 관리 • 건설공사 정기/특별점검 기술지원 • 사업정보관리시스템 운영 업무 지원 • 발주기관이 요청하는 사업관리 중요사항 기술지원
종합사업관리 시스템 운영지원	• 종합사업관리시스템 구축에 따른 시스템 운영 지원 • 기관별 사업추진 현황 자료 입력 지원 및 입력자료 검토 • 종합사업관리시스템 운영 활성화 방안 마련
개발사업 계획 수립 지원	• 권역별 개발사업추진에 따른 개발계획 수립에 대한 사전 검토 및 자문 • 새만금 지역 내 도시계획 수립 방안 검토 등 개발 활성화 방안 마련

의 절차서를 기반으로 종합사업관리를 도입(위탁PM)하여 운영하고 있다. 그 밖에도 도시계획관련 계획 수립 지원과 준설 및 호소자원 관리 등 새만금 종합사업관리 관련 제반 업무를 수행 중이며, 주요 관리 내용은 다음 [표 3-19]와 같다.

이와 더불어 새만금 개발사업과 관련된 정보의 데이터화와 가공 및 분석 등 효율적인 정보관리를 위해 새만금 종합사업관리정보시스템(Program Management Information System, PgMIS)을 구축하였으며, 공정·사업

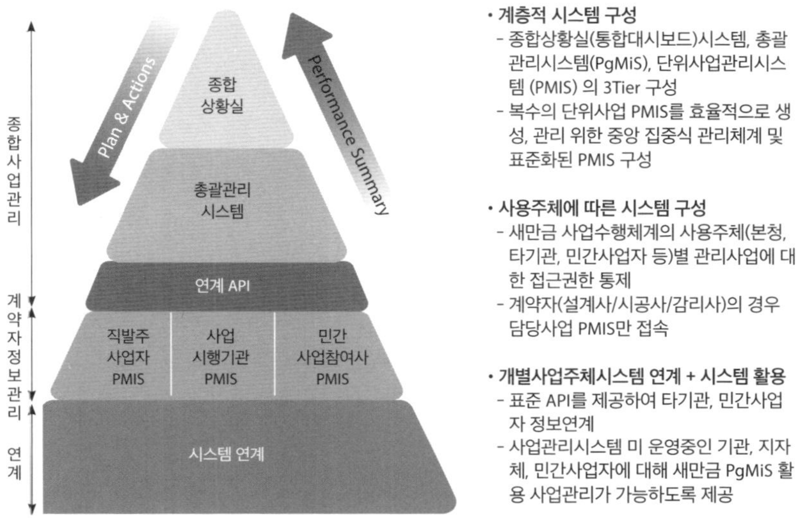

[그림 3-37] 종합사업관리정보시스템 구성

비관리 등 5종의 절차서 기반 및 기상정보·수위정보 등 새만금사업특성을 고려하여 개발하였다.

시스템의 구성은 종합상황실, 총괄관리, 단위사업관리시스템으로 구분지어 피라미드 구조의 계층적 시스템으로 구성하였으며, 이는 사업참여주체 관리기능 강화 및 효율적인 사업정보의 취합·분석이 용이하도록 개발하였다(그림 3-37).

종합사업관리는 현재 도입 초기 단계로 종합사업관리 절차서를 바탕으로 실질적인 관리체계를 마련하였으며, 이를 토대로 지속적인 관리대상 선정 및 관련 정보 수집을 수행하고 수집된 자료를 통해 새만금사업에 대한 종합공정표와 사업비 투자계획을 매년 수립하여 관리기준을 설정하고 있다. 이러한 관리지표는 매월 추진실적과 비교하여 사업의 정상 추진여부를 판단하고 각 사업의 추진 현황 검토를 통해 부진사업의 원인 분석 및 지연 시 다양한 사업주체 간의 간섭 등 주변 사업과의 영향정도 분석 등을 수행하고 있다.

또한 새만금사업에 참여하고 있는 기관 간의 정보 공유 및 상호 협력을 위하여 매 분기별 협의체 운영을 통해 개별 사업 간 중복·간섭사항 조정 및 예산 낭비 요인을 사전에 차단하고 기관 간 사업 정보를 공유하고 있으며, 논의된 안건의 추진상황 관리와 영향 파악 등 지속적인 추적 관리를 수행하고 있다.

새만금 사업 내 건설현장의 품질향상과 안전사고 예방을 위해 시공·안전·품질에 대한 실태파악 및 취약시설 점검 등 각종 현장점검 기술지원을 수행하고 있으며, 공정·사업비 등 각종 사업추진 현황 관리를 통해 문제점 및 간섭·조정사항 등을 체크하여 잠재적인 사업 리스크 인자를 도출하고 사업추진 관련 협조요청 및 건의 등 현장 의견수렴을 통해 개선사항을 검토하여 원활한 사업추진을 위해 노력하고 있다.

4. 종합사업관리 교류 및 홍보

새만금개발청은 새만금개발의 종합사업관리 발전방향을 모색하기 위해 다양한 노력들을 해왔다. 2019년 5월에는 국내 도시 건설 종합사업관리 선도사업인 행복도시 건설사업을 총괄하고 있는 행정중심복합도시건설청과의 공동워크숍을 통한 사업관리 기술교류를 시작하였다. 2021년 7월에는 종합사업관리 및 시스템 구축 등의 개선·발전방향 논의를 위해 전문가 강연(서울대 박창우 교수) 및 국내 사업관리 선도업체인 (주)한미글로벌, 사업관리시스템 개발 전문업체인 (주)상아매니지먼트컨설팅 등 유수의 전문가들이 참여하여 새만금 종합사업관리 발전을 위한 기술자문을 진행하는 등 대규모 워크숍을 개최하였다.

또한 2021년 7월에 IPMA 개최 학회에 참석하여 글로벌 사업관리 동향 파악 및 새만금 종합사업관리 현황 발표(코로나 19로 인한 비대면 영상발표, 2021. 7. 8.)를 통한 사업관리 홍보를 추진하였다.

V. 맺음말

'새로운 문명을 여는 도시' 건설을 위한 새만금개발사업은 그린성장을 실현하는 글로벌 신산업 중심지 개발을 목표로 도로·항만 등 기반시설과 용지매립·조성 등 공공주도로 추진하고 있으며, 기업 및 관광 투자유치를 통해 산업·관광을 아우르는 동북아 경제중심지로 비상할 '글로벌 명품 새만금'을 위해 노력하고 있다. 원활한 사업추진을 위해서는 사업단계별 구체화된 계획 수립과 지속적인 민간투자여건 검토 및 효율적인 토지이용계획 수립이 필요하며, 새만금개발청의 총괄관리 역할 확대 및 현안사항 발굴을 위한 종합사업관리 확대가 필요할 것으로 보인다. 지속적인 노력을 통해 새만금사업이 성공적으로 완료될 경우 재생에너지클러스터, 모빌리티 융복합 클러스트 중심의 4차 산업혁명의 전진기지 구축과 천혜의 자연환경을 배경으로 한 명품 관광·문화단지를 구축하여 환황해 경제거점으로 대한민국의 미래를 이끌어 나갈 새로운 성장 동력이 만들어지길 기대하고 있다.

08

"전력산업, PM의 불을 밝히다!"

전기 역사 120년 발자취

I. 문명의 빛을 밝히다

1. 전기의 전래

1) 정전기 시대

현대 문명의 모든 것은 전기를 필요로 한다. 기원전 600년경 그리스 철학자 탈레스(Thales)가 모피로 호박을 문질렀을 때 그 호박이 깃털과 같은 가벼운 물체를 끌어당기는 현상을 발견했다. 그리스어로 호박은 일렉트론(electron)이라 하는데, 이것이 전기(electricity)라는 용어의 기원이다.

2) 발전소의 진화

발전소는 열에너지 또는 기계적 에너지를 전기에너지로 변환시켜 전력을 발생시키는 곳이다. 발전소는 전력을 발생시키기 위해 원동기와 발전기 및 부속 계기를 갖추고 있다. 발전소에는 여러 종류가 있지만 발전의 원리는 모두 패러데이가 발견한 전자기 유도 법칙을 응용하고 있다. 발전기를 회전시키는 에너지 면에서 보면, 발전소는 수력, 화력, 원자력 등으로 분류된다.

수력발전소는 지형에 따라서 수로식, 댐식, 댐수로식으로 분류되며 야간에 남는 전력을 이용하여 저장해 놓았다가 주간에 이용하는 양수발전소도 있다. 화력발전은 석탄, 석유 또는 가스를 연소하여 발생한 증기의 힘으로 터빈을 돌리고 같은 축에 연결된 발전기를 돌려 전기를 생산한다. 화력발전소의 발전력은 증기의 양과 압력 및 온도에 따라 결정되며 고온, 고압일수록 발전력이 크다. 원자력발전은 우라늄이 핵분열할 때 발생한 열로 증기를 만들어 이 힘으로 터빈과 발전기를 돌린다.

이처럼 종래까지의 발전은 주로 이러한 3종류의 에너지원을 이용한 발전이었지만 공해나 방사선 물질 등의 문제를 해결하기 위해 자연에너지를 활용하는 방법이 최근 연구되고 있다. 태양광과 풍력을 이용한 발전은 이미 많은 나라에서 실용화되고 있으며 화산이 많은 나라에서는 지열발전 또한 고려하고 있다.

2. 국내 전기도입기

1) 1887년, 최초의 전기 점등(경복궁에서의 GE와 한국의 첫 만남)

1887년 3월 6일 저녁. 어스름이 짙게 깔린 경복궁 내 건청궁. 작은 불빛 하나가 깜빡깜빡 하는가 싶더니 처음 보는 눈부신 조명이 갑자기 주위를 밝혔다. "아~!" 주위에 모여든 남녀노소가 모두 감탄사를 터트렸다. 마침내 우리나라 최초로 전등이 점화된 것이다. 에디슨이 백열전등을 발견한 지 고작 8년 만에 서울에 전등이 켜졌으니 당시로는 획기적인 사건이었다.

2) 1898년, 한성전기회사 설립

우리나라 최초의 전력회사인 '한성전기회사'는 1898년 고종황제가 미국인 콜브란(Colblan)의 조언 아래 이근배와 김두승, 두 사람의 이름으로 설립한 우리의 민족기업이다. 한성전기회사는 곧바로 서울시내의 전등·전차·전화 사업 운영권을 허가받아 사업을 시작하였다.

전등의 발명 이후 눈부시게 발달한 전기기술에 힘입어 설립된 이 한성전기회사가 바로 현재 한국전력의 모태가 되었다. 경복궁에서의 시등(始燈)이 조그만 자가발전설비로 이루어진 것이라면, 한성전기회사의 사업은 중앙의 발전소에서 배전설비를 이용하여 일반 가정과 사무실에 전기를 공급하는 본질적인 전력사업이라는 것에 의의가 있다. 마침내 전기의 상업화가 가능한 만큼 전력생산이 크게 늘어나기 시작한 것이다.

3) 1899년, 최초의 전차 개통

1899년 5월 4일은 전기를 이용한 기차, 즉 전차가 처음으로 동대문과 홍화문(지금의 서대문, 옛 서울고등학교 자리) 구간을 시험 운행한 날이다. 우리나라에서 근대적 대중교통이 시작된 날이기도 하다. 인천과 노량진 간에 경인철도가 개통되기 4개월 전의 일이다. 당시 서울의 교통수단은 대부분 인력거와 자전거 정도였으니 가히 대중교통의 혁명이라 불릴 만한 사건이었다.

4) 1900년, 최초의 민간전기 점등

한성전기회사는 전등사업을 본격화한다. 동대문 발전소에 200kW 규모의 발전설비를 설치하고, 전차와 전등에 전력을 공급한 것이다. 멀리 동대문이 보이는 초가집 뒤쪽 높이 솟은 굴뚝(동대문 발전소 굴뚝)에서 연기가 뿜어져 나오고, 그 앞길로 조랑말 몰고 삿갓 쓴 행인들이 오가는 당시의 풍경은 개화문물과 전통이 어우러진 구한말의 시대상을 잘 보여 주고 있다.

1900년 4월 10일에는 단군 이래 처음으로 길거리에 조명용 전등이 등장한다. 전차를 야간에 운행시키기 위해 민간조명용 전등을 설치한 것이다. 비록 현대적 의미의 가로등과는 조금 차이가 있다고 하더라도 수천 년 동안 해가 지면 길거리가 캄캄해지는 게 상식이었던 이 땅에서, 참으로 역사적 사건이 일어난 것이다.

5) 1944년, 대규모 수력발전

사업이 확장됨에 따라 한성전기회사는 1903년에 용산구 청암동 한강변에 용산발전소를 건설하였다. 250kW 발전기 두 대로 운영된 이 발전소는 그 후 여섯 번이나 시설을 키운 결과, 1938년 1월에 폐쇄될 때까지 서울에서 가장 큰 발전소로 이름을 떨치게 된다. 1900년대를 지나며 전기의 편리함과 효율성이 증명되어, 이를 구내에 들여와 사업을 펼치는 전기회사가 한때는 60개나 될 정도로 성황을 이루었다.

1930년대를 전후한 시기는 우리나라 전력사업 역사의 분수령이다. 대규모 수력발전에 적합한 한국 북부 지역에 많은 수력발전소가 건설되기 시작한 시기다. 1929년부터 1945년까지 부전강·장진강·허천강·압록강 수풍 등에 21개 발전소에 약 160만kW의 수력발전 설비가 건설되어 우리나라 전체 발전 능력이 비약적으로 향상되었다.

특히 동양 최대 규모인 60만kW 하이댐 방식의 수풍발전소와 22만V급의 동양 최초 초고압 송전시설은 당시 세계 전력사업계를 깜짝 놀라게 한 대규모 사업으로 기록되고 있다.

3. 해방 이후의 전력산업

1) 1945년, 초기 국내 전력시장

1945년 해방 당시 우리나라 전역의 발전설비 용량은 총 172만 2,695kW였다. 이 가운데 수력이 158만 6,195kW로 전체의 92%를 차지했고, 화력은 13만 6,500kW로 8%밖에 되지 않았다.

발전시설의 남북한 점유율은 북한이 152만 3,913kW로 88.5%를 차지했고, 남한은 19만 8,782kW로 11.5%에 불과하여 극심한 불균형을 이루고 있었다. 더구나 남한에는 화력발전소가 주로 설립되어, 1930년대 이후 북한지역에 대규모 수력발전이 들어서면서 대부분 운휴상태에 있는 것들이었다.

1944년 4월~1945년 3월 전국의 연간 발전전력은 98만 4,802kW였는데, 이중 북한지역 발전이 94만 2,282kW로 전체의 96%에 달했다. 해방 전 남한의 전기수용은 배전회사인 경성전기가 3만 5,382kW, 남선전기가 4만 1,677kW, 그리고 생산업체인 삼척개발이 6,349kW, 삼정유지가 2,829kW를 수용했다. 경성전기와 남선전기로부터 전력을 공급받는 산업 분야로는 농림수산업과 섬유, 기계, 인쇄, 식품공업 등이 주류를 이루었다.

해방 후에는 공장용 수용이 크게 줄었고 가정용 전등과 전열이 수용의 대부분을 차지했다. 그러나 자체설비만으로는 약 8만kW 내외의 수요도 충당하지 못하여 북한으로부터 약 5만kW를 수전해야 했다.

1946년 3월 발·수전 평균 전력은 8만 7,000kW로 증가했으나 북한은 임의로 남한에 대한 송전을 조절, 최하 3만 2,000kW까지 제한했다. 그리고 북한에 진주한 소련군정은 1947년 3월 미군정 당국에 해방 후 남한으로 송전한 전력에 대한 요금 지불을 요청했다.

2) 1948년, 북한의 5.14 단전

마침내 8.15 광복, 그러나 곧 38선으로 국토가 분단되고 반만 년 동안 함께 울고 웃던 우리 민족은 남북으로 갈라지게 된다.

해방 당시 남한 지역의 발전설비는 소규모의 수력과 영월, 당인리 등의 낡은 화력발전 설비가 전부였던 반면 북한 지역은 풍부하고 값싼 수력발전으로 전기 생산에 여유가 있었다. 남한이 공산품·기계류 등을 북한에 주고 장거리 초고압 전송선을 통해 필요 전기의 60% 정도를 빌려 올 수밖에 없었던 것도 그 때문이었다.

그러나 북한은 정치적인 이유로 1948년 5월 14일 정오를 기해 남쪽으로의 송전을 일방적으로 중단하였다. 갑작스런 단전으로 인해 남한 지역은 큰 혼란과 괴로움에 봉착하게 된다. 힘겹게 가동해 오던 생산시설들이 속속 문을 닫고 일반 가정에도 3분제나 격일제로 송전을 하는 등 격심한 전력난에 빠지게 되었다.

3) 1961년, 3사 통합 한전창립

한국전쟁을 거치면서 모든 것이 잿더미로 변했고, 여기서 전력 문제도 예외는 아니었다. 전력생산시설이 파괴되어 심각한 전력기근 현상이 나타났고, 전력사업에서도 만성적 적자운영이 되풀이되었다.

이러한 문제를 타개하기 위한 획기적인 전환점으로 1961년 마침내 한국전력주식회사가 발족하였다. 1951년부터 대두되어 10년을 끌던 조선전업, 경성전기, 남선전기 등 3개 전기회사의 통합이 강력한 행정력의 뒷받침을 받아 1961년 7월 1일 단행된 것이다. 한국전력의 창립은 업체 난립으로 인한 과다한 전력손실·낮은 노동생산성·수지불균형의 어려움을 극복하고 우리 전력사업이 성장궤도에 들어서는 결정적 계기가 되었다.

4) 1964년, 농어촌 전화사업

1964년 4월 1일은 우리나라 전력사업의 기념비와 같은 날이다. 이날을 기해 1948년 북한의 단전 이래 계속되던 제한송전 조치가 전면 해제됐기 때문이다. 특선전기, 격일제 송전 등으로 얼룩진 암울한 상황을 일거에 극복하는 결정이었다.

전력난 해소와 안정적 전력수급을 위해 1962년부터 1966년까지 제1차 전원개발 5개년 계획이 수립·실행된다. 그 대표적 성과가 바로 농어촌 전화사업의 성공이다.

사업을 시작한 1965년 말 농어촌 12%, 도시 51% 수준에 불과했던 전화율(電化率)이 1979년에는 전국 평균 96.7%로 급상승하였다. 지속적으로 추진된 전화사업은 1987년에는 보급율이 99.8%에 이르러 명실공히 세계 제1의 전기보급률을 자랑하게 된다.

II. 산업의 빛을 밝히다

1. 1978년, '제3의 불' 원자력 시대의 개막

대규모의 효율적 전력생산과 함께 환경까지 생각하는 기술은 없을까? 그 같은 의문의 해결점으로 1978년에 등장한 것이 바로 원자력발전이다. 1978년 4월 10일, 경남 양산 고리에 58만 7천kW의 가압경수로형 고리원자력 1호기가 상업운전을 시작했다. 세계 21번째로 건설된 고리 1호기는 당시 우리나라 건설 사상 최대의 투자사업이었다.

인류가 개발한 가장 효율적인 발전방식이라 불리는 원자력발전 사업은 이후 계속되고 있다. 1998년 9월, 한국표준형 원전 울진원자력 3호기가 준공되어 우리나라 원자력 발전설비는 총 14기, 1200만kW에 이르게 되었다. '제3의 불'이라 일컬어지는 원자력발전은 고속증식로 기술을 거쳐 '영원한 에너지'인 핵융합로 시대로 향하게 된다.

한국전력은 고리 1호기 건설을 시작으로 원자력발전의 고유기술 개발에 박차를 가했고, 그 결실로 '한국표준형 원전' 개발에 성공했다. 이는 안전성과 운전 편리성을 획기적으로 향상시킨 당시 세계 최첨단의 원전이었다.

2. 제2차 전원개발 계획 수립 및 표준화력설비의 본격화

한국전력은 제1차 전원개발 5개년 계획에 이어 10개년 장기 전력수요 예측 작업을 실시하고 이를 근거로 발전소 건설 계획을 수립했는데, 이렇게 수립된 제2차 전원개발 5개년 계획은 1971년의 최대 수요를 약 160만kW로 보고 신규 건설로 약 120만kW를 추가하여 총 195만kW의 전력을 확보하는 안을 정부의 경제개발 5개년 계획에 반영하였다. 그 후 정부와 한전은 급증하는 수요 증가에 대비하여 1966년 9월, 기존 계획에

화천수력 4호기, 울산 가스터빈, 부산화력 3, 4호기의 건설을 추가한 제2차 전원개발 5개년 계획을 확정하여 사업을 추진하였다.

1971년에 마무리된 제2차 전원개발 5개년 계획 사업기간 중에는 화력발전으로만 약 180만kW의 신규전원을 개발했다. 또 이때부터는 수력발전이나 석탄화력발전보다 석유화력발전소가 집중적으로 건설되었는데 1971년 말의 수력 대 화력의 구성비는 13:87이었다. 이는 당시 석유가격이 국제시장에서 지속적으로 하락하고 있었고 석탄은 가격 문제를 비롯하여 발전소의 지리적 조건과 국내 생산량의 경직성 등 여러 제약이 뒤따라 발전용 연료로서는 부적합하다고 판단되었기 때문이다.

제3차 전원개발 5개년 계획 기간 중인 1973년에는 석유파동으로 인한 국제 원유가의 폭등으로 종전의 석유화력 중심 발전 정책을 근본적으로 수정, 발전연료의 다원화를 시도하였다. 1976년 말의 에너지원별 발전량 구성비는 화력발전이 92.3%, 수력이 7.7%로 탈석유 전원개발의 필요성이 대두되었다. 제3차 5개년 계획 사업에는 장기 대책으로서 원자력과 유연탄화력을 주전원으로 하는 적극적인 방향 전환이 시도되었다. 이 기간 중에 건설된 발전소는 한전사업으로 영동화력 1호기, 인천화력 2호기, 여수화력 1호기가, 민전사업으로 동해화력(뒤에 울산화력으로 개칭) 3호기, 호남화력 1, 2호기가 준공되었다.

제4차 5개년 계획 기간은 전원개발에 몇 가지 새로운 전환을 시도함으로써 전력 사상 신기원을 마련한 중요한 시기이다. 주요 특징으로는 두 차례의 석유파동을 계기로 탈석유 및 에너지 다원화 시책이 강력히 추진되었다는 점이다. 이에 따라 기저부하 설비도 석유 화력 중심에서 원자력 및 유연탄화력 주도형으로 계획이 전환되었다. 이 계획에 따라 대용량의 원자력발전소와 석탄화력, 양수발전 등 과거의 어느 때보다도 많은 건설공사가 동시에 추진되었다. 여수화력 2호기, 인천화력 3, 4호기, 영동화력 2호기, 평택화력 1, 2호기, 울산화력 4, 5, 6호기, 군산, 영월 및 울산의 복합화력 등이 이 시기에 개발되었다.

3. 2001년, 전력산업 구조개편에 따른 발전회사 분할 및 전력시장 경쟁제체 본격화

2001년 4월 전력산업 구조개편이 단행되었다. 1999년 정부의 전력산업 구조개편 기본계획 발표 후 2000년 12월 구조개편 법안이 통과되었다. 이에 따라 2001년 4월, 한전의 발전부문이 원자력 1개 사, 수·화력 5개 사로 분리되고 도매시장인 전력거래소가 출범함으로써 구조개편 정책의 제1단계인 발전분할 및 경쟁체제 구축이 마무리되었다. 분리된 발전회사에는 한국수력원자력(주), 한국남동발전(주), 한국중부발전(주), 한국서부발전(주), 한국남부발전(주), 한국동서발전(주)이 있다.

이로 인해 한전이 6개 자회사에서 생산한 전기를 전력거래소를 통해 도매로 산 뒤 기업, 가정등에 소매로 파는 구조가 만들어졌다.

전력산업 경쟁체제 도입은 한국전력 독점 체제인 전력산업에 시장원리에 따른 경쟁체제를 도입해 효율성을 강화하고 장기적으로 값싸고 안정적인 전력공급의 지속성을 보장하며, 전력사용에 있어서도 소비자 선택권을 확대해 편익을 높인다는 목적을 담고 있다.

4. 우리 기술로 재탄생한 부산복합화력발전소

2004년 지어진 부산복합화력발전소는 청정연료인 LNG를 사용하는 환경친화적인 발전소로, 1960년대 초 미국의 원조로 지어져 열악한 환경의 우리나라 전력사에 큰 획을 그은 구 부산감천화력발전소 자리에 지어졌다. 시설용량 180만kW의 LNG 발전소인 부산복합화력발전소는 2000년 5월에 착공하여 3년 11개월만인 2004년 3월에 당초 계획보다 3개월 단축하여 조기 준공되었다.

부산지역 전력수요의 24%를 담당할 부산복합화력발전소가 준공됨으로써 부산지역의 총발전량은 313만 7천kW에서 493만 7천kW로 36%

[표 3-20] 부산복합화력발전소 건설사업 및 설비개요

사업장위치	부산광역시 사하구 감천1동 759-8		
부 지 면 적	부지면적: 56,000평(건축면적: 17,000평)		
설 비 용 량	1,800MW(450MW × 4호기)		
형 식	가스 및 증기터빈 복합싸이클		
사 용 연 료	LNG(비상시 경유)		
공 사 기 간	1단계(900MW): 2000. 5~2003. 6(3년 2개월) 2단계(900MW): 2001. 4~2004. 3(3년 0개월)		
공 사 비	9,972억 원	내자	6,599억 원
		외자	305,950천 불
	건설단가: 554천 원/kW		
설계기술용역사	한국전력기술(주)		
주기기 공급사	General Electric사(미국)		
건설사	현대건설(주) / (주)대림산업		

건설 및 시운전 주요공정(실적)

구 분	1 단계	2 단계
○ 본관 기초굴착	2000. 5. 1	2001. 4. 1
○ 본관 철골입주	2001. 2.27	2001.12.27
○ 증기터빈 설치	2002. 1.24	2002.10.31
○ 최초 수전	2002. 4.13	2003. 3.28
○ 가스터빈 발전개시	2002.12. 7	2003. 9.30
○ 상업운전	2003. 6.21	2004. 3.18

증가하였으며, 동북아 시대 세계 물류의 거점인 부산에 안정적인 전력을 공급하고 부산 지역 경제성장에 큰 역할을 하였다.

또한 부산복합화력은 세계 최초로 발전소 회사장(灰舍場) 부지를 입지로 하여 건설한 발전소로서 발전소 건설 입지 문제를 해결하는 대안을 제시하였다. 또한 정부의 경기부양 정책에 적극 부응해 공기를 단축하고

[그림 3-38] 부산복합화력발전소 건설 공사 진행 과정

자 투자 예산을 조기 집행하였고, 이를 통해 부산·경남지역의 안정적인 전력공급이라는 중임을 수행하였다.

III. 희망의 빛을 밝히다

1. 해외 전력사업 추진

한국전력은 그간 축적된 전력기술을 바탕으로 1995년 1월 필리핀 전력공사가 발주한 말라야 화력발전소의 성능 복구 및 운영사업을 수주한데 이어 당시 세계 최대의 단일발전 BOT(건설, 운영, 이전) 사업인 필리핀 일리한 복합화력 발전 사업을 수주하면서 해외 전력사업을 본궤도에 올렸다.

시설용량 650MW급 말라야 화력발전소는 필리핀 최고 성능의 고효율 발전소로 탈바꿈하였고 1999년 착수한 1,200MW급 일리한 복합화력 발전소 건설 사업은 2002년 6월 성공적으로 완료되었다. 필리핀 외에도 중국 시장에 진출하여, 우즈(武陟) 열병합발전소와 내몽고와 위먼(玉門)의 풍력발전소를 차례로 준공했다. 또한 레바논 정부와 디아르아마르(Deir-Amar), 자라니(Zahrani) 발전소 운영계약을 체결하였으며 리비아의 송배전설비 개선, 미얀마의 전력계통 운영용역, 캄보디아의 전력망 플랜트 수립용역 등을 수행했다.

2007년에는 중국 산서성 발전과 탄광개발을 연계하는 사업을 수주하였고 아제르바이잔의 700MW급 가스 복합화력 발전 사업권 획득과 내몽고 풍력발전 2단계 사업을 수주하는 등 활발한 해외 전력사업을 펼쳤다.

2008년에는 4억 5,000만 달러 규모의 'WAPP 프로젝트' 결실을 보았다. 이는 서부아프리카 14개국의 전력망을 연계하는 초대형 프로젝트의 1단계 사업으로 아프리카 서부지역의 토고와 베냉을 연결하는 100km 길이의 송전 선로를 구축하고 400MW급 복합화력 발전소를 건설해 20년간 운영하는 사업이다. 또한 한전은 사우디전력공사와 라빅 중유화력발전소 건설·운영사업 계약을 체결했다. 이 사업은 사우디 홍해 연안 제2의 도시인 제다에서 북쪽으로 150km 떨어진 라빅에 1,204MW급 중유화력발전소를 BOO(건설, 소유, 운영) 방식으로 건설해 2032년까지 20년간 운영하는 대규모 프로젝트다.

2. 2009년, 최초의 해외원전 수출 성공

한국전력은 2009년 12월 27일 UAE 원전 건설사업을 수주하면서 우리나라 원자력 역사 50년 만에 최초로 해외 수출에 성공하였다. 한전 컨소시엄은 1,400MW급 한국형 원전 4기를 건설하게 되며 1기는 2017년, 나머지 3기는 2020년까지 완공하는 계획이었다. 원전 시공 등 건설부문의 수

[그림 3-39] UAE 바라카 원전 사업추진체계

주액은 200억 달러이며 향후 60년간의 운영으로 200억 달러를 추가로 받는 조건이었다.

1) UAE 원전사업 개요

UAE정부는 총전력수요가 2020년까지 약 1,500MW에서 40,000MW로 증가할 것으로 예상됨에 따라 미래 전력수요에 맞추어 아부다비 서쪽 페르시아 연안 지역에 설립할 5,600MW 규모의 원전을 국제공개경쟁입찰 방식으로 발주하였으며, 한전과 에미리트원자력공사(Emirates Nuclear Energy Corporation, ENEC)는 2009년 12월 27일 주계약을 체결하였다.

이 프로젝트를 통해 2021년 1호기 상업운전을 시작으로 2024년까지 총 4기의 APR1400이 성공적으로 건설되었다.

건국 이후 해외 첫 원전수출이라는 대역사의 장을 시작한 한전은 한수원(주), 한국전력기술(주), 한전원자력연료(주), 한전KPS(주), 두산중공업(주), 현대·삼성 등 전력그룹사 및 협력사가 각각의 역할을 분담하여 성공적으로 사업을 완수했다.

2) UAE 원전건설 착수

한전은 성공적인 UAE원전건설 추진을 위한 사업수행 조직 강화를 위해 본사에 UAE사업총괄부사장 직제를 두고 UAE원전사업단을 운영하였다. 또한 2011년 3월 14일 브라카 원전 부지에서 한-UAE 양국 정상이 참석한 가운데, 본격적인 공사의 시작을 알리는 기공식을 가짐으로써 명품 UAE 원전건설의 첫발을 내디뎠다.

3) 1·2호기 본관 기초굴착 착수

본관 기초굴착은 2012년 건설허가 취득 직후인 그해 7월 최초 콘크리트 타설을 하기 위한 위한 기초 작업이었다. 2011년 3월 기공식 이후 약 9개월간의 부지 정지 작업을 거쳐, 2011년 9월 말 본격적인 굴착에 착수했다. 본관기초 굴착 물량은 파워 블록(Power Block) 약 71만 톤, 취배수 구조물 약 307만 톤, 옥외 매설물 약 96만 톤에 달했으며 공사는 2015년 11월까지 이어졌다.

UAE 현장은 국내 참조발전소인 신고리 3·4호기와 달리, 사막과 해안이라는 특수한 환경 탓에 난관이 많았다. 특히 차수벽 내부로 유입되는 엄청난 양의 지하수, 그리고 모래층 굴착으로 인해 사면(경사면)이 넓어지는 문제는 대형 크레인 접근과 콘크리트 타설 작업을 어렵게 만들었다.

그러나 한전은 효율적인 설비 계획을 수립하여 양수 작업과 굴착 작업을 병행하고, 옹벽을 설치해 작업 효율성을 높임으로써 이러한 난관을 성공적으로 극복했다.

4) 건설허가 적기 취득 준비

한국전력은 2010년 12월 제출한 UAE 원전 1·2호기 건설허가 신청과 관련하여, UAE 원자력 규제기관인 FANR(Federal Authority for Nuclear Regulation)의 심사 현안 해결에 총력을 기울였다. 특히 반복되거나 추가

되는 질의의 경향을 면밀히 분석하는 전략을 통해, 심사가 장기화되는 것을 미연에 방지했다.

5) 주요 기자재 본격 제작 착수

원자로계통을 구성하는 안전 관련 주요 기자재는 원자로(Reactor)와 증기발생기(Steam Generator)이다. BNPP(UAE 원전)의 경우 국내 원전과 달리 안전 관련 기자재 제작을 위해서는 별도의 '제작허가(Limited Construction License for Manufacturing)' 발급이 요구된다. 이에 한국전력은 제작사와 협력하여 적기에 허가를 취득했다. 이후 2010년 7월 증기발생기의 첫 단조(Forging) 작업에 들어갔으며, 2011년 5월에는 내부 표면 클래딩(냉각수와 접촉해 생기는 부식을 방지하는 작업)에 착수했다. 제작이 완료된 원자로와 증기발생기는 각각 2014년 3월과 4월, 현장에 반입되었다.

6) 현장공사 기반 구축

UAE원전의 현장 기반공사는 발전소 부대시설, 사무소, 직원 및 노무자 숙소 공사가 계획되었다. 이를 위해 콘크리트 생산 설비, 가공장 및 창고 등 54개 시설(총 106동)을 구축했다. 또한 주 건설 사무소를 포함한 사무소 11동, 직원 숙소 37동 등 총 62동, 노무자 숙소 26동 등 총 56동 등에 대한 부대 공사를 완료했다.

또한 해상 공사 분야에서는 UAE 현지 전문 업체인 NMDC(National Marine Dredging Company)와 직접 계약을 체결했다. 이를 통해 발전소 건설을 위한 취수구 준설, 가물막이, 방파제 및 현장 공사용 물양장 설치 등 해상 가물막이 공사를 성공적으로 마쳤다.

한전은 주계약자로서 주계약 업무의 효율성과 신속한 의사결정을 위해 강력한 컨트롤타워 역할을 수행했으며, 현장 건설을 준비하기 위한 부대시설 공사 및 관련 인허가 취득을 위한 준비업무를 추진하였다.

이를 바탕으로, 한전은 2012년에는 본관기초 굴착 후 최초 콘크리트타설을 통한 본격적인 구조물 공사를 진행하였고, 현장기반시설 조기 준공(건설사무소, 숙소, 편의시설 등), 물류기반 확보(공사용 및 영구 물양장 조기준공, 항로준설 우선시행으로 물양장 조기 확보 등) 등을 추진하여 2017년 5월1일 첫 호기 준공 목표 달성을 위해 총력을 기울였다.

3. 전력산업 본고장 미국 진출 시금석 - 나일스 가스복합 발전사업

한전 그룹사인 한국남부발전(주)은 지난 2019년 미국 미시간주 나일스(Niles)시에서 '미국 나일스 가스복합화력 발전소' 착공식을 개최하였다. 나일스 가스복합발전사업은 미국 북동부 오대호 인근 미시간주 나일스시의 카스(Cass) 카운티에 1,085MW급 가스복합발전소를 건설, 운영하는 사업이다.

총 10억 5000만 달러가 투입된 이번 사업은 2019년 착공하여 2022년 7월 성공적으로 준공 및 상업 운전을 개시하였다. 공사를 수행한 EPC사인 Kiewit Power Constructors는 미국 네브라스카주에 본사를 두고 있는 자국 내 5위 건설업체로서, 가스복합화력 발전소 시공 경험이 풍부한 업체였다.

대한민국은 경제개발 초기 단계에 미국의 자금을 활용하여 부산 감천화력발전소를 건설했지만, 이제는 국내의 발전 공기업이 한국 자금을 활용하여 미국에 대규모 신규 가스복합발전소를 성공적으로 건설하고 운영하게 된 것이다. 이는 한국 기업이 미국의 전력시장에 대용량 발전소를 직접 투자, 건설 및 운영하는 것으로는 최초 프로젝트 였으며, 이후 전력산업의 본고장인 미국에 오하이오 트럼블 복합(953MW), 텍사스 BESS(200MWh) 등 다양한 후속 사업을 시작하게 되는 시금석이 되었다.

현재 우리나라 전력공기업의 해외 전력사업 현황은 다음 [표 3-21]과 같다.

[표 3-21] 전력공기업 해외 전력사업 현황

회사명	단계	연번	사업명	전원	설비용량 (MW)	운영기간 (COD)	지분율 (%)
한전 (26)	건설 (9)	1	사우디 자푸라 열병합 2단계	LNG	331.0	16.9년 (29.06)	60
		2	미국 괌 요나 ESS 연계 태양광	태양광	132.0	25년 ('28.02)	40
		3	사우디 사다위 태양광	태양광	2,000.0	25년 ('27.10)	19.9
		4	사우디 루마/나이리야 가스복합	LNG	3,780.0	25년 ('28.05)	30
		5	사우디 자푸라 열병합	LNG	317.0	20년 ('26.05)	60
		6	UAE 해저송전망 HVDC사업	송전망	-	35년 ('25.12)	14
		7	베트남 붕앙2 석탄화력	석탄	1,200.0	25년 ('25.12)	40
		8	미국 괌 우쿠두 가스복합	LNG	198.0	25년 ('25.09)	60
		9	멕시코 태양광	태양광	294.0	35년 ('23.11일부)	30.5
	운영 (17)	10	미국 괌 망길라오 태양광ESS	태양광	60.0	25년 ('22.06)	100
		11	말레이 풀라우인다 가스복합	LNG	1,200.0	21년 ('25.03)	25
		12	필리핀 칼라타간 태양광	태양광	50.0	17.5년 ('18.12)	38
		13	미국 캘리포니아 태양광	태양광	235.0	34.5년 (18.03)	50
		14	베트남 응이손2 석탄화력	석탄	1,200.0	25년 ('22.07)	50
		15	일본 치토세 태양광	태양광	28.0	25년 ('17.07)	65
		16	요르단 푸제이즈 풍력	풍력	89.0	20년 ('19.07)	100
		17	필리핀 SPC 합자	석탄	129.0	지속 ('06.02)	40
		18	필리핀 세부 석탄화력	석탄	200.0	25년 ('11.06)	60
		19	중국 산서 석탄화력	석탄+ 신재생	11,583.0	50년 ('07.04)	42
		20	중국 풍력	풍력	1,024.0	20년 ('06.12)	40
		21	요르단 알카트라나 가스복합	LNG	373.0	25년 ('11.01)	80
		22	사우디 라빅 중유화력	유류	1,204.0	20년 ('13.04)	40
		23	UAE 슈웨이핫 S3 가스복합	LNG	1,600.0	25년 (14.07)	19.6
		24	멕시코 노르떼 II 가스복합	LNG	433.0	25년 ('13.12)	56
		25	요르단 암만 디젤내연	유류	573.0	25년 ('14.08)	60
		26	인니 자바 9&10 석탄화력	석탄	2,000.0	25년 ('25.05)	15

[표 3-21] 전력공기업 해외발전 운영사업 현황(계속)

회사명	단계	연번	사업명	전원	설비용량 (MW)	운영기간 (COD)	지분율 (%)
남동 (7)	건설 (3)	1	네팔 어퍼트리슐리-1 수력	수력	216.0	27년 ('26.12)	66.1
		2	파키스탄 Asrit-Kedam 수력 사업	수력	229.0	30년 ('31.12)	100
		3	파키스탄 Kalam-Asrit 수력	수력	238.0	30년 ('32.06)	100
	운영 (4)	4	불가리아 태양광 발전사업	태양광	41.6	20년 ('12.02)	50
		5	파키스탄 Gulpur 수력발전사업	수력	102.0	30년 ('20.03)	76
		6	칠레 태양광 발전사업 1단계	태양광	48.6	25년 ('22.05)	100
		7	칠레 태양광 발전사업 2단계	태양광	52.0	30년 ('24.05)	50
남부 (7)	건설 (3)	1	카타르 Facility E IWPP	LNG	2,410.0	25년 ('29.06)	6
		2	미국 루틸 BESS	ESS	100.0	20년 ('27.4Q)	50
		3	미국 트럼불 가스복합	LNG	953.0	30년 ('26.01)	56.2
	운영 (4)	4	미국 나일스 가스복합	LNG	1,085.0	35년 ('22.06)	50
		5	칠레 PMGD 태양광	태양광	38.0	25년 ('18.01)	90
		6	칠레 켈라 가스복합	LNG	517.0	30년 ('16.12)	65
		7	요르단 대한 풍력	풍력	51.8	20년 ('21.07)	50
동서 (9)	건설 (4)	1	미국 괌 요나 ESS 연계 태양광	태양광	132.0 (ESS 326)	25년 ('28.02)	40
		2	사우디 아말라 태양광 ESS	태양광	248.0 (ESS 777)	25년 ('26.12)	10
		3	파키스탄 Asrit-Kedam 수력사업	수력	229.0	30년 ('31.07)	30
		4	미국 괌 우쿠두 가스복합	LNG	198.0	25년 ('25.09)	40
	운영 (5)	5	인니 칼셀-1 석탄화력	석탄	200.0	25년 ('19.12)	35
		6	호주 콜럼불라 태양광	태양광	202.5	33년 ('23.11)	66.7
		7	자메이카 올드하버 가스복합	LNG	194.0	20년 ('19.12)	20
		8	자메이카 전력공사 운영사업	-	441	지속 ('11.07인수)	40
		9	미국 EWP RC 운영사업	-	94.0	지속 ('11.06투자)	100

[표 3-21] 전력공기업 해외발전 운영사업 현황(계속)

회사명	단계	연번	사업명	전원	설비용량 (MW)	운영기간 (COD)	지분율 (%)
서부 (7)	건설 (1)	1	UAE 아즈반 태양광	태양광	1,500.0	30년 ('26.10)	20
	운영 (6)	2	오만 Manah 1 태양광	태양광	500.0	30년 ('25.03)	50
		3	스웨덴 클라우드 풍력	풍력	240.0	30년 ('21.03)	25
		4	핀란드 아담스 풍력	풍력	73.2	23년 ('20.06)	29.5
		5	호주 배너튼 태양광	태양광	110.0	28년 ('20.09)	6
		6	인도 마하쉬트라 가스복합	LNG	388.0	25년 ('16.07)	38.5
		7	라오스 세남노이 수력발전	수력	410.0	27년 ('19.12)	25
중부 (13)	건설 (3)	1	오만 이브리3 태양광	태양광	500.0	35년 ('26.09)	20
		2	미국 루시 태양광	태양광	350.0	35년 ('27.07)	3.6
		3	인니 시보르빠 수력	수력	114.0	30년 ('29.12)	38.5
	운영 (10)	3	미국 콘초밸리 태양광	태양광	160.0	40년 ('22.10)	24.1
		4	스웨덴 구바버겟 풍력	풍력	74.4	30년 ('23.06)	45
		5	미국 엘라라 태양광	태양광	130.0	35년 ('21.12)	28.6
		6	미국 일렉트론 ESS 사업	ESS	62.0	20년 ('20.11)	18
		7	스페인 프리메라 태양광	태양광	80.0	30년 ('22.10)	75
		8	스웨덴 스타브로 풍력	풍력	254.2	25년 ('21.12)	10
		9	인니 찌레본 2 석탄화력	석탄	1,000.0	25년 ('23.05)	10
		10	인니 왐푸 수력	수력	45.0	30년 ('16.04)	46
		11	인니 땅가무스 수력	수력	55.4	30년 ('18.07)	52.5
		12	인니 찌레본 1 석탄화력	석탄	660.0	30년 ('12.07)	27.5
한수원 (3)	건설 (1)	1	파키스탄 Lower Spat Gah 수력사업	수력	470.0	30년 ('31.12)	34
	운영 (2)	2	칠레 분산형 태양광발전사업	태양광	7.0	25년 ('22.09)	60
		3	미국 풍력발전 지분인수	풍력	852.0	25년 ('20.10)	14.9

09

대형연구시설 구축 내실화를 위한 사업관리 제도화*

I. 추진 배경

1. 대형연구시설의 개념 및 중요성

대형연구시설은 입자가속기, 거대 망원경과 같이 첨단 연구 분야에 활용됨으로써 해당 분야에서 중요한 영향력을 발휘할 수 있는 대규모 연구시설로, 기초과학 연구 및 신소재 개발, 의약품 개발 등 미래 유망 분야 원천기술 확보의 핵심요소다. 예로 강입자 충돌기(Large Hadron Collider, LHC, 스위스)를 통한 힉스입자 발견(2012) 등 1970년대 이후 노벨 물리학상의 약 30%가 입자가속기를 활용하였다. 또한 대형 프로젝트로서 고용 유발과 신산업 창출 효과도 크다. 독일전자가속기연구소(DESY)는 약 2,700명의 직원(과학자 1,180명) 고용, 500명 이상의 학부 및 박사후과정 교육 및 130명 이상의 산업 견습생 훈련과 같이 경제 활성화에도 기여하고 있다.

* 본고는 「대형연구시설구축 내실화를 위한사업추진 개선 방안(안)」(과학기술정보통신부, 2021)을 수정, 보완하였음.

2. 대형연구시설의 특징

대형연구시설의 구축은 기술적 복잡성, 관리의 어려움, 대규모 예산 투입으로 인해 본질적으로 불확실성이 높다. 16대 장치, 3만여 개 부품, 3천여 개의 세부공정으로 구성된 중이온가속기와 같은 경우 고난도 기술이 요구되어 기술적 난제들이 복합적으로 발생하며, 요소기술의 세분화로 관리의 복잡성이 증대한다. 또한 2010년 이후 500억 원 이상 국내 대형연구시설(17개) 평균 구축 비용이 2,900억 원에 달하는 등 막대한 예산이 소요된다. 따라서 사업 실패 시 대규모 투자에 대한 매몰비용 발생 및 투입 인력의 대체 활용이 곤란한 문제가 야기되기도 한다.

3. 그간의 추진 현황 및 한계점

정부는 대형연구시설 구축사업의 체계적 관리를 위해 종합사업관리(PM) 가이드라인 수립, PM 시범적용 등의 다양한 노력을 수행하였다. 먼저 2018년 4월 종합사업관리 가이드라인을 수립·배포하였다. 이 가이드라인은 '대형연구시설 구축사업의 합리적 기획 및 체계적 관리를 통한 성공적 구축'을 목적으로 하여, 500억 원 이상 대형연구시설 구축사업을 대상으로 사업별 규모 및 특성에 따라 적용하기로 하였다.

2019년 1월부터는 대형연구시설장비 종합사업관리를 시범 적용하였다. 이는 대형연구 인프라 구축사업의 점검·관리체계 강화를 목적으로, 200~500억 원 규모의 대형연구시설 구축사업을 선정하여(당시 8개 사업 적용), 사업 수행기관이 작성한 수행계획 보고서에 대한 타당성 점검 및 대응 방안 제시 등 컨설팅을 수행하였다.

2020년 11월부터는 우주 분야 체계개발 사업관리 개선이 시행되었다. 여기에는 표준 보고양식을 마련하고 부처에 정기 보고(심각한 사항은 조치 현황을 매일 보고)하도록 하였고, 일정 지연 예상 시 자체 점검하고 검토하여 부처에 보고하도록 하는 내용이 담겨 있었다.

이러한 대책을 통해 예산 절감, 진도 관리 체계화 등 일부 성과가 창출되었다. PM 시범 적용으로 종합해양탐사선사업(해수부, 2018~)은 국제 해양규제 강화에 선제 대응하여 엔진 설계 변경 및 공정 계획을 재산출하여 106억 원의 예산 절감 효과를 달성하였고 우주 분야 관리 개선 사항으로 관리시스템 표준화를 통한 일정 중심의 사업관리 및 위험요소(지연) 조기 발견·대응 등 진도 관리 체계가 수립되었다.

그러나 한계점도 존재했다. 일부 사업에서는 적정 수준의 PM을 도입하고 있었으나, 대부분 사업 초기부터의 실질적·체계적 적용이 미흡했다. 또한 기술적 복잡성·불확실성 등 대형연구시설 구축사업의 특성을 반영한 PM의 이해 및 사업관리 제도·체계 등이 부족한 실정이었다.

II. 국내 대형연구시설 현황

1. 시설 현황

1994년 포항방사광가속기를 시작으로, 현재 국가연구개발사업으로 구축·운영 중인 500억 원 이상 대형연구시설은 34개, 총 투자규모는 8조 2천억 원이다. 2010년 이후 추진된 대형연구시설 구축사업은 19개이며 이 중 10개(52%) 사업에서 일정 지연 및 사업비 증가 등 계획변경이 발생하고 있다. 일정 지연 관련 8개 사업에서 평균 3.9년, 최대 9년 지연이며, 사업비 증가 관련 10개 사업에서 당초(5.5조 원) 대비 7,796억 원(14.2%) 초과하고 있었다.

2. 문제점

기존 시설·장비 정책들은 구축보다는 운영·활용에 중점을 두고 있으며, 대형연구시설 구축사업의 특성을 반영한 제도 및 관리체계 등이 미흡한 상황이었다. 의사결정체계 관련 대형연구시설에 대한 범부처 차원의 일관된 관리체계의 부재로 부처 간 연계·조정, 총투자규모 파악 등이 어려운 실정이었으며, 사업별 주요사항 결정을 위한 객관적·전문적 의사결정체계 부재, 사업 착수 이후 사업별 추진위원회의 실질적 승인 권한 등에 한계를 나타내고 있었다.

3. 사전기획

국가 차원의 시설 구축 계획 없이, 대다수 외부 요인에 의해 하향식(top-down) 형태로 기획되고, 충분한 기술적 검토와 공감대 형성 없이 추진되며, 기획 단계에서 사업 전체에 대한 리스크가 충분히 고려되지 않고 기술적 불확실성이 높은 개념설계 단계에서 예산·기간을 확정하여 계획변경을 초래하는 경향이 있었다. 특히 R&D가 포함된 국내 대형연구시설 구축사업은 기술적 불확실성이 높았다.

4. 단계검토

사업 중요 시점마다 단계(phase 또는 stage)를 구분하고, 철저한 평가를 통해 리스크를 줄이며 사업을 추진해야 하는데, 제대로 수행되지 않고 있었다. 중이온가속기사업과 같이 특별법에 따른 사업추진으로 예비타당성 조사를 면제받거나, 설계 구체화에 따른 적정성 검토를 실시하지 않고 사업을 진행하는 경우 불확실성이 더욱 증가했다.

5. 자체 역량 및 문화

사업책임자, 관리부서 및 참여 연구원의 사업관리 전문성이 부족하고, 전문적 사업관리의 필요성에 대한 인식이 저조했다. R&D와 엔지니어링이 혼재된 대형연구시설 구축사업에 사업관리에 대한 전문지식이나 대형연구시설 구축 경험이 없는 사업단장이 선임되는 문제도 있었다. 또 사업단 내 관리부서를 소규모로 운영하였으나, 인력의 사업관리 전문지식·경험이 부족했다.

6. 사업관리

국내 사업단은 대부분 체계적 사업관리가 미흡하고, 특히 프로젝트 전체에 영향을 미치는 리스크 관리가 미흡하였다. 체계적 문서화 및 절차 없이 책임자의 직관을 통해 리스크를 파악하고 대처하였고, 정부 차원의 전문관리 조직 부재와 정부-사업단 간 책무성·신뢰성 기반 의사소통 등이 미흡했다.

7. 현장의 의견수렴

정부는 대형연구시설 구축사업의 문제점 및 개선 방향에 대한 현장 의견수렴 및 설문조사를 실시하였다. 국가연구시설장비진흥센터(NFEC)의 주도하에 2021년 2월부터 2개월간, 500억 원 이상의 대형연구시설 구축사업단 11개를 대상으로 1차 사업관리자 대상 심층 대면인터뷰와 2차 연구자 대상 설문조사를 실시했다. 조사내용은 대형연구시설 구축 관련 제도 개선 사항, 관리 강화 필요성 및 현장 애로사항에 대한 전문가 의견수렴 및 설문을 중심으로 조사했다.

조사 결과는 [그림 3-40]과 같다. 계획변경의 주요 원인은 제도

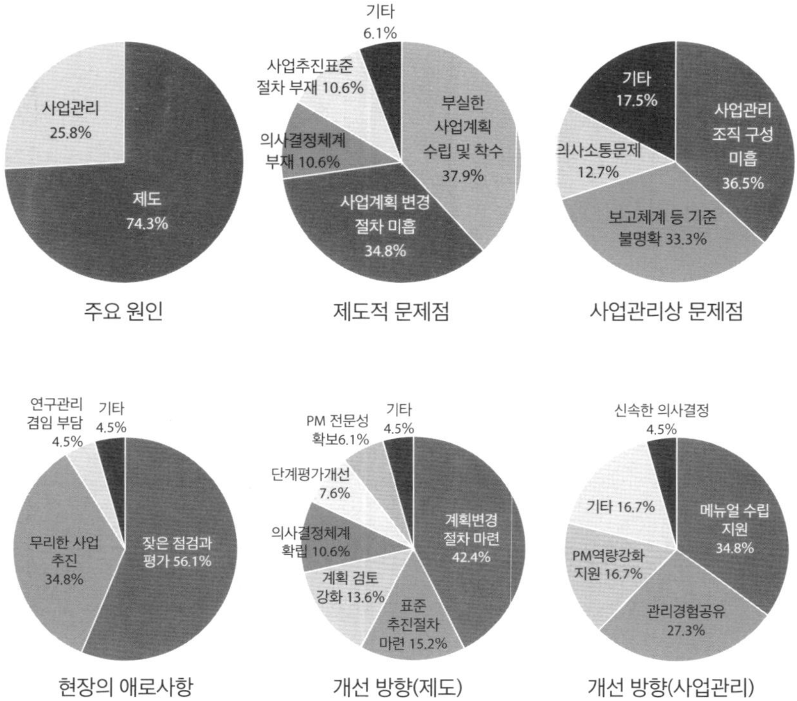

[그림 3-40] 대형연구시설 구축 관련 현장 의견 조사

(74.3%), 사업관리(25.8%) 순으로 조사되었다. 제도적 문제점에 대한 분석 결과에서는 '부실한 사업계획 수립 및 착수(37.9%)', '사업계획 변경 절차 미흡(34.8%)'가 전체의 72.7%를 차지하며 가장 큰 제도상의 원인으로 파악되었다. 사업관리상 문제점은 '사업관리조직 구성 미흡(36.5%)', '보고체계 등 기준 불명확(33.3%)' 순으로 분석되었다.

또한 조사 결과 애로사항과 개선방향 등은 다음과 같이 분석되었다. 애로사항은 '정부의 잦은 점검·평가(56.1%)'와 '무리한 사업추진(34.8%)'이 가장 큰 부담으로 파악되었으며, 제도적 개선 방향은 '합리적 계획변경 절차 마련(46.4%)', '표준 추진절차 마련(15.2%)', '사업계획 검토 강화

(13.6%)', '국가 차원의 의사결정체계 확립(10.6%)' 순으로 제도 개선에 대한 의견이 제시되었다. 사업관리상 개선 방향은 '자체 매뉴얼 수립 지원(34.8%)', '완료된 사업의 관리경험 공유(27.3%)', '교육 및 컨설팅 등 PM역량강화 지원(16.7%)' 순으로 개선이 필요하다고 분석되었다.

III. 해외 대형연구시설 동향과 시사점

1. 일반 현황

미국과 영국이 대표적으로 사업관리(PM) 지침서를 마련·활용하고 있으며 대형 프로젝트에 체계적 PM을 적용하여 프로젝트 수행의 완성도를 제고하고 있다. 대표적으로 미국의 세계프로젝트관리협회(PMI)에서 발간해 전 세계적으로 가장 널리 활용되는 PM 가이드인 PMBOK(Project Management Body of Knowledge)와 영국 정부의 프로젝트 관리 표준으로 국제기구 등에서 활용하는 PRINCE2(PRoject IN Controlled Environments)가 있다. 미국 에너지부(Department Of Energy, DOE)의 경우 지난 15년간 프로젝트의 90% 이상을 계획(예산·일정)내 완료한 성과를 가지고 있다.

2. 의사결정체계

사업별 자문위원회(advisory committee)를 구성하여 단계검토 및 추진현황을 점검하고, 내부 위원회에서 최종 의사결정을 수행한다. 미국 에너지부의 경우 정부위원회를 통해 주요 프로젝트의 전반적인 사항에 대한 의사결정을 수행하고 있으며, 영국 과학기술시설협의회(Science and Technology Facilities Council, STFC)는 프로젝트를 정기적으로 모니터링하며 환경변화 등에 따라 '계획변경' 승인을 하는 체계를 가지고 있다.

3. 사전기획과 단계검토

사전기획의 경우 대형연구시설 구축에 대하여 중장기적 관점에서 도입 검토를 통해 아이템을 발굴하고 점진적 기획 단계를 거쳐 구체화하고 있다. 특히 프로젝트의 중요 시점마다 단계를 구분하고, 단계검토(phase review)를 통해 프로젝트의 계속 추진 여부 결정를 결정한다. 리스크 저감을 위해 단계검토에서 통과하지 못할 시(No-Pass) 다음 단계 진입이 불가하며 필요 시 프로젝트 종료를 결정한다. 과학적 목표 및 신기술 필요성, 실현 가능성을 종합적으로 검토하여 구축을 결정하고 설계 단계에 따라 철저한 검증 후 리스크를 저감한다. 유럽연합(EU)의 경우 단계별(phase & gateway) 시스템을 두고 단계마다 위원회 중심의 철저한 단계검토를 진행한다. 미국의 에너지부의 경우 프로젝트를 5단계(CD0~4)로 구분하고 단계 사이의 철저한 평가를 통해 불확실성을 저감하고 프로젝트를 진행한다. 영국은 포괄적이면서도 정연한 6대 사전검토 제도를 운영하고 있으며, 적용 시점 순으로 개념 타당성검토(CVA), 관문 심사(Gateway Review), 그린북(Green Book), UKRI 사전검토, 부처 성과검토(Departmental Reviews), 그리고 국가감사원(NAO) 감사 및 평가 지침·연구 서비스가 있다.

4. 시사점

해외 대형연구시설은 정부부터 연구진에 이르는 모든 프로젝트 관련 구성원이 PM 전문성을 보유하고 있으며, PM을 업무 부담이 아닌 사업관리 및 연구자 보호 수단으로 인식하는 문화가 정착되어 있다. 이를 바탕으로 대형연구시설 건설 시 사업추진 절차를 지속적으로 개선해 연구시설을 적기에 구축하고 기간 연장과 예산 증액을 최소화함으로써 연구 경쟁력과 연구자 서비스를 높이는 성과를 창출하고 있다.

IV. 목표 및 중점 추진 과제

정부의 목표는 대형연구시설의 효과적 구축을 통한 연구개발 정책의 신뢰성 및 예산 투자의 효과성 제고로 2030년까지 기간 연장 및 예산 증가를 10% 이내로 최소화하는 것이다. 중점 추진 과제로는 대형연구시설 구축 추진체계 정비와 시설 구축 단계별 사업계획 검토 내실화, 자체 사업관리 역량 강화, 관리방식 개선을 통한 및 현장 부담 완화, 대형연구시설 구축 지원센터 운영, 관련 제도 정비 등이 있다. 이에 따른 기대효과는 치밀한 자원관리계획을 통한 사업 성공 가능성 제고와 전문적 사업관리를 통한 예산의 전략적 투자, 그리고 유연한 계획관리를 통한 연구 현장의 행정 부담 경감이다.

1. 대형연구시설 구축 추진체계 정비

1) 대형연구시설전문위원회 신설

국가과학기술자문회의 운영위원회 운영세칙 개정을 통해 구성 근거를 마련하여 대형연구시설 관련 국가 차원의 정책 결정 및 사업별 단계검토 지원을 위해 국가과학기술자문회의에 대형연구시설전문위원회를 신설하였다. 연구시설 구축(엔지니어)·활용(분야별 연구자) 관련 전문가 및 사업관리(PM) 전문가 중심으로 20인 내외로 구성하여 기술 분야별 전문위원회 위원 참여를 통한 연계 및 전문성을 제고한다. 주요 기능은 대형연구시설 관련 정책·계획 검토, 사업별 주요 단계 검토, 전 부처 대형연구시설 구축 현황 관리 등으로 정책 검토에 대해서는 대형연구시설 관련 정책·중장기 계획 등 국가과학기술자문회의(운영위) 상정 안건을 사전 검토하고, 사업별 검토에 대해서는 예비타당성 조사(기획 단계), 설계적정성 검토(설계 단계), 설계변경 타당성 검토(구축 단계) 등 사업별 주요 단계에서 주요 사항을 검토한다. 기획 단계에서는 예비타당성 조사 자문위원으로 참여하고, 설계단계에서는 전문위 중심으로 설계적정성을 검토하며 필요 시 사업별로 기술검토자문단을 구성·운영한다. 구축 단계에서는 설계 변경에 의한 총사업비 변경 필요 시 설계 타당성과 적정 규모를 검토한다.

2) 대형연구시설 표준 추진절차 수립

국가 대형연구시설 구축사업의 효과적 사업추진을 위해 (가칭)'대형연구시설 구축관리 표준지침'(과기정통부 고시)을 마련하였다. 적용 대상은 총사업비 500억 원 이상의 대형연구시설 구축사업 중 R&D가 포함되어 불확실성이 높은 사업으로 일반 시설건설사업과 단순 구매사업 등은 제외한다. 표준 절차는 대형연구시설 구축사업 전 주기에 대하여 주요 단계 구분을 통해 표준 추진절차를 확립하고 단계별 주요 내용·추진방법 등 규정한다. 전형적인 추진절차는 '사업기획, 예비타당성 조사, 기본계획수립 설계, 설계적정성 검토, 구축, 시운전/완료'이다. 계획변경 사항에 대해서는 설계 단계에서 과학기술자문회의(전문위) 중심으로 면밀한 검토를 실시하고 검토 결과에 따른 사업계획(규모·예산·기간) 변경을 공식화한다. 대형연구시설 구축사업 표준 추진절차는 기획, 설계, 구축 단계로 구성되며, 기획 단계에서는 기획에 대한 컨설팅과 예비타당성 조사를 통한 사업추진 결정이 이루어진다. 설계 단계에서는 기본계획수립 후 기본설계와 상세설계 시 설계적정성 검토를 수행한다. 구축 단계에서는 계획설계 변경이 필요한 경우에는 설계변경 타당성 검토를 통해 개선 사항등을 구축에 반영하며, 구축 후 시운전을 수행하여 완료한다. 이러한 절차를 정리하면 [그림 3-41]과 같다.

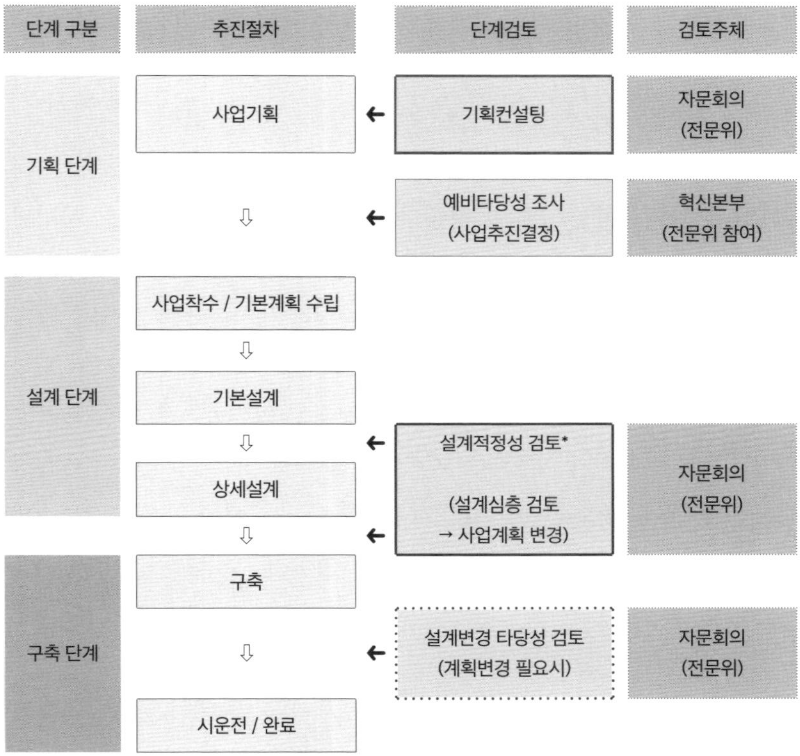

* 연구기반구축R&D사업의 기본/상세설계에 대한 적정성 검토(근거: 총사업비관리지침)

[그림 3-41] 대형연구시설 구축사업 표준 추진절차

2. 시설구축 단계별 사업계획 검토 내실화

1) 도입단계 검증 실효성 제고

대형연구시설 구축사업은 기획컨설팅 및 예비타당성 조사 등 검증 절차를 의무화하고 전문위 검토·자문을 통한 도입단계 검증 실효성을 제고한다. 각 부처는 연구시설 구축의 타당성(필요성)·활용성, 실현 가능성 등에 대해 전문위 컨설팅을 거쳐 사업을 기획함으로써 핵심기술의 성숙도

(TRL) 분석을 통해 실현 가능성을 확보하고 리스크를 최소화해야 한다. 또한 사업착수 전 예비타당성 조사 또는 사업계획적정성 검토를 실시하고 적정 사업계획을 수립한다.

사업 기획 단계 컨설팅을 실시한 전문위원은 예비타당성 조사 자문위원으로 참여하여 도입 단계 검증의 일관성·실효성을 제고하고, 사업단 구성 이후 사업기본계획(base-line)을 수립하고 운영위에 보고한다. 도입 단계 검토 절차 전에는 사업기획 후 예비타당성 조사를 거쳐 사업을 착수하였으며 사업추진 시 사업계획 적정성 검토를 수행하였다. 그러나 도입 단계 검토 절차 후에는 자문회의의 컨설팅을 지원받아 사업을 기획하고, 혁신본부의 전문위가 참여하는 예비타당성 검토 및 사업계획 적정성 검토를 수행한 후 사업을 착수한다. 기본계획 수립 후에는 이를 운영위원회에 보고하는 절차로 사업에 대한 객관성을 향상시키는 방안을 적용한다.

2) 설계 단계 검증 내실화

전문위 중심으로 설계 단계(기본·상세 설계) 검증을 강화하고 검증 결과에 따른 사업계획(규모·예산·기간) 변경 절차를 확립한다. 기본·상세 설계에 대해서 대형연구시설 구축사업은 총사업비 관리대상사업으로 관리하고 기본·상세 설계 완료 시 설계적정성 검토 실시를 의무화한다.

검토 내실화를 위해 대형연구시설전문위 중심 검토를 통해 예비타당성 조사와의 연속성·전문성을 확보하고 기간 확대·방식 개선 등에 대한 검토를 내실화한다. 기존에는 장비심의 평가단을 10인으로 구성하여 1주일 동안 개별 장비의 수준을 검토하였으나, 개선안에는 대형연구시설 전문위를 20인으로 구성하고 필요 시 기술검토 자문단을 별도로 20인 내외로 구성한다. 또한 검토기간을 1개월 이내로 설정하고 검토수준은 연구시설 전체를 통합 검토하는 개념을 적용한다.

총사업비 조정에 대해서 설계적정성 검토 결과 총사업비의 15% 미만 증액 시 검토 결과를 최대한 반영하여 총사업비를 조정하고, 타당성 재조사는 사업비 15% 이상 증액 시 사업의 타당성을 객관적으로 재조사하고 사업계획(규모·예산·기간) 조정 또는 사업중단 등을 결정하며, 타당성 재조사 미실시 사업은 사업계획 적정성 재검토를 실시한다. 계획 변경에 대해서는 기획재정부 협의 또는 타당성 재조사 결과에 따라 사업계획(base-line)을 변경하고 운영위에 보고한다.

설계 단계 검토 절차도 변경하였다. 기존의 설계 단계 검토는 기본·상세 설계 후 장비를 구축하고 계획 변경 필요 시 적정성 재검토를 수행하여 사업계획을 변경한다. 개선안은 기본·상세 설계 후 자문회의인 전문위의 검토를 거쳐 설계적적성 검토를 수행하고, 사업비 15% 미만 증액 시 총사업비 조정협의를 거쳐 사업계획을 변경한다. 또한 사업비 15% 이상 증액 시에는 타당성 재조사 및 적정성 재검토를 통해 사업계획을 변경하고 운영위에 보고하는 절차를 적용한다.

3. 자체 사업관리 역량 강화

2024년 12월 과기정보통신부는 「대형연구시설 구축관리 표준지침」을 제정하면서 제6조에 "① 사업단은 대형연구시설의 효과적 구축을 위하여 사업관리전담조직을 설치하고, 사업전담조직 운영에 필요한 예산을 지원해야 한다."고 명시한다. 이를 기반으로 내부 대형연구시설의 원활한 구축을 위해 사업관리 전문가 선임, 사업관리 전담부서 설치 등 자체 역량을 각 사업단은 내부 사업관리 지침에 규정하여 강화한다. 사업관리 전문가는 일정·비용·리스크 등 전문적 사업관리 수행을 위한 실무관리자로서, 사업관리 전문가 선임은 의무적이며 선임 요건으로는 사업관리 전문지식 및 대형연구시설 구축 사업관리 경력을 보유해야 하며, 사업단장이 겸임 가능하다. 사업단장의 역할은 사업을 총괄 지휘하며, 대외협력 및 소통, 이해관계자 관리에 집중하며, 사업의 주요 의사결정을 주관한다. 사업관리 전문가는 의사결정 지원 등 사업단장을 보좌하며, 예산

관리 및 공정관리 등의 사업관리 실무 업무와 리스크의 조기 식별 및 선제 대응 방안 수립 등을 수행한다.

사업관리 전담부서는 연구자가 설계·구축에 전념할 수 있도록 사업관리 전담부서의 주요 업무 및 구성 방법 등을 제시하며, 전담부서의 주요 업무에 공백이 발생하지 않도록 적정 규모로 구성하고 대형 사업관리 경력을 고려하여 인원을 선발하며, 사업관리 전문가와 긴밀한 업무체계 유지 및 독립성을 고려하여 개별 사업단의 현황 및 특성에 맞게 설치한다. 사업관리 전담부서 주요업무(예시)는 사업관리 매뉴얼 및 업무분류체계(WBS) 작성, 예산·공정·리스크 관리 등의 사업관리 실무 수행 및 자체 사업관리 교육, 그리고 주관부처 및 국회 등의 대외 보고자료 작성 등이라 할 수 있다.

4. 관리 방식 개선을 통한 현장부담 완화

대형연구시설 구축의 진도관리 표준화·전산화, 의사결정 절차 명확화, 평가 방식 개선 등을 통해 연구현장의 부담을 경감시킨다. 진도관리 방법·절차 표준화를 통한 일정 중심의 사업관리 및 위험요소(지연)를 조기 발견·대응하고, 사업별 특성에 맞게 표준 보고양식을 마련하고 보고 주기 및 방법·절차를 자체 매뉴얼에 명시하며, 상세 일정별로 추진현황을 적시하고, 지연 위험도에 따라 색깔 등으로 구분하여 표기한다. 사업관리 전용 프로그램을 통해 진도관리를 실시하고, 누적 데이터를 활용하여 불필요한 서류작업을 최소화하며, 신속하고 시의적절한 의사결정 및 연구현장의 업무부담 경감을 위해 명확한 의사결정절차를 확립한다. 사업별 자체 매뉴얼에 사업단-전문기관-부처 간 의사결정 절차를 명시하여 현장의 혼선 및 의사결정 지연을 방지한다. 대형연구시설 구축사업의 특성을 고려하여 평가의 실효성 제고를 위해 주요 단계만 평가하여 현장 부담을 경감시킨다.

5. 대형연구시설 구축지원단 운영

대형연구시설 구축지원단의 신설·운영을 통해 사업별 컨설팅, 교육 등 사업단 운영을 지원하고, 관리경험 공유, 협의체 운영 등으로 소통을 강화한다. 1단계는 2021년 개선 방안의 시범 적용을 위해 임시 조직 구성·운영, 2단계부터 대형연구시설 구축사업 및 대형연구시설 전문위원회 등을 지원하기 위해 국가연구시설 장비진흥센터(NFEC)를 대형연구시설 구축지원단으로 지정하여 운영한다(2022.11.). 주요 업무는 크게 컨설팅 지원, 교육 지원, 협의체 운영, 전문위원회 지원으로 요약할 수 있다. 구체적으로는 대형연구시설 전문위원회 실무 지원 및 사업단별 컨설팅·교육 등을 통한 사업관리 역량 향상을 지원하고, 사업별 단계검토(예타, 설계적정성 검토), 전 부처 대형연구시설 구축사업 모니터링 등 대형연구시설 전문위 실무를 지원하며, 사업단별 관리 수준을 측정하고 예산·진도·리스크 관리 등 사업관리 역량 향상을 위한 맞춤형 컨설팅을 지원한다. 또한 사업단 자체 교육이 효과적으로 운영될 수 있도록 강사 풀 확보 및 교육자료 개발·최신화 등 교육을 지원하고 사업관리 문서(관리기록) 및 관련 정보를 취합·관리하고 신규 사업에 제공하여 관리경험 공유로 신속한 사업관리체계 구축을 지원하고, 사업 종료 후 사장되는 사업관리 경험·노하우의 공유를 위해 대형연구시설 구축사업단 협의체 운영을 지원한다.

6. 관련 제도 정비

과학기술기본법·령, 총사업비관리 등 관련 법규 정비를 통해 「대형연구시설 구축관리 표준지침」의 이행력을 확보하기 위해 과학기술기본법 표준지침에 '구축'을 추가하고, 시행령은 연구시설·장비 관련 지침을 관리·운영·공동활용과 대형연구시설 구축으로 구분하였다. 또한 총사업비지침관련 대형연구시설 구축사업의 추진단계는 「대형연구시설 구축관리 표준지침」을 적용토록 일부 개정하였으며, 대형연구시설의 정의, 표준지침 적용 대상 사업, 관리체계, 단계검토를 포함한 추진 절차 등에 대한 사업별 기준을 제시하였다. 연구시설 구축사업은 사업비 200억 원 미만과 200억 원 이상 500억 원 미만, 그리고 500억 원 이상 사업으로 구분하였다. 사업비 200억 원 미만 사업은 부처에서 자율적으로 수행하고, 200억 원 이상 500억 원 미만 사업은 총사업비관리 대상 사업으로 선정하였으며, 500억 원 이상의 대형연구시설구축사업은 표준지침 적용 대상 및 총사업비관리 대상 사업으로 선정하여 적용하고 있다.

그러나 위의 방법으로 대형연구시설 구축사업을 수행하는 데 글로벌 기술경쟁력 저하 등의 우려가 지속되어 제도 개편의 필요성이 요구되고 있다. 예비타당성은 500억 원 이상 도로, 건설 등 대규모 국가 인프라 투자사업의 타당성 및 경제성에 대한 객관적 평가를 위해 1999년에 도입되어, 2008년부터 모든 연구시설 사업으로 확대되었으며, 2018년부터는 연구시설사업의 전문성 제고를 위해 과학기술정보통신부에서 위탁 운영하고 있다.

그간의 조사 기간 단축과 경제성 비중 축소 등에 대한 제도 개선에도 불구하고 예비타당성에 장기간이 소요되며 예비타당성 통과 사업의 경직성 해소가 쉽지 않아 현장에서 '획기적 개선'이 지속해서 제기되어 왔다. 즉 500억 원 이상 연구시설사업은 예비타당성 통과에 평균 2년 이상 소요되어 착수 시점에는 기술이 최첨단이라 할 수 없으며, 계획 변경이 어려워 적시성 및 유연성이 저하되고 있다. 또한 불확실성이 높은 연구시설사업에 '경제적 타당성' 평가인 B/C(Benefit/Cost) 분석을 적용하는 것은 제도적 모순이라는 대내외 지적이 지속되어 왔으며, 일회성 평가인 예비타당성은 실효성 부족 및 체계적 관리 곤란이라는 문제가 발생하고 있다.

따라서 과학기술정보통신부는 대형연구시설 구축사업의 사전점검 및 예산심의 체계 개편 방향을 추진 중으로, 사업의 신속하고 내실 있는 추진을 위한 맞춤형 제도를 신설하고, 사전점검 제도와 예산심의 체계의 연계 강화 및 효율적 운영, 그리고 부실한 사업추진을 방지하기 위한 사후관리 강화 및 예산 환류 방안을 마련 중이다. 심의에 대해서는 1,000억 원 이상 연구시설사업의 유형에 따라 예산심의 전 사전점검을 실시하고 연구형 사업은 자문회의를 통한 예산심의 체계를 구축하며, 구축형 사업은 별도의 관리체계를 도입한다. 사전점검 방안으로는 신규 대형연구시설사업은 수요조사 단계부터 점검 결과와 가용 예산을 고려하여 지출 한도 내로 예산을 요구하고, 사후관리 강화 방안으로 연구형 사업은 매년 예산 배분·조정 기간에 정기적으로 추진 현황을 점검하고, 구축형 사업은 단계적 심사를 통해 관리를 강화한다.

연구형 사업은 당락을 결정하는 평가에서 기획 보완 중심의 사전점검 체계로 전환하고, 기술 분야 검토를 통해 미비점과 조정 방향을 도출하여 예산심의에 연계하며, 기술 변화 추세에 신속한 대응을 위해 계획 변경에 유연성을 적용한다. 또한 필수 항목 중심으로 검토하고 실효성 및 객관성 제고를 위한 전문가 참여를 확대한다.

구축형 사업은 현장 합의 기반으로 인프라를 구축할 수 있는 제도적 절차를 마련하고, 사업의 체계적 관리 및 단계별 점검 강화를 통해 전주기 관점의 심사를 적용한다. 200억 원 이상의 건설공사 또는 500억 원 이상의 장비를 포함한 합계 금액이 1,000억 원 이상의 연구시설 장비, 공간 조성, 우주 분야 및 이에 준하는 사업이 심사 대상이며, 현장의 수요를 정부가 구체화하는 상향식(bottom-up) 기획 체계를 도입하고 정책적 추진 사업은 기획 단계에서 현장 의견수렴을 의무화한다. 심사 전 현장의 수요 반영 여부에 대한 요건을 검토하고, 예비타당성 대비 필수적인 항목 중심으로 심사를 시행한다. 설계 단계별로 설계 완성도 및 사업관리 등을 전체적으로 점검하고, 필수 요구조건을 달성해야 다음 단계를 수행할 수 있도록 관문(stage-gate) 검토 체계를 구축하며, 사업 주요 내용 변경 시 변경 필요 사유 및 변경 내용의 타당성을 상세히 검토하고 요인과 시점에 따라 차별화하는 체계를 구성한다. 또한 심사의 전문성·객관성 제고

[그림 3-42] 다목적방사광가속기(충북 오창) 조감도

를 위해 전문가 참여 및 역할을 확대하고 검토 전 사전 논의를 통해 검토 방향을 설정하며, 기술검토단을 구성하고 검토위원의 소관 영역 심층 검토 및 현장 집중평가를 시행한다.

제도 개편을 위해서 기존 '국가재정법'에 따른 사전검토 기능을 '과학기술기본법' 기반의 사전점검 체계로 수행하고 검토 창구를 일원화하며, 급격한 제도변화에 따른 현장 충격 완화 및 차질 없는 제도 시행을 위해 점진적으로 시행한다. 2026년 사전 기획 점검은 부처가 이미 준비한 기획보고서를 기준으로 점검을 시행하고, 2026~2027년 사업추진심사는 수요발굴 단계를 점진적으로 적용하고 일정 조정 및 심사 기준을 일부 완화하여 적용한다.

과학기술기본법 및 국가재정법 개정·시행과 과학기술기본법 시행령 개정, 심사 운영 지침 등 하위 규정 제·개정을 추진하며, 연구형 사업의 사전 기획·점검 시행과 구축형 사업의 심사제도 운영 방안 설명회, 사업추진 심사 실시, 민간 협의 절차 시범운영 시행 등이 추진 예정이다.

10

“메가프로젝트! 사업관리 전문인력양성”

서울대학교 공과대학 EPM

환경의 변화

오늘날 첨단지식 기반 사회는 공학과 과학기술의 발전이 무엇보다 중요하다. 우리나라의 자동차, 조선, 철강, 석유화학, 정보통신, 반도체, 디스플레이 등 주력 산업은 시대에 따라 과학기술의 발전과 함께 성장하였다. 하지만 산업 고도화와 규모의 경제 시대에 접어들어 사업의 규모와 영역이 커지면서 복잡성 관리와 리스크 대응은 한계에 봉착하게 된다. 첨단융복합 사회에서 시스템은 첨단화되고 프로젝트가 대형, 초대형을 넘어 거대 사업으로 확장됨에 따라, 그 성패를 가름짓는 사업관리 역량의 영향력은 갈수록 커지고 있다.

문제의 인식

우리나라가 급성장하는 과정에 과학기술 인력양성을 위한 노력은 무엇보다 중요했다. 개발도상국 시대의 기술·기능 인력양성을 위한 노력은 과학기술 인력양성으로 중심축이 변화했고, 과학기술 고급인력은 주력 산업의 핵심 동력으로 가치를 구현하였다. 하지만 사업의 규모가 커질수록 과학기술 고급인력은 분야별 요소기술에서 융복합기술로 요구가 확대되며 그 역량을 키워 가야 했으며, 사업의 규모에 따라 사업관리 역량도 요구받게 되었다. 하지만 우리나라 교육과정에 사업관리 역량을 키울 수 있는 제도는 없었다.

원인과 현상

2000년대 초 창업 붐이 일어나며 사업 모델과 기술로 투자받아 창업한 기업들은 사업관리 역량의 필요성을 절실히 실감하고, 사업 모델이나 기술만으로 사업의 성과 창출이 어려움을 인지하게 된다. 물론 중견기업과 대기업은 축적된 사업 모델과 기술을 기반으로 리스크를 최소화하며 지속성을 유지하고 있었다. 하지만 그 지속시간은 그리 길지 않았다. 이들도 새로운 사업 모델과 기술에 기반한 신사업 발굴과 투자에 어려움을 겪게 되자, 글로벌 컨설팅 회사에 큰돈을 지불하며 자문을 구했다. 하지만 이를 통해 성공적인 신사업을 추진하는 것은 쉽지 않았다. 그 이유는 새로운 사업을 실행할 수 있는 내부 전문인력의 부재에 있다. 전문인력을 들이기 위해 외국인 채용까지 했지만 그 결과는 만족스럽지 못했다.

도전과 무모

우리나라는 2000년대 말, 단군 이래 최대의 해외 사업 성과를 창출한다. 기존 제조 수출사업을 넘어 특히 우리나라 건설산업은 급성장한 국내사업 성장에 힘입어 해외사업 진출에 열성을 다한다. 매년 급성장하는 해외수주 소식은 국내 시장을 넘어 해외 사업 성공신화를 꿈꾸게 했다. 하지만 많은 사업이 저가 수주와 클레임 등 리스크로 인한 사업 실패로 이어졌다. 이에 대한 국가 차원의 원인 분석 결과 크게 두 가지 이슈가 있었다. 첫째는 엔지니어링 가치사슬상의 고부가가치 사업수행 역량 부족이었고, 둘째는 해외사업 관리감독 PMC(Project Management Consultancy) 대응 역량 부족에 따른 글로벌 사업관리 역량 강화가 필요하다는 것이었다.

무모의 대안

해외사업은 한국전쟁 후 어려운 시기에 우리나라를 일으켜 세운 초석을 마련한 효자 사업이었다. 하지만 그 당시 우리가 참여한 해외사업은 어땠을까? 이는 스폰서나 고객의 요구사항을 성실히 이행하고 대가를 받는 사업 유형으로, 우리가 직접 기획하고 판단하기보다 그저 주어진 과업을 열심히 수행하여 스폰서와 고객을 만족시키는 사업이었다. 하지만 오늘날 이러한 사업 유형으로는 부가가치를 얻기 어렵다. 이미 우리의 기술력이 추격당하는 환경 속에서 경쟁은 치열하고 날이 갈수록 부가가치는 낮아지는 상황이다. 이에 대한 대안으로 두 가지 방안이 제시된다. 첫째, 엔지니어링 가치사슬 중 후방 가치사슬에서 부가가치가 높은 전방 가치사슬로 이동하는 것이다. 엔지니어링 가치사슬의 전 주기는 크게 '개념설계, 기본설계, 상세설계, 구매, 제작시공, 시험운전, 운영유지'로 볼 수 있다. 그중 전방 가치사슬은 개념설계와 기본설계에 해당한다. 이를 FEED(Front End Engineering Design)라고한다. 둘째는 PMC 역량과 경쟁력을 갖추고 PMC 시장에 진출하여 고부가가치 사업 영역을 확보하는 것이다.

재도약의 초석

우리 정부는 고부가가치 엔지니어링 전략으로 이 두 마리 토끼를 잡기 위한 도전의 초석으로, 우리나라 공학교육시스템에 변화를 꾀했다. 교육과학기술부는 선진국과 동일한 교육환경 구축을 통해 국제적 안목을 갖춘 공학인력을 양성하기 위해 국가 공학교육의 발전 및 글로벌화를 추진하고 전국 공과대학을 지원할 수 있는 '글로벌 공학교육센터 설립 계획'을 2008년 8월 수립하고 2009년 3월 주관대학 선정 계획을 공고했다. 한국연구재단 주관으로 실시된 선정평가 과정에서 서울대학교는 국제적 인지도, 국제공학교육센터 및 국제공동강의 운영 경험, 기업 연계 프로그램의 우수성 면에서 높은 평가를 받아 2009년 6월 주관대학으로 최종 선정되며 교육과학기술부 지정 글로벌공학교육센터(Global Education

Center for Engineer, GECE)가 서울대학교 내에 설립된다. 또한 2010년 4월 '엔지니어링산업 발전 방안'을 수립하면서, 연평균 17%씩 성장하고 있는 세계 엔지니어링 시장 공략을 위해 전문대학원 설립을 통한 핵심인력 양성을 시작한다. 이는 해외 대형 프로젝트 수주 경쟁력의 관건인 PMC, FEED 등 고부가가치 엔지니어링 영역에서 우리 기술 수준이 선진국 대비 60%에 불과한 현실에서, 국내에는 핵심 분야의 전문인력을 양성할 교육기관이 없다는 현실인식과 반성에서 비롯된 것이다. 공과대학에 전문대학원을 설치하고 FEED와 PMC 석박사급 고급 전문인력 역량과 산업체 전문인력 양성을 정부 차원에서 지원한다. 또한 2011년 1월 지식경제부는 대학 간 경쟁을 통해 엔지니어링전문대학원 지원사업을 공고하게 되고, 고려대학교, 연세대학교, 포항공과대학교(POSTECH), 한국과학기술원(KAIST)이 경쟁하여 2011년 6월 포항공과대학교가 엔지니어링 전문대학원 지원사업에 선정된다. 국가의 미래를 이끌어 갈 엔지니어링이라는 보석을 창조하기 위해 세계 제1의 프론트 엔지니어링 교육(World No.1 Front Engineering Education)을 제공하는 포항공과대학교 엔지니어링대학원(Graduate school of Engineering Mastership, GEM)이 2012년 3월 개원한다.

재도약의 서막

서울대학교 공과대학과 교육과학기술부 지정 글로벌공학교육센터는 이러한 시대적 요구에 부응하여 인프라 구축을 위해 서울대학교 관악캠퍼스 교내에 센터 건물을 신축함과 동시에 '엔지니어링 프로젝트 매니지먼트(Engineering Project Management, EPM) 과정을 2010년 5월 설립했다. 당초 글로벌 프로젝트 매니지먼트(PM) 역량 강화를 위한 최고경영자, 고급전문가, 실무전문가 대상별 교육훈련 프로그램을 기획하였으나, 시급성과 여력을 고려하여 최우선 대상은 고급전문가로 선정하고 산업체 엔지니어로 활동하는 인재 중 신임 임원이나 임원 후보를 대상으로 전문적인 PM 프로그램을 제공하여 글로벌 엔지니어로서 자격을 갖추도록 도움을 주는 것을 목표로 하였다. 이를 위해 프로젝트 경영에 대한 전문적인 지식 습득과 글로벌 시대에 걸맞은 역량을 함양할 수 있도록 서울대 교수진과 국내외 PM 실무전문가로 구성된 최고의 인재양성 프로그램을 제공하게 되었다. 교육 목표가 고급전문가의 양성인 만큼, 현직에서 가장 중요한 위치에 있는 전문가들이 바쁜 일정 속에서도 6개월간 주 1회 매주 금요일 오후 2시부터 저녁 9시까지 이론과 실무 그리고 합숙 워크숍을 진행하며 단기간에 경쟁력을 갖춘 글로벌 PM 전문인력을 양성하였다. 마치 한국전쟁 기간에 사관학교를 운영하며 초급장교를 양성했던 심정이었는데, 그만큼 글로벌 진출 산업체에 필요한 PM 고급전문가를 단기간에 양성할 필요성이 절실했다.

두 가지 우선 강화역량

단기간의 고급전문가 프로그램 개발은 기존의 해외 PM 자격증 취득 중심의교육에서 탈피하여 두 가지 핵심 역량을 목표로 설계된다. 베를린공대와 멀티프로젝트매니지먼트(Multi-Project Management) 국제 공동연구를 통해 우리나라 산업체가 글로벌 프로젝트를 수행할 시 다중 프로젝트나 프로젝트를 그룹화한 프로그램 수행 환경에서 프로젝트나 프로그램의 성공 요소를 글로벌 환경에서 의사결정권자와 실무자를 대상으로 한 인터뷰와 설문조사를 기반으로 비교 분석했다. 그 결과 두가지 성공 요소가 글로벌 지표의 평균 이하로 나타났다. 그 지표는 '의사결정의 질(decision quality)'과 '프로젝트 기획(project planning)'이었다. 이는 프로젝트의 성공뿐 아니라 고부가가치사업 수행 경쟁력에 치명적인 결점이었다. 이를 위한 역량을 단기간에 제공할 수 있는 프로그램의 개발이 필요했다. 우리나라의 현실은 글로벌 프로젝트 초반(front-end) 기획이나 참여보다 후반(back-end)에 수립된 계획을 수행하는 역량에 집중되어, 인터페이스 관리도 리스크를 안고 있었고 주요 의사결정을 직접 판단하고 결정하는 역량보다 결정된 의사결정을 잘 따르며 수행하는 역량에 더욱 익숙해 있었다.

시장의 교란과 저항

'엔지니어링 프로젝트 매니지먼트'에 담긴 세 단어 '엔지니어링', '프로젝트', '매니지먼트'는 따로 보면 이해가 쉽다. 하지만 세 단어를 합친 EPM은 기존 PM 교육 시장에 교란과 혼란을 초래했다. 엔지니어링이라는 단어는 '설계'의 의미를 가지고 있어서, EPM 과정이 설계 용역사의 엔지니어를 위한 교육과정으로 오해하는 경우가 많았다. 엔지니어링은 거시적인 의미로는 공과대학을 'College of Engineering'이라고 하는 것과 같이, 모든 공학 요소기술을 포함하는 단어이다. EPM은 이러한 모든 공학 요소기술을 기반으로 한 프로젝트를 대상으로, 프로젝트의 성과와 가치 창출을 위한 개인과 조직 그리고 프로젝트 경영 역량을 포괄한다. 이러한 관리 능력이 필요한 엔지니어뿐 아니라 기술 능력이 필요한 매니저를 대상으로 글로벌 프로젝트 기획력과 의사결정의 질을 높일 수 있도록 PM 고급전문가를 양성하는 것이 목표이다.

고급전문가 양성을 위한 비용은 높게 책정되었다. 하지만 우리나라의 고급전문가 양성 프로그램은 정부 지원 등으로 낮은 교육비에 익숙해져 있다. 정부 지원을 받기 위한 노력도 하였으나 이를 위해 프로그램이 달성해야 할 성과는 지원금액 대비 배출된 고급인력의 인원 수였다. 고급전문가 양성 프로그램의 '질'보다는 수혜대상자 입장에서의 '양'이 더욱 중요시되었으며, 고급전문가 양성의 특성상 '양'을 선택할 수는 없었다. 또한 고급전문가 양성의 높은 비용을 소속 기관에서 지속적으로 부담하는 어려움도 있지만 의사결정권자의 교체와 산업 경제 흐름의 민감도가 작용하게 된다. 또한 메르스, 사스, 코로나 팬데믹으로 인해 대면 및 현장 교육 진행 이 어려웠던 점 또한 난관이었다.

CM과 PM

우리나라 건설 산업은 다른 산업보다 사업관리의 적용 시기가 앞서다 보니, 건설사업관리(CM)를 당연히 사업관리(PM)라고 생각하며, CM

안에 PM이 포함된 것이로 보는 경향이 있다. 우리나라 건설산업은 1960~1970년대 경제성장의 주력 산업으로 대형 건설 프로젝트에 시공 중심의 사업관리 방식이 주를 이루었다. 이후 1980~1990년대에는 사업관리의 중요성과 전문성이 확대되며 정부의 제도적 기반이 마련된다. 2000년대 이후 건설 산업은 시공 중심 사업관리에서 벗어나 설계, 구매, 감리 등 업역의 확장에 따른 종합건설 사업관리로 나아가게 된다. 오늘날 프로젝트가 대형화, 초대형화되며 건설산업의 사업관리는 종합사업관리인 프로그램 매니지먼트(Program Managment, PM)로 변화해 간다. 또한 국내 건설산업에 자연스럽게 해외건설 사업관리(PM) 역량을 접목시키며, 해외에서는 프로젝트의 특화성, 전문성, 복잡성, 그리고 다양성을 포괄하는 사업관리(PM) 역량으로 확대 적용되어 가고 있다.

PM 정의와 역사

사업관리의 역사는 인류가 생존을 위한 일(Work)을 하며 성과를 창출하고 가치를 증대시키며 발전해 왔다. 사업이 프로젝트인가? 이 질문에 대한 답은, 사업은 '프로젝트인 것만은 아니다.' 사업은 한자로 일 사(事)와 일 업(業)이 함께 구성되어, '일(work)'을 일컫는 단어다. 영어로는 프로젝트(project)보다 비즈니스(business)의 의미에 가깝다. 비즈니스는 지속적이고 반복적인 일상적인 일(業, operation work)과 유일하고 한시적인 일(事, project work)로 이루어진다. 다시말해 '업'은 모방(模倣, imitation)을 기반으로 하고, '사'는 창조(創造, creation)를 기반으로 하는 일이다. 좀 더 쉽게 설명하면, '업'은 일을 하며 지식과 경험 그리고 도구 기법의 진화와 축적으로 시간의 흐름에 따라 노하우가 쌓이는 일이며, '사'는 처음 해보는 일로 지식, 경험 그리고 도구기법이 전무한 상황에서 실수와 실패가 예상되는 일이다. 다만 '사'는 이러한 실수와 실패에 대한 지속적인 도전과 개선 그리고 극복은 축적된 시간에 따라 '업'이 되어 간다. 우리 국민들은 최근 헌정사 최초의 비상계엄 탄핵 선고가 이루어진 헌법재판소에서는 "국회의 계엄 해제 요구가 있어 계엄사무에 투입된 군을 철수시켰다"라며 계엄을 사무로 표현했다. 업무(業務)와 사무(事務)를 구분 못하는 경우가 많으나 정확한 표현이다. 계엄은 사무다.

프로젝트의 사전적 의미만으로는 이를 이해하기 어려울 것이다. 프로젝트는 기획(企劃, planning), 계획(計劃, plan), 연구(硏究, research), 과제(課題, assignment) 등으로 설명된다. 그런데 프로젝트는 '비추다'는 의미를 담고 있고, 프로젝터(projector)나 프로젝션(projection)과 같이 영사(映寫)나 투영(投影)의 의미로도 쓰인다. 1600년대 '프로젝트'라는 단어가 처음 문헌에 등장했을 때, 이 단어는 '사람'을 지칭했다. 오늘날 이 단어는 미래를 기획하고 도전해 나가며 새로운 가치를 창출하는 기업가정신(entrepreneurship)을 담고 있다.

하지만 우리나라에서는 사업관리가 프로젝트관리와 동일시되어 있다. 대표적인 한자 문명권인 중국에서는 프로젝트를 '사업'이라고 할까? 아니다. 중국에서는 프로젝트, 프로젝트관리를 항목(項目), 항목관리(項目管理)라고 한다.

2000년대 들어 우리나라에서는 '프로젝트관리'에 더해 '프로젝트경영'이라는 표현도 쓰였다. 관리(管理)는 영어 표현으로 '어드미니스트레이션(administration)'이고, 경영(經營)은 '매니지먼트(management)'이기 때문이었다. 이렇게 사업관리, 프로젝트 관리, 프로젝트 경영, 거기에 프로그램 관리(program management), 포트폴리오 관리(portfolio management)까지 수많은 단어가 쓰이면서 '프로젝트 매니지먼트'의 의미는 더욱 모호해졌다. 더군다나 한글 표현은 더 큰 혼란과 교란을 가져왔다. '미시적 의미의 사업관리'는 단일 프로젝트의 성과를 얻기 위한 관리 방안을 의미한다. 한편 '거시적 의미의 사업관리'는 다중적이고 복잡하고 거대한 프로젝트의 인터페이스(interface)와 리스크(risk) 등을 관리하는 '프로젝트(project)'와 다중 프로젝트를 그룹화하여 가치를 창출하는 '프로그램(program)' 그리고 프로젝트의 선택과 집중을 위한 전략적 '포트폴리오(portfolio)'를 관리하고 경영하는 방안을 포괄했다.

사업관리는 전쟁의 역사 속에 무기를 개발하며 국방산업에서 필요성이 제기되었고, 냉전 시대 우주경쟁에서 인류가 가보지 않은 새로운 길에 도전하며 우주항공산업에서 그 중요성이 부각되었다. 이후 전후 복구 등 인간 삶의 질을 향상하기 위한 인프라 및 건설산업으로 그 중요성이 확장되었다. 모든 산업은 공학(engineering) 등 지식기반 역량뿐만 아니라 프로젝트에 고객의 요구(needs)가 아닌 상호 합의(agree)된 요구사항(requirement)인 범위(scope)을 만족시키기 위한 시간(time)과 원가(cost) 계획을 수립하고 실행한다. 그리고 이를 통해 품질(quality)를 확보하여 고객의 가치를 증대시킨다. 이를 위해 이해관계자(stakeholder), 인적자원(human resource), 의사소통(communications), 리스크(risk), 조달(procurement) 등 관리를 위한 지식기반 역량은 확장되어 왔다.

프로젝트의 관리적인 측면에서는 사업관리와 더불어 행정관리가 중요하게 인식된다. 이는 '사업관리 임시조직'과 '행정관리 상시조직' 간의 긴밀한 협업(協業)과 협력(協力) 그리고 협동(協同)을 필요로 한다. 하지만 현실에서 이들 조직간의 소통은 쉽지 않다. 결론적으로 관리적 측면의 사업관리는 프로젝트의 후방(backend) 가치이다. 중요한 것은 프로젝트의 경영적인 측면에서의 전방(frontend) 가치로, 프로젝트 거버넌스와 프로젝트 전략 기획, 시스템 구축, 그리고 전략적 예산 배정 등의 역량이 필요하다. 전방과 후방을 모두 고려하는 것을 종합사업관리(program management)라고 한다.

우리나라 PM의 역사는 1971년 착공된 고리원자력발전소 건설 과정에서 미국에서 PM 역량을 가져온 데서 시작한다. 그로부터 20년이 지난 1991년 한국프로젝트관리기술회(현재 '한국PM협회')가 설립되었고 이후 한국전력공사를 기반으로 발전 5사가 큰 역할을 했다. 이어서 고속철도건설과 정보통신사업 등 대형 융복합사업들에 PM의 중요성이 강조되고 전문인력양성에 대한 요구가 커졌다. 서울대 EPM 과정을 준비하던 무렵 서울대 도서관에서 귀한 자료를 찾았다. 미국이 사업관리 전문기관(PMI)을 설립한 1969년 서울대학교 행정대학원에서 나온 김병남의 석사학위논문 「한국군 관리체계 개혁을 위한 프로젝트 관리」였다. 이 논문이 공식적인 PM 연구자료로 최초라 생각했지만, 1968년 「연구용역사업에 있어서의 프로젝트 원가계산에 관한 연구」 1970년 「서울시 여의도 윤중제(輪中堤) 프로젝트의 계획과 실행에 관한 연구」 등 PM 관련 학위논문도 있었다.

CEPM, 전문가 인증과 혜택

EPM 과정은 6개월의 과정 전체를 수료하면 서울대학교 총장 명의의 이수증과 함께, CEPM(Certified Engineering Project Manager) 인증을 수여한다. 이전까지 국내에는 이와 관련된 민간 자격인증 제도도 없고 특히 고급 자격인증은 생각조차 못 하고 있었다. 대부분이 해외의 인증, 특히 1969년 설립된 미국 PMI(Projet Management Institute)의 PMP(Project Management Professional) 인증에 의존하고 있었다. 이에 EPM 과정을 기획하며 해외 사업관리 고급전문가 인증을 조사하였고, 미국 스탠퍼드대학교의 SCPM(Stanford Certified Project Manager) 제도를 벤치마킹하며 서울대학교 공과대학 학장과 교육과학기술부 지정 글로벌공학교육센터장의 공동 명의로 인증을 수여하게 되었다. 이 인증에는 과정 수료 조건 중 '사례연구 논문발표' 평가가 포함되며, 입학후 4주 내에 CEPM 사례연구 계획을 제출하고 계획에 따라 연구를 진행하여 최종 발표를 통해 심사를 통과해야 한다. 통과 후 수정 보완하여 최종본으로 제출된 연구 성과는 CEPM 성과공유 세미나로 공개 발표회에 소개된다. 한 기수 전체가 CEPM 인증을 한 번에 받는 경우는 드물며, 미인증자는 차기 기수에 재발표하여 CEPM 인증을 받을 수 있다. 대부분의 인증 제도는 지속적인 자기개발과 연계된다. CEPM은 'EPM 콩그레스'나 'CEPM 글로벌부트캠프', 기관방문 현장사례연구 등 활동에 참여하며 이수 후에도 지속적인 역량 강화 기회를 갖는다.

CEPM 인증은 과정 초기에는 인증패로 수여되었으나, 이후에는 해외 프로젝트에 참여하는 전문가의 트랙 레코드(track record)로 활용되어 인증서 형태로도 발급되고 있다. 또 동문들의 명함에 CEPM이 인쇄되어, 사업관리 고급 전문가로서 자부심을 느끼며 CEPM을 알리는 데 활용되고 있다.

나누고 다시 합치고 또 나누고

사업관리 방법에서 WBS(Work Breakdown Structure)는 아주 중요한 의미를 갖는다. 이는 고객과 합의된 요구사항(requirement)을 정의하여 WBS를 만드는 것이 중요하다. 프로젝트 최종 인도물(deliverable)을 계획된 시간, 비용, 품질을 지키며 완성하기 위해서는 무엇보다도 먼저 WBS의 정확도가 중요하다. 미완의 WBS로는 사업관리를 위한 프로젝트 계획 수립이 불가능하다. 하지만 현실의 WBS는 보여주기식인 경우가 많았다. 이는 '프로젝트 특성의 일'을 이해하지 못했기 때문이다. 프로젝트는 일상적이고 지속적이고 반복적인 노하우가 쌓이는 '업무'와는 다른 '사무'이므로, 전문가를 찾기가 어렵다. 설령 전문가가 있다 하더라도 변수가 많은 사무에는 정답이 없다. 다시 말해 전문가의 노하우는 무용지물인 경우가 많다. 그럼 어떻게 사업관리를 할 것인가? 그것은 바로 최적의 WBS를 얻기 위해 '일을 나누고 다시 일을 합치고 또 일을 나누는' 방법이며, 이것이 수많은 실패와 도전 속에 고수(高手, master)로 인정받는 고급 전문가가 일하는 방식이다. 대부분의 WBS는 사무를 이해하지 못한 채 익숙한 방식의 업무분장 수준에 그친 WBS이며, 이는 보여주기식 사업관리의 전형이다.

특히 공학 기반 프로젝트(engineering project)에는 관리나 경영 역량뿐 아니라 특별한 능력이 요구된다. 대부분의 관리나 경영 역량은 업무적인 역량이 성과를 확보하지만, 공학 기반 프로젝트는 특히 체계(體系)적 사고(思考) 기반의 시스템엔지니어링(systems engineering) 역량이 중요하다. 한 번도 가보지 않는 길을 개척하는 방법은 무엇일까? 인류는 모방(imitation)

을 기반으로 성장과 발전을 해왔다. 아리스토텔레스(Aristotle)의 '모방은 창조(creation)의 어머니'라는 말의 의미는 창조는 무(無)에서 시작되는 것이 아니라 기존에 존재하는 것들을 배우고, 이를 따라하고 변형하는 과정에서 발전한다는 통찰(洞察)을 담고 있다. 가보지 않은 길을 한 번에 성공적으로 개척하기는 쉽지 않다. 하지만 공학시스템과 복합시스템(system of systems)의 전 주기(life cycle)를 모델링하고 분석하여 검증(verification)과 확인(validation)을 수행하는 V 모델을 기반으로 한 시스템엔지니어링은 공학 기반 사업관리의 중요한 지식이다. 사업관리(project management)와 체계관리(systems engineering)는 EPM 고급전문가 양성을 위한 중요한 핵심 역량 기반이 된다.

모듈과 트랙 그리고 콘텐츠

EPM 과정을 설계할 때, 엔지니어링을 기반으로 한 다양한 산업군의 사업관리 전문가를 양성하기 위해 세 그룹을 대상으로 프로그램을 준비하였다. 첫째는 최고의사결정권자와 임원, 둘째는 초급임원과 임원후보, 셋째가 실무전문가 그룹이었다. 하지만 첫째 그룹에 대해서는 다양한 최고위 과정이 이미 운영중이었고, 실무전문가 양성은 학교보다는 각 기업이나 관련 협회에서 인력 양성을 주도하는 것이 적합하다고 판단하였다. 이에 주력 산업의 사업관리 역량의 시급성에 따라 최우선 대상으로 고급전문가 양성에 '선택과 집중'을 하며, 초급임원과 임원후보 그룹을 대상으로 프로그램을 설계하였다.

6개월의 고급전문가 양성 과정은 모두 7개의 모듈로 설계되었다. 모듈 1은 'PMC 역량'을 대주제로 프로젝트 기획과 개발, 글로벌 PM 표준과 적용, 표준 프로세스와 방법론, 최신 PM 트렌드와 이슈로 구성되어 있다. 모듈 2는 '소통과 협업'을 대주제로 프로젝트 리더십, 조직문화와 커뮤니케이션, 팀빌딩과 팀워크, PM 소프트스킬과 4D시스템으로 구성되어 있다. 모듈 3은 '전략경영'을 대주제로 프로젝트 거버넌스, 문제해

결과 의사결정, 리스트 식별과 대응, 전략적 PM 정보시스템으로 구성되어 있다. 모듈 4는 '법과 금융'을 대주제로 프로젝트 조달과 계약, 프로젝트 클레임과 보험, 협상과 중재 소송, 프로젝트 금융조달로 구성되어있다. 모듈 5는 '고객과 영업'을 대주제로 프로젝트 마케팅과 영업, 프로젝트 이해관계자, 다문화 이해와 적응, 산업 보건·안전·환경(Health, Safety, Environment, HSE)과 공학윤리, 전문가 책임으로 구성되어 있다. 모듈 6은 '기술과 사례연구'를 대주제로 EPM 스페셜 토픽, 사례연구 지도, 최신기술 동향과 사례, 사례연구 발표와 평가, 성과공유로 구성되어 있다. 모듈 7은 '네트워크'를 대주제로 EPM 콩그레스와 컨퍼런스, 쇼케이스, 와인과 글로벌 비즈니스, 스트레스 워킹테라피, CEPM 글로벌 부트캠프로 구성되어 있다. 총 6개월간 120시간의 모듈별 수업이 진행된다.

과정 초기에 여러 기업은 개별 '기업 맞춤형' 교육을 요구해 왔으나 학교 공개강좌 규정상 수강 대상을 두 개 이상의 기업으로 하도록 규정되어 있어, 기업 맞춤형 제안은 받아들이지 못했다. 하지만 정기 교육에 맞춤형 교육의 요구가 늘어나며 '트랙' 제도를 반영하게 되었다. 제일 먼저 트랙 형태로 다수의 수강 인원이 함께하게 된 산업 분야는 '건설엔지니어링산업'으로 2013년부터 2015년까지 3년간 트랙을 운영하였다. 이후 '자동차산업'으로 2016년부터 현재까지 10년간 트랙을 운영하며 최다 CEPM이 양성되었다. 트랙 개설 시 요구사항은 '기업 맞춤형'이었다. 기업이 요구한 분반 형태 및 맞춤형 수업, 합반으로 진행되는 수업을 병행하였는데, 만족도는 합반 수업이 더 높았다. 이유는 다른 분야와의 교류가 더욱 가치 있었기 때문이다. 트랙의 맞춤형 요구 없이 많은 CEPM을 배출한 산업 분야는 원자력, 화력, 수력 등 '에너지산업' 분야이며 그다음이 '조선해양산업' 분야이다. 직군은 대부분 기술직과 관리직 그리고 연구개발직에 종사하며, 직무는 사업관리 외에도 다양했다.

사업관리는 책상 앞에서만 배울 수 있는 것이 아니다. 인공지능 등 시스템이 일을 대신할 수 있는 사회가 와도 사람이 중요하다. 프로젝트 핵심 팀(core team)과의 협심, 그리고 다양한 이해관계자와의 협업과 협력, 협동을 하는 주체는 사람과 조직이다. 이를 위한 콘텐츠 개발은 고급전문인력 양성의 핵심이다. 콘텐츠의 중심에도 사람이 있다. 교수진과 외부 강사진, 동료와 선후배, 그리고 운영진까지 한마음으로 성과를 위해 노력했다. 매 기수마다 같은 모듈과 트랙이 운영되었지만 콘텐츠는 다양했다. 다양한 배경을 가진 구성원이입학함에 따라, 이에 맞추어 고급 전문가 양성을 콘텐츠를 개발했다.

입학식과 수료식은 전후 기수가 함께 행사를 갖고, 입학생들은 각 조직에서의 직위와 직책을 갖고 있지만 상호 존중과 원활한 소통을 위해 호칭을 PM(Project Manager)으로 통일하였다. 입학식과 수료식에는 수료생과 동문들이 입학생들에게 은색 서울대 배지를 달아 주고, 입학생들이 수료생들에게 금색 서울대 배지를 달아주는 전통으로 동문과 입학생들 간의 연계를 도모하였다. 매주 금요일 오후 2시에 시작되는 수업은 두 시간이 한 교시로 배정되어 1, 2교시 후 저녁 식사를 하고, 3교시를 마치면 저녁 9시가 된다. 이후 원하는 PM들은 4교시를 학교 밖에서 가졌다. 특히 4교시에는 자율적으로 수강생들 간의 토론과 성찰의 시간을 가졌다.

과정 초반 1박 2일 워크숍을 개최하고 상호 우의를 다지는 시간을 마련하며, 워크숍 전 동문들의 사례 연구 성과를 공유하고 사례 연구 계획을 수립한다. 이후 해외 전문가 초빙 EPM 쇼케이스와 기관 방문 현장 사례 연구 그리고 프로젝트 리더십과 소통을 위한 2일간의 워크숍이 진행된다. 과정 중반으로 접어들면 EPM 콩그레스가 개최되며 연관 컨퍼런스들이 이어서 개최된다. 과정 후반에는 글로벌 부트캠프로 자치회의 결정에 따른 국가와 도시 그리고 현지 기관 방문을 실시한다. 이후 사례 연구 계획에 따른 지도와 사례 연구 발표 및 평가를 거쳐 졸업 사정 평가가 개최되며 과정 이수와 CEPM 인증 수여 결정이 이루어지고 수료식을 끝으로 과정은 종료된다. 수료생의 만족도를 높이기 위해서는 기수 특성이 반영된 콘텐츠 제공이 중요했다.

산업 생태계와 프로젝트 생태계

프로젝트 특성상, 지속적인 성과로 사업이 이어지는 산업 생태계를 구축하는 것은 어렵다. 시대별 산업의 흥망성쇠(興亡盛衰) 전 과정은 자연생태의 흐름과 유사하여 학문적으로 산업 생태학(industrial ecology)의 개념이 정립되고 연구되어 왔다. 산업 생태학은 산업의 발전 과정에 큰 역할을 하였지만, 산업이 융복합화되고 고도화될수록 지속적인 성과나 가치를 연계하는 산업 생태계의 의사결정에는 한계가 있었다. 예를 들어 자동차 산업 생태계는 기존 내연기관 차량에서 전기나 수소 차량으로 진화하고 발전을 거듭하고 있어, 이를 하나의 자동차 생태계로 보고 의사결정하기에는 리스크가 따른다.

여기서 산업의 업(業)을 지속적으로 유지하기 위한 노력은 시간이 지날수록 한계에 봉착하게 되다. 조직과 산업이 지속 가능한(sustainable) 업을 이어갈 방안은 새로운 업으로 변화하고 이어나갈 수 있도록 의사결정하는 것이다. 이 의사결정에 중요한 것은 기존의 업을 대체할 새로운 업을 찾는 것인데, 이를 우리는 신사업(新事業)이라 한다. 여기서 새로운 일(事)은 지속적인 연구개발(研究開發)이 핵심 역량으로 필요하며, 이것이 기존의 일(業)을 유지하거나 새로운 일로 지속성을 유지하며 업으로서 조직과 산업의 지속 가능성을 확보할 수 있는 길이다. 대부분의 조직과 산업은 업의 유통기한(壽命)이 종료될 때가 되어서야 위기의식을 갖고 새로운 일을 찾으려는 노력을 한다. 하지만 새로운 일(事)이 업으로 자리잡기까지에는 축적의 시간이 필요하며 이 축적의 시간을 버틸 수 있는 조직과 산업은 많지 않다. 이러한 의사결정에 필요한 역량이 지속 가능한 프로젝트 성과와 가치 창출을 위한 프로젝트 생태계(project ecosystem)의 디자인(design)이다.

연구와 교육 상호연계

EPM 과정의 지속 가능성을 위한 중요한 역량도 연구개발이다. 국가 경영에서 창조경제를 이야기했던 분들에게 PM을 설명하기 위해 짧은 시간에 이해 가능하고 쉬운 설명이 필요했다. 일찍이 모 부처에 PM을 설명하다 쫓겨난 경험이 있다. 당시 '프로젝트가 무엇인가'란 질문을 받았다. "프로젝트는 건설이냐, 정보통신이냐, 아니면 연구개발이냐?"라는 질문에 "건설도 정보통신도 연구개발도 모두 프로젝트다"라고 답변하자, 돌아온 질문은 "국정(國政)도 프로젝트냐?"였다. 이 질문에 드디어 이해했다고 생각하여 기쁜 마음에 "프로젝트가 맞다! 이제 이해하셨군요!"라며 기뻐했지만 돌아온 것은 '돈키호테' 취급이었다. 고민하고 또 고민하다 아주 어릴 적 갖고 놀던 장난감 오뚝이가 생각났고, 오뚝이 모델을 '롤리폴리 모델'로 명명하며 관심을 유도했다. 롤리폴리 모델은 사업관리를 쉽게 이해할 수 있는 이론으로 발전하게 되며, 지속적인 연구와 고민은 PM 국제 학회에 발표한 논문으로까지 발전하게 되었다. 프로젝트를 이해하게 하고 사업관리 역량을 갖춘 고급전문가를 양성하기 위해 삶의 현장의 고수들을 설득하는 일은 결코 쉽지 않으며, 이들을 고급전문가로 양성한다는 것은 중요하지만 더욱 어려운 일이다. 현실을 직시(直視)하고 의사결정의 질(decision quality)을 높일 수 있는 방안은 연구와 교육의 연계, 그리고 살아 있는 현장의 목소리(要求) 속에 있다.

고급인력양성을 위한 정부지원 프로그램은 지원 종료 후 지속성을 갖는 경우가 많지 않다. 포항공과대학교 엔지니어링대학원(GEM)도 서울대학교 엔지니어링개발연구센터(EDRC)도 그랬다. 프로그램에는 사업관리 고급인력양성이 포함되어 있었지만 지속성이 없었다. 다행히 2016년 서울대학교는 차세대 공학 리더 육성을 목표로 공학전문대학원(GSEP)를 개원하였다. 사업관리 역량을 제공하기 위해 '엔지니어링프로젝트매니지먼트(EPM) I, II' 과목과 '엔지니어를 위한 글로벌 프로젝트 매니지먼트' 과목으로 9학점이 개설된다. 어느덧 10년이 지났다. 전문석사학위를 받는 공학전문대학원 학생뿐 아니라 학부생, 석·박사생도 함께 사업관리 역량을 공부할 수 있는 초석이 되었다. 이들의 연구 역량과 사기 진작을 위해 2020년부터 매년 스타프로젝트매니저(star project manager)를 선정하고 인증하고 있다. 인증 대상은 개설된 3과목 중 1개 이상의 과목을 수강하고, EPM 콩그레스에서 연구 성과를 공유하는 기여를 인증 기준으로 만들었다. 지난 5년간 130여 명의 SPM이 탄생한다. 교육과 연구가 상호 연계되며 사업관리 능력은 성장한다.

성과 창출 그리고 공유와 기여

세 사람이 함께 길을 가면, 반드시 내 스승이 있다(三人行必有我師). 맞다. 어린 학생들이 아닌 고급전문가 양성은 그 자체가 배움과 가르침이 공존하는 길이었다. EPM 과정의 성과와 가치는 일방적으로 나오지 않았다. 함께 성과와 가치를 만들어 온 것이다. 그리고 얻은 성과를 공유(共有)하는 것이 기여(寄與)다. 이를 위해 고급전문가로서 CEPM을 인증을 받기 위해 실전 프로젝트 문제를 발굴하고, 문제 해결을 위한 사례 연구를 기반으로 얻은 성과를 바탕으로 선후배 간, 그리고 동료 간 성과공유 세미나를 개최하였다.

EPM 과정은 격년마다 학교 본부 비학위 공개강좌 평가를 받는다. 평가 결과는 A, B, C 등급으로 나뉘며 C 등급의 경우 과정 폐쇄, B 등급은 유지, A 등급은 혜택을 준다. EPM 과정은 6번의 과정평가에서 B 등급을 받았다. 사유는 재정적 기여도와 교내외 구성원 기여도가 낮다는 평가 의견이다. 재정적 기여도는 다른 최고위과정과 달리 학교 발전기금을 납부하지 않은 점이 고려되었다. 고급전문가 과정이므로 시간의 흐르면 학교 발전에 기여할 것으로 기대한다. 이와 관련해서 에너지 산업 분야의 동문들이 아이디어를 제시했다. 2014년부터 3년간 '파워엔지니어링 컨퍼런스(power engineering conference)'를 서울대에서 개최하고 학·산·연 간 성과를 교내외 구성원에게 무료로 공유하였다. 이를 위해 서울대학교 공과대학과 한국동서발전 그리고 한국전력기술이 상호양해각서(MOU)를 체결했다. 컨퍼런스는 3년간 서울대 38동 5층 대강당을 가득 메웠다. 탈

석탄과 미세먼지 등 기존 에너지 산업의 위기 속에 3년 이상 지속되지는 못했지만, 2018년 컨퍼런스는 'EPM 콩그레스(congress)'로 격상되고 산업과 주제별 컨퍼런스가 함께 개최되었다.

2018년 2월 2일 첫 콩그레스가 개최되었다. '메가프로젝트, 스마트 엔지니어링 그리고 SNU 2030'이라는 제목으로 3개의 주제를 다루었다. 이후 6개월마다 개최하며, 코로나 팬데믹 기간에도 비대면으로 멈춤 없이 진행했다. 최근 인공지능의 중요성과 관심도가 높아지며 동문들과 교내외 구성원을 대상으로 매주 수요일 점심 시간 브라운백 세미나(brown bag seminar)를 비대면 무료 공개로 진행하고 있다. 2025년 본부 과정 평가에서는 EPM 과정은 A등급을 받는다.

[그림 3-42] EPM 콩그레스 역대 포스터

[그림 3-42] EPM 콩그레스 역대 포스터(계속)

[표 3-22] EPM 콩그레스 역대 주제

회차 개최연월	주제	세부 행사
15회 2025.12.	Mega Challenge; PMC for Megaproject	2nd Team AI4PM Workshop, 2nd EPM Business Summit, 3rd National Advanced Strategy New Industry Conference, 10th Smart PMC Conference, 4th Megaproject Conference, 10th Smart Engineering Conference
14회 2025.6.	Megaproject; Above and Beyond	3rd Megaproject Conference, 9th Smart Engineering Conference
14회 2025.6.	Megaproject; Above and Beyond	1st Team AI4PM Workshop, 1st EPM Business Summit, 2nd National Advanced Strategy New Industry Conference, 9th Smart PMC Conference
13회 2024.12.	AI4PM; PM 날개를 달다 AI	8th Smart Engineering Conference
13회 2024.12.	AI4PM; PM 날개를 달다 AI	1st National Advanced Strategy New Industry Conference, 8th Smart PMC Conference
12회 2023.12.	Project; People, Organizaton and Culture	1st Hydrogen City Conference, 7th Smart PMC Conference, 7th Smart Engineering Conference, 2nd CEPM Conference
11회 2023.9.	Project; Human, Space and Time	6th Smart Engineering Conference
11회 2023.6.	Project; Human, Space and Time	6th Smart PMC Conference, 5th Smart Engineering Conference, 1st CEPM Conference
10회 2022.12.	Project; 點 線 面	4th Smart City Conference, 4th Smart Engineering Conference
9회 2022.6.	Project; Space, Universe and Cosmos	5th Smart PMC Conference, 3rd Smart City Conference, 2nd SLP Conference
8회 2021.12.	Project; Time, Timing and Tipping Point	4th Smart PMC Conference, 1st SLP Conference
7회 2021.6.	Project; Distance, Velocity and Time	3rd Smart PMC Conference, 1st Smart Farm Conference
6회 2020.12	Korean New Deal and Project Ecosystem	Conference; AI for PM & PM for AI
5회 2020.6.	Post-Pandemic and Project Leadership	Conference; AI on PM
4회 2019.12.	EPM celebration of the 10th Anniversary	
3회 2019.2.	Smart Decision, Fisibility and Risk	2nd Smart PMC Conference, 2nd Megaproject Conference, 2nd Smart City Conference, 3rd Future Campus SNU2030 Conference, 3rd Smart Engineering Conference
2회 2018.9.	Smart World and Future Campus SNU2030	2nd Smart Engineering Conference, 2nd Future Campus SNU2030 Conference, 1st Smart PMC Conference, 1st Smart City Conference
1회 2018.2.	Megaproject, Smart Engineering and SNU2030	1st Smart Engineering Conference, 1st Megaproject Conference, 1st Future Campus SNU2030 Conference

글로벌 프로젝트 현장 속으로

초기 EPM 10기까지 PM들은 대부분 해외 사업 전문가들로 구성되어 잦은 해외 출장을 경험하고 있었기 때문에 해외 프로그램에 대한 요구가 적었다. 하지만 지속적인 요구로 11기부터 글로벌 부트캠프 프로그램을 개발하였다. 2017년 베트남 국영전력청 Vinh Tan 4 & Extension Thermal Power Plant(600×3Units) 현장 방문을 시작으로 글로벌 부트캠프는 정례화되었다. 당시 교육파견 기업 내부 의사결정에서 산업 분야가 다른 곳으로 해외 출장을 갈 수 있게 승인받는 것이 쉽지 않았던 이슈가 있었다. 하지만 사업관리 고급전문가 양성의 목적상 융복합 환경과 글로벌 그라운드 룰(ground rule)의 이해는 중요했다. 오히려 타 분야에서 얻는 통찰(Insight)의 가치가 컸다.

2017년 베트남을 시작으로 EPM 13기는 영국 옥스퍼드대학교 메가프로젝트 매니지먼트, 14기는 이집트 대박물관(GEM) 건설 PMC, 아랍에미리트 아부다비 신도시 개발, 블라디보스토크 9-Bridge 신북방 정책, 15기는 스페인과 포르투갈 신사업 개발, 16기는 이탈리아 로마·피렌체·베니스·밀라노 인프라 개발, 17기는 프랑스 파리 투자유치 신사업을 대상으로 시행되었다. 하지만 18기부터 20기까지는 코로나 팬데믹으로 글로벌 부트캠프가 2020년, 2021년 중단되었다. 이는 2022년 재개되어 21기는 프랑스 스마트 첨단 융복합 사업, 22기는 프랑스 파리 에너지 산업과 영국 런던 스마트 첨단 융복합 사업, 23기는 프랑스 항공 산업과 스마트 융복합 사업, 24기는 체코 프라하 원자력 산업와 독일 프랑크푸르트 미래 모빌리티와 지속 가능성 사업, 25기는 스페인 바르셀로나와 포르투갈 리스본 ESG와 지속 가능성, 26기는 체코 프라하 스마트시티와 첨단원자력 및 독일 프랑크푸르트 미래 모빌리티, 27기는 체코 프라하 첨단 원자력, 28기는 포르투갈 리스본, 포르투 에너지 산업과 지속 가능성을 주제로 글로벌 부트캠프를 진행했다.

CEPM의 글로벌 프로젝트 성과와 가치 창출을 위해 '국경 없는 의

사회' 역할과 같이 전 세계의 엔지니어링 프로젝트의 성과와 가치 창출을 위한 사업관리 지원을 목표로 글로벌 부트캠프의 활동 무대는 확대될 것이다. 이 외에도 글로벌 역량 강화를 위해 해외 전문가를 모시고 '프로젝트 쇼케이스'를 진행하며 직접 해외에 나가지 않고 프로젝트 경험과 성과를 공유할 수 있는 세미나를 개최하고 있으며, 전문가 초빙 '글로벌 프로젝트 워크숍'을 추진하고 있다.

한편 산업통상자원부와 한국산업기술진흥원 지원으로 국가 혁신 성장을 주도할 미래 신산업 분야 글로벌 혁신 인재 양성을 목표로 1단계는 2019년부터 2년간 '혁신성장 글로벌인재양성사업'을 추진하였고, 2단계는 2021년부터 3년간 '산업혁신인재성장지원(해외연계)사업'을 추진하였다. 이어서 3단계로 2024년부터 3년간 '산업혁신인재성장지원(해외연계)사업'을 지속 추진 중이다. 본 사업은 해외 우수 연구기관(대학, 연구소, 기업 등)과 공동연구·프로젝트 수행을 통한 글로벌 혁신 인재 양성을 목적으로 하며, 사업 내용은 해외 기관과 공동연구·프로젝트를 수행하는 국내 대학, 연구소, 기업 등의 연구자가 글로벌 연구 현장을 경험하거나 공동연구·프로젝트에 참여하도록 6~12개월의 해외 파견을 지원하고 있다. 3단계 지원 분야는 차세대 반도체, 차세대 디스플레이, 이차전지, 미래 모빌리티, 핵심소재, 지능형 로봇, 디지털 헬스케어로 첨단산업 7개 분야를 대상으로 자유 공모 방식으로 지원기관을 선정하였다. 정부 출연 규모는 2024년 신규 86억 원 이내로 총 지원 기간은 36개월(2024.5.1.~2027.4.30.)이며, 과제당 총 지원 규모는 30억 원 내외(36개월 기준)이다. 지원 유형은 공동연구, 산업인턴십 등 해외 연구기관과 공동연구·프로젝트 수행 목적의 연구자를 현지 파견하였으며 국내·외 연구개발기관 컨소시엄으로 첨단산업 7개 분야 중 3개 지원 분야 내에서 과제 추진체계를 구성할 수 있다. 서울대학교는 지난 2019년부터 1-2단계(5년간) 혁신성장 글로벌인재양성사업과 산업혁신인재성장지원(해외연계)사업의 엔지니어링 분야 고급 인재 양성의 성과를 창출하였으며, 현재 국가첨단전략 신산업 글로벌혁신인재양성을 위한 산업혁신인재성장지원(해외연계) 사업단을 중심으로 미래 모빌리티, 핵심소재, 지능형 로봇 3개 분야의 3단계 사업을 추진하며 3년간 파견 연구원 39명의 글로벌 고급 인재를 양성 중에 있다.

협동, 협력, 협업 보다 협심 우선

리더십과 프로젝트 리더십은 다르다. 상시(업무)조직이 아닌 임시(사무)조직은 특히 이해관계자 관리가 어렵다. 상호 이해관계의 충돌로 인한 갈등의 연속에 사업은 리스크로 이어진다. 리더는 협동, 협력, 협업을 강조하고 요구하지만 프로젝트 이해관계자들은 이를 실행으로 옮기는 것이 쉽지가 않다. 상시조직은 일의 성과를 위한 축적의 시간 속에서 상호 이해와 소통 방식의 수준이 높아지고 실수와 실패가 있더라도 이를 만회할 수 있는 기회가 주어진다. 하지만 일의 노하우가 미약하고 축적의 시간을 갖기 어려운 임시조직은 상호 이해도가 낮고 불신이 높을 수밖에 없다. 무리하게 협동, 협력, 협업을 강조하면 오히려 리스크가 증가한다. 리더는 짧은 시간에 상호 열린 마음으로 신뢰를 쌓는 역량이 필요하다. 일의 성과는 리더 혼자 얻는 것이 아니다. 리더는 먼저 함께하는 이해관계자의 마음을 얻으려는 노력이 중요하다.

정부 지원으로 시작된 최초의 엔지니어링 전문대학원은 정부 지원이 끝나며 역사 속으로 사라졌다. 이 무렵 설립원장께 연락을 받아 위기 극복 방안을 논의하였다. 제일 먼저 졸업생들의 네트워크를 문의드렸지만 관리되고 있지 않았다. 내부 노력만으로는 극복하기 어려운 현실이었다. 하지만 지난 15년간 무수한 리스크에 대응하며 지속성을 가져 온 뒷심에는 동문들의 역할이 중요했다. 짧은 6개월이 그 시절만의 인연이 될 수도 있었지만 그 속에 협심을 위한 노력들이 지속성의 원천이라고 본다. 동문들과의 지속적인 소통과 가치 전달을 위한 노력, 그리고 언제든 내 일처럼 함께 고민하고 노력해 준 자발성 속에 동문들도 함께 성장해 왔다. 매년 말 '자랑스러운 CEPM' 상을 제정하고 수여하고 있다. 지속성은 희생이 두 번째 원천일 것이다. 1기부터 지속적인 강의와 지도를 해주신 교수진과 외부 전문가 그룹, 그들의 공로는 잊지 않았으면 하여, 매년 고마운 마음을 담아 '공로상'을 드린다.

미국 스탠퍼드대학교 SCPM(Stanford Certified Project Manager) 고급전문가 자격 과정에서 처음 뵌 당시 산업통상자원부 파견 공직자로 인연을 맺어 베트남 상무관의 글로벌 경험으로 EPM 강의를 맡아 주셨고 한국건설생활환경시험연구원(KCL) 재직 중 작고하신 고 조영태 원장, 국회, 세월호 선체조사위원으로 선출되어 활동하셨던 EPM 운영위원 고 장범선 교수(조선해양공학과), EPM 6기 졸업생 대우조선해양 고 문해암 CEPM, EPM 연구조교 고 신채환 SPM, 그리고 초대 EPM 주임교수이신 고 강신형 명예교수(기계항공공학부), 더불어 1기부터 강의를 이어오고 계신 남충희, 목성균, 곽영훈, 이관후 국내외 교수진들과 10년 넘게 EPM 사무국 책임을 다하고 있는 서신영 국장, 이 모두가 EPM의 주인공이다.

거대한 도전, 공대전성시대

서울대학교 개교 80주년을 앞두고 2025년 서울대학교가 관악캠퍼스에 종합화를 이룬 50주년이 되는 뜻깊은 해에 서울대학교 공과대학 EPM은 15주년을 맞이한다. 이제 청춘(青春)을 맞이하며 새로운 꿈을 향해 도전할 시간이다.

그 첫 번째 도전은 AI4PM(Artificial Inteligence for Project Management) 플랫폼 연구개발이다. 이 플랫폼은 AI4PM과 PM4AI의 가치로 우리나라 '공대의 위기'를 '공대 전성시대'로 바꿔 나갈 무기가 될 것이다. 두 번째 도전은 EPM 고급전문가 CEPM의 국가 산업에 대한 기여다. EPM 설립 취지는 글로벌 PMC 역량 확보를 위한 고급전문가 양성이다. 이는 글로벌 거대사업(Megaproject)을 위한 PMC 구축과 설립을 목표로 최소 500억 원 이상의 대형 사업에서 1조 5천억 이상의 거대사업을 지원하는 PMC

의 첫발을 내딛는 것이다. 공대생의 엔지니어링 프로젝트 전주기 경험과 삶의 발자취가 은퇴 후 PMC에 뜨겁게 녹아 들어가 제2의 전성시대를 맞이할 수 있을 것으로 기대하며 그 중심에 서울공대가 역할을 할 것으로 기대한다. 2010년 EPM 설립의 주역이신 김영오 교수(건설환경공학부)께서 현재 공과대학 제32대 학장을 역임하고 계시며 설립 당시 EPM 부주임 박준범 교수(건설환경공학부)께서 3대 주임교수로 계시다.

제4장

메가프로젝트의 성과를 창출하는 3요소

01

메가프로젝트 관리의 핵심 요인

I. 메가프로젝트 성공 요인 도출

메가프로젝트 관리의 핵심 요인으로 ① 전략 기획, ② 사람들과 조직, ③ 프로세스와 시스템이라는 세 가지 요소를 제시할 수 있다. 이 3요소의 도출은 다양한 메가프로젝트 사례 분석과 실패 및 성공 요인의 구조적 비교, 그리고 실제 프로젝트 운영 경험을 바탕으로 한 귀납적 접근과 이론적 정합성 확보를 통해 이루어졌다. 다음은 그 도출 과정을 단계적으로 설명한 것이다.

1. 1단계: 메가프로젝트의 복합성과 실패 패턴 분석

메가프로젝트는 일반 프로젝트와는 다른 초고위험, 초장기, 다수의 이해관계자, 정치적 변수의 존재 등으로 인해 고유한 관리 패턴을 갖는다. 실제로 다음과 같은 문제들이 반복적으로 나타났다.

- 방향 상실, 목적 불명확 → 전략의 부재
- 리더십 공백, 조직 간 갈등, 협업 실패 → 사람과 조직의 실패
- 변경, 지연, 예산 초과, 중복 관리 → 시스템과 프로세스 실패

이러한 반복된 실패 사례는 메가프로젝트가 단순한 기술관리의 차원을 넘어, 전략적 사고, 조직 역량, 실행 구조 전반에 걸친 복합적 관리가 필요한 과제임을 보여 주었다.

2. 2단계: 국내외 메가프로젝트 사례 비교 연구

다음으로 국제적 성공·실패 사례에 대한 비교 분석을 실시했다(표 4-1). 이러한 비교를 통해, '왜 실패했는가', '어떻게 성공했는가'에 대한 핵심 요인을 도출했고, 이를 세 가지 영역으로 수렴시킬 수 있었다.

[표 4-1] 국내외 메가프로젝트의 성공·실패 사례

프로젝트	결과	주요 요인
보스턴 빅딕(Big Dig)	부분 실패	전략의 부재, 정치 일정 우선, 과도한 변경
런던 크로스레일(Crossrail)	상대적 성공	명확한 전략, 강력한 리더십, 체계적 거버넌스
스코틀랜드 의회 청사	실패	초기 기획 미비, 조직 혼란, 예산 통제 실패
주한미군기지 이전	성공적 마무리	이해관계자 조정, 조직 간 협력, 통합시스템
행정중심복합건설사업	성공적 마무리	강력한 정책적 추진의지,중장기 전략, 전담조직 구성, 법/제도 기반 마련
인천국제공항건설(1단계)	성공적 마무리	명확한 비전 설정, 체계적인 전략 기획과 사업관리, 리더십 기반 조직 운영

3. 3단계: 핵심 성공 요인의 구조화

위 분석 결과는 다음의 세 가지로 귀결된다.

1) 전략 기획(strategic planning)
- 방향과 목적이 모호하면, 실행의 정교함은 아무 의미 없다.
- 명확한 비전, 이해관계자 정렬, 전략적 유연성이 필요하다.

2) 사람들과 조직(people & organization)
- 기술은 사람이 다룬다. 리더십, 협업, 거버넌스가 실패하면 프로젝트도 실패한다.
- 팀워크, 갈등 조정, 핵심인재 확보가 관건이다.

3) 프로세스와 시스템(process & system)
- 좋은 전략과 유능한 조직도, 실행 구조가 없으면 실현될 수 없다.
- 통합 프로세스 설계, 정보시스템, 변경관리체계가 중요하다.

이러한 3요소는 서로 독립적이면서도 상호 연결되어 있으며, 성공적인 메가프로젝트를 위한 '전략-사람-구조'의 삼각 프레임워크로 정립되었다.

4. 4단계: 실무 현장과 이론의 정합성 검증

이러한 분류가 단순한 분석 결과에 머무르지 않도록 하기 위해, 실제 메가프로젝트 실무자(발주처, PM, 설계자, 시공자 등)와의 인터뷰, 워크숍, 리뷰 세션을 통해 현장성과 실효성을 검증했다. 동시에, PMI, IPMA, AXELOS, McKinsey, Oxford BSG 등의 이론적 프레임워크와 비교하여 이론-현장 정합성을 확보했고 할 수 있다.

따라서 메가프로젝트의 성공은 세 요인이 유기적으로 작동할 때 가능하다는 결론에 도달했다. 전략 기획은 방향을 설정하고, 사람과 조직은 그 방향을 실현할 수 있게 하며, 프로세스와 시스템은 그것을 지속 가능하게 만든다.

이 세 가지는 각각이 독립적으로 중요하지만, 하나라도 무너지면 전체가 흔들리는 구조이다. 메가프로젝트 관리의 본질은, 이 세 가지 축을 통합적으로 설계하고, 균형 있게 운영하는 데 있다.

02

메가프로젝트의 핵심 성공 요인

I. 전략 기획 - 방향이 모든 것을 결정한다.

"메가프로젝트에서 전략이 실패하면, 모든 것이 실패한다."

1. 왜, 무엇을 할 것인가?

메가프로젝트는 단순한 기술 실행이나 예산 집행의 문제가 아니다. 국가의 미래를 결정짓는 정치적·사회적·경제적 의사결정의 집약체이며, 복잡한 이해관계가 얽힌 복합 전략 사업이다. 그렇기에 "어떻게 할 것인가"보다 더 중요한 질문은 "왜, 무엇을 할 것인가"이다. 전략 기획이 부실하면, 이후의 모든 정교한 실행은 결국 잘못된 방향으로 정렬될 뿐이다.

실제로 수많은 메가프로젝트 사례들이 보여 준다. 보스턴 빅딕(Big Dig)은 기술적으로는 혁신적인 프로젝트였지만 초기 전략 미비로 인해 비용이 폭증했고, 베이징 공항 확장이나 크로스레일(Crossrail)은 전략적 우선순위 조정과 이해관계 조율에 따라 완성도와 사회적 수용성에서 극명한 차이를 보였다. 전략은 결국, 모든 실행의 기준점이자 불확실성을 견디는 나침반이다.

2. 전략 기획은 '기술적 로드맵'이 아닌 '복합적 시스템 설계'다.

전략 기획을 단순히 일정표를 짜고, 수요를 예측하고, 예산을 편성하는 과정으로 보는 관점은 메가프로젝트를 실패로 이끄는 지름길이다. 전략 기획은 기술, 정책, 재무, 조직, 사회 수용성, 미래 변화 등 다차원적 요소를 통합적으로 고려하고 정렬(alignment)시키는 창조적 설계 행위다.

1) 명확한 목적과 비전 설정

프로젝트의 시작점은 단순히 "이것을 짓자"가 아니라, "왜 이것을 해야 하는가"에 있다. 단기적 수익성, 장기적 도시성장, 정치적 과시효과 등 목적이 다양할 수 있으나, 그 우선순위와 기준이 명확해야 한다. 그래야만 중간의 수많은 의사결정에서 일관성을 유지할 수 있고, 변동 상황에서도 중심을 잃지 않고 대응할 수 있다. '왜-무엇을-어떻게(Why-What-How)'의 계층구조를 명문화하고, 이를 전략 기획의 첫 페이지에 두어야 한다.

2) 이해관계자 분석과 조정 메커니즘 설계

메가프로젝트는 언제나 수많은 이해관계자(정부, 시민, 기업, 지역사회 등) 사이의 '힘의 게임'을 만든다. 이들을 단순히 '설득'하려 하면 실패한다. 전략 기획 단계에서부터 이해관계자 매트릭스(권한 vs. 관심도)를 분석하고, 갈등을 최소화하기 위한 조정 전략(협상, 양보, 중재)을 구조화된 프로세스로 설계해야 한다. 이는 단순히 '민원 해결'의 차원이 아니라, 거버넌스 설계의 핵심 축이다.

3) 전략적 해석을 반영한 사업타당성 분석

수많은 프로젝트가 '낙관적 수요예측'이라는 함정에 빠진다. 특히 민간투자 유치 시 과도하게 부풀려진 수요 추정은 프로젝트의 근간을 흔든다. 전략 기획 단계에서는 재무적 지표뿐 아니라, 정책 정합성, 미래 변화 내성, 구조적 리스크 회피 가능성 등을 포함한 전략적 타당성을 함께 판단해야 한다.

4) 전략적 유연성 확보

메가프로젝트는 평균 7~15년 이상의 시간이 걸린다. 고정된 계획은 오래가지 못한다. 전략 기획은 계획(plan)이 아니라, 설계(design)여야 한다. 시나리오 플래닝, 중간 점검 지점(gate reviews), 유연한 피벗(pivot) 전략 등을 통해, 변화에 강한 구조로 설계되어야 한다. '계획된 유연성'이야말로 메가프로젝트를 살리는 진짜 전략이다.

3. 전략 기획 실패의 전형적 오류

실패한 메가프로젝트는 대부분 초기 전략 기획 단계에서 결정적인 실수를 범한다.

- **정치 일정이 전략을 지배하는 경우**: 정책 발표 이후에 실현 가능성을 검토하며, 공학·재무·조직적 기반 없이 '정치적 선언'으로 사업이 진행된다.
- **수요의 낙관적 예측**: 민간자본 유치를 위한 과도한 수요 부풀리기는 운영수지 악화와 시민 불신으로 이어질 수 있다.
- **조기 착공 강박증**: 가시적 성과를 위해 설계가 끝나기도 전에 착공이 이루어지면 변경·지연·비용 증가의 악순환이 반복될 수 있다.

이러한 오류를 피하려면, 전략 기획을 단순한 '절차'가 아닌 정책-기술-경제-조직을 아우르는 고도의 통합 설계 작업으로 인식해야 한다.

4. 전략 기획을 위한 실천 원칙

- **원칙 1: '착공'보다 '정의(definition)'가 먼저다.**
  착공은 정치적 일정에 따르는 것이 아니라, 전략적 명확성 기준을 충족했을 때 결정되어야 한다.
- **원칙 2: 완벽한 계획보다, 변화에 강한 설계를 하라.**
  모든 것을 사전에 확정하려 하지 말고, 불확실성을 포용하는 구조를 만들라.
- **원칙 3: 전략 문서를 실행과 연결하라.**
  전략은 보고서로 끝나지 않는다. 실행조직, 예산, 책임체계와 연결되어야 한다.

5. 전략 기획의 기술적 진화

AI와 데이터 기술은 전략 기획을 전혀 다른 수준으로 끌어올리고 있다.

- **디지털 시뮬레이션**: 도시 계획, 교통 흐름, 환경 변화 등을 사전에 가상 검증
- **AI 기반 수요예측**: 교통량, 인구 이동, 경제 흐름을 실시간으로 반영한 예측
- **디지털 트윈 연계**: 가상의 프로젝트 공간에서 전략을 실험하고 최적화

향후 전략 기획은 인간의 창의성과 기술의 분석력을 결합한 혼합형

의사결정체계로 진화할 것이다.

전략이 실패하면, 실행이 아무리 완벽해도 소용없다. 수천 명이 수년간 준비한 완벽한 기술 계획도, 전략이 틀리면 목적지에 도달할 수 없다. 반면 전략이 분명하고 일관되면, 설사 중간에 문제가 발생해도 방향을 유지하며 재정렬할 수 있다.

메가프로젝트의 시작점은 기술이 아니라 전략이다. 방향이 모든 것을 결정한다.

II. 사람들과 조직 - 메가프로젝트의 생명체

1. 메가프로젝트는 '사람이 하는 일'이다.

메가프로젝트의 핵심은 단순히 거대한 예산, 첨단 기술, 복잡한 시스템이 아니라, 사람과 조직에 있다. 수조 원 규모의 자본이 동원되고, 최첨단 기술과 혁신적인 시스템이 투입되더라도, 그 모든 것을 설계하고 추진하는 것은 결국 사람이다. 과거 다양한 메가프로젝트에서 발생한 실패 사례를 살펴보면, 기술적·제도적·정치적 변수는 물론 중요한 요소지만, 결국 프로젝트의 성패를 가르는 가장 중요한 결정적 요소는 사람과 조직의 운영이다.

예를 들어 엔론의 다보홀 파워 프로젝트나 스코틀랜드 의회 청사, 그리고 한국의 대형 복합개발 프로젝트들은 공통적으로 조직의 혼란, 리더십의 부재, 협업 실패가 주요 실패 원인으로 지적되었다. 이는 조직적 결속력과 협력적 리더십, 팀워크의 중요성을 간과했기 때문이다. 메가프로젝트가 성공적으로 수행되려면 사람과 조직을 어떻게 설계하고 운영하는지가 핵심적인 성공 요인으로 작용한다는 점을 강조할 수 있다.

1) 기획

메가프로젝트의 성공적인 실행을 위한 기획은 철저하고 세밀한 준비 과정을 요구한다. 기획 단계에서는 프로젝트의 목표, 범위, 자원 등을 명확히 정의하고, 이를 바탕으로 상세 일정과 예산을 수립해야 한다. 기획이 부실하거나 애매모호하면, 프로젝트 후반에 자원 부족, 예산 초과, 일정 지연 등의 문제가 일어날 수 있다.

기획은 전략적 사고를 바탕으로, 미래의 다양한 변수를 예측하고 대응할 수 있는 유연성을 갖추어야 한다. 리스크 관리와 변경 관리를 동시에 염두에 두고, 프로세스 설계와 커뮤니케이션 경로를 확실히 설정하는 것이 필수적이다. 기획 단계에서부터 프로젝트의 성공적인 완수를 위해 필요한 모든 요소를 충분히 검토하고, 책임 소재를 명확히 해야 한다.

2) 리더십

메가프로젝트에서 리더십은 단순히 기술적 능력에 그치지 않는다. 프로젝트가 진행되는 동안 발생하는 수많은 문제 해결, 조직 내 갈등, 외부 이해관계자와의 협상 등에서 조정자 역할을 수행하는 것이 중요하다. 리더십의 부재는 프로젝트의 성공을 방해하는 핵심적인 요인이다.

메가프로젝트의 리더는 비전을 제시하고, 팀원들에게 동기를 부여하며, 협업을 이끌어내는 역할을 해야 한다. 또한 변화 관리와 위기 대응의 능력을 갖추고, 프로젝트의 방향이 흔들리지 않도록 전략적 결단을 내려야 한다. 비상 상황에서는 강력한 리더십이 안정감을 제공하고, 팀을 하나로 묶어 가는 역할을 하게 된다.

이러한 리더십은 단순히 직위에 의한 것이 아니라, 신뢰와 존경을 바탕으로 해야 하며, 팀워크와 협업을 이끌어내는 중요한 역할을 하다. 커뮤니케이션 능력이 뛰어난 리더는 다양한 이해관계자와의 갈등을 해결하고, 모두가 같은 목표를 향해 나아갈 수 있게 만든다.

3) 팀워크와 협업

메가프로젝트의 팀워크와 협업은 프로젝트 성공에 있어 가장 중요한 요소 중 하나이다. 프로젝트 팀은 대개 다양한 분야의 전문가들로 구성되며, 이들은 각기 다른 목표와 이해관계를 가지고 있다. 따라서 팀 내에서 협력과 소통이 원활히 이루어져야만 프로젝트가 순조롭게 진행될 수 있다.

효과적인 팀워크는 다양성을 인정하고, 각 분야의 전문성을 존중하는 데서 출발한다. 각 팀원들이 맡은 역할에 책임감을 가지고 서로를 지원하는 방식으로 협업할 때, 프로젝트가 성공적으로 진행된다. 또한, 문제 해결과 아이디어 교환이 적극적으로 이루어져야 하며, 이를 위해 평등한 의사소통과 공동의 목표가 필요하다.

팀워크를 강화하기 위한 역할 정의와 상호 존중의 문화가 필요하며, 갈등 상황에서 조정 능력을 발휘하는 리더가 있어야 한다. 또한 프로젝트 진행 중에도 주기적인 회의와 상호 피드백을 통해 문제를 사전에 식별하고 해결하는 시스템을 마련해야 한다.

4) 거버넌스

메가프로젝트는 복잡한 이해관계자가 많고, 다양한 정책적·법적 요소가 얽혀 있기 때문에 거버넌스체계의 중요성이 크다. 거버넌스는 프로젝트의 의사결정 구조, 책임 및 권한 분배, 조정 및 통제를 정의하는 것으로, 명확한 규제 및 관리체계가 프로젝트의 성공에 필수적이다.

효율적인 거버넌스는 프로젝트의 목표와 일정을 지키면서, 이해관계자의 이익 충돌을 해결하고, 위기 상황에서 빠르게 결정을 내릴 수 있게 만든다. 또한, 투명한 정보 공유와 의사결정 과정의 명확성은 프로젝트 팀 내 신뢰를 쌓는 데 중요한 요소로 작용한다.

거버넌스를 통해 각 단계별 책임소재와 권한을 명확히 하고, 이를 통해 리스크를 줄이며, 프로젝트가 계획대로 진행될 수 있도록 해야 한다.

5) 리스크 관리

메가프로젝트의 규모와 복잡성 때문에 리스크는 언제나 존재한다. 리스크 관리가 잘 이루어지지 않으면, 예상치 못한 지연이나 비용 초과가 발생할 수 있다. 따라서 리스크 관리는 사전 예방과 위기 대응의 두 가지 측면에서 체계적으로 접근해야 한다.

리스크 관리의 핵심은 리스크 식별, 평가, 우선순위 설정, 대응 계획 수립이다. 리스크 식별 단계에서는 프로젝트 진행 중 발생할 수 있는 잠재적인 문제를 모두 나열하고, 리스크 평가를 통해 그 심각성과 발생 확률을 분석해야 한다. 이후 리스크 대응 전략을 수립하여 위험 요소를 최소화할 수 있는 방법을 모색해야 한다.

리스크 관리가 중요한 이유는 프로젝트의 전반적인 효율성을 높이고, 예기치 않은 문제 발생 시 빠르게 대응할 수 있는 체계를 마련하기 위함이다. 프로젝트 팀은 위험 대응 매뉴얼을 가지고 있어야 하며, 위기 상황에서도 신속하고 효과적으로 대응할 수 있어야 한다.

메가프로젝트의 성공에는 기술적 전문성뿐만 아니라 사람과 조직의 역량이 반드시 필요하다. 기획, 리더십, 팀워크, 거버넌스, 리스크 관리는 그 자체로 독립적인 요소들이 아니라, 서로 밀접하게 연관되어 있으며, 상호 작용하면서 프로젝트의 성공적인 수행을 위한 핵심 역할을 한다. 메가프로젝트의 성공을 위해서는 이 모든 요소들이 조화롭게 이루어져야 하며, 사람 중심의 프로젝트 관리가 중요한 점을 명확히 할 수 있다.

III. 프로세스와 시스템 - 실행을 가능하게 하는 구조

1. 덴버 국제공항의 교훈

1995년 개항한 미국 콜로라도주의 덴버 국제공항(Denver International

Airport)은 대표적인 메가프로젝트 실패 사례 중 하나로 자주 언급된다. 이 공항은 당초 1993년 10월 개장을 목표로 추진되었으나, 핵심 인프라 중 하나였던 수하물 처리시스템(BHS)의 결함으로 인해 개항이 무려 18개월이나 지연되었다.

문제의 핵심은 물리적인 터미널 건물과 수하물시스템이 하나의 통합된 시스템으로 설계되어야 했음에도 불구하고, 초기 단계에서 수하물 시스템은 별도로 고려되지 않은 채 건축 설계가 먼저 진행되었다는 점이다. 이후 수하물시스템의 설계자들은 이미 완공된 구조물에 억지로 시스템을 맞춰야 했고, 이는 설계의 제약과 기술적 결함으로 이어졌다. 더불어 최소 4년이 필요한 시스템을 개항일에 맞춰 불과 2년 만에 완성하겠다는 비현실적인 일정이 설정되었고, 이는 수많은 오류와 지연, 비용 초과를 초래했다.

무엇보다 중요한 교훈은, 전문가들의 경고와 현실적 제약을 무시한 채 정치적 판단과 고위 리더의 무리한 추진이 문제를 심화시켰다는 점이다. 메가프로젝트에서 기획, 설계, 시공의 기술적 완성도만큼이나 계획 간 통합, 정보 공유, 협업, 의사소통을 체계화하는 프로세스와 시스템의 중요성이 얼마나 결정적인지를 보여 주는 사례다.

2. 실행의 품질이 성과를 결정한다

아무리 훌륭한 전략과 유능한 인재가 있어도, 그것을 실현할 수 있는 실행력과 시스템이 뒷받침되지 않으면 메가프로젝트는 실패한다. 메가프로젝트는 '아이디어의 예술'이 아니라 '실행의 과학'이다. 전략을 현실로 바꾸고, 사람들의 역량이 유기적으로 작동하도록 만드는 프로세스와 시스템이 성공의 셋째 요소인 이유다.

많은 프로젝트들이 전략 수립 이후 실행 단계에서 무너지는 이유는, 실행 프로세스가 체계적이지 않거나, 정보와 결정이 단절되어 있기 때문이다. 따라서 메가프로젝트의 특성에 맞는 맞춤형 프로세스 설계와 디지털 기반의 시스템 구축은 필수적이다.

3. 프로세스 설계의 핵심 원칙

메가프로젝트는 그 규모와 복잡성 덕분에 체계적인 프로세스 설계가 필수적이다. 각 단계가 명확하게 정의되고, 이를 통합하고 병렬적으로 진행하며, 학습과 피드백을 내재화하는 과정은 프로젝트의 성공적인 완수를 보장하는 중요한 요소이다. 이러한 원칙들은 프로젝트가 예상보다 더 효율적이고 성공적으로 수행될 수 있도록 돕는다.

1) 단계별 분할과 게이트 검토(Gate Review)

단계별 분할은 메가프로젝트를 더 작은 부분으로 나누어 각 단계별로 구체적 목표를 설정하고 이를 달성해 나가는 전략이다. 이를 통해 프로젝트의 복잡성을 관리하고, 필요한 자원과 시간을 최적화할 수 있다. 프로젝트의 규모가 클수록 각 단계에서 명확한 기준을 세우고 진행 상황을 주기적으로 검토하는 것이 중요하다.

게이트 검토는 각 주요 단계가 끝날 때마다 프로젝트의 진행 상황을 평가하고, 그다음 단계로 나아갈 준비가 되었는지를 판단하는 검토 절차이다. 이 검토를 통해 주요 위험 요소를 사전에 발견하고, 계획의 일관성과 실행 가능성을 확인한다.

예를 들어, 설계 단계에서 발생할 수 있는 예산 초과나 기술적 문제를 조기에 파악할 수 있다. 게이트 검토는 각 단계가 완료되었을 때마다 품질 보증을 하며, 리스크 관리와 품질 관리를 강화하는 중요한 기회이다.

이러한 분할과 검토 과정은 메가프로젝트가 계획대로 진행되도록 보장하며, 예상치 못한 지연이나 리스크를 최소화할 수 있다. 사전 검토와 승인 절차는 프로젝트의 성공적인 마무리를 위한 중요한 기초가 된다.

2) 프로세스 통합과 병렬화

메가프로젝트에서 프로세스 통합과 병렬화는 여러 활동을 동시에 진행하며 효율성을 극대화하는 전략이다. 프로젝트가 크고 복잡할수록 여러 부문이 동시에 움직여야 하므로, 각 부문 간의 연계성을 높이는 것이 중요하다.

- **프로세스 통합**: 다양한 부서와 이해관계자가 동시에 참여하는 메가프로젝트에서 각 시스템과 프로세스를 잘 통합해야 한다. 통합관리시스템을 도입하여, 모든 부서와 작업이 원활하게 연계되고 정보를 공유할 수 있도록 해야 한다. 예를 들어, BIM 시스템을 통해 설계팀과 시공팀 간의 정보를 실시간으로 공유하고, 프로젝트 전반에 걸친 변경 관리를 통합적으로 처리할 수 있다.
- **병렬화**: 메가프로젝트는 여러 프로세스가 동시에 진행될 때 더 빠르고 효율적으로 수행된다. 이를 위해 프로세스를 병렬적으로 실행하는 전략을 채택해야 한다. 예를 들어, 설계와 조달, 시공을 동시에 진행하거나, 리스크 관리, 품질관리, 안전관리와 같은 활동을 병렬로 진행하여 프로젝트의 지연을 최소화한다. 병렬화에는 자원의 효율적인 배분과 적절한 조율이 필요하다. 각 프로세스가 병렬로 진행되면서도 프로젝트 전체에 미치는 영향을 고려해야 하므로, 세밀한 계획과 관리가 필수적이다.

프로세스 통합과 병렬화를 통해 메가프로젝트는 전반적인 효율성을 높이고, 프로젝트 기간을 단축하며, 예산 내 완료를 목표로 진행할 수 있다.

3) 학습과 피드백의 내재화

메가프로젝트의 성공을 보장하려면 학습과 피드백을 통해 지속적으로 개선하고 진화하는 시스템을 구축하는 것이 중요하다. 프로젝트 진행 중 발생하는 문제나 시행착오를 통해 얻은 교훈은 후속 단계와 향후 프로젝트에 반영되어야 한다.

- **학습**: 메가프로젝트에서 학습은 단순히 실수에서 벗어나는 것 이상을 의미한다. 프로젝트 전반에서 얻은 경험과 지식을 적극적으로 문서화하고, 전사적으로 공유하여 다음 프로젝트나 후속 단계에서 효율성을 높이는 방법을 도입해야 한다.

  예를 들어, 과거 프로젝트의 리스크 요소를 학습하여, 새로운 프로젝트에서 발생할 수 있는 유사한 문제를 사전에 방지할 수 있다.
- **피드백의 내재화**: 지속적인 피드백을 통해 프로젝트의 진행 상황을 지속적으로 개선해 나가야 한다. 각 단계에서 얻은 피드백은 즉각적인 조치와 개선을 유도한다.

  예를 들어, 건설 현장에서 발생한 안전 문제나 품질 문제는 즉시 피드백을 통해 교정하고, 이러한 피드백은 프로세스 개선에 반영된다. 또한 피드백은 프로젝트 팀 내 커뮤니케이션을 활성화시키고, 상호 협력을 강화하는 데 중요한 역할을 한다.

학습과 피드백을 내재화하는 과정은 지속적인 개선을 통해 프로젝트가 매번 더 나은 결과를 도출할 수 있도록 한다. 이는 업무의 품질 향상뿐만 아니라, 프로젝트 완료 후 발생할 수 있는 후속 문제를 줄이는 데 중요한 역할을 한다.

메가프로젝트의 프로세스 설계는 단계별 분할과 게이트 검토, 프로세스 통합과 병렬화, 학습과 피드백의 내재화라는 핵심 원칙을 바탕으로 성공적인 실행을 이끌어 간다. 이러한 원칙들이 체계적으로 적용될 때, 프로젝트는 예산과 시간 내에 목표를 달성하며, 후속 단계나 다른 프로젝트에서 얻은 교훈을 효과적으로 활용할 수 있다.

4. 핵심 시스템 1: 프로젝트 관리체계(PMS)

1) 통합관리(Integration Management)

통합관리는 메가프로젝트의 시작부터 종결까지 전 주기 동안 다양한 이해관계자의 요구와 프로젝트 목적을 일관되게 달성하기 위해 사업관리계획을 개발하고, 모든 관리 영역 간의 상호작용을 조정·통합하여 프로젝트를 성공적으로 수행하는 전략적 활동이다. 메가프로젝트에서는 착수 단계부터 발생하는 복잡한 의사결정과 다양한 변경사항을 효율적으로 통제하고, 전략적 목표와 일관되게 조율하는 것이 핵심이다. 프로젝트 헌장 개발, 사업추진 세부계획 수립, 실행 검토 및 승인, 변경관리와 종결관리 등의 활동이 주요 프로세스로 구성된다.

2) 범위관리(Scope Management)

범위관리는 메가프로젝트가 수행해야 할 업무와 산출물의 한계를 명확히 정의하고, 그 범위 내에서 모든 작업이 체계적으로 수행되도록 관리하는 활동이다.

메가프로젝트는 사업 규모가 크고 이해관계자가 많기 때문에, 요구사항이 자주 변경되거나 범위가 계속 확대되는 '스코프 크리프(scope creep)' 현상이 발생할 가능성이 높다. 이를 방지하기 위해 다음과 같은 체계적인 관리가 필요하다.

- **범위 정의 및 승인**: 사용자 요구사항, 법적 규제, 전략적 목표 등을 기반으로 사업 범위를 명확히 규정하고, 이해관계자의 공식적인 승인 절차를 거친다.
- **WBS(Work Breakdown Structure) 개발**: 범위를 체계적으로 세분화

하여 각 작업 단위별로 명확한 책임과 일정을 정의한다.

- **범위 통제**: 변경 요청이 발생했을 때, 해당 요청이 프로젝트 목표와 일정, 비용에 미치는 영향을 분석하고, 승인된 경우에만 반영되도록 한다.

범위관리는 통합관리 및 계약관리와도 밀접히 연계되어 있으며, 실질적인 공사량, 업무분장, 책임소재를 명확히 하여 리스크를 줄이고, 프로젝트 전체의 품질과 일정, 비용을 안정적으로 관리하는 기반이 된다.

3) 일정관리(Schedule Management)

일정관리는 프로젝트를 구성하는 다양한 요소 작업들을 계약된 기간 내에 성공적으로 완료하기 위해, 공정 계획을 수립하고, 실행 상황을 모니터링하며, 필요 시 조정을 통해 목표 일정을 달성하는 전반적인 활동을 의미한다. 이는 프로젝트의 시간적 제약 속에서 자원과 작업을 최적으로 배분하고 통제함으로써, 사업 전체의 흐름을 유지하는 핵심 기능이다.

일정관리의 목적은 단순히 일정을 나열하는 것이 아니라, 공기 지연을 사전에 예방하고, 예기치 못한 변수에 대한 유연한 대응체계를 구축하는 것에 있다.

4) 원가관리(Cost Management)

예산 및 원가 관리는 발주자가 설정한 사업예산의 범위 내에서 프로젝트 목표를 달성할 수 있도록, 자원의 투입계획을 수립하고, 이를 바탕으로 사업비를 산정하고 예산을 편성·집행·통제하는 일련의 활동을 의미한다. 이는 메가프로젝트의 재무적 지속 가능성을 보장하고, 계획 대비 실행 간의 오차를 최소화하는 데 핵심적인 역할을 한다.

예산 및 원가 관리의 궁극적인 목적은 주어진 자원으로 최대의 효과를 내는 것이다.

5) 감시 및 통제 관리(Monitoring and Controlling)

감시 및 통제는 프로젝트의 진행 상황을 지속적으로 추적하고, 계획과 비교하여 실제 진행 상태를 평가하며, 필요한 조치를 취하는 관리 영역이다. 메가프로젝트는 규모가 크고 복잡하기 때문에, 환경 변화, 고객 요구사항의 변화, 리스크 및 이슈 발생 등 다양한 상황에 따라 변경 요청이 발생한다. 이를 관리하기 위해 성과 추적, 자원 조정, 리스크 관리 및 품질 통제 등의 요소가 필수적이다.

- **성과 추적**: 프로젝트 진행 상황을 정기적으로 모니터링하고, 작업 완료 여부, 일정 딜레이, 예산 초과 등을 파악한다.
- **검토 및 조정**: 자원의 효율적 배치와 리스크 대응 계획을 검토하며, 품질 관리 기준에 맞게 결과물이 목표를 달성하도록 조정한다.
- **계획 변경**: 변경 요청을 평가하고, 변경이 프로젝트에 미치는 영향을 분석한 후 승인을 거쳐 실행한다.

감시 및 통제는 프로젝트의 성공적인 진행을 보장하고 리스크를 미리 파악하여 예방적 조치를 취하는 핵심적인 단계이다.

6) 계약관리(Contract Management)

계약관리는 메가프로젝트 전 주기에 걸쳐 다양한 계약당사자들과의 계약 이행을 효율적으로 관리하여 법적, 재정적 리스크를 최소화하고, 사업 목표를 달성하기 위한 합리적 계약관계를 유지하는 활동이다.

사업 초기의 발주전략 수립부터 계약조건 해석, 변경관리, 하자보증까지 전 생애주기적 접근이 요구되며, 체계적이고 선제적인 계약관리 프로세스가 메가프로젝트의 성패를 좌우한다.

7) 정보 및 자료관리(Information & Data Management)

메가프로젝트 수행 중 생성되는 대량의 기술자료, 행정문서, 설계 및 시공정보 등을 체계적으로 관리하는 것은 사업관리의 투명성과 효율성을 확보하는 핵심 요소이다.

정보 및 자료관리는 PMIS 등 정보시스템을 기반으로 수집, 저장, 분류, 이관, 폐기까지 전 주기를 통제하며, 각 단계별 주체의 역할과 책임이 명확히 정립되어야 한다.

8) 설계관리(Design Management)

설계관리는 사업의 목표와 요구사항을 명확히 반영하여 설계기준을 수립하고, 전 과정에서 품질과 일정, 비용을 통제하여 설계성과물을 최적화하는 전략적 활동이다.

메가프로젝트에서는 설계와 시공 간 인터페이스 관리, 다학제 협업 설계, 사전검토 및 피드백 절차 등이 강조되며, 오류 최소화와 설계품질 확보가 사업비와 공기에 직결된다.

9) 리스크 관리(Risk Management)

리스크 관리는 메가프로젝트의 대규모 예산과 장기 일정, 다수 이해관계자 참여 등에서 발생할 수 있는 불확실성과 위험요소를 사전에 식별하고 분석하여, 이에 대한 대응전략을 수립하고 실행함으로써 프로젝트 목표 달성에 미치는 부정적 영향을 최소화하는 활동이다.

기존 시설의 철거, 새로운 시스템의 설치, 제도적 충돌, 문화적 차이 등 복합 리스크는 메가프로젝트의 성공을 위협하는 주요 요소로, 이에 대한 사전 평가와 지속적인 추적관리가 요구된다

10) 의사소통관리(Communication Management)

메가프로젝트는 다양한 이해관계자와 협력 주체가 다층적으로 존재하기

때문에 체계적인 의사소통 계획 수립과 실행이 필수적이다.

의사소통 관리는 프로젝트 수행 과정에서 발생하는 방대한 정보를 적시에 수집·배포하고, 전달된 정보가 이해관계자의 요구와 목적에 부합하는지를 지속적으로 모니터링하고 조정하는 활동이다.

디지털 플랫폼 기반의 이슈 관리, 회의체계 정비, 보고서 작성 및 배포 등 명확하고 반복 가능한 커뮤니케이션체계가 필수적이다.

11) 품질관리(Quality Management)

품질관리는 메가프로젝트의 성과물이 사용자의 요구와 설계기준을 충족하고, 법적 기준과 환경, 유지관리 요건을 만족하도록 보장하는 활동이다. 단순한 시공 품질검사에 그치지 않고, 설계단계의 품질 확보, 시공자의 QC와 발주자의 QA, 감독기능 간의 삼중 검증체계 구축 등 총체적인 품질관리시스템이 필요하다.

12) 안전환경보건관리(Safety, Environmental & Health Management)

메가프로젝트 현장은 다수의 작업자와 다양한 공정이 복합적으로 운영되므로, 안전사고 예방 및 쾌적한 작업환경 조성을 위한 관리가 중요하다.

안전환경보건관리는 시공단계 전반에 걸쳐 위험요소를 평가하고, 이를 예방하기 위한 교육, 점검, 보고체계를 구축하여 근로자의 건강과 환경을 보호하고 생산성을 향상시키는 활동이다.

13) 클레임 및 분쟁관리(Claim & Dispute Management)

클레임 및 분쟁관리는 복잡한 계약구조와 사업환경으로 인해 필연적으로 발생할 수 있는 권리·의무의 충돌을 사전 예방하고, 발생 시 신속하고 공정하게 대응하기 위한 활동이다.

메가프로젝트에서는 국제 기준, 다국적 계약자, 제도적 차이 등으로 인해 클레임의 원인이 다양하므로, 초기부터 대응계획을 수립하고, 전담

체계를 통해 중재 및 해결 절차를 명확히 해야 한다.

14) 조정관리(Tailoring Management)

조정관리는 프로젝트의 규모, 복잡성, 이해관계자 특성 등 맥락에 따라 적용할 관리 프로세스를 유연하게 선정·조정하는 활동이다.

표준화된 절차를 기계적으로 적용하기보다, 메가프로젝트의 실질적 요구와 상황 변화에 적응하면서 관리 도구와 방식을 최적화하여 프로젝트의 가치를 극대화하고 불확실성에 유연하게 대응한다.

15) 시운전/검사관리(Commissioning & Inspection Management)

시운전 및 검사는 시설물의 실질적 성능과 운용 가능성을 최종적으로 검증하는 과정으로, 메가프로젝트에서는 사용자의 실제 운영환경까지 고려하여 계획적으로 수행되어야 한다.

시운전계획, 유지보수 매뉴얼 검토, 시험운전, 교육훈련, 준공검사 등의 단계별 절차가 성능 요구사항 충족을 입증하고, 시설물의 성공적 인수인계를 위한 핵심 기능을 수행한다.

16) 입주준비관리(Outfitting Management)

입주준비 관리는 완공된 시설에 기존 자산의 이전 또는 신규 자원의 설치를 통해 최종 사용자가 안정적으로 시설을 사용할 수 있도록 준비하는 활동이다.

FF&E 계획 수립, 구매 및 설치, 이주계획 통합 등 공사 외의 운영요소까지 조기 연계하여, 사업 마무리 단계에서의 리스크를 최소화하고 프로젝트의 실효성을 높이는 역할을 한다.

17) 종결관리(Closeout Management)

종결관리는 프로젝트의 모든 활동을 종료하고, 최종 결과물을 전달하는 과정이다. 프로젝트가 성공적으로 마무리될 수 있도록 하며, 이해관계자들과의 협의를 통해 프로젝트의 공식적인 종료 절차를 진행한다.

- **종결회의**: 이해관계자들이 모여 프로젝트의 완료 및 시설 인계 절차를 논의하고, 미비 사항을 사전에 처리하는 중요한 단계이다.
- **시험 및 시운전**: 시스템의 기능을 점검하고, 설계 의도대로 작동하는지 확인하는 과정을 포함한다.
- **유지관리 매뉴얼 준비**: 시설물의 운영과 유지보수를 위한 구체적인 매뉴얼을 준비하고, 사용자들이 원활하게 시설을 관리할 수 있도록 돕는다.
- **교훈 작성**: 프로젝트 수행 중 얻은 교훈을 체계적으로 정리하고, 향후 유사한 프로젝트에 활용할 수 있도록 공유한다.

종결관리는 프로젝트를 성공적으로 마무리하고, 학습된 교훈을 활용하여 조직의 역량을 향상시키는 중요한 작업이다.

18) 유지관리(Operations & Maintenance Management)

유지관리는 완공된 시설물이 정상적으로 운영될 수 있도록 일상적인 점검 및 정비를 통해 기능을 유지하는 활동이다. 건설사업이 종료된 후 시설물의 안전성과 기능을 지속적으로 보장하기 위해 필수적인 관리 작업이다.

- **유지관리 항목**: 급배수시설, 냉난방시설, 전기시설, 소방시설, 통신시설, 온습도 및 환기시설, 안전시설 등 주요 시설의 기능을 정기적으로 점검하고, 손상이 발생한 부분을 적시에 수리한다.
- **유지관리 수행**: 시설의 운영 유지에 필요한 세부 사항을 포함하여 매뉴얼을 준비하고, 관리자와 사용자가 효율적으로 시설을 관리

할 수 있도록 지원한다.

- **정기점검 및 수시점검**: 시설 유지보수를 위한 정기적인 점검 및 수리 작업을 통해 시설의 기능을 정상적으로 유지한다.

유지관리는 시설의 안전성과 장기적인 기능 유지를 보장하며, 시설물의 수명을 연장하고 사용자 편의를 증진하는 중요한 관리 활동이다.

5. 핵심 시스템 2: 변경 및 조정관리 체계 - 메가프로젝트의 핵심 시스템

메가프로젝트는 그 규모와 복잡성으로 인해 변경 사항이 자주 발생할 수밖에 없다. 설계 변경, 예산 수정, 일정 연기 등 다양한 요인에 의해 프로젝트 중간에 변화가 필요해지며, 이러한 변화는 프로젝트의 성공에 중요한 영향을 미칠 수 있다. 변경 및 조정관리 체계는 바로 이러한 변화가 발생했을 때, 체계적이고 효율적으로 관리할 수 있도록 돕는 시스템이다. 메가프로젝트에서 변경 및 조정관리는 단순한 변동에 대한 관리를 넘어서, 프로젝트의 전반적인 흐름을 제어하고, 예기치 못한 리스크를 최소화하는 중요한 역할을 한다.

1) 변경 관리의 필요성

메가프로젝트는 다양한 이해관계자들이 참여하고, 기술, 법률, 환경 등 여러 외부 요인에 의해 영향을 받는다. 이러한 프로젝트에서는 예기치 못한 상황이 자주 발생하며, 변경 사항이 필연적으로 필요하게 된다. 예를 들어, 새로운 법규의 도입, 시장 상황의 변화, 기술 발전 등이 프로젝트의 진행에 영향을 미칠 수 있다. 이와 같은 변경 사항을 효과적으로 관리하지 않으면, 프로젝트는 예산을 초과하거나 일정이 지연될 위험에 처할 수 있다. 변경 관리는 이러한 리스크를 방지하고 프로젝트를 원활하게 진행하기 위한 중요한 시스템이다.

2) 변경 관리 절차

변경 관리 절차는 크게 변경 요청, 영향 분석, 승인, 실행의 단계로 나눠진다. 각 단계에서의 관리가 중요하다.

- **변경 요청**: 프로젝트 진행 중 발생하는 요구사항 변경, 설계 수정 등은 반드시 공식적인 변경 요청을 통해 시작되어야 한다. 이 단계에서의 명확한 기록과 정리된 문서는 후속 과정의 원활한 진행을 보장한다.
- **영향 분석**: 변경 요청을 받은 후, 그 변경이 예산, 일정, 품질, 리스크 등에 미치는 영향을 분석해야 한다. 이 과정에서 리스크가 식별되고, 변경이 프로젝트 목표에 어떤 영향을 미칠지에 대한 평가가 이루어진다.
- **승인**: 변경사항이 실제로 적용될지 여부는 이해관계자들의 승인을 받아야 한다. 승인 절차를 통해 프로젝트 관리자는 변경이 프로젝트 전반에 미치는 영향을 고려하고, 모든 이해관계자들이 이에 동의하는지를 확인한다.
- **실행**: 변경이 승인되면, 해당 변경을 실제로 실행하는 단계이다. 이 과정에서는 리소스 재조정, 일정 수정, 새로운 설계 적용 등의 작업이 이루어지며, 이를 관리하는 팀은 변경된 사항이 프로젝트 목표에 부합하도록 철저하게 실행해야 한다.

3) 조정 관리의 중요성

변경이 발생하면 단순히 적용하는 것뿐만 아니라, 변경에 따른 조정 관리가 필수적으로 필요하다. 조정 관리란 변경 후 발생할 수 있는 갈등이나 비효율적인 요소를 바로잡고, 모든 참여자들이 변경 사항에 맞춰 협업할 수 있도록 하는 과정이다. 예를 들어, 일정 변경이 있을 경우, 이에 맞춰 각 팀의 작업 일정을 재조정하고, 자원을 재분배하는 과정이 필요하다. 이 과정에서 팀 간의 협력과 커뮤니케이션은 매우 중요하다. 조정이 잘 이루어지지 않으면, 변경된 사항이 프로젝트 전반에 부정적인 영향을 미칠 수 있다.

4) 변경 및 조정 관리체계의 역할

메가프로젝트에서 변경 및 조정 관리체계는 프로젝트의 지속 가능한 성공을 위한 필수적인 요소이다. 이 체계는 변경 사항을 효율적으로 관리하고, 그에 따른 조정을 통해 프로젝트 목표를 달성하는 데 중요한 역할을 하다. 변경 관리체계가 잘 구축되어 있다면, 프로젝트 팀은 예기치 못한 상황에서의 리스크를 줄이고, 프로젝트가 목표를 벗어나지 않도록 조정할 수 있다. 또한 모든 변경 사항에 대해 투명한 기록과 추적이 가능하므로, 프로젝트의 진행 상황에 대한 명확한 평가가 이루어진다.

5) 기술의 활용

메가프로젝트에서 변경 및 조정 관리는 디지털 기술을 통해 더욱 효율적으로 이루어질 수 있다. 예를 들어, BIM은 설계 변경을 실시간으로 시뮬레이션하고, 변경 사항이 전체 프로젝트에 미치는 영향을 즉시 분석할 수 있게 도와준다. 또한 CDE 시스템을 통해 프로젝트 참여자들이 실시간으로 변경 사항을 확인하고, 이를 반영하여 조정할 수 있다. 이러한 시스템들은 변경과 조정의 과정을 더욱 신속하고 정확하게 만들어, 프로젝트 전반에 대한 추적 및 관리를 용이하게 한다.

변경 및 조정 관리체계는 메가프로젝트에서 필수적인 관리 프로세스이다. 이 체계는 단지 프로젝트 진행 중에 발생하는 변동을 관리하는 데 그치지 않고, 프로젝트의 리스크를 최소화하고, 이해관계자들의 요구를 조율하며, 전체 프로젝트의 품질을 유지하는 중요한 역할을 한다. 따라서 메가프로젝트의 성공적인 실행을 위해서는 체계적이고 효율적인 변경 및 조정 관리체계를 구축하고 운영하는 것이 무엇보다 중요하다.

6. 핵심 시스템 3: 디지털 기반 정보시스템

현대의 건설 프로젝트는 점점 더 복잡해지고 있으며, 그만큼 다양한 기술과 시스템을 통해 관리되고 있다. BIM, CDE, 통합 모니터링 대시보드와 같은 첨단 기술들은 건설 프로젝트의 효율성을 높이고, 커뮤니케이션의 정확성을 강화하며, 리스크를 효과적으로 관리하는 데 중요한 역할을 한다. 각 기술은 서로 연계되어, 프로젝트의 전 과정에서 데이터를 통합하고 실시간으로 관리할 수 있는 환경을 제공한다.

1) BIM

빌딩 정보 모델링(Building Information Modeling, BIM)은 단순히 3D 모델링을 넘어서서, 설계부터 시공, 운영에 이르는 모든 단계의 정보를 통합하는 혁신적인 플랫폼이다. 이는 프로젝트의 각 단계에서 생성되는 데이터를 실시간으로 반영하고, 다양한 분야의 전문가들이 동일한 모델을 바탕으로 협업할 수 있게 도와준다. BIM은 단순히 시각적 모델을 넘어서, 간섭 검토(clash detection)를 통해 설계의 오류를 사전에 발견하고, 공정 시뮬레이션(4D)을 통해 프로젝트의 진척 상황을 시간에 따라 시각화하여 비용 연계(5D)를 통해 예산을 실시간으로 추적할 수 있다.

이 기술은 프로젝트가 진행되는 동안 이해관계자 간의 효율적인 시각적 커뮤니케이션을 가능하게 하여, 소통 오류를 최소화하고, 프로젝트 성공 가능성을 높일 수 있다.

2) CDE

공통데이터환경(Common Data Environment, CDE)은 공유 데이터 환경을 제공하여 프로젝트에 참여하는 모든 관계자가 동일한 데이터에 접근하고 업데이트할 수 있도록 하는 시스템이다. 이 통합 협업 공간은 문서 버전 관리, 승인 및 이력 추적, 역할 기반 접근 권한 관리 등을 통해 데이터의 정확성과 일관성을 유지할 수 있게 한다. CDE를 통해 모든 프로젝트 관계자들이 최신 정보를 실시간으로 확인하고 수정할 수 있어, 정보의 누락이나 중복을 방지하고, 의사결정을 신속하게 할 수 있는 환경을 제공한다.

특히 대형 프로젝트에서는 여러 팀이 다양한 데이터에 접근하게 되므로, CDE는 프로젝트의 중앙 집중화된 데이터 관리를 가능하게 하여 프로젝트 진행의 효율성을 크게 향상시킨다.

3) 통합 모니터링 대시보드

통합 모니터링 대시보드는 프로젝트의 진행 상황을 실시간으로 시각화하여, 전체 프로젝트 상황을 한눈에 파악할 수 있게 해주는 도구이다. KPI(핵심 성과 지표)를 기반으로 한 진행률 표시, 리스크 경고시스템, 모바일 기기를 통한 현장 연계 등을 통해, 현장에서 발생하는 작은 문제도 즉시 확인하고 대응할 수 있다. 대시보드는 프로젝트 팀에게 실시간 데이터를 제공함으로써 빠른 의사결정과 정확한 리스크 관리를 가능하게 한다. 현장의 상황을 실시간으로 업데이트하고 관리할 수 있는 이 시스템은 특히 대형 건설 프로젝트에서 진행 상황과 문제점을 빠르게 파악하고 대응하는 데 필수적이다.

이처럼 디지털 기술의 통합적인 활용은 건설 프로젝트 관리에서 점점 더 중요해지고 있다. BIM, CDE, 통합 모니터링 대시보드와 같은 시스템들은 프로젝트가 더 큰 규모와 복잡성을 갖추면서도, 효과적으로 관리하고 실행할 수 있는 기반을 제공한다. 이들 시스템은 서로 연계되어, 데이터를 실시간으로 추적하고 협업을 원활하게 하여 프로젝트의 효율성과 성공 가능성을 높이는 데 기여한다. 스마트 건설 환경에서 기술의 융합은 더 이상 선택이 아니라 필수적인 요소로 자리잡고 있다.

7. 지속 가능성과 후속 운영을 위한 시스템 연계

메가프로젝트는 그 규모와 복잡성 덕분에 완공 후에도 여러 가지 운영 및 관리가 필수적이다. 특히, 지속 가능성과 후속 운영을 고려한 시스템 연계는 프로젝트의 장기적인 성공과 환경적, 사회적 책임을 다하는 데 필수적이다. 이 과정에서 ESG(Environmental, Social, Governance) 요소는 프로젝트의 모든 단계에 영향을 미치는 중요한 기준이 된다.

1) 시설물의 지속 가능성

시설물의 지속 가능성은 건설 프로젝트의 핵심 목표 중 하나이다. 지속 가능성은 환경적, 경제적, 사회적 측면을 모두 고려하는 개념으로, 이를 통해 시설물이 사용 기간 동안 효율적으로 운영되고, 미래세대의 요구를 충족시키는 것을 목표로 한다.

- **환경적 지속 가능성**: 메가프로젝트에서 환경적 지속 가능성을 고려하기 위해, 프로젝트 단계별로 자원 소비를 최소화하고, 에너지 효율을 최대화할 수 있는 설계와 기술을 도입해야 한다. 예를 들어, 재생 가능 에너지의 사용, 녹색 건축 자재의 적용, 에너지 절감 시스템 등을 통해 환경에 미치는 영향을 줄일 수 있다. BIM 기술을 활용하면, 설계 단계에서부터 환경적 영향을 시뮬레이션하고, 효율적인 건축 자원을 계획할 수 있다.
- **사회적 지속 가능성**: 프로젝트가 지역 사회와 주변 환경에 미치는 영향을 최소화하는 것도 중요하다. 건설 과정에서 지역 사회의 참여를 유도하고, 지역 경제와의 협력적 관계를 유지하며, 프로젝트가 완료된 후에도 지역사회에 긍정적인 영향을 미칠 수 있도록 해야 한다. 또한 안전과 건강은 지속 가능한 시설물 운영의 핵심 요소이며, 모든 작업장에서의 근로자 안전 관리는 지속 가능성의 중요한 기준이다.
- **경제적 지속 가능성**: 프로젝트의 경제적 지속 가능성을 확보하기 위해서는, 장기적인 운영 비용을 절감할 수 있도록 효율적인 자원

관리를 해야 한다. 이를 위해, 시운전 및 성능 테스트를 통해 시스템의 효율성을 검증하고, 운영 데이터를 활용하여 비용을 최적화하는 전략이 필요하다.

2) 운영 준비(Operational Readiness)

운영 준비는 프로젝트가 완료된 후, 시설물이 원활하게 운영될 수 있게 하는 데 필요한 모든 준비를 의미한다. 운영 준비는 초기 설계 단계에서부터 시작되어, 시설물의 완공 후 효율적인 운영과 관리를 보장한다.

- **운영 매뉴얼 및 교육**: 시설물의 운영과 관리를 위한 O&M 매뉴얼(운영 및 유지보수 매뉴얼)을 체계적으로 준비해야 한다. 이는 시설물 운영자가 시설을 효율적으로 관리하고, 문제 발생 시 적절한 대응을 할 수 있도록 돕는다. 또한 운영자 교육을 통해 인력들이 시스템과 장비를 제대로 이해하고 운용할 수 있도록 해야 한다.
- **시스템의 통합**: 시설의 모든 시스템(HVAC, 전력, 조명, 보안 시스템 등)은 상호 연계되어 원활하게 운영되어야 한다. 이를 위해 통합된 관리 시스템이 구축되어야 하며, 이를 통해 각 시스템이 효율적으로 작동할 수 있도록 지원해야 한다.
- **모니터링과 피드백**: 운영 준비의 중요한 부분은 실시간 모니터링시스템을 구축하는 것이다. 예를 들어, 건물의 운영 상태를 실시간으로 추적하고, 발생하는 문제에 신속하게 대응할 수 있도록 한다. 이 시스템은 사물인터넷(Internet of Things, IoT) 기술을 활용하여 운영 데이터를 실시간으로 수집하고 분석한다.

3) 디지털 트윈 연계

디지털 트윈은 실제 시설물을 디지털로 모델링한 가상 공간으로, 운영 중인 시스템과 실시간으로 연결하여 시설물의 상태를 실시간으로 추적하고 예측할 수 있는 기술이다. 메가프로젝트에서 디지털 트윈의 활용은 시설물의 효율적인 운영 관리와 지속 가능성을 확보하는 데 중요한 역할을 한다.

- **실시간 데이터 수집 및 분석**: 디지털 트윈은 실시간 데이터를 통해 시설물의 각종 시스템을 모니터링하고, 이를 분석하여 최적의 운영 상태를 유지하도록 돕는다. 예를 들어, 공조시스템, 에너지 소비, 물의 흐름 등을 실시간으로 추적하여 불필요한 자원 낭비를 줄일 수 있다.
- **운영 최적화**: 디지털 트윈을 통해 예측 유지보수를 실현할 수 있다. 즉, 시설의 시스템이 고장 나기 전에 문제를 미리 감지하고 조치를 취할 수 있다. 또한, 디지털 트윈은 운영 효율성을 극대화하고, 자원의 낭비를 줄이는 데 기여한다.
- **ESG 목표 달성**: 디지털 트윈은 환경적 지속 가능성을 달성하는 데 중요한 도구로 활용된다. 이를 통해 시설의 에너지 효율성을 실시간으로 추적하고, 탄소 배출을 최소화하는 방법을 제시할 수 있다. 또한 사회적 책임을 다하기 위해, 시설의 운영 상황에 대한 데이터를 투명하게 공개하고, 환경적 영향을 최소화하는 방안을 실시간으로 추적할 수 있다.

8. 실행 프로세스의 통합을 위한 실천 전략

메가프로젝트에서 실행 프로세스의 통합은 프로젝트가 목표를 성공적으로 달성하고 지속 가능한 운영을 보장하기 위한 핵심 전략이다. 다양한 시스템과 단계들이 유기적으로 연계되어야 하며, 이를 통해 프로젝트의 효율성을 극대화하고, ESG 기준을 준수할 수 있다.

- **통합된 데이터 관리시스템 구축**: CDE와 BIM 시스템을 통해 프로젝트 전반의 데이터와 정보를 통합하여, 모든 이해관계자가 동일한 정보에 접근하고 실시간으로 협업할 수 있도록 한다. 이를 통해 의사결정이 신속하고 효율적으로 이루어진다.
- **ESG 기준 통합**: ESG 기준을 프로젝트의 모든 단계에 통합해야 한다. 환경적 지속 가능성은 자원 절약, 에너지 효율성 등을 통해 실현되며, 사회적 지속 가능성은 지역 사회 참여, 안전 관리 등을 통해 달성된다. 또한, 거버넌스 측면에서는 투명한 관리와 책임 있는 의사결정이 중요하다.
- **디지털 기술 활용**: 디지털 트윈과 같은 첨단 기술을 활용하여 운영 최적화, 예측 유지보수, 자원 관리 등을 실현하며, 효율적인 시스템 연계가 이루어지도록 한다. 디지털 기술은 운영 준비 및 지속 가능성을 위한 중요한 도구로 자리잡고 있다.
- **통합된 피드백시스템 구축**: 실시간 피드백시스템을 통해 운영 데이터를 수집하고, 프로젝트의 목표 달성도를 추적한다. 이를 통해 지속적인 개선과 조정이 가능하고, 프로젝트의 장기적인 성공을 보장할 수 있다.

메가프로젝트에서 지속 가능성과 후속 운영을 위한 시스템 연계는 ESG 기준을 반영한 통합적 접근을 통해 실현된다. 디지털 트윈과 같은 첨단 기술의 활용은 이 과정에서 중요한 역할을 하며, 효율적인 운영과 지속 가능한 관리를 가능하게 한다. 시설물의 지속 가능성을 보장하는 시스템과 운영 준비는 프로젝트가 완료된 이후에도 원활하고 지속적인 성과를 낼 수 있도록 한다.

03

메가프로젝트의 핵심 성공 요인에 관한 사례 조사

앞에서 제시한 메가프로젝트 관리의 핵심 요소 및 성공 요인과의 연계를 강화하고 현장에서의 강조 사항을 참고하기 위하여, 최근 메가프로젝트의 핵심 성공 요인에 관한 두 개의 사례를 소개한다. 하나는 메가프로젝트의 성공과 실패 요인에 관하여 국제적 논문과 서적 등의 데이터를 분석하여 핵심 요인들을 도출한 사례이며, 다른 하나는 국내 정부 주도의 대표적 메가프로젝트인 행정중심복합도시와 새만금 개발, 그리고 주한미군기지 이전사업의 성과 창출 요인을 분석한 사례이다.

I. 메가프로젝트의 성공과 실패 요인

1 개요

필립스(Philips, 2020)의 《The Practitioner's Handbook of Project Performance》에 포함된 '대규모 프로젝트에서의 핵심 성공과 실패 요인' 연구로 첫 단계는 사이언스다이렉트(Science Direct), 와일리(Wiley)와

ABI/INFORM 등의 데이터베이스를 가장 적합한 용어로 탐색하고, 이어서 모든 관련된 핵심 용어를 적용하여 탐색하였다. 두 번째 단계는 두 그룹의 핵심 용어로 탐색하였는데, 한 그룹은 "complex project*" 또는 "mega project*" 또는 "large-scale project*" 또는 "large project*" 또는 "major project*"이고, 다른 그룹은 "success" 또는 "project success factor*" 또는 "project performance" 또는 "project success criteria" 또는 "performance" 또는 "project success" 또는 "project failure" 또는 "barrier*" 또는 "project risk*" 또는 "poor performance" 또는 "cost overrun" 또는 "time overrun"이다. 세 번째 단계는 출판물의 제목, 초록 등의 추가적인 탐색으로 8,660 이상의 연구 자료를 확인하였으며, 중복된 자료나 오류 등을 제거하여 513개로, 또 78개로, 최종적으로는 50개로 압축하였다.

2. 조사 방법

2000~2016년에 저널에 등재된 대규모의 복잡한 프로젝트의 성공과 실패 요인에 관한 경험적으로 증명된 자료로 제한했다. 조사된 프로젝트가 수행된 국가는 대한민국과 미국, 호주, 중국, 영국, 태국, 캐나다, 뉴질랜드, 네덜란드, 베트남, 싱가포르, 독일, 대만, 폴란드와 이스라엘 등이며, 다수의 국가가 공동으로 수행한 프로젝트도 포함되어 있다. 조사된 프로젝트 수가 가장 많은 국가는 미국이고 그다음은 호주와 중국, 영국 등이다.

프로젝트 성공과 실패 요인에 관련된 연구의 방법론적 다양성의 공감을 높이기 위해, 문헌에서의 성공 및 실패 요인 연구에 관한 다중 연구방법론을 사용하였다. 연구 방법은 조사와 사례 연구, 조사 및 사례 연구 혼합, 문서 분석, 면담 등으로 조사를 가장 많이 사용하였다. 조사된 학술적 저널은 International Journal of Project Management, Project Management Journal, Engineering, Construction and Architectural

Management, Construction Innovation, Information Systems Journal, Construction Management and Economics, Cost Engineering, Decision Sciences, Engineering Applications of Artificial Intelligence 등이다.

3. 성공 요인

성공에 관한 최종적인 27개 자료에서 핵심 성공 요인은 28개로 확인되었으며, 핵심 성공 요인의 중요도는 이해관계자 관리가 가장 중요한 요인으로 나타났으며, 중요도는 이해관계자 관리 〉 의사소통 〉 프로젝트 계획과 고객 만족 〉 최고 경영자 지원 〉 훈련과 문제 해결 순서이다. 또한 보건과 안전, 설계 목표 달성, 기술 역량과 지원, 대응 역량, 임무의 명확 등이 주요한 요건으로 밝혀졌다.

4. 실패 요인

실패에 관한 최종적인 28개 자료에서 핵심 실패 요인은 44개로 확인되었으며, 부실한 계획과 초기 요구 불명확성이 가장 중요한 요인으로 나타났으며, 중요도는 부실한 계획/초기 요구 불명확성 〉 재설계/재작업/요구 변경/부실한 의사소통/이해관계자와의 관계 〉 지도자의 역량 부족/프로젝트팀의 불안전성 〉 부실한 리스크관리와 통제 /프로젝트 팀 내에서의 갈등 순서이다. 또한 계약적 논쟁, 정부의 업무 프로세스, 가격 증가, 불충분한 자원 가용성, 기술적 어려움, 시스템 복잡성, 프로젝트의 새로움 등이 실패 요인으로 확인되었다.

5 시사점

대규모 프로젝트의 성공 요인을 확인하고 인지할 경우, 프로젝트 책임자가 프로젝트의 성공 확률을 높이고 실패 경우를 감소시키기 위한 개선 사항을 결정할 수가 있으며, 프로젝트 성공을 평가하는 방법 개선에 대한 정책 개발에 실용적인 이점을 가질 수 있으며 프로젝트 리더들이 최대로 성공적인 목적을 달성할 수 있도록 조직의 자원을 효과적으로 전환하는데도 도움이 될 수 있다.

또한 실무 선에서 실패 요인을 이해한다면 다수의 이점을 가질 수 있다. 우선, 실무자들이 복잡한 대규모 프로젝트를 관리할 때 발생할 수 있는 잠재적인 실패 요인을 더욱 포괄적으로 이해할 수 있도록 하여 문제가 발생하기 전에 선제적으로 해결하고, 끊임없이 역동적이고 불확실하며 변화하는 환경에서 업무 수행에 필요한 역량을 효과적으로 습득하고 갖출 수 있도록 한다. 둘째, 대규모 프로젝트의 실패 요인에 대한 통합된 습득은 조직이 예산, 시간, 인력과 같은 제한된 자원을 효과적으로 분배하는 데 도움이 될 수 있다. 셋째, 다양한 실패 요인에 대한 인식을 높임으로써 관리자는 예상치 못한 문제가 심각한 위협이 되기 전에 선제적으로 대응할 수 있으며, 넷째, 선제적인 대응은 프로젝트 효율성을 크게 높이고 성공 가능성을 높일 수 있다.

II. 정부 주도 메가프로젝트 성과 창출을 위한 메가프로젝트 관리 특성 분석

1 개요

26th International Congress on Project Management Engineering에서 발표된 논문(윤은상, 박창우 등, 2022)으로, 대한민국의 대표적인 메가프로젝트인 행정중심복합도시, 새만금 개발, 주한미군기지 이전 등 메가프로젝트 관리 관련 성과에 대한 사항이다. 세 사업의 공통점은 정부가 참여하

는 장기간이며 사업비가 대규모이고 다수의 이해관계자가 연계된 복합적인 메가프로젝트로 그 성공 여부는 국가 및 지역 공동체에 적지 않은 영향을 끼치고 있다고 할 수 있다. 더욱이 기술 발전에 따른 국가성장 및 지속적인 산업혁명에 대응하기 위해서 향후 정부 주도의 메가프로젝트 추진이 지속적으로 발생될 것으로 예측된다. 이에 정부는 대규모 예산이 투입되는 메가프로젝트를 성공적으로 수행하기 위하여 단일사업 관리 방식에서 벗어나 성과 향상을 위한 단계별 접근이 필요하다고 할 수 있다. 따라서 위의 세 가지 메가프로젝트의 특징을 비교·분석하여 메가프로젝트 관리 관점에서 성과 창출을 도출하고, 공통 사항 파악과 도출된 요인에 대해 객관적이고 체계적인 결과를 얻을 수 있는 분석계층기법(Analytical Hierarchy Process, AHP) 기법을 적용하여 성과 창출을 위한 중요도를 제시하였다.

정부 주도의 대규모 메가프로젝트는 초기 계획 수립부터 운영 과정에서 발생하는 불규칙적인 문제 등 사업의 성공과 실패에 영향을 주는 다양한 요인이 존재한다. 이러한 요인은 사업의 특성에 따라 중점 관리 요인을 달리 적용해야 한다.

2. 성과 창출 요인

우선 국내·외 사례를 조사하여 약 150여 개의 요인을 도출하였으며 도출된 요인은 건설과 관련된 사업관리 전문가(대학교수, 정부 기관, 연구소, PM사, 건설사)와 함께 중복 요인 제거 및 변경, 본 목적에 적합하지 않은 요인 제거, 추가 요인 검토 등을 수행하였다. 그 결과 성공 요인은 9개로 도출하였으며, 요인 간의 상관관계를 검토한 결과 3개의 분야로 구성됨을 알 수 있었다. [표 4-2]는 분야와 성과 창출 요인 항목이다.

[표 4-2] 성과 창출의 분야와 요인

분야	성과 창출 요인
전략 기획	목표
	거버넌스
	편익 관리
사람과 구조	리더십
	의사소통 관리
	발주자 조직의 역량
	이해관계자 관리
프로세스와 시스템	리스크 관리
	생애주기 관리

또한 분석계층기법(AHP)을 적용하여 메가프로젝트 성과 창출 요인들 간 분야의 중요도와 분야 내의 성과 창출 요인의 중요도를 쌍대 비교하여 분석하였다. 설문조사는 2022년 2월에 발주자인 정부기관과 공공기관, 민간 건설사, 사업관리 컨설팅사, 대학 및 연구소 등의 50명을 대상으로 수행하여 CI가 0.2 이하로 일관성을 유지한 36개의 응답을 확보하였다.

메가프로젝트 성과 창출 요인들의 분야와 요인들의 가중치는 [표 4-3]과 같다.

[표 4-3] 분야와 요인의 가중치

분야	분야별 가중치	요인	요인별 가중치
전략 기획	0.443	목표	0.457
		거버넌스	0.278
		편익 관리	0.264
사람과 구조	0.367	리더십	0.325
		의사소통 관리	0.239
		발주자 조직의 역량	0.194
		이해관계자 관리	0.242
프로세스와 시스템	0.190	리스크관리	0.599
		생애주기 관리	0.401

분야의 경우 전략 기획, 사람과 구조, 프로세스와 시스템 중에서 전략 기획이 44.3%로 중요도가 높게 나타났으며, 그다음으로 사람과 구조가 36.7%, 프로세스와 시스템이 19%로 나타났다. 또한 전략 기획 분야에서는 목표가 45.7%로 가장 중요도가 높게 나타났고, 사람과 구조에서는 리더십이 32.5%의 높은 중요도를 가졌다. 프로세스와 시스템에서는 리스크관리가 59.9%로 가장 중요한 것으로 나타났다.

메가프로젝트 성과 창출을 위한 3개의 분야와 9개의 성공 요인으로 구분할 경우의 중요도는 [그림 4-1]과 같다. 목표가 20%로 가장 높게 나타났고 그다음으로 거버넌스와 편익 관리, 리더십이 동등하게 12%의 중요도를 갖고 있었다. 그다음의 중요도는 리스크 관리와 이해관계자 관리, 의사소통 관리 순서이다.

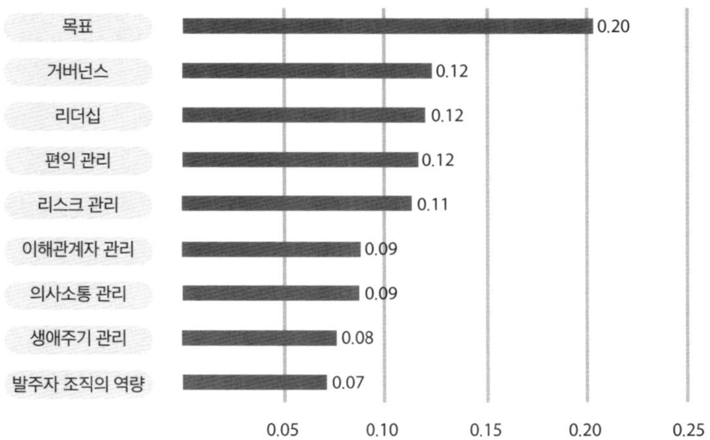

[그림 4-1] 메가프로젝트 성과 창출 순위

3. 시사점

정부 주도 메가프로젝트의 성공적 수행을 위해 3개의 분야를 구성하였으며 9개의 성과 창출 요인과 요인별 중요도를 평가하였다. 그 결과 분야의 중요도는 전략 기획, 사람들과 구조, 프로세스와 시스템 순으로 나타났으며, 전체 9개의 성과 창출 요인 중 목표의 중요도가 가장 높았으며 그다음으로 거버넌스, 편익 관리, 리더십이 동등하게 중요하다고 나타났다. 이는 정부 주도 사업의 특성상 전략 기획이 가장 중요하다는 인식을 하고 있으며, 안정적인 국가 재원과, 강력한 사업추진력을 바탕으로 사업이 진행됨을 고려하였을 때 다른 성과 창출 요인보다 더 명확한 목표 설정, 다양한 사업참여자의 관리, 공공 편익, 정부의 강력하고 지속적인 리더십의 역량 강화 중요성이 우선한다고 알 수 있다.

또한 정부 주도의 메가프로젝트를 성공적으로 수행하기 위해서는 정부의 조직체계, 사업추진 절차, 의사결정 구조 등 공공부문의 고유한 특성에 대한 충분한 이해가 필수이다. 특히 대규모 사업이 갖는 경제적 파급력과 사회적 영향력으로 인해, 정부 주도 사업의 성패는 국가 및 지역 공동체 전반에 지대한 영향을 미친다. 따라서 대규모 정부 주도 사업을 효과적으로 추진하고 성공으로 이끌기 위해서는, 기존의 기술 중심 관리 방식의 중요성을 전제로 하되, 이에 더해 사업 전 생애주기를 포괄하는 통합적 관리 기법과 거버넌스 체계를 함께 고려한 체계적인 연구와 이론적 정립이 필요하다.

PROJECT LEADERSHIP for

제5장

메가프로젝트 시장 확대를 위한 전략

MEGA CHALLENGE

01

미국 정부의 메가프로젝트 관리 효율성과 책임성을 높인 PMIAA법

I. 프로그램 관리 개선 책임법(PMIAA)의 배경

미국 연방정부는 오랜 기간 대형 프로젝트와 프로그램 추진에서 비효율성과 재정 낭비 문제를 겪어왔다. 병원 건설, 대형 인프라 개발 등 연방 차원의 주요 프로젝트 중 다수가 시간과 예산을 초과했으며, 프로젝트 목표를 충실히 달성하지 못하는 경우도 많았다. 2016년 프로젝트관리협회(PMI)의 보고서에 따르면 연방정부는 프로젝트 및 사업관리 지출 중 약 10%에 해당하는 1억 1천만 달러를 낭비하고 있는 것으로 나타났다. 이는 미국 납세자들의 신뢰 저하와 행정의 투명성 문제로 직결되었으며, 궁극적으로 연방정부 전반의 프로그램 관리 개혁에 대한 요구를 불러일으켰다.

이 같은 문제의 근본 원인은 비표준화된 프로젝트 관리 방식, 책임자 부재, 부처 간 협업 부족, 관리 인력의 전문성 결여 등이었다. 기존의 성과관리 법제인 GPRA(1993), PART(2002), GPRAMA(2010) 등이 성과 측정과 정보 제공을 중시한 반면, 프로젝트 수행의 관리 구조 자체에 대한 개혁은 미흡했다. 이에 따라 오바마 행정부는 2015년 프로그램 관리 개선 책임법(Program Management Improvement Accountability Act, PMIAA)을 제정하고, 2016년부터 전면 시행에 들어갔다. PMIAA는 연방정부의 프로그램 및 프로젝트 관리체계를 근본적으로 재편하고, 전문성과 책임성을 제도화하기 위한 최초의 종합 입법이다.

II. PMIAA 주요 내용

PMIAA는 연방정부가 추진하는 프로그램과 다수의 프로젝트의 성공 가능성을 높이고, 조직 간 협업을 증진하며, 세금 낭비를 줄이기 위한 법적 기반을 제공한다. 핵심적으로 네 가지 정책 방향과 이를 실행하기 위한 거버넌스 구조, 전략 계획, 인력 양성 방안을 포함하고 있다.

1. 프로그램 관리자 경력체계 신설

PMIAA는 연방정부 내 프로그램 관리자에게 공식적인 직군(job series)과 경력 경로(career path)를 부여한다. 그동안 프로젝트 관리가 비정형적 업무로 간주되었던 점을 개선하고, 전문성을 갖춘 프로그램 관리 인재를 조직적으로 육성하도록 한 조치이다. 이를 위해 인사관리국(OPM)은 프로그램 관리자에게 필요한 핵심기술과 역량을 식별하고, 새로운 직무 식별자(job identifier)를 도입하여 인재관리를 체계화했다.

2. 표준 기반의 관리 정책 수립

PMIAA는 연방 전 기관에 적용 가능한 표준 기반의 프로그램 및 프로젝트 관리 정책을 개발하고 실행하도록 규정한다. 정부 차원의 일관된 관리 프레임워크를 통해 각 부처가 동일한 언어와 방식으로 프로그램을 기

[표 5-1] 프로그램 관리 표준과 원칙 영역

1. 변경 관리	9. 성과 관리
2. 의사소통 기획, 이해관계자 참여, 연합구축	10. 포트폴리오 관리
3. 계약 및 획득 관리	11. 프로세스 개선
4. 고객 서비스	12. 프로젝트 관리
5. 평가	13. 요구사항 개발 및 관리
6. 재무 관리	14. 리스크 관리
7. 인적 자본 관리	15. 전략 기획
8. 정보 관리	

획, 수행, 평가할 수 있게 하는 것이 목적이다. OMB(예산관리국)는 이 정책의 수립과 감독을 담당하며, 기관 간 비교와 성과 분석을 가능하게 하는 기준을 마련한다. 프로그램 관리 표준과 원칙의 영역은 [표 5-1]에서 보는 바와 같이 15가지로 구분한다.

3. 프로그램 관리 책임자 지정 및 조직 거버넌스 강화

각 연방기관은 '프로그램 관리 개선 책임자(Program Management Improvement Officer, PMIO)'를 지정하여 해당 기관의 프로그램 관리 정책을 총괄하도록 한다. PMIO는 최고운영책임자(Chief Operating Officer, COO) 또는 동등한 고위직으로 기관 전반의 관리 관행을 개선하는 중심적 역할을 맡는다. COO는 조직 내 다양한 기능(예: 재무, 조달, 정보기술, 성과평가 등)을 통합하고 리더십을 발휘하여, 결과 중심의 프로젝트 운영을 실현하도록 한다. 또한 '프로그램 관리 정책 위원회(Program Management Policy Council, PMPC)'를 OMB 산하에 설치한다. PMPC는 기관 간 협업을 조정하고, 정부 전체의 Program and Project Management(P/PM) 정책 일관성을 유지하며, 모범 사례를 공유하는 핵심 거버넌스 기구이다.

4. 프로그램 포트폴리오 리뷰와 책임성 확보

PMIAA는 모든 재무관리 최고책임자(Chief Financial Officer, CFO) 법 적용 기관이 관리예산국(Office of Management and Budget, OMB)과 협력하여 매년 '프로그램 포트폴리오 리뷰'를 수행하도록 의무화하고 있다. 이 리뷰는 각 프로그램의 성과와 리스크를 분석하고, 개선이 필요한 영역을 식별하는 데 목적이 있다. 특히 정부책임국(Government Accountability Office, GAO)이 '고위험'으로 분류한 프로그램에 대해 집중 검토를 수행하여, 구조적 문제를 조기에 발견하고 대응할 수 있도록 한다.

5. 5개년 전략 계획과 단계별 시행

PMIAA는 5년 단위의 전략 계획을 통해 프로그램 관리 개선을 점진적으로 시행하도록 설계되어 있다. 전략은 다음 세 가지 축으로 구성된다. 첫째, 기관 COO와 PMIO가 협업 기반 거버넌스를 주도한다. 둘째, OMB의 정기적 리뷰를 통해 성과 책임을 강화한다. 셋째, 경력개발 및 전문인력을 육성하여 역량을 제고한다. 초기에는 IT 이외의 업무 영역의 대형 프로젝트부터 시작하여, 이후 보조금 프로그램, 사회복지사업 등으로 점차 확대 적용된다.

III. 단계별 도입계획

PMIAA는 연방정부 전반의 프로그램 및 프로젝트 관리(Program and Project Management) 역량 강화를 단기간에 실현하는 것이 아니라, 기관의 복잡성과 다양성을 고려하여 3단계에 걸쳐 점진적으로 도입하는 계획을 수립했다. 각 단계는 실행의 범위를 확장하고, 초기 시행 과정에서 얻은 교훈을 반영하여 지속적으로 발전하도록 설계되어 있다.

1. 1단계: 기본 기반 마련(2016~2018)

초기 단계에서는 각 기관에 프로그램 관리 책임자(PMIO)를 임명하고, OMB 주관으로 프로그램 관리 정책 위원회(PMPC)를 설립하였다. 동시에, 연방정부 전반에 적용 가능한 표준화된 프로그램 관리 프레임워크를 마련하고, 주요 IT 이외의 업무 영역의 프로그램 포트폴리오에 대한 첫 번째 리뷰가 실시되었다. 인사관리국(OPM)은 프로그램 관리자 직무를 위한 직군(Job Series)및 직무 식별자(Job Identifier)를 신설하여 인력 육성 기반을 구축하였다.

2. 2단계: 적용 확대(2019~2021)

두 번째 단계에서는 프로그램 관리 리뷰 대상이 보조금(Grant), 복지서비스 등 비전통적 프로그램으로 확대되었다. 포트폴리오 검토 과정은 각 기관의 연례 전략 회의와 연계되며, OMB가 그 과정의 조정자 역할을 수행하였다. 이 시기에는 기관 간 협력 강화, 모범 사례 공유체계, 관리자 간 피드백 루프를 제도화하는 데 중점을 두었다.

3. 3단계: 전면 실행 및 고도화(2022~현재)

최종 단계에서는 5개년 전략 계획의 최신 개정을 반영하여 모든 주요 사업 유형에 PMIAA 기반 프로그램 관리체계를 적용한다. 각 기관은 유형별 세부 표준을 지속적으로 개선하고, 성과 및 리스크 데이터를 근거로 실시간 의사결정과 전략 조정이 가능하도록 체계를 고도화하고 있다. OMB는 각 기관과의 협업을 통해 이행 상황을 점검하고, 개선 방향을 반영한 지침을 업데이트하고 있다.

IV. 조직별 세부 역할

PMIAA의 성공적인 시행을 위해, 연방정부 내 각 조직은 명확한 역할과 책임을 부여받는다. 핵심 조직들의 기능은 [그림 5-1]에서 보는 바와 같다.

1. 예산관리국(OMB)

PMIAA 이행의 총괄 기관으로서, 프로그램 관리 표준·지침 개발, 포트폴리오 리뷰 주관, PMPC 운영을 담당한다. OMB는 각 기관으로부터 연례 보고서를 제출받아 이행 상황을 모니터링하며, 고위험 프로그램에 대한 GAO 연계 분석도 수행한다.

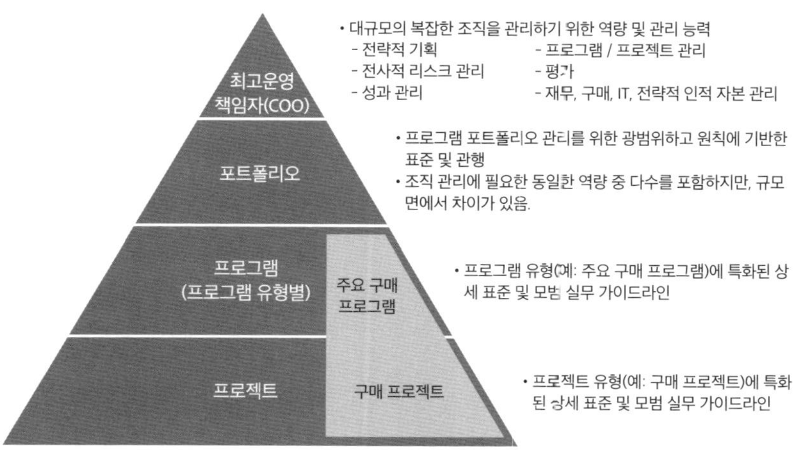

[그림 5-1] 프로그램 및 프로젝트 관리 역량과 표준의 조직적 관점

2. 프로그램 관리 정책 위원회(PMPC)

OMB 내 다부처 협의체로서, 정책의 일관성 유지, 표준 개발 자문, 기관 간 협력 증진, 모범 사례 공유 등의 기능을 수행한다. 위원장은 OMB 관리부 부국장이 맡고 있으며, 연 2회 이상 정기 회의를 개최한다.

3. 각 기관 최고운영책임자(COO)

기관 내 모든 미션 기능과 관리 기능의 통합을 책임지며, PMIO를 포함한 고위 책임자들과 협업하여 성과 기반 조직 운영을 이끈다. COO는 PMIAA 시행에 있어 최종적 리더십을 갖고 있으며, 정책 집행에 필요한 내부 구조 정비를 감독한다.

4. 프로그램 관리 개선 책임자(PMIO)

기관 단위에서 프로그램 관리 정책을 구체화하고, 관리자 역량 개발, 교육훈련, 경력 경로 설계 등의 실행을 주도한다. PMIO는 기관 내 성과 및 전략 책임자들과 긴밀히 협력하며, OMB 및 PMPC와도 정기적으로 소통한다.

5. 인사관리국(OPM)

프로그램 관리자 직군 신설 및 직무 식별체계 수립을 담당하며, 역량 기준 정의, 교육훈련 설계, 경력 경로 수립을 통해 전문 인력 양성을 제도화한다.

V. 기대효과

PMIAA는 단순한 법률 제정이 아닌, 연방정부 운영 전반의 관리 철학 전환을 상징한다. 성과 중심의 공공 행정을 실현하고, 복잡한 다부처 사업을 보다 체계적이고 일관된 방식으로 추진하도록 유도하는 이 법은 다양한 측면에서 다음과 같은 효과를 기대할 수 있다.

첫째, 프로젝트 낭비 감소 및 예산 효율성 제고

표준화된 관리체계를 통해 불필요한 중복과 비효율을 제거하고, 수립된 전략과 예산의 정합성을 강화함으로써 세금 낭비를 최소화할 수 있다.

둘째, 전문 인력 확보 및 정부 신뢰 회복

공식 직군과 경력 경로 제도화는 프로젝트 관리의 전문화를 가능하게 하고, 관리의 일관성과 투명성을 강화함으로써 정부에 대한 국민의 신뢰를 높인다.

셋째, 조직 간 협업 촉진과 모범 사례 공유

PMPC와 같은 정부 간 협력 기구는 부처 간의 장벽을 허물고, 복합과제 해결을 위한 지식 교류와 협업 생태계를 조성할 수 있다.

VI. 시사점 및 국내 적용 방향

한국 정부 역시 대형 SOC 사업, 디지털 전환 사업, 다부처 협업 과제 등에서 유사한 과제를 안고 있다. 한국의 '정부업무평가법'이나 '공공기관 혁신 가이드라인'은 성과관리를 강조하지만, 프로젝트 수행 구조 자체에 대한 제도화된 프로그램 및 프로젝트 관리체계는 아직 미흡한 상황이다. PMIAA는 다음과 같은 측면에서 국내 정책 설계에 시사점을 제공한다.

첫째, 프로그램 관리는 대형 공공사업의 성패를 좌우하는 국가적 역량이다. 둘째, 프로그램 관리를 뒷받침하는 조직과 제도적 기반이 필요하다. 셋째, 프로그램 관리는 디지털·데이터 기반의 새로운 행정·산업 패러다임을 요구한다. PMIAA는 프로그램 관리의 책임·거버넌스를 조직 최상위에서 통합하도록 요구함으로써, 국내 공공사업에도 전략적 조정 기능(국가 PM위원회 등) 구축이 필요함을 보여 준다. 또한 표준화된 관리원칙·포트폴리오 리뷰·데이터 기반 성과관리체계를 제도화함으로써, 한국도 사업 실패를 줄이고 공공투자 효율을 높이기 위한 국가 단위 프로그램 관리 기반 구축이 필요하다는 점에서 시사점을 제공한다.

따라서 PMIAA를 국내에 적용하기 위한 방안으로 크게 세 가지를 들 수 있다. 첫째, 프로그램 및 프로젝트 관리자 양성을 위한 공식 직군체계 및 인증 제도를 도입한다. 둘째, 성과기반 예산과 연계된 정기 포트폴리오 리뷰 시스템을 구축하고, 부처 간 협업 및 조정이 가능한 국무조정실 등 중앙조직에 프로그램 및 프로젝트 관리 정책 전담 기구를 설치한다, 셋째, 부처 간 장벽 해소를 위한 지식 공유 및 협업 플랫폼을 제도화한다.

PMIAA는 공공 프로젝트를 단순한 집행이 아닌 기획-집행-성과 관리의 통합 시스템으로 전환할 수 있는 제도적 해답을 제시한다. 한국 정부 역시 유사한 법적 프레임을 검토함으로써, 국책 사업의 책임성과 효과성을 동시에 달성하는 전략적 접근이 가능할 것이다.

02

영국 인프라의 국가적 총괄관리를 위한 NISTA 설립

I. 국가인프라 및 서비스 혁신청(NISTA) 설립 배경

2024년 5월, 2024년 영국 총선을 앞두고 노동당은 영국의 주요 인프라 프로젝트 제공을 효과적으로 수행하고 가속화하기 위해 인프라 및 프로젝트청(Infrastructure and Projects Authority, IPA)을 국가인프라위원회(National Infrastructure Commission, NIC)와 합병한다는 계획을 발표했으며, 정부에 인프라 제공 및 개선에 대해 조언하고 주요 인프라 프로젝트 수행을 확대하기 위해 2025년 4월에 공공기관인 국가인프라 및 서비스 혁신청(National Infrastructure and Service Transformation Authority, NISTA)을 설립하였다.

NISTA는 공무원 약 240명으로 구성되며, "프로젝트의 품질 및 비용, 일정 등의 개선"에 대해 조언하는 전문 기관이다. 노동당 정부는 NISTA가 비용 대비 더 나은 가치를 달성하기 위해 기존 인프라 제공의 부실한 "관성"을 깰 것이며 NISTA에 "새로운 권한"과 업데이트된 권한을 부여할 것이라고 선언하였다. NISTA에 의해 인프라와 서비스 혁신, 국방과 주요 프로젝트 전략 및 관리 감독이 하나의 조직에서 수행되며,

NISTA는 외부 전문가를 포함하는 이사회의 감독을 받고 재무부와 내각부에 대해 공동으로 책임을 지게 된다.

II. 국가인프라위원회(NIC)와 인프라 및 프로젝트청(IP)

NIC는 2015년에 출범하여 2017년 1월 HM 재무부의 집행 기관으로 설립되었으며 2015년부터 2025년 4월까지 영국이 직면한 인프라 문제에 대해 영국 정부에 전문적인 조언을 제공했다. NIC의 주요 임무 중 하나는 국가 인프라를 평가하는 것이었다. NIC는 인프라의 특정 영역에 대한 연구를 수행했으며 정부에 권고안을 제시하고 인프라에 대한 정부의 진행 상황을 모니터링했다. NIC의 설립 취지는 전문가들의 합의를 통해 "인프라에서 정치를 제거"하는 것이었으나, 인프라는 여전히 정치적이었고 일정 지연과 비용 초과가 지속적으로 발생하였다. 또한 NIC는 재무부의 집행 기관이 되어 독립성을 잃었다. 결국 NIC는 공식적으로 폐지되었지만 전문성을 활용하기 위해 독립적인 전문가 위원들로 NISTA를 위한 자문위원회가 구성되었다.

IPA는 2016년 인프라 영국(Infrastructure UK, IUK)과 주요 프로젝트 당국(Major Projects Authority, MPA)의 합병으로 설립되었다. IUK는 공공 부문 자본과 연관된 주요 인프라 프로젝트를 지원하기 위해 2010년에 설립되었고, MPA는 가장 큰 정부 프로젝트를 감독하고 보증하기 위해 2011년에 설립되었다. IPA는 협업과 혁신을 강화하여 인프라 제공에서 연간 150억 파운드를 절감하는 것을 목표로 하는 인프라 성능 혁신 보고서를 2017년 12월에 발행하였고, 국가 인프라 및 건설 파이프라인(National Infrastructure and Construction Pipeline)과 함께 후속 보고서인 「인프라 성능 혁신 - 2030년까지의 로드맵」을 2021년 9월 13일 발표하여 향후 10년 동안 영국 인프라에 대한 6,500억 파운드 투자를 예측했다.

III. NISTA의 주요 기능

영국에서는 최근 몇 년 동안 인프라 계획 및 정책에 대한 불확실성과 부실한 제공으로 인해 프로그램 및 공급망에 대한 투자가 저해되어 소비자의 최종 비용이 증가했다. 경제 성장이라는 정부의 최우선 과제를 달성하기 위해서는 프로젝트 계획과 이행 방식의 혁신이 필수적이었다. 또한 도로, 철도, 학교, 병원, 국방 등 필요한 인프라를 공급하고 청정에너지 강대국으로 도약하며, 공공 서비스를 개선한다는 계획을 이행해야 했다. 건설 리더십 위원회(Construction Leadership Council)에서 2만여 개 프로젝트를 분석한 결과, 프로젝트 시작 시 최상의 계획을 세운 프로젝트는 비용이 20% 절감되고 최대 15% 더 빠르게 제공되는 것으로 나타났으며, 영국 인프라 프로젝트 비용과 관련해 NIC는 인프라에 대한 장기적인 전략적 비전과 계획의 부족이 비용 상승의 근본 원인이라고 지적했다.

재무부 수석비서관 대런 존스(Darren Jones)는 프로젝트 구조조정의 필요성을 다음과 같이 말했다. "우리 모두 알고 있듯이 NIC는 국가가 필요로 하는 인프라에 대한 탁월한 전략 보고서를 작성했으며, IPA의 전문성과 중요한 인프라 프로젝트 제공에 대한 헌신은 타의 추종을 불허합니다. 그러나 정부는 총체적인 성과를 거두지 못했습니다. 이것을 우리가 바꿀 것입니다. NIC와 IPA의 작업을 기반으로 NISTA는 전략 수립 및 제공에 대한 감독을 하나의 조직으로 통합하고, 업계와 함께 10개년 인프라 전략을 개발 및 구현하는 동시에 전국에 걸쳐 인프라를 보다 효과적으로 제공할 것입니다. 요컨대, 우리가 만드는 것과 잘 만드는 방법 사이의 격차를 해소할 것입니다. 이는 수행을 개선하기 위한 우리 계획의 중요한 부분이 될 것입니다. NISTA는 너무 오랫동안 투자자들 사이에서 우리의 세계적인 명성을 괴롭혀온 인프라 제공 지연 문제를 개선할 것입니다. 우리는 인프라 제공의 새로운 시대를 열고, 투자에 대한 기업의 신뢰를 회복하고, 10년 간의 국가 재생을 주도하고, 국가 전체의 성장을 촉진하고, 변화하기 위한 계획을 이행하고 있습니다."

NISTA는 장기 정책과 전략을 모범 사례 프로젝트와 결합하여, 영국의 인프라, 서비스 혁신 및 기타 주요 프로젝트들의 수행 방식에 변화를 도모한다. 이를 통해 정부의 투자가 성장을 촉진하고 정부의 임무 실현을 보장하며, 정부의 핵심 목표를 달성할 수 있도록 정부의 10개년 인프라 전략을 다음과 같이 수행할 것이다.

- 산업, 규제 기관 및 정부 부처와 긴밀히 협력하여 향후 10년간의 인프라 전략 개발에 기여하고 수행을 감독
- 향후 지출 계획에 따른 10년 인프라 전략의 갱신 지원
- 장관들이 요청한 인프라 전략 및 주요 주제의 미해결 문제를 연구
- 더 빠르고 더 나은 프로젝트 제공을 위한 정책 장벽을 식별하고 해결
- 프로젝트 파이프라인을 발행하여 시장에 확실성을 제공

또한 장벽을 허물어 정부의 주요 프로젝트 수행 속도를 가속화하고 정부의 우선순위 프로젝트에 대한 효과적인 보증을 제공하며, 기준 설정 및 민간 금융 분야의 선도적인 전문성을 강화하기 위해 다음 항목들을 제공한다.

- 도전 과제와 장애물을 극복하고 성과를 달성하기 위해 담당부서를 지원하며, 담당부서의 최우선 과제와 자금 조달에 대해 조언한다.
- 프로젝트팀을 위한 상업 및 재정 분야 등의 전문가 자문을 통해 프로젝트 설정, 프로젝트 계획 및 프로젝트 수행에 대한 조언한다.
- 경제 및 국내 사무국과 협력하여 프로젝트 우선순위, 더 확장된

인프라 및주요 프로젝트 과제와 개선 사항과 관련된 문제를 주택과 경제부에 제기한다.

- 경제, 사회, 디지털 프로젝트를 포함한 주요 프로젝트와 프로그램에 대한 정부의 보증 기능을 주도한다.
- 정부 주요 프로젝트 포트폴리오 관리를 통해 정부의 가장 복잡하고 전략적으로 중요한 프로젝트와 프로그램을 감독한다.
- 정부의 프로젝트 수행 전문성과 기능을 선도하고 발전시키며, 부서들이 프로젝트 전달 역량을 키울 수 있도록 지원한다.
- 주요 프로젝트의 민간 자금 조달에 대한 정부 접근 방식에 대한 전문가의 조언, 지침 및 리더십을 제공한다.

IV. NISTA 전문가 자문위원회 기능

공정한 전문가 기능을 통해 NISTA의 업무를 면밀히 검토하고 조언할 수 있도록 NISTA는 외부 전문가 자문위원회를 두고 있다. NISTA 자문위원회는 경험이 풍부한 실무자들이 NISTA의 권한 전반에 걸쳐 공정하고 전문적인 조언을 제공하며 NISTA CEO와 장관들의 의사결정을 지원하고 NISTA의 전략과 목표를 달성을 뒷받침하는 동시에, NISTA의 업무에 대한 과제를 검토한다. NISTA CEO는 NISTA 이사회의 조언에 따라 NISTA의 업무와 이익에 대해 책임을 지며, 재무부 수석 비서관은 전문가 자문위원회 위원을 임명하고 위원회가 전체 목표에 걸쳐 NISTA를 지원할 수 있는 적절한 기술과 전문 지식을 보유하도록 보장할 책임이 있다. 위원회 구성원들은 자문에 대한 집단적 책임과 함께 다양한 전문 분야의 "수준 높은" 전문가를 확보할 것이다.

V. NISTA에 대한 관계 기관들의 전망

이민세관단속국의 정책 및 대외 담당 국장인 샘 굴드(Sam Gould)는 다음과 같이 말했다. "NIC와 IPA를 인프라의 처음부터 끝까지 책임을 지는 새로운 기구로 통합하기로 한 정부의 결정은 엄청난 기회입니다. 영국이 경제적, 환경적, 사회적 야망을 달성하기 위해 인프라가 필요하다는 인식이 널리 받아들여지고 있습니다. NISTA는 최근 인프라 제공 문제에 직면해 있으며, NISTA는 전략적 요구와 대중에게 도움이 되는 인프라 제공 사이의 격차를 해소할 수 있는 기회를 가지고 있습니다. 10년 인프라 전략에 앞서 NISTA는 이러한 작업에 어떻게 접근할 것인지 제시할 수 있는 식견을 가지고 있습니다. NIC와 IPA에는 인프라를 계획하고 성공적으로 제공할 수 있는 적절한 전문 지식이 존재했으며, 이제 작업을 완료하는 데 초점을 맞춰야 합니다." 영국 에너지부의 정책 부국장 찰스 우드(Charles Wood)는 "계획 및 인프라 법안(Planning and Infrastructure Bill)과 함께 NISTA의 설립은 영국 전역의 유틸리티 인프라의 전략적 제공을 간소화할 수 있는 기회를 제공합니다. 영국은 청정에너지의 미래를 향해 빠르게 나아가고 있으며, 이를 위해서는 공공 및 민간 투자, 개발된 공급망, 숙련된 근로자, 총체적인 공급 전략이 필요합니다. 우리는 NISTA가 이 목표를 지원하고 국가 인프라 위원회의 작업을 계속하여 수집된 독립적인 전문 지식을 유지하고 인프라 제공에 대한 보다 조정되고 비용 효율적인 접근을 가능하게 하기를 바랍니다. 정부는 에너지 전환을 신속하게 이행하기 위해 가능한 모든 것을 동원해야 하며, 전력 시스템의 체계적인 탈탄소화를 계속하는 동시에 난방, 운송 및 산업 부문 전반에 걸쳐 유사한 노력을 강화해야 합니다. 이를 통해 영국의 청정에너지 부문에 대한 투자를 늘리고, 데이터 센터, 열 네트워크 및 고속 전기 자동차 충전과 같은 새로운 수요의 연결을 지원하며, 현재와 미래의 소비자에게 제공되는 비용 효율적인 인프라를 가능하게 할 것입니다."라고 언급했다. 또한 AECOM의 유럽 및 인도 지역 CEO인 리처드 화이트헤드(Richard Whitehead)는 다음과 같이 말했다. "AECOM은 NISTA의 출범을 환영합니다. 이 새로운 기구는 필수 인프라 제공을 가속화하겠다는 정부의 약속을 더욱 입증하고 영국의 오랜 인프라 문제를 해결하는 데 있어 중요한 진전을 이뤘습니다. 우리는 정부가 인프라 전략과 정책을 통합함으로써 강력한 정치적 리더십을 발휘하는 것을 보게 된 것을 기쁘게 생각합니다. 또한 정치적 주기와 분리된 안정적인 인프라 파이프라인은 민간 금융을 유치하고, 장기적인 확실성을 유지하며, 주요 프로젝트의 효율적인 전달을 보장하는 데 필수적입니다. 최근 규제 절차의 간소화 및 계획 시스템 개혁과 함께 이 발표는 성장의 토대를 마련하고, 투자자의 신뢰를 심어주며, 정부의 10개년 인프라 전략을 발전시킵니다. NISTA 리더십과 교류할 수 있기를 기대합니다."

VI. 인프라에 대한 영국의 투자 방안

영국 재무부 장관 레이첼 리브스(Rachel Reeves)는 영국 인프라 투자에 대한 기업의 신뢰를 구축하는 것을 포함하여 민간 투자를 촉진할 정책을 설계하기 위해 정부가 기업과 협력하는 새로운 접근 방식의 일환으로 영국 인프라 태스크포스를 구성하였다. 이 태스크포스는 국가 전체의 성장을 주도하기 위한 정부의 인프라 목표를 지원하기 위한 다양한 옵션을 모색하고, LLoyds, HSBC 및 M&G를 포함한 영국 최대 금융 회사 중 일부가 참석한다. 태스크포스 초청 대상자는 영국 인프라에 대한 광범위한 경험과 전문성을 보장하기 위해 선정되었다. 이는 접근 방식의 중요한 변화를 의미하며, 주요 기업과 이해관계자가 인프라 의제 전달을 지원하기 위해 정부와 협력하도록 초대되었다.

레이첼 리브스(Rachel Reeves)는 "인프라에 대한 투자를 늘리는 것은 경제를 성장시키고 일자리를 창출한다는 우리의 최우선 임무를 완수하는 데 있어 중요한 부분입니다."라고 말했고, 재무부 수석 비서관 대런 존스(Darren Jones)는 "우리는 10년 넘게 인프라 시스템을 괴롭혀온 투자 부족의 악순환을 끝내는 데 진지하게 임하고 있습니다. 이를 수행하는 가장 좋은 방법은 회의실에서 비즈니스와 함께 솔루션을 설계하는 것입니다. 그것이 바로 이 태스크포스의 전부입니다. 태스크포스는 정기적으로 만나 일자리 창출, 성장 및 환경 목표를 위한 장기적인 솔루션을 제공하는 통찰력을 제공할 것입니다. 이는 수백 명의 국제 투자자들이 참석한 국제 투자 정상회의(International Investment Summit)의 성공에 힘입어 진행되었으며, 영국에 대한 630억 파운드(한화 약 117조 2천억 원)의 투자가 확정되었습니다. 278억 파운드(한화 약 51조 7천억 원) 규모의 국부펀드(National Wealth Fund)가 출범했습니다."라고 언급하였다.

연금보험공사(Pension Insurance Corporation)의 전 CEO인 트레이시 블랙웰(Tracy Blackwell)은 다음과 같이 언급하였다. "우리는 투자할 금액이 엄청나고 영국에 더 많이 투자하기를 원합니다. 영국 경제의 성장 능력을 뒷받침할 수 있는 자본은 부족하지 않습니다. 정책과 아이디어의 올바른 조합은 이러한 자본을 확보하고 성장을 촉진할 것입니다. 개혁 계획과 공공 부문 연기금의 더 나은 사용부터 제도 및 규제의 간소화에 이르기까지, 더 많은 민간 투자를 유치하고 사회적 가치를 제공하기 위해 정부가 할 수 있는 일은 많습니다. 그 의제를 진전시키는 것에 대해 총장과 지속적인 대화를 나눌 수 있어 기쁩니다." 또한 앰앤지 피엘시(M&G plc)의 CEO인 안드레아 로시(Andrea Rossi)는 "M&G는 175년 동안 영국에서 활발한 투자자로 활동해 왔습니다. M&G가 영국에 투자하는 1,000억 파운드(한화 약 186조 원) 중 인프라는 저축자, 고객 및 주주에게 지속 가능한 수익을 제공하는 핵심 부분으로 남아 있습니다. 인프라에 대한 영국의 분명한 초점은 경제적·사회적 발전을 이룰 수 있는 중요한 기회를 제공하며, 우리는 우리의 전문 지식을 기여하게 되어 기쁩니다."라고 말했다. 로이드 금융 그룹(Lloyds Banking Group)의 CEO인 찰리 넌(Charlie Nunn)은 다음과 같이 제시하였다. "Lloyds Banking Group은 영국이 필요로 하는 인프라를 제공하고 일자리와 성장을 지원할 수 있도록 최선을 다하고 있습니다. 우리는 영국 인프라 태스크포스(British Infrastructure Taskforce)가 영국 인프라에 대한 투자를 늘리고 현재까지 존재해 온 근본적인 장벽을 해결하는 데 초점을 맞추고 있는 것을 환영합니다. 프로젝트 파이낸스를 위한 영국의 선도적인 은행으로서 우리는 이 태스크포스를 개발하는 데 있어 정부와 긴밀히 협력하여 작업이 영국 지역 및 국가 전역의 커뮤니티, 비즈니스 및 산업을 지원하도록 할 것입니다." 피델리티 인터내셔널(Fidelity International)의 부회장인 앤 리차드(Anne Richards)는 "우리는 저축자의 이익을 위해 인프라에 대한 투자를 확대함으로써 영국의 성장을 촉진한다는 공통된 목표를 가지고 있습니다. 이를 달성할 수 있는 가장 좋은 기회는 정부 및 업계와의 협력을 통해서입니다."라고 했고, 피닉스 그룹(Phoenix Group)의 CEO인 앤디 브릭스(Andy Briggs)는 "지난 30년 동안 영국 경제에 대한 투자는 다른 선진국에 비해 부족했습니다. 성장하기 위해서는 투자를 위해 함께 노력해야 한다는 공감대가 형성되고 있어 기쁩니다. 영국 인프라 태스크포스는 기업과 정부가 공동의 우선순위에 따라 일하고, 미래에 필요한 사회적·경제적 인프라에 자금을 조달하는 데 도움을 주며, 연금 저축자들에게 더 나은 수익을 제공할 수 있는 기회를 제공합니다."라고 언급하였다.

VII. 영국 정부의 인프라 혁신적 구축 방안에 대한 고찰

영국 정부는 기존의 전형적인 방식보다는 혁신적인 거버넌스를 구성하여 인프라 구축 확대에 나섰으며, 공무원의 행정 전문성뿐만 아니라 메가프로젝트의 비용 및 일정, 품질에 대한 성과를 높이기 위하여 조언 및 감독 등을 전문적으로 수행하는 NISTA를 설립하였다. NISTA의 설립으로, 비전문가들로 구성된 각 부처가 메가프로젝트를 수행할 때 전문적인 도움을 받을 수 있어 국가 차원의 효율적 관리가 가능해졌다. 국가마다 실정의 차이는 있지만, 우리나라 또한 최근 메가프로젝트 규모가 커지고 그 빈도가 증가하는 추세인만큼, 영국의 혁신을 참고해 지속 가능한 메가프로젝트 관리에 효과적인 거버넌스를 전반적으로 검토할 필요가 있다.

03

메가프로젝트 시장 확대를 위한 제언

전 세계적으로 메가프로젝트(Megaproject)는 국가 경쟁력과 사회 인프라의 상징으로 자리 잡고 있다. 대한민국 역시 대규모 신공항 등 SOC 사업, 도시재생, 스마트시티, 탄소중립 인프라, 국방 및 전략 산업 등 다양한 분야에서 메가프로젝트를 추진하고 있지만, 여전히 기획, 운영, 거버넌스 측면에서 선진국 수준에는 도달하지 못했다. 본 글에서는 대한민국 메가프로젝트 시장 확대를 위한 핵심적인 제언을 다루고자 한다.

I. 정부 주도에서 민관 거버넌스로의 전환

현재 우리나라의 메가프로젝트는 대부분 중앙정부 주도하에 추진되고 있다. 이는 일정 수준의 통제와 속도감 있는 의사결정을 가능하게 하지만, 민간의 창의성, 기술력, 자본력 등이 충분히 활용되지 못하는 구조적 한계를 낳는다. 이에 따라 메가프로젝트 추진체계는 중앙정부 중심의 수직적 구조에서 벗어나, 민간기업, 지방정부, 시민사회가 참여하는 수평적 '민관 거버넌스' 체제로 전환되어야 한다. 이를 통해 사업의 투명성과 효율성을 높이고, 지속 가능성과 사회적 수용성을 동시에 확보할 수 있을 것이다.

II. 국무총리실 산하 전담부서 설치

메가프로젝트는 고도의 기획력과 장기적인 통합 관리 능력을 요구한다. 현재는 관련 부처 간의 분절된 책임과 중복된 권한으로 인해 효율적 사업추진이 어렵다. 이에 따라 국무총리실 산하에 '메가프로젝트 통합관리부(가칭)'를 신설하여, 사업의 기획, 예산 배분, 실행 관리, 사후 평가까지 전 주기를 총괄하는 체계를 구축할 필요가 있다. 이 전담기구는 각 부처의 조정자 역할을 수행하며, 프로젝트 전반의 리스크를 체계적으로 관리하고 공공성과 수익성 간 균형을 확보해야 한다.

III. 프로그램 및 프로젝트 관리 전문가 양성의 제도화

메가프로젝트의 성패는 결국 '사람'에게 달려 있다. 특히 복잡성과 불확실성이 높은 메가프로젝트에서는 체계적인 프로그램 및 프로젝트 관리 능력이 요구된다. 그러나 현재 대한민국 내에서는 PM(Project Management) 전문 인력의 체계적인 양성과 인증 제도가 미흡하다. 이에 따라 국가 차원의 PM 전문가 양성 프로그램을 도입하고, 공공과 민간 부문에서 이를 적극 활용할 수 있도록 제도화해야 한다. 대학-산업-정부 간 연계를 통한 교육과 인증체계를 구축하고, 글로벌 기준(PMI, IPMA 등)에 부합하는 역량 기반 자격 시스템을 운영해야 한다.

IV. 민간 참여 유인을 위한 제도 정비

메가프로젝트 시장 확대를 위해서는 민간의 적극적 참여가 필수적이다. 이를 위해 사업의 수익구조, 리스크 분담 방식, 법적 안정성 등을 제도적으로 보완할 필요가 있다. 특히 장기적인 투자 안정성을 보장할 수 있는 법률적 틀을 마련하고, 민간기업이 초기 기획 단계부터 참여하여 창의적 솔루션을 제안하고 구현할 수 있도록 해야 한다. 또한, ESG 기반의 메가프로젝트 평가 기준을 도입하여 사회적 가치 창출을 민간의 핵심 성과 지표로 연계시킬 필요도 있다.

대한민국이 진정한 메가프로젝트 강국으로 도약하기 위해서는 단순히 대규모 예산을 투입하는 것을 넘어, 전략적 거버넌스체계와 인재 양성, 민간의 창의적 역량을 결집할 수 있는 제도적 기반을 마련하는 것이 필요하다. 이제는 단기성과 중심의 사고에서 벗어나, 미래지향적이고 지속 가능한 메가프로젝트 생태계를 조성해야 할 때다 이러한 기반 위에서 대한민국의 메가프로젝트는 새로운 글로벌 성장 동력으로 작동할 수 있을 것이다.

에필로그

미래를 설계하는 거대한 여정의 동반자

인류의 역사는 메가프로젝트의 역사라 해도 과언이 아닙니다. 거대한 도시, 인프라, 과학기술의 도전, 그리고 인류 문명의 확장은 모두 '불가능'이라는 단어를 '현실'로 바꿔온 도전의 기록입니다. 이 책은 단지 메가프로젝트의 기술과 관리에 관한 지식을 나열한 것이 아니라, 대한민국과 세계 각지에서 진행된 메가프로젝트의 생생한 사례를 통해 우리가 어디에서 왔고, 어디로 가야 하는지를 묻는 여정이기도 합니다.

제1장에서 우리는 메가프로젝트가 단순한 대규모 사업이 아니라 사회·경제·기술적 파급효과를 지닌 국가적 프로젝트라는 점을 살펴보았습니다. '철의 법칙'이라 불리는 예산 초과, 일정 지연, 혜택 부족의 악순환 속에서도 메가프로젝트가 지속적으로 추진되는 이유는, 그만큼 메가프로젝트가 사회 발전의 핵심 동인이기 때문입니다.

제2장과 제3장에서는 한국이 수행해 온 대표적인 메가프로젝트들을 되짚어 보며, 이들이 국가경쟁력을 어떻게 견인했는지 확인했습니다. 인천대교, 인천공항, 고속철도, 행복도시, 새만금개발 등은 단순한 건설사업을 넘어, 국민의 삶을 바꾸고 도시와 국가의 정체성을 새롭게 정의

한 사례들입니다. 또한 주한미군기지 이전사업, 한국형 발사체, 원자력 수출에 이르기까지 한국은 이제 수동적 수용국에서 선도적 설계국으로 발돋움하고 있습니다.

제4장에서 제시한 '전략 기획', '사람과 조직', '프로세스와 시스템'이라는 세 가지 성과 창출 요소는 메가프로젝트의 본질이 기술이 아니라 사람과 협업임을 다시금 상기시켜 줍니다. 방향 없는 추진은 실패로 귀결되며, 실행력 없는 이상은 공허합니다. 따라서 모든 메가프로젝트는 '사람'을 중심에 두고 전략적 사고와 유기적인 실행 시스템으로 뒷받침되어야 합니다.

끝으로 제5장에서 제안한 바와 같이, 이제 우리는 단순히 '좋은 프로젝트'를 수행하는 것을 넘어, 지속 가능하고 책임 있는 메가프로젝트 생태계를 구축해야 할 시점에 와 있습니다. 영국의 국가적 총괄 관리체계나, 미국의 PMIAA 법 제정은 메가프로젝트가 정치·사회·환경적으로 통합되어야 함을 잘 보여줍니다.

우리는 왜 메가프로젝트를 이야기하는가?

메가프로젝트는 오늘날 우리가 직면한 복합 위기를 해결할 수 있는 중요한 열쇠입니다. 기후위기 대응, 저출생 고령사회 전환, 에너지 전환, 도시 재창조 등 모든 큰 과제는 '작은 시도'만으로는 풀 수 없는 구조적 도전들입니다. 결국 우리는 다시 '거대한 시도'를 준비해야 합니다. 다만, 그 시도는 실패를 반복하지 않는 '학습된 시도', 협업과 거버넌스를 내장한 '성숙한 시도'여야 합니다.

이 책은 그러한 미래의 여정에 함께할 이들에게 바치는 하나의 나침반입니다. 수많은 도전이 우리를 기다리고 있지만, 메가프로젝트의 교훈은 분명합니다. 정확한 방향, 올바른 사람들, 실행 가능한 구조. 이것이 있다면, 우리는 또 다른 거대한 꿈을 현실로 만들어낼 수 있을 것입니다.

참고문헌

김종훈 (2020). 프리콘: 시작부터 완벽에 다가서는 일. 엠아이디.

김창완, 김형관 (2008). 메가프로젝트 성과관리 효율화 및 최적화 기술 개발 방향. 대한건축학회.

박대원 (2004). 인천국제공항건설 사업관리 경험. 한국건설관리학회.

박창우 외 (2015), 한국 기업의 멀티프로젝트관리 성공요인에 관한 탐색적 연구. 경영연구, 30(3), pp.1-21, 한국산업경영학회.

새만금개발청 (2021). 새만금 기본계획. 새만금개발청.

새만금개발청 (2024). 새만금개발청 10년의 발자취, 2013~2023. 새만금개발청.

윤은상, 박창우 역 (2024). 메가 프로젝트 매니지먼트. 고려대학교출판문화원. (원저자: Bent Flyvbjerg)

이교선, 황충규, 이우연 (2024). 건설사업관리의 성공전략. 스페이스타임.

이복남 (2021). 디지털시대에 부상하는 PM 사용법. 서울대학교건설환경종합연구소.

이우연 (2021). 국내 대규모 건설사업의 프로그램 관리 전략. 한국건설관리학회.

이우연 (2024). 가덕도 신공항 건설, 성공적인 사업수행을 위한 제언. 엔지니어링데일리.

이우연 (2025). 초대형 프로젝트, 기획과 리스크 관리에서 성패 갈린다. 엔지니어링데일리.

인천국제공항공사 (2001). 인천국제공항 건설사 – 1단계 1992~2001. 인천국제공항공사.

인천국제공항공사 (2008). 인천국제공항 2단계 건설사업 건설지 – A World Best Air Hub 그 꿈과 도전. 인천국제공항공사.

인천국제공항공사 (2018). Incheon International Airport 3rd Phase History – 2권 건설사. 인천국제공항공사.

인천국제공항공사. (2024). 여객 1억 명 시대, 인천국제공항 건설 30년의 여정 – 건설기록지. 인천국제공항공사.

정병걸, 길종백 (2010). R&D 메가 프로젝트의 패러독스와 관리적 함의. 행정논총, 48(3),

251-273.
하승룡, 현창택, 손명진, 김윤식 (2011). 메가프로젝트 기획/계획단계 VE적용을 위한 준비단계 수행방안. 한국건설관리학회.
행정중심복합도시건설청 (2007). 행정중심복합도시개발계획 최종보고. 행정중심복합도시건설청.
행정중심복합도시건설청 (2017). 거침없이 행복하게, 행복도시 10년의 이야기, 2007~2017. 행정중심복합도시건설청.
현창택, 이우연 외 (2023). 프로그램 관리: 성공적인 사업수행을 위한 전략. 씨아이알.
Ajam, M. A. (2020). Leading Megaprojects – A Tailored Approach. CRC Press.
Altshuler, A., & Luberoff, D. (2003). Mega-Projects: The Changing Politics of Urban Public Investment. The Brookings Institution.
Anguera, R. (2006). "The Channel Tunnel: An ex post economic evaluation." Transportation Research Part A, 40, 291 – 315.
Ansar, A., Flyvbjerg, B., Budzier, A., & Lunn, D. (2014). "Should we build more large dams? The actual costs of hydropower megaproject development." Energy Policy, 69, 43 – 56.
Dmitriou, H., & Field, B. (2017). The Use of PLMCA in the Planning and Appraisal of Mega Infrastructure Projects. 2nd Megaprojects SIG Meeting, IPMA.
Flyvbjerg, B. (2012). "Why mass media matter, and how to work with them: Phronesis and megaprojects." In B. Flyvbjerg, T. Landman, & S. Schram (Eds.), Real Social Science: Applied Phronesis (pp. 95 – 121). Cambridge University Press.
Flyvbjerg, B., Bruzelius, N., & Rothengatter, W. (2003). Megaprojects and Risk: An Anatomy of Ambition. Cambridge University Press.
Flyvbjerg, B., Holm, M. K. S., & Buhl, S. L. (2004). "What causes cost overrun in transport infrastructure projects?" Transport Reviews, 24(1), 3 – 18.
Frick, K. T. (2008). "The cost of the technological sublime: Daring ingenuity and the new San Francisco – Oakland Bay Bridge." In H. Priemus, B. Flyvbjerg, & B. van Wee (Eds.)(Eds.), Decision-Making on Mega-Projects (Chapter 12). Edward Elgar.
Gareis, R., & Huemann, M. (2014). Managing Complex Projects: A Knowledge-Based Approach. Wiley.
Greiman, V. A. (2013). Mega Project Management: Lessons on Risk and Project Management from the Big Dig. Wiley/PMI.
Hertogh, M. (2015). "From Best Practices to Next Practices." 1st Megaprojects SIG Meeting, IPMA.
Jang, U., Park, J., Yoon, E., Park, J., & Park, C. (2021). "A Study on Program Management Direction of Megaproject for Saemangeum Development in Korea," Proceedings from the International Congress on Project Management and Engineering, Volume: 2021-July, pp. 300-313.
LEE, U., Park, J., Fahmy M., & Park, C. (2022). "Roly-poly model: Work-based project

leadership and value creation," Proceedings of the 10th IPMA Research Conference, IPMA.

Levitt, R. E., & Scott, W. R. (2014). "Institutional Challenges and Solutions for Global Megaprojects." In B. Flyvbjerg (Ed.), The Oxford Handbook of Megaproject Management (pp. 96 – 117). Oxford University Press.

Merrow, E. W., McDonnell, L. M., & Arguden, R. Y. (1988). "Understanding the Outcome of Mega-Projects: A Quantitative Analysis of Very Large Civilian Projects." RAND Reports.

Park, C. (2016). "Project Ecosystem Competency Model." Procedia - Social and Behavioral Sciences Volume 226, pp 116-123. Elsevier.

Philips, M. (2020). The Practitioner's Handbook of Project Performance. Routledge.

PMI. (2024). The Standard for Program Management (5th ed.). Project Management Institute.

Priemus, H., Flyvbjerg, B., & van Wee, B. (Eds.) (2008). Decision-Making on Mega-Projects: Cost – Benefit Analysis, Planning and Innovation. Edward Elgar.

Rezvani, A., & Khosravi, P. (2020). "Critical success and failure factors in large-scale complex projects." In M. Phillips (Ed.), The Practitioner's Handbook of Project Performance. Routledge.

Shin, J., Kwak, Y., Park, C. (2023). "Smart City Development Using Transit-Oriented-Development (T.O.D) and Walkability," IEEE European Technology and Engineering Management Summit (E-TEMS).

Spang, K. (2015). "Challenges for large infrastructure projects in Germany." 1st Megaprojects SIG Meeting, IPMA.

Yoon, E., Park, C., Jang, U. (2024). A Way of Program Management for Government-led Megaproject in Korea: Case Studies on the Performance, Direction, and Characteristics of Program Management. Eliva Press.

Zhai, L., Yanfei, X., & Cheng, C. (2009). "Understanding the Value of Project Management From a Stakeholder's Perspective: Case Study of Mega-Project Management." Project Management Journal, 40(1), 99-109.

찾아보기

ㄱ

ㄷ

ㅍ

ㅎ

도움을 주신 분들

EPM 과정

김영오 EPM 운영위원장 | 서울대학교 공과대학 학장
박준범 EPM 주임교수 | 서울대학교 공과대학 건설환경공학부 교수
이현수 전 EPM 주임교수 | 서울대학교 공과대학 건축학과 명예교수
송성진 EPM 운영위원 | 서울대학교 공과대학 기계공학부 교수
박문서 EPM 운영위원 | 서울대학교 공과대학 건축학과 교수
윤용태 EPM 운영위원 | 서울대학교 공과대학 전기정보공학부 교수
전석원 EPM 운영위원 | 서울대학교 공과대학 에너지시스템공학부 교수
지석호 EPM 운영위원 | 서울대학교 공과대학 건설환경공학부 교수
곽영훈 EPM 교수진 | 조지워싱턴대학교 경영대학 교수
남충희 EPM 교수진 | 한국과학기술원 (KAIST) 기술경영전문대학원 교수
목성균 EPM 교수진 | OPMC 대표
오현문 EPM 교수진 | 행정안전부 팀장
이관후 EPM 교수진 | 아메리칸대학교 경영대학 교수
서신영 EPM 사무국장 | 서울대학교 공과대학 EPM

사례 연구

김소희 실장 | 한국기초과학지원연구원
김종현 CEPM | 인천국제공항공사
문광오 CEPM | (주)대한항공
민병희 CEPM | 한국남부발전(주)
양태환 CEPM | 인천대교(주)
이영근 CEPM | 한국철도공사
이영중 CEPM | 인천국제공항공사
이지태 단장 | (주)한국씨엠씨
장봉수 CEPM | 인천김포고속도로(주)

CAMP EPM (연구실)

연구원 | 김경은, 류양선, 박정현, 한상웅
학생연구원 | 김창수, 박진영, 사르파라즈, 옥은택, 장호철, 조영재, 황학선, 허제
인턴연구원 | 마크, 정준영, 조용현
SPM | 강성운, 권애리, 권태경, 김경현, 김경호, 김광재, 김기태, 김기현, 김병직, 김상연, 김성찬, 김우일, 김재원, 김희식, 류호진, 문지원, 박세훈, 백두현, 송영욱, 신재식, 윌리엄, 이승민, 이언호, 이재현, 이주성, 이환기, 장호진, 정태석, 최승우, 최영준, 최홍순, 한정호

자문

강병준 CEPM | 엔에프엔(유)
권형진 CEPM | 한국스파이렉스사코(주)
김규형 CEPM | (주)제호바
김수연 CEPM | (주)클라우드웍스
김우상 CEPM | 한국농어촌공사
김재학 CEPM | 한국수자원공사
김종남 CEPM | (주)KCE엔지니어링
김지영 CEPM | 한국전력공사
김희준 CEPM | 두산에너빌리티 (주)
노희상 CEPM | (주)한미글로벌
도순구 CEPM | 한국동서발전(주)
문철근 CEPM | (주)플로원
박찬호 CEPM | 디엘건설(주)
박승범 CEPM | 자이에너지운영(주)
변영환 CEPM | (주)해안종합건축사사무소
성익창 CEPM | (주)포스코이앤씨
손병천 CEPM | 현대자동차(주)
양승태 CEPM | 한국수력원자력(주)
엄경일 CEPM | 한국서부발전(주)
오승환 CEPM | 한국수자원공사
우상균 CEPM | 한국전력공사
이광규 CEPM | 삼성중공업(주)
이근한 CEPM | 현대자동차(주)
이동혁 CEPM | 인천국제공항공사
이상돈 CEPM | (주)이노지오테크놀로지
이상욱 CEPM | 한국인프라개발공사
이재훈 CEPM | (주)그린에너지코리아
이종석 CEPM | (주)희림종합건축사사무소
이종화 CEPM | (주)엔에스컴파니
이희장 CEPM | (주)홍익기술단
장민화 CEPM | 삼성전자(주)
장부현 CEPM | 현대자동차(주)
장상규 CEPM | 한국농어촌공사
전준모 CEPM | 한국발전인재개발원
조성민 CEPM | 한국도로공사
조성주 CEPM | 한국수력원자력(주)
조영제 CEPM | (주)유신
조정일 CEPM | 한국항공우주산업(주)
최우성 CEPM | 지에스건설(주)

저자 소개

박창우

서울대학교 공과대학 EPM(Engineering Project Management) 책임교수로 공직자와 공공기관 그리고 민간기업 등의 간부를 대상으로 사업관리 역량 향상에 집중하고 있다. 『Research on Project, Programme and Portfolio Management』, 『완벽한 프로젝트는 어떻게 만들어지는가』 등을 공동으로 저술하였으며, 『메가프로젝트 매니지먼트(The Oxford Handbook of Megaproject Management)』와 『NASA는 어떻게 일하는가(How NASA Builds Teams)』 등을 번역하였다. 국가과학기술자문회의 심의회의 대형연구시설전문위원과 한국시스템엔지니어링학회 부회장을 역임하였으며, 프로젝트 매니지먼트(Project Management)와 시스템 엔지니어링(Systems Engineering) 분야에 과학적 기법 적용과 지속 가능한 프로젝트 가치창출을 위해 프로젝트 생태계를 중심으로 한 사업관리 기술과 방법론의 연구와 강의를 하고 있다. 대형국책사업의 사업관리 효율화에 기여한 공로로 국토교통부 장관상을 수상하였다. 공학박사. SCPM(미국 스탠퍼드대학교).

윤은상

인천국제공항과 인천국제공항철도, 원전(APR1400) 등의 대형국책사업의 종합사업관리를 수행하였다. 『A Way of Program Management for Government-led Megaproject in Korea』의 주저자로, 『Research on Project, Programme and Portfolio Management』의 공동 저자로 참여하였고, 『메가프로젝트 매니지먼트(The Oxford Handbook of Megaproject Management)』를 번역하였다. 국가과학기술자문회의 심의회의 대형연구시설 전문위원으로 활동하고 있으며, 서울대학교 공과대학 EPM(Engineering Project Management) 과정에서 메가프로젝트 매니지먼트(Megaproject Management)에 관한 연구와 강의에 참여하고 있다. 한국전력기술(주)에서 근무하였으며, (주)한국씨엠씨 소속으로 행정중심복합도시 건설 종합사업관리를 수행하고 있다. 대형국책사업의 사업관리 효율화에 기여한 공로로 대통령 표창을, 그리고 대형연구시설의 효과적인 실증에 대한 과학혁신기술상을 수상하였다. 공학박사. PMP(미국 PMI).

이우연

서울시립대학교에서 건축공학 석·박사를 마치고, 서울대학교 엔지니어링 프로젝트 매니지먼트(EPM) 과정을 수료하였다. 건축시공기술사, CEPM, PMP, CMP 자격을 보유하고 있으며, 국방시설본부와 주한미군기지이전사업단에서 근무했다. 또한 국토교통부 용산공원조성추진단에서 활동하였고, 대통령 소속 국가건축정책위원회 자문위원을 역임하였다. 한국건설관리학회에서 종합사업관리(PgM) 위원회 위원장을 맡아 활동하였으며, PMI(Project Management Institute) 발간 『The Standard for Program Management 5th, 2024』의 기여자로 참여하였다. 『성공적인 사업수행을 위한 전략, 프로그램 관리』와 『건설사업관리의 성공전략』을 번역 및 저술했다. 현재 ㈜토펙엔지니어링건축사사무소 기술연구소장으로 재직 중이다. 대규모 종합사업관리(PgM)와 PMC 분야에서의 기여로 2025년 건설기술인의 날에는 국무총리 표창을 받았다.